法務部廖正豪前部長七秩華誕祝壽論文集

總召集人——蔡德輝

主　編——劉秉鈞

作　者——王紀軒、石木欽、江玉女、吳俊毅、吳冠霆、林宗志、張明偉
張麗卿、陳志祥、陳運財、傅美惠、黃朝義、劉秉鈞、鄭文中
鄭善印、蕭宏宜

刑事訴訟法卷

慶賀廖前部長正豪精彩人生七秩華誕

　　廖前部長一向為政剛正不屈。寧為台灣光明未來，不惜與
猖狂黑道迎戰的鐵漢，竟是來自質樸偏僻的嘉義六腳鄉潭墘村
鄉野中，出身清寒農家，苦學有成，實為社會青年之楷模，個
人尤幸與之同為嘉義鄉親而倍感光彩、榮幸。

　　廖前部長係台灣大學法律系學士、碩士、博士，大學二年
級即以二十歲之齡，通過司法官高考，並於三、四年級，通過
留學日本考試與律師高考，創大學生連中三元之特例，其後一
邊攻讀台灣大學法律研究所碩士、博士，一邊執業律師，並於
中央警官學校（現中央警察大學）、中興大學（現台北大
學）、東海大學、東吳大學、中國文化大學、銘傳大學等大學
任教。1979年離開律師生涯轉入政界，擔任台灣省政府地政處
主任秘書，旋即開啟頻獲層峰委以重任的公務生涯，歷任行政
院第一組組長、新聞局副局長、行政院副秘書長、調查局長、
法務部部長等重要職務；擔任行政院第一組組長時，主辦影響
台灣民主制度建立、開創法治社會之跨時代重大革新政策，即
解除戒嚴、開放黨禁、中央民意代表退職、地方自治法治化以
及改善社會風氣與社會治安，均殫精竭智，宵旰勤勞，全力以
赴，圓滿完成任務，奠定台灣民主法治基石，開啟社會多元發
展新局面。其後擔任法務部長期間，檢討並修訂國家刑事政
策，提倡兩極化刑事政策，奠定今日台灣刑法、刑事訴訟法與
刑事政策之基礎；重視被害人保護，主張「公平正義」；改革
獄政；尤以掃除黑金等工作，最為全國民眾愛戴，讚譽為「掃
黑英雄」。1998年瀟灑地辭去台灣政壇史上民調最高（97%）

的法務部長，也婉拒任何職務安排，他說出讓大家動容的一句話：「我來自民間，回到民間；來自社會，回到社會；來自家庭，回到家庭。」卸下公職後，即積極投入民間公益社團活動與法學教育，更奔走於海峽兩岸和平文化、學術交流，而2010年因心血管繞道手術輸血排斥反應陷於生死交關，所幸平素積極為善積大福報奇蹟而癒，旋即為免多次勞駕親友，爰低調為三個出嫁女兒同時舉辦「三合一」歸寧宴，一時傳為美談。

從廖前部長以往所擔任之重要職務，可知廖前部長對社會國家之貢獻是多方面的，應可包括下列幾個重要層面：

（一）出身清寒農家，成長於質樸之嘉義縣六腳鄉，於台大法律系大學生期間即通過非常艱難之國家司法官高考、律師高考，及留學日本考試，創台灣大學生連中三元之首例，1981年又考取國家公務員甲等特考，法制組最優等及格，值得做為社會青年楷模及學習之好榜樣。

（二）1979年從律師轉入政界，深獲長官倚重，擔任行政院第一組組長，主辦許多影響國家民主法治之重大革新政策。

（三）擔任法務部長期間即努力籌備國家犯罪防治研究院，此為我國犯罪學及刑事政策多年來建構之目標，將對國家犯罪與治安政策之研究會有重大貢獻，幾乎即將實現之際，卻因故被擱置，令犯罪學及刑事政策學者為之扼腕，深感遺憾！

（四）擔任法務部長不畏艱難與壓力，掃除黑金，被社會讚譽為「掃黑英雄」，是台灣政壇史上民調最高的法務部長。此外，廖前部長亦積極改革國家刑事政策，推動兩極化刑事政策；對輕微初犯者，推動社區處遇及緩起訴

制度。

（五）致力於教職、獻身教育事業，為國家培育人才。廖前部長於公務繁忙之餘，仍擔任刑事法雜誌社基金會董事長，並持續在國內各大學任教，不少學生在學術界、司法界、警察界均有傑出表現，真可說是作育英才，桃李滿天下。

（六）廖前部長卸下公職之後，即積極投入民間公益社團活動，創辦「向陽公益基金會」及「新竹市向陽學園」，輔導中輟生及偏差行為少年預防犯罪，更生復建重入社會，有極大貢獻。

（七）廖前部長亦創辦海峽兩岸法學交流協會，努力奔走兩岸和平文化及法學教育交流，協助很多台灣法律系畢業生赴大陸考取律師，對從事兩岸法律服務，不遺餘力，令人敬佩。

　　待人誠懇、客氣的廖前部長，仍保持低調行事風格，不敢叨擾諸位，多次辭謝、婉拒親友、學術界的隆情盛意，惟吾輩經多次會議，咸認法政界廖前部長學養深厚、蒼松勁骨，對國家社會有極大深遠影響，仍堅持出版此一祝壽論文集，以做為答謝廖前部長對國家社會的超凡貢獻於萬一。

　　經發起之後，響應者眾，計三大類，論文49篇，分刑法、刑事訴訟法、犯罪學與刑事政策三卷出版。煩請多位知名教授擔任編輯委員及分類召集人、審稿。刑法卷編輯委員：林東茂教授、黃源盛教授、王乃彥教授；刑事訴訟法卷編輯委員：劉秉鈞教授；犯罪學與刑事政策卷編輯委員：鄧煌發教授、許福生教授；執行編輯：廖尉均秘書長。每一卷均按體系編輯排列論文順序。

　　本祝壽論文集得以順利印行出版，特此向所有發起人、編輯委員暨所有撰稿人表達由衷感謝，五南圖書出版公司熱心承辦本論文集出版事宜，特此一併表達謝意。

　　再次恭祝　廖前部長福壽康寧，松柏長青。

廖前部長正豪七秩華誕祝壽論文集編輯委員會

總召集人

蔡德輝　敬上

中華民國105年3月

廖正豪先生簡歷

廖正豪先生，1946年生，台灣省嘉義縣人，國立台灣大學法學士、法學碩士、法學博士，日本國立東京大學研究，美國史丹佛（Stanford）大學訪問學者，曾任中華民國第十二任法務部部長（1996年～1998年）。

南台灣長大的廖正豪先生，個性質樸敦厚，極富正義感，對於社會不公、不義的情形，始終懷抱「濟弱扶傾，除暴安良」的使命精神。廖先生於高中時期便已立定志向，以服務社會、實現正義之法律為終身職志，其後亦順利以第一志願考取國立台灣大學法律系法學組。廖先生的成就不凡，曾創造台灣多項第一的紀錄。大學時期參加多項國家考試，均名列前茅：大二高考司法官及格，以二十歲之齡成為全國最年輕的司法官，至今仍維持此一紀錄；大三考取留學日本資格；大四考上律師；其後更成為全國第一位文人法務部調查局局長、最具民間聲望的法務部部長等，表現出其卓越的學識才能。

大學畢業後，廖正豪先生順利考取國立台灣大學法律研究所，一邊修習碩、博士課程，一邊開始執業擔任律師，並於取得碩士學位後，以二十六歲之齡，開始在中央警察大學、中國文化大學、東吳大學、東海大學、國立中興大學、法務部調查局訓練所等大學及研究單位擔任教職，作育英才。廖先生執業十年期間，為全國排名前十名之律師，後因友人力邀，毅然放棄收入優渥的律師生涯，投身公職，服務廣大民眾。

二十年的公職生涯中，廖正豪先生曾任台灣省政府地政處主任秘書、行政院法規會參事、台灣省政府主席辦公室主任、

台灣省政府法規暨訴願委員會主任委員、行政院第一組組長、行政院新聞局副局長、行政院顧問、行政院副秘書長、法務部調查局局長、法務部部長。廖先生於服務台灣省政府期間，規劃辦理台灣省農村土地重劃及市地重劃、促進地方發展、整理台灣省法規、推動法治下鄉工作；於行政院服務期間，規劃辦理解除戒嚴、開放黨禁、中央民意代表退職、地方自治法制化、改善社會治安與社會風氣等重大事項，並爲因應巨大時代變革，制訂相關政策及法令規章，對台灣民主化、法制化、現代化與多元化之發展，有重要貢獻。

廖正豪先生擔任行政院新聞局副局長時，多次代表中華民國與美國就侵犯著作權之報復法案──「301條款」，進行智慧財產權保護之談判，其表現使對手深深折服，維護國家及人民之利益；於行政院副秘書長任內，一本「人溺己溺、人飢己飢」之心，爲民眾解決許多問題。因表現優異，能力非凡，獲任命爲第一位台籍文人法務部調查局局長，任內積極推動依法行政，使調查局成爲「國家的調查局」、「人民的調查局」、「大家的調查局」。並積極推動反毒、查賄、肅貪，加強掃蕩經濟犯罪、偵辦多項重大弊案，績效卓著，隨即被拔擢爲法務部部長。

廖正豪先生就任法務部部長後，不計個人安危，不畏艱難險阻，大力掃除黑金，整頓台灣治安，檢肅流氓黑道，重建社會價值，主導推動組織犯罪防制條例、犯罪被害人保護法、證人保護法之立法，嚴格依據法律規定，執行台灣治安史上最有名之治平專案與綠島政策，使黑道首腦聞風喪膽，紛紛走避海外，締造97%的民意支持度。同時秉其深厚之法學素養，全面檢討刑事政策，奠定台灣刑事法之基礎，其後至今台灣二十年

來的刑法、刑事訴訟法相關法規修正，以及整體刑事司法之方向，仍大體上依循他在法務部任內所訂立的兩極化刑事政策。除了打擊犯罪，掃蕩黑金，廖先生亦重視矯正之功能，改革獄政及假釋制度，其有魄力又具遠見之作爲，至今仍對台灣影響深遠，並屢受國外政府與相關單位重視。因其正義形象深入人心，民間乃稱之爲「掃黑英雄」，更有媲美中國古代名人包公公正無私之美譽——廖青天。

　　廖正豪先生於1998年7月辭卸法務部長職務，辭職時聲明謝絕任何安排，並宣告「美好的仗，我已打過。」「凡走過的必留下痕跡。」「我來自民間，回到民間；來自社會，回到社會；來自家庭，回到家庭。」謝絕一切黨、政、企業、律師事務所等職務之邀請，完全回歸教育與公益，即所謂「裸退」，迄今仍堅守此一原則，開創風氣之先，傳爲佳話。

　　廖正豪先生現在是中國文化大學、銘傳大學講座教授、國立台北大學法學研究所兼任教授，離開公職之後，基於對台灣人民之大愛，爲繼續奉獻斯土斯民，乃於民間創辦財團法人向陽公益基金會，以實現其犯罪防制之一貫理念，從事法治教育推動、研擬治安改善政策、設立中輟生中途學校、協助輔導更生人等實際工作，並領導社團法人海峽兩岸法學交流協會、財團法人刑事法雜誌社基金會、中華民國身心障礙者藝文推廣協會、財團法人泰安旌忠文教公益基金會、社團法人國際尊親會、社團法人台灣犯罪被害人人權服務協會、中華民國道教總會、中華民國博遠文化經濟協會、中華民國化石礦物協會、中華民國專案管理協會、中華民國就業服務協會、台北市嘉義同鄉會等各民間團體，足跡遍及海內外。卸任公職後的廖先生，秉著一貫爲民服務的熱忱，發揮其在民間所具有相當大的影響

力及號召力，投身於公益事業，在文化、教育、殘障、青少年等各個弱勢領域，帶領有志之士服務人群，盡一己之力整合社會資源，希冀能創造人民福祉、建設美麗寶島。

廖正豪先生爲促進兩岸和平不遺餘力，於2002年曾獨力接洽、主導籌畫大陸特級國寶——陝西省法門寺珍藏二千餘年之釋迦牟尼佛指骨眞身舍利來台巡禮，創下兩岸交流史上最多人次參與之空前絕後紀錄。2010年廖正豪先生再將法門寺地宮唐代皇家敬獻佛指舍利之文物，請來台灣展出半年。廖先生因法務部部長任內之輝煌表現及深厚的法學素養，於國際間受到相當推崇，屢次舉辦兩岸重要法學論壇與研討會，協助立法與司法實務問題，對兩岸法治建設貢獻卓著，並獲聘爲北京大學、吉林大學、廈門大學、華東政法大學、西北政法大學、南昌大學等大陸知名高校榮譽客座教授，經常受邀至國際知名學府及重要活動發表演說。廖正豪先生以其正義形象、高尚人格、豐富學養與卓越遠見，極受人民愛戴與尊敬。

目錄

1
我國刑事訴訟法之回顧與前瞻

陳志祥[*]

祝壽文

廖教授是台大法學博士，學識淵博；在大學時期，即已司法官和律師雙榜題名，眾所周知，可見其「智」。擔任法務部長，在擬定兩極化刑事政策時，重視被害人之保護，強調所有人之正義，可見其「仁」。不惜對抗黑道，依法掃黑，以維護治安，以保障人權，人稱掃黑英雄，可見其「勇」。

教授在文化法律系兼課刑事法數十年，桃李滿天下，深獲學生愛戴，可謂文化法律之寶。擔任法務部長時，筆者已經轉任法官，可惜無緣追隨；惟因筆者在文化兼課二十年，常在同一時段有課，乃經常請益，並獲益良多。欣逢教授七秩華誕，爰以本文為賀，祝教授福如東海，壽比南山，繼續作育英才。

[*] 台灣基隆地方法院法官、台灣海洋大學海洋法律研究所法學博士、中國文化大學法律系兼任副教授及專門技術人員。

目 次

壹、前言

　　傳統中國法制，向來偏重實體法而少有程序法。自西元前406年李悝編纂「法經」以來，乃至「大清律例」，其內雖有「訴訟」之規定，然既無獨立刑事訴訟法則之規定，且其條文為數不多[1]。民國成立之後，才有真正刑事訴訟之制度。

　　眾所周知，1949年，中華人民共和國成立，中華民國政府退守台灣（台澎金馬）。因此，整部刑事訴訟法實際上是在台灣地區實施，而非在大陸地區實施。因此，民國成立後之刑事訴訟法經歷多次之修正，其回顧與前瞻，自應由台灣方面來加以檢討。

　　辛亥革命迄今，已逾百年。我國刑事訴訟法自1935年實施以來，已滿80年。其間經歷多次修正，愈修愈進步，迄今仍在變動之中。以今之眼而環顧昨日，可以溫故而知新，可以鑑往而知來。因此，經由檢視刑事訴訟法之立法變遷，一方面可以回顧過去，一方面可以前瞻未來，最後提出修正之建議，以求立法之益臻完美。

---

[1]　黃源盛，民初大理院與裁判，元照，2011年3月初版，頁284。

一、清末民初時期

清朝末年，光緒28年即1902年，修訂法律大臣即法學大師沈家本主持修正法律館，於1906年編訂「刑事民事訴訟法草案」，將民事和刑事訴訟合訂於同一法典中，分為五章，共260條。其中之刑事訴訟程序，已採取歐陸各國之陪審制度、律師辯護制度和公開審判制度，惟保留傳統之糾問制度，亦即並無檢察官之追訴制度，仍由審判機關進行犯罪追訴。

1906年11月，清廷預備立憲，法部編成「大理院審判編制法」而頒行。該法分為五節，共45條，確立審判獨立原則、區分民事和刑事之審理程序、建立檢察制度、採行合議審判、採行四級三審制，即大理院、京師高級審判廳、城內外地方審判廳及城讞局等四級審判制。1907年9月，修訂法律館再編成「法院編制法」，分為十六章，共164條，於宣統元年即1910年2月頒行[2]。1907年11月，法部頒行「各級審判廳試辦章程」，分為五章，共120條，乃單行訴訟法規之始，惟仍民刑不分[3]。

當此之際，即在同年，清廷頒布「法官考試任用暫行章程」，其第106條明文規定：「推事及檢察官應照法官考試任用章程，經兩次考試合格者，始准任用。」次年招考司法官五百餘人，開啟近代中國司法官考試之大門[4]。

1911年，沈家本在日本學者岡田朝太郎之協助下，完成「大清刑事訴訟律草案」，分為六編，共515條。此一草案揚棄「糾問制」，採取「告劾制」，因為後者可使「審判官超然屹立於原告、被告之外，權衡兩至，以聽其成，最為得情法之平。」[5]所謂告劾，即是彈劾，亦即彈劾制度或控訴制度，是為彈劾主義或控訴原則[6]，司法集權制度取消，分權制度於是建立。此外，為達摘發真實之目的，本法乃採取自由心證原則、直接審

2　黃源盛，民初大理院與裁判，元照，2011年3月初版，頁292。

3　黃源盛，中國法史導論，元照，2012年9月初版，頁419。

4　黃源盛，民初大理院與裁判，元照，2011年3月初版，頁293。

5　黃源盛，民初大理院與裁判，元照，2011年3月初版，頁294-295。

6　有關控訴原則，見林山田，論刑事程序原則，收錄於氏著，刑法的革新，2001年8月，頁341-352。

判原則和言詞辯論原則。

　　民國初年之審判制度,大致援用沈家本所編之上開法規。1921年,西南廣東軍政府將上開「刑事訴訟律」加以修正,同年3月2日公布,分為六編,共515條,旋於4月13日公布「刑事訴訟律施行細則」7條,規定「刑事訴訟律自公布後二個月施行」。我國刑事訴訟法肇建於此。

　　當此之時,北京政府亦修正法律館編纂「刑事訴訟法草案」,司法部改稱「刑事訴訟條例」,並擬具「刑事訴訟條例施行細則」13條,於1921年11月14日公布,於1922年1月1日施行,分為八編,共514條。除採取檢察官制度之外,亦仿德國立法例,增加自訴制度。換言之,當時之「刑事訴訟律」施行於西南各省,「刑事訴訟條例」則施行於東北三省[7]。

二、舊刑事訴訟法

　　1928年6月,中國南北統一。同年3月10日,國民政府已先公布「刑事訴訟法草案」,分為七編,共496條,並附施行細則17條,同年5月,再經國民政府之法制局修正為九編,共513條,再經中央政治會議決議,交由司法部長蔡元培召集審查會再加修正,嗣定為「刑事訴訟法及其施行條例」,由國民政府於同年7月28日公布,同年9月1日施行。此為舊刑事訴訟法,分為九編,共513條。[8]

　　在結構上,其第一編為「總則」,第二編為「第一審」,第三編為「上訴」,第四編為「抗告」,第五編為「非常上訴」,第六編為「再審」,第七編為「簡易程序」,第八編為「執行」,第九編為「附帶民事訴訟」。其細部之架構,與當今刑事訴訟法大致相同,法治體系已經十分進步。

三、新刑事訴訟法

　　1933年6月,司法行政部草擬「修正刑事訴訟法草案」,呈請立法院

---

[7]　張麗卿,刑事訴訟法理論與實用,五南,2013年9月12版1刷,頁5-6。

[8]　張麗卿,刑事訴訟法理論與實用,五南,2013年9月12版1刷,頁6-7。

審議。立法院一讀時，議決交付刑法起草委員會審查。該委員會於1934年9月20日，審查完成「刑事訴訟法修正案」初稿，分為二十章，共560條，同年11月27日及28日，經立法院修正通過，1935年1月1日，經國民政府公布。同年3月，刑法起草委員會擬具「刑事訴訟法施行法草案」，並於同年4月1日公布，並決定「刑事訴訟法附施行法」之施行日為同年7月1日。該部刑事訴訟法分為九編，共516條[9]，是為新刑事訴訟法。在1945年日本戰敗之後，施行於台灣。

在結構上，其第一編為「總則」，第二編為「第一審」，第三編為「上訴」，第四編為「抗告」，第五編為「再審」，第六編為「非常上訴」，第七編為「簡易程序」，第八編為「執行」，第九編為「附帶民事訴訟」。其章節僅將再審與非常上訴對調，其細部之架構僅有些微調整，亦與當今刑事訴訟法大致相同，法治體系更加進步而完美。

四、最新刑事訴訟法

此後，新刑事訴訟法歷經多次修正。其中，2002年及2003年之修正幅度最大，堪稱為大翻修，前後判若兩法。修正後之刑事訴訟法改採「改良式當事人進行主義」，人證之調查改採交互詰問，明文規定傳聞證據排除法則，並增加證據保全之規定。因此，修正後之刑事訴訟法，堪稱為最新刑事訴訟法。截至目前為止，此部刑事訴訟法尚在浮動之中，已經小幅度修正數次，而隨時有再修正之可能。

五、未來刑事訴訟法

刑事訴訟法，在總則和第一審部分，其改革大致上完成。未來，其改革之重點在第二審及其後續之程序。其中，為回應主權在民，呼應人民參與審判之潮流，在審判程序方面，「人民觀審條例」或「人民參與審判條例」之制訂，乃最重要之司法改革目標。

9　張麗卿，刑事訴訟法理論與實用，五南，2013年9月12版1刷，頁7-8。

貳、台灣刑事訴訟法之回顧

一、舊刑事訴訟法

　　如前所述，國民政府於1928年7月28日公布、同年9月1日施行之舊刑事訴訟法，分為九編，共513條。其第一編規定總則，採取程序法定原則，設檢察官，採取公訴制度，並允許被害人就個人法益案件，提起自訴，乃公訴為原則而自訴為例外之併存制度。

　　在審判上，以法院為審判主體，以檢察官為國家之原告即追訴人，而以被告為被追訴人。法院、檢察官及被告皆為訴訟主體。在公訴程序，以檢察官及被告為當事人。犯罪被害人委由檢察官代為訴追，而被告則由律師擔任辯護人而輔助之。因此，法院、檢察官、被告加辯護人，成立院檢辯之三角關係，亦即前述之彈劾主義或控訴原則，已經十分進步。

　　該法第2條規定：「實施刑事訴訟程序之公務員，就該管事項，應於被告有利及不利之情形，一律注意。」是為公務員之客觀注意義務，與當今刑事訴訟法第2條第1項之文字完全相同，已是世界上相當先進之立法。

　　其次，就法院之管轄設三審三級制度，地方法院設為第一審，高等法院設為第二審，最高法院設為第三審。但仍設有簡易判決處刑之制度，形成實質上之四級三審制。就法院職員之迴避、被告之傳喚、拘提、通緝及羈押、被告之訊問、證人及鑑定人之傳喚、搜索及扣押、勘驗，均設有進步之規定，與當今之刑事訴訟法並無多大差別。

　　其中，第66條規定羈押被告者，必須被告無一定之住址、有逃亡之虞、有滅證之虞、有串證之虞，或涉及最輕本刑五年以上之重罪原因之一，於必要時始得執行之。其規定幾乎與當今之刑事訴訟法第101條之規定相同，十分進步。

　　復次，該法在案件起訴後，採取律師辯護制度；就五年以上之重罪或高等法院管轄第一審之案件，採取強制辯護制度，法官應依職權指定公設辯護人。法官於必要時，亦得指定公設辯護人。此外，並設有輔佐人制

度，起訴後，被告之法定代理人、保佐人或配偶得為輔佐人，在法庭陳述意見，都是相當先進之立法。

再者，該法第二編規定第一審，就偵查、起訴、審判，乃至上訴第二審及第三審、抗告、非常上訴、再審、執行及附帶民事訴訟等，均有詳盡之規定，與當今刑事訴訟法之規定大同小異，已經是非常進步之立法。當初之立法者，真是令人敬佩萬分。

二、新刑事訴訟法

(一) 原規定

如前所述，1935年1月1日公布而於同年7月1日施行之新刑事訴訟法，分為九編，共516條。該法與舊刑事訴訟法略同而比較詳盡。例如該法依然採取程序法定原則，設檢察官，採取公訴為原則而自訴為例外之併存制度。

其中第2條第1項規定：「實施刑事訴訟程序之公務員，就該管事項，應於被告有利及不利之情形，一律注意。」增訂第2項規定：「被告得請求前項公務員，為有利於己之必要處分。」賦予被告請求權，比舊刑事訴訟法之規定更加進步。

此項公務員注意義務之規定，看似不重要，卻可為司法帶來活力，因為善用該條之規定，可以為被告作出許多有利之法律適用，例如毒品危害防制條例第17條第2項規定偵查中及審判中雙重自白犯罪者，得減輕其刑。若檢察官並未訊問犯罪構成要件而逕行起訴，被告自無偵查中自白之機會，僅能於審判中自白。當此情形，實務上一致認為應予被告減刑之機會。其背景思考即是檢察官違背此項注意義務，其不利益不應由被告承擔[10]。

---

[10] 最高法院101年度台上字第6296號判決參照。至於本庭在台灣基隆地方法院，更是經常引用該第2條第1項之公務員客觀注意義務，就毒品危害防制條例第17條第1項之供出毒品來源因而查獲，以及第2項之偵查及審判中雙重自白等，作出不少最新而有利於被告之解釋及法律適用，例如103年度訴字第461號、101年度訴字第440、463號、104年度交簡上字第31號判決等。其詳另文再敘。

其次，就法院之管轄依然設三審三級制度，地方法院設為第一審，高等法院設為第二審，最高法院設為第三審。但仍設有簡易判決處刑之制度，形成實質上之四級三審制。就法院職員之迴避、被告之傳喚、拘提、通緝及羈押、被告之訊問、證人及鑑定人之傳喚、搜索及扣押、勘驗，均設有進步之規定，與當今之刑事訴訟法亦無多大差別。

其中，其第101條規定羈押被告者，必須被告無一定之住址、有逃亡事實或逃亡之虞、有串證或滅證之虞或涉及最輕本刑五年以上之重罪原因之一，於必要時始得執行之。其規定幾乎與當今之刑事訴訟法第101條之規定相同，十分進步。

復次，該法在案件起訴後，採取律師辯護制度；就五年以上之重罪案件，採取強制辯護制度，法官應依職權指定公設辯護人。法官於必要時，亦得指定公設辯護人。此外，並設有輔佐人制度，起訴後，被告之特定親屬得為輔佐人，在法庭陳述意見。

再者，該法第二編規定第一審，就偵查、起訴、審判，乃至上訴第二審及第三審、抗告、非常上訴、再審、執行及附帶民事訴訟等，均有詳盡之規定，與當今刑事訴訟法之規定大同小異，的確是非常進步之立法。

(二) 1982年修正

1945年12月26日修正46條，其止於補強修正，使規範周延一點，並無重大之變革。1967年1月28日修正全文512條，一如上述，亦無重大之變革。1968年12月5日修正2條，仍無重大之變革。

1982年8月4日，修正9條，增訂2條。其中，因王迎先命案[11]而建立偵

11　1980年1月，李師科在台北市金華街199巷，持土造手槍射殺在教廷大使館服勤的台北市保安大隊警員，再搶走其點三八左輪手槍。1982年4月14日，李師科持該把手槍，戴假髮、鴨舌帽和口罩，闖入台灣土地銀行古亭分行洗劫，搶走新台幣531萬餘元後逃逸。23天後，一名酷似李師科之計程車司機王迎先被捕，並遭到調查小組刑求，被迫承認犯案。同年5月7日，王迎先於帶領警方尋找犯案工具及贓款之過程中，趁機跳橋墜入新店溪中自殺明志。不久，李師科被逮捕，於1982年5月21日被判處死刑確定，同年5月26日清晨執行槍決。因王迎先事件發生之故，立法院通過刑事訴訟法第27條修正案，規定被告得隨時選任辯護人，以期避免刑求逼供再度發生。

查中選任辯護人之制度，最為重要。該法於第27條修正規定：「被告得隨時選任辯護人。犯罪嫌疑人受司法警察官或司法警察調查者，亦同。被告或犯罪嫌疑人之法定代理人、配偶、直系或三親等內旁系血親或家長、家屬，得獨立為被告或犯罪嫌疑人選任辯護人。」

此外，增訂第71條之1，為使警察之通知書具有強制力，而規定：「司法警察官或司法警察，因調查犯罪嫌疑人犯罪情形及蒐集證據之必要，得使用通知書，通知犯罪嫌疑人到場詢問。經合法通知，無正當理由不到場者，得報請檢察官核發拘票。」

其次，增訂第88條之1，建立逕行拘提或緊急逮捕制，而規定：「檢察官、司法警察官或司法警察偵查犯罪，有左列情形之一而情況急迫者，得逕行拘提之：一、因現行犯之供述，且有事實足認為共犯嫌疑重大者。二、在執行或在押中之脫逃者。三、有事實足認為犯罪嫌疑重大，經被盤查而逃逸者（但書略）。四、所犯為死刑、無期徒刑或最輕本刑為五年以上有期徒刑之罪，嫌疑重大，有事實足認為有逃亡之虞者。」

(三) **1995年修正**

1990年8月3日修正3條，並增訂3條，並無重大變革。1994年7月30日修正1條，亦無重大變革。

1995年10月20日修正6條，並增訂1條。其中比較重要者，在擴大檢察官依職權不起訴之範圍，並擴大限制上訴之範圍。關於後者，係在第376條規定：最重本刑為三年以下有期徒刑、拘役或專罰金之罪、竊盜罪、侵占罪、詐欺罪、背信罪、恐嚇罪和收受贓物罪，經第二審判決者，不得上訴於第三審法院。

(四) **1997年修正**

1997年12月15日修正36條，增訂8條，刪除2條。其中，檢察官之羈押權回歸法院，檢察官只有聲請羈押權，確立逮捕拘提前置原則，並增訂預防性之羈押。換言之，在此之前，檢察官在訊問被告後，可以對被告執行羈押。檢察官擁有62年之羈押權終被取消。據瞭解，檢察官之羈押權被

取消之後，偵查中之羈押被告人數減少三分之二，僅剩三分之一。

緣於1995年12月22日，司法院大法官作出第392號解釋，指稱：「憲法第8條第1項、第2項所規定之『審問』，係指法院審理之訊問，其無審判權者既不得為之，則此兩項所稱之『法院』，當指有審判權之法官所構成之獨任或合議之法院之謂。」進而聲稱：「刑事訴訟法於法院外，復賦予檢察官羈押被告之權，與前述憲法第8條第2項規定之意旨均有不符。」同時宣示刑事訴訟法相關規定於二年內失效。因此，立法院必須在1997年12月22日之前修法完成。

惟其中預防性羈押之增訂，頗受批評。該法增訂第101條之1，規定：「被告經法官訊問後，認為犯左列各款之罪，其嫌疑重大，有事實足認為有反覆實施同一犯罪之虞，而有羈押之必要者，得羈押之：一、刑法第174條第1項、第2項、第4項、第175條第1項、第2項之放火罪、第176條之準放火罪。二、刑法第224條之強制猥褻罪、第227條姦淫或猥褻罪、第277條第1項之傷害罪，但未經告訴或其告訴已經撤回或已逾告訴期間者，不在此限。三、刑法第302條之妨害自由罪。四、刑法第304條強制罪、第305條之恐嚇危害安全罪。五、刑法第321條、第322條之竊盜罪。六、刑法第325條至第327條之搶奪罪。七、刑法第329條之準強盜罪。八、刑法第40條之常業詐欺罪。九、刑法第346條之恐嚇取財罪。」

羈押係拘束人身自由於看守所，乃最強烈之強制處分。因未審先關，等於刑之執行，本質上是違背無罪推定原則。因此，須因被告人之保全，不得已而為之。今預防性羈押卻是立法者推定被告極有可能再為另一犯罪行為，未審先押，更是違背無罪推定原則，應予刪除才是。

(五) 1998年修正

1998年1月21日修正4條，增訂2條。其中增訂強制錄音最為重要。該法第100條之1修正時增訂：「訊問被告，應全程連續錄音；必要時，並應全程連續錄影。但有急迫情況且經記明筆錄者，不在此限。筆錄內所載之被告陳述與錄音或錄影之內容不符者，除有前項但書情形外，其不符之部分，不得作為證據。」惟如此規定，僅有錄音是強制，錄影已非強制，

而且，若根本未錄音，其筆錄內所載被告之陳述部分，其效力如何，則有爭論。實務見解是由法官依刑事訴訟法第158條之4之權衡原則決定之，亦即法官依比例原則定之[12]。然則，筆者認為若被告已經提出抗辯，否認自白之任意性時，其陳述即不得作為證據，否則，該條之增訂豈非成為具文[13]？

三、最新刑事訴訟法

(一) 2002年修正

1999年2月3日修正2條，並無重大之變革。1999年4月21日修正2條，仍無重大之變革。2000年2月9日修正8條，增訂2條，仍無重大之變革。2000年7月19日修正1條，仍無重大之變革。2001年1月12日修正20條，刪除1條，亦無重大之變革。

2002年2月8日修正14條，增訂9條。其中，第163條第1項原規定：「法院為發見真實，應依職權調查證據。」經移至同條第2項，改為：「法院為發見真實，得依職權調查證據，但於公平正義之維護或對被告之利益有重大關係事項，法院應依職權調查之。」由職權進行主義，變更為

---

[12] 最高法院103年度台上字第2531、1547號、102年度台上字第4990號判決參照。

[13] 台灣基隆地方法院98年度易字第66號、92年度訴字第66號、89年度訴字第537、510號判決。98年度易字第66號判決之摘要如下：87年1月21日修正刑事訴訟法第100條之1第1項規定：「訊問被告應全程連續錄音，必要時，並應全程連續錄影，但有急迫情況且經記明筆錄者，不在此限。」依此，錄音乃警察詢問時之強制規定。因此，其第2項更進而規定證據排除原則：「筆錄內所載之被告陳述，與錄音或錄影之內容不符者，除有前項但書情形外，其不符之部分，不得作為證據。」觀其提案條文原為：「訊問被告應全程連續錄音，必要時，並應全程連續錄影。被告之陳述未經錄音或錄影者，不得作為證據。」其修正理由為「為建立詢問筆錄公信力，以擔保程序合法，所以詢問過程應全程連續錄音並錄影，……以期發現真實，並確保自白之任意性。」立法院三讀時，雖為配合急迫狀況之例外情形而為文字修正如現行條文；現現行條文依然規定「其不符之部分，不得作為證據」，而排除其不符合部分之證據能力。所謂不符，包括筆錄內容係錄音或錄影內容所無及筆錄內容與錄音或錄影內容兩歧而言。茲筆錄內容係錄音或錄影內容所無者，既不得作為證據，舉輕以明重，筆錄內容並無錄音或錄影可考者，更無法確保其自白之任意性，尤不得作為證據。

當事人進行主義為原則,職權進行主義為例外,號稱「改良式當事人進行主義」。

在此同時,配合上開修正,為加強檢察官之舉證責任,建立審查門檻,乃將第161條修正為:「檢察官就被告犯罪事實,應負舉證責任,並指出證明之方法。法院於第一次審判期日前,認為檢察官指出之證明方法顯不足認定被告有成立犯罪之可能時,應以裁定定期通知檢察官補正;逾期未補正者,得以裁定駁回起訴。駁回起訴之裁定已確定者,非有第260條各款情形之一,不得對於同一案件再行起訴。違反前項規定,再行起訴者,應諭知不受理之判決。」

據瞭解,此項審查門檻建立之後,檢察官濫行起訴之情形,幾乎不再有之。一般而言,檢察官起訴案件之有罪率,在九成以上。以往,在詐欺取財和貪污兩項罪名,其有罪率僅約二至三成。在此修正之後,其有罪率回歸常態,也在九成以上。換言之,在詐欺取財案件,明明是民事糾紛,而以刑事告訴為手段,檢察官懶於多次查證開庭,乾脆濫行起訴。其情況向來嚴重,本次修法後,才不再有之。

其次,本次修正增加緩起訴制度,在第253條之1規定:「被告所犯為死刑、無期徒刑或最輕本刑三年以上有期徒刑以外之罪,檢察官參酌刑法第57條所列事項及公共利益之維護,認以緩起訴為適當者,得定一年以上三年以下之緩起訴期間為緩起訴處分。其期間自緩起訴處分確定之日起算。」

復次,本次修正增加職權再議之制度,於第256條第3項增訂:「死刑、無期徒刑或最輕本刑三年以上有期徒刑之案件,因犯罪嫌疑不足,經檢察官為不起訴之處分,或第253條之1之案件經檢察官為緩起訴之處分者,如無得聲請再議之人時,原檢察官應依職權逕送直接上級法院檢察署檢察長或檢察總長再議,並通知告發人。」此項規定將檢察官不起訴之權限一分為二,以往不得再議之案件,改為依職權送再議,由高等法院檢察署檢察官再行審查一次,等於削弱第一審檢察官之權限。

再者,本次修正增加交付審判之制度,於第258條之1增訂:「告訴人不服前條之駁回處分者,得於接受處分書後十日內委任律師提出理由狀,

向該管第一審法院聲請交付審判。」由於高檢署對再議案件之准駁，係以檢察長名義為之，准駁之後，案件即告確定。惟在此增訂之後，地方法院合議庭可以推翻高檢署檢察長之決定，准許交付審判，再次削弱檢察官之權限，強化法官之權限。此時，該案件依同法第258條之3第5項之規定，視為提起公訴，法官必須進行審判。

2002年6月5日修正1條，仍無重大之變革。

(二) 2003年修正

2003年2月6日之修正，接續2002年之修正，已將整部新刑事訴訟法大翻修，異於以往，堪稱為最新刑事訴訟法，分為九編，共512條。其修正是依據1999年7月全國司法改革會議之結論，改採取「改良式當事人進行主義」，不再採取職權進行主義。在證據調查上，法官退居第二線聽訟，居於補充性或輔助性之地位，而由檢察官及辯護人律師在第一線主導並進行之。本次修正之刑事訴訟法，其變動最大，影響深遠，有稱之為「刑事訴訟法的第二次革命」[14]。

其中，修正第31、35、37、38、43、44、117-1、118、121、154～156、159、160、164、165～167、169～171、175、180、182～184、186、189、190、192、193、195、196、198、200、201、203～205、208、209、214、215、219、229、258-1、273、274、276、279、287、288、289、303、307、319、320、327、329、331、449、455條條文。

其次，增訂第43-1、44-1、158-1～158-4、159-1～159-5、161-1～161-3、163-1、163-2、165-1、166-1～166-7、167-1～167-7、168-1、176-1、176-2、181-1、196-1、203-1～203-4、204-1～204-3、205-1、205-2、206-1、第五節之節名、219-1～219-8、236-1、236-2、271-1、273-1、273-2、284-1、287-1、287-2、288-1～288-3條條文。

再者，刪除第162、172～174、191、340條條文。其中，第117-1、118、121、175、182、183、189、193、195、198、200、201、205、

14　王兆鵬，當事人進行主義在刑事訴訟，元照，2002年10月初版，序言。

229、236-1、236-2、258-1、271-1、303、307條條文自公布日施行；其他條文自2003年9月1日施行。

　　本次修正，首先，在刑事證據法則上有重大變革。依第158條之2規定，警察未經法官或檢察官同意之夜間訊問，或未告知「得保持緘默，無須違背自己之意思而為陳述」或「得選任辯護人」者，其陳述不得作為證據，亦即並無證據能力。申言之，在第158條之3規定：「證人、鑑定人依法應具結而未具結者，其證言或鑑定意見，不得作為證據。」當然，其在第158條之4建立權衡原則或權衡法則，讓法官依比例原則決定，而規定：「除法律另有規定外，實施刑事訴訟程序之公務員因違背法定程序取得之證據，其有無證據能力之認定，應審酌人權保障及公共利益之均衡維護。」

　　其次，明文規定傳聞法則，亦即傳聞證據排除法則，並設其許多例外之規定。第159條第1項規定：「被告以外之人於審判外之言詞或書面陳述，除法律有規定者外，不得作為證據。」此為原則，惟其例外為數不少。

　　傳聞法則例外之一，在非通常審判程序則不適用之，亦即可以作為證據，不予排除。其第159條第2項規定：「前項規定，於第161條第2項之情形及法院以簡式審判程序或簡易判決處刑者，不適用之。其關於羈押、搜索、鑑定留置、許可、證據保全及其他依法所為強制處分之審查，亦同。」

　　其例外之二，在法官和檢察官面前之陳述，不適用之，亦即可以作為證據，不予排除。其第159條之1規定：「被告以外之人於審判外向法官所為之陳述，得為證據。被告以外之人於偵查中向檢察官所為之陳述，除顯有不可信之情況者外，得為證據。」

　　其例外之三，在警察前之陳述特別可信時，不適用之，亦即可以作為證據，不予排除。其第159條之2規定：「被告以外之人於檢察事務官、司法警察官或司法警察調查中所為之陳述，與審判中不符時，其先前之陳述具有較可信之特別情況，且為證明犯罪事實存否所必要者，得為證據。」

　　其例外之四，列舉在警察面前之陳述可為證據之特別情形，不適用

之，亦即可以作為證據，不予排除。其第159條之3規定：「被告以外之人於審判中有下列情形之一，其於檢察事務官、司法警察官或司法警察調查中所為之陳述，經證明具有可信之特別情況，且為證明犯罪事實之存否所必要者，得為證據：一、死亡者。二、身心障礙致記憶喪失或無法陳述者。三、滯留國外或所在不明而無法傳喚或傳喚不到者。四、到庭後無正當理由拒絕陳述者。」

其例外之五，列舉特種文書不適用之，亦即可以作為證據，不予排除。其第159條之4規定：「除前三條之情形外，下列文書亦得為證據：一、除顯有不可信之情況外，公務員職務上製作之紀錄文書、證明文書。二、除顯有不可信之情況外，從事業務之人於業務上或通常業務過程所須製作之紀錄文書、證明文書。三、除前二款之情形外，其他於可信之特別情況下所製作之文書。」

其例外之六，明示或默示不適用之，亦即可以作為證據，不予排除。其第159條之5規定：「被告以外之人於審判外之陳述，雖不符前四條之規定，而經當事人於審判程序同意作為證據，法院審酌該言詞陳述或書面陳述作成時之情況，認為適當者，亦得為證據。當事人、代理人或辯護人於法院調查證據時，知有第159條第1項不得為證據之情形，而未於言詞辯論終結前聲明異議者，視為有前項之同意。」

復次，本次修正建立調查人證之「交互詰問制」，於第166條規定：「當事人、代理人、辯護人及輔佐人聲請傳喚之證人、鑑定人，於審判長為人別訊問後，由當事人、代理人或辯護人直接詰問之。被告如無辯護人，而不欲行詰問時，審判長仍應予詢問證人、鑑定人之適當機會。前項證人或鑑定人之詰問，依下列次序：一、先由聲請傳喚之當事人、代理人或辯護人為主詰問。二、次由他造之當事人、代理人或辯護人為反詰問。三、再由聲請傳喚之當事人、代理人或辯護人為覆主詰問。四、再次由他造當事人、代理人或辯護人為覆反詰問。前項詰問完畢後，當事人、代理人或辯護人，經審判長之許可，得更行詰問。」為配合交互之進行，本次在第166條之1以下，至第167條之7，規定相當複雜之交互詰問條文。

事實上，此一交互詰問制度，台灣一如日本，由於不切實際，實質

上，已經被演變而成為德國之輪流詰問制度或稱輪替詰問制度。所謂不切實際，乃因此一交互詰問規則，係在採行陪審團之英美法系國家，為防止未受法律專業訓練之陪審人員受到檢察官或律師攻防技術之影響而制定；惟我國並未採行陪審制度，法官係受過專業訓練之法律人，一般而言，檢察官或律師之攻防策略，對法官之心證形成欠缺影響力。新法將該套規則列為明文，實際上是張冠李戴，其投資報酬率過低。

再者，在第203條之1以下，增加留置鑑定之規定，規定「因鑑定被告心神或身體之必要，得預定七日以下之期間，將被告送入醫院或其他適當之處所。」依第203條之1，留置鑑定應用鑑定留置票。依第203條之3第1項之規定：「鑑定留置之預定期間，法院得於審判中依職權或偵查中依檢察官之聲請裁定縮短或延長之。但延長之期間不得逾二月。」而且，其留置鑑定之日數，視為羈押之日數，可以折抵刑期。

此外，在第219條之1以下，增加第五章證據保全之規定。第219條之1規定：「告訴人、犯罪嫌疑人、被告或辯護人於證據有湮滅、偽造、變造、隱匿或礙難使用之虞時，偵查中得聲請檢察官為搜索、扣押、鑑定、勘驗、訊問證人或其他必要之保全處分。檢察官受理前項聲請，除認其為不合法或無理由予以駁回者外，應於五日內為保全處分。檢察官駁回前項聲請或未於前項期間內為保全處分者，聲請人得逕向該管法院聲請保全證據。」

末者，本次修正增加強制合議之範圍，以合議為原則，以獨任為例外。此與前此之以獨任為原則，而以獨任為例外[15]，有所不同。其第284條之1規定：「除簡式審判程序及簡易程序案件外，第一審應行合議審判。」此項修正，美其名曰建立堅實之第一審，實際上是讓每個法官之案件暴增三倍，正是刑事司法實務者痛苦之根源。

申言之，強制辯護之案件而被告否認犯罪者，固應由合議庭進行通常審判程序；強制辯護之案件而被告認罪者，仍由合議庭應進行通常審判程序；強制辯護案件以外之案件而被告否認犯罪者，仍應由合議庭進行通常

15　法院組織法第3條第1項。

審判程序；僅在強制辯護案件以外之案件而被告認罪者，才可以由獨任法官進行簡式審判。此種勞民傷財之制度，引發基層法官深刻之不滿，在各種場合尤其網路之法官論壇接續批判。例如刑法第337條侵占遺失物罪，只能判處新台幣1萬5千元之罰金，乃專科罰金之罪，只因被告否認犯罪，竟必須勞動三位法官全程進行交互詰問之通常審判程序[16]，真是豈有此理！

　　直到2007年3月21日修正第284條之1，才略為擴大獨任審判之範圍。易言之，經法官抗議之結果，立法院在2007年3月21日修正刑事訴訟法第184條之1，將無論被告認罪與否，皆得進行獨任審判之範圍，擴張至最重本刑三年以下有期徒刑之罪及竊盜罪，亦即刑事訴訟第376條第1款、第2款不得上訴第三審之案件。申言之，此類案件而被告認罪者，固由獨任法官進行簡式審判程序；被告否認犯罪者，仍由獨任法官進行交互詰問之通常審判程序。

　　本來，獨任審判之法官只須處理自己所收之案件；惟合議審判之法官必須參與其他二人所收之案件。從審判開始到結束，三位法官皆是命運共同體；稍有不同者，審判期日之訴訟程序係由審判長指揮；而裁判書之制作係由受命法官為主筆，如此而已。因此，以合議審判為原則之制度，造成法官之案件無形中膨脹三倍，處理案件之時間亦相對增加三倍。

　　其次，修正前舊法時期之人證調查，由法官直接訊問；專業之法官知道問所當問，略所當略，時間容易掌控；修正後新法時期之人證調查，以英美法之交互詰問方式行之，由檢察官與律師輪流直接詰問。因為檢察官與律師不知法官疑問之所在，常常「亂槍打鳥」，證人無所不傳，內容更無不問，耗費太多時間。因此，開庭審判之時間較之獨任審判時間，其膨脹絕對在三倍以上。

　　由於合議審判使得案件數量增加三倍，處理案件時間也增加三倍；加上交互詰問使得開庭時間增加三倍以上，有時不但排不出開庭時間，而在辯論終結後，更找不出時間評議。因此，為使法院之案件得以順利進行，

---

[16]　台灣基隆地方法院92年度易緝字第20號判決。

司法院遂要求法務部拜託檢察官儘量聲請簡易判決，不得已才提起公訴。

檢察官之所以願意配合，其主因有二：其一，聲請簡易判決處刑之案件，既稱「處刑」，法官必須為有罪判決[17]，當然有利於提高檢察官之辦案成績；其二，在新法實施後，檢察官系統開始分為偵查組及公訴組。若起訴案件太多，公訴檢察官會如同法官一般，覺得不堪負荷。

在舊法時期，起訴是主流，約占繫屬法院案件之九成；聲請簡易判決僅占一成左右，並無聲請交付審判之制度。在新法時期，聲請簡易判決變成主流，約占繫屬法院案件之八成；其起訴者僅占二成左右；當然，准許交付審判之案件少之又少，衡之經驗法則，恐怕不到千分之一。

准許交付審判之案件幾乎全數駁回，其主因在檢察官與法官係同一考試所進用，其素質尚佳，經其不起訴之案件，本就難以翻案，亦即要從中找到應起訴之理由，根本難上加難[18]；縱令有之，必為難辦案件；加上准許交付審判後，該案須由裁定准許者自行審理，裁定准許等於自找麻煩；若以不起訴處分書之理由而駁回聲請，既省時又省力，人同此心，心同此理，自然裁定駁回者占絕對多數。

(三) 2004年修正

2004年4月7日增訂第七編之一協商程序，即認罪協商，共有10條。其第455條之1規定：「第455條之2除所犯為死刑、無期徒刑、最輕本刑三年以上有期徒刑之罪或高等法院管轄第一審案件者外，案件經檢察官提起公訴或聲請簡易判決處刑，於第一審言詞辯論終結前或簡易判決處刑前，檢察官得於徵詢被害人之意見後，逕行或依被告或其代理人、辯護人之請求，經法院同意，就下列事項於審判外進行協商，經當事人雙方合意且被

---

[17] 至於簡易程序，以不開庭為原則，是否侵害被告之訴訟基本權，乃另一問題，見黃翰義，訴訟制度之變革與刑事政策，司法研究年報，第28輯刑事類第1篇，頁384-386。

[18] 交付審判新制實施一年後，全國所有聲請交付審判之案件，僅有一件裁定准許，其餘全數裁定駁回。其准許之該案，即筆者在台灣基隆地方法院所裁定者，見該院91年度聲判字第11號裁定。

告認罪者，由檢察官聲請法院改依協商程序而為判決：一、被告願受科刑
之範圍或願意接受緩刑之宣告。二、被告向被害人道歉。三、被告支付相
當數額之賠償金。四、被告向公庫或指定之公益團體、地方自治團體支付
一定之金額。檢察官就前項第2款、第3款事項與被告協商，應得被害人之
同意。第1項之協商期間不得逾三十日。」

　　由於協商程序之協商，僅在審判中適用，不在偵查中適用，其範圍太
窄；而其僅規定罪之協商，並未規定刑之協商，其範圍更窄；尤有進者，
協商係由檢察官發動，為被告而找被害人協商，使得法官不用寫作判決
書。其結果，疲累在檢察官而輕鬆在法官。因此，適用協商者已經不多。
數年後，法務部乾脆以行政手段干預，藉由檢察一體，命令檢察官之協商
必須事先簽請檢察長核准，始得進行之。結果，數年來，各法院之協商案
件幾乎全數掛零，使得協商程序名存實亡。

　　2004年6月23日修正5條，增訂2條，惟並無重大之變革。2006年5月
24日修正1條，仍無重大之變革。2006年6月14日修正4條，亦無重大之
變革。2007年3月21日修正第284條之1，略為擴大獨任審判之範圍而已。
2007年7月4日修正7條，惟無重大之變革。2007年12月12日修正1條，亦無
重大之變革。

(四) 2009年修正

　　2009年7月8日修正5條，重點在於第93條增訂第5、6項，增加拒絕夜
間訊問之規定。其第93條修正規定為：「被告或犯罪嫌疑人因拘提或逮
捕到場者，應即時訊問。偵查中經檢察官訊問後，認有羈押之必要者，應
自拘提或逮捕之時起二十四小時內，敘明羈押之理由，聲請該管法院羈押
之。前項情形，未經聲請者，檢察官應即將被告釋放。但如認有第101第
1項或第101條之1第1項各款所定情形之一而無聲請羈押之必要者，得逕
命具保、責付或限制住居；如不能具保、責付或限制住居，而有必要情形
者，仍得聲請法院羈押之。前三項之規定，於檢察官接受法院依少年事件
處理法或軍事審判機關依軍事審判法移送之被告時，準用之。法院於受理
前三項羈押之聲請後，應即時訊問。但至深夜仍未訊問完畢，或深夜始受

理聲請者，被告、辯護人及得為被告輔佐人之人得請求法院於翌日日間訊問。法院非有正當理由，不得拒絕。前項但書所稱深夜，指午後十一時至翌日午前八時。」

(五) 2010年修正

2010年6月23日修正3條，增訂1條。其第34條規定：「辯護人得接見羈押之被告，並互通書信。非有事證足認其有湮滅、偽造、變造證據或勾串共犯或證人者，不得限制之。辯護人與偵查中受拘提或逮捕之被告或犯罪嫌疑人接見或互通書信，不得限制之。但接見時間不得逾一小時，且以一次為限。接見經過之時間，同為第93條之1第1項所定不予計入二十四小時計算之事由。前項接見，檢察官遇有急迫情形且具正當理由時，得暫緩之，並指定即時得為接見之時間及場所。該指定不得妨害被告或犯罪嫌疑人之正當防禦及辯護人依第245條第2項前段規定之權利。」

其第34條之1更規定：「限制辯護人與羈押之被告接見或互通書信，應用限制書。」且此項限制書應由法官簽名，亦即應由檢察官向法官聲請許可。

2012年6月13日修正第245條，補強偵查不公開之規定而已。

(六) 2013年修正

2013年1月23日修正2條。其主要在使強制辯護制度範圍更加完整，亦即完善整個強制辯護制度。其第31條修正規定為：「有下列情形之一，於審判中未經選任辯護人者，審判長應指定公設辯護人或律師為被告辯護：一、最輕本刑為三年以上有期徒刑案件。二、高等法院管轄第一審案件。三、被告因智能障礙無法為完全之陳述。四、被告具原住民身分，經依通常程序起訴或審判者。五、被告為低收入戶或中低收入戶而聲請指定者。六、其他審判案件，審判長認有必要者。前項案件選任辯護人於審判期日無正當理由而不到庭者，審判長得指定公設辯護人或律師。被告有數人者，得指定一人辯護。但各被告之利害相反者，不在此限。指定辯護人後，經選任律師為辯護人者，得將指定之辯護人撤銷。被告或犯罪嫌疑人

因智能障礙無法為完全之陳述或具原住民身分者，於偵查中未經選任辯護人，檢察官、司法警察官或司法警察應通知依法設立之法律扶助機構指派律師到場為其辯護。但經被告或犯罪嫌疑人主動請求立即訊問或詢問，或等候律師逾四小時未到場者，得逕行訊問或詢問。」

(七) 2014年修正

2014年1月29日修正3條，惟無重大之變革。2014年6月4日修正3條，仍無重大之變革，僅其中第370條之修正，係為配合刑法第50條執行刑之修正而來，擴大不利益變更禁止原則之範圍。該第370條修正為：「由被告上訴或為被告之利益而上訴者，第二審法院不得諭知較重於原審判決之刑。但因原審判決適用法條不當而撤銷之者，不在此限（Ⅰ）。前項所稱刑，指宣告刑及數罪併罰所定應執行之刑（Ⅱ）。第1項規定，於第一審或第二審數罪併罰之判決，一部上訴經撤銷後，另以裁定定其應執行之刑時，準用之（Ⅲ）。」

2014年6月18日增訂第119條之1，乃觀念上之大變革。其規定：「以現金繳納保證金具保者，保證金應給付利息，並於依前條第3項規定發還時，實收利息併發還之。其應受發還人所在不明，或因其他事故不能發還者，法院或檢察官應公告之；自公告之日起滿十年，無人聲請發還者，歸屬國庫。依第118條規定沒入保證金時，實收利息併沒入之。刑事保證金存管、計息及發還作業辦法，由司法院會同行政院定之。」換言之，除非是被告逃匿而沒收保證金，否則，在發還保證金時，同時發還利息。以往是無利息發還，現在是發還本金並發還利息。此乃觀念上之大變革。

2014年12月24日修正不得上訴第三審案件之範圍，並無重大之變革。

(八) 2015年修正

2015年1月14日修正4條。其第27條第3項前段修正為：「被告或犯罪嫌疑人因精神障礙或其他心智缺陷無法為完全之陳述者，應通知前項之人得為被告或犯罪嫌疑人選任辯護人。」

　　其第31條第5項前段修正為：「被告或犯罪嫌疑人因精神障礙或其他心智缺陷無法為完全之陳述或具原住民身分者，於偵查中未經選任辯護人，檢察官、司法警察官或司法警察應通知依法設立之法律扶助機構指派律師到場為其辯護。」

　　第35條第3項修正為：「被告或犯罪嫌疑人因精神障礙或其他心智缺陷無法為完全之陳述者，應有第1項得為輔佐人之人或其委任之人或主管機關、相關社福機構指派之社工人員或其他專業人員為輔佐人陪同在場。」

　　第93條之1第1項第5款修正為：「第91條及前條第2項所定之二十四小時，有下列情形之一者，其經過之時間不予計入。但不得有不必要之遲延：五、被告或犯罪嫌疑人因表示選任辯護人之意思，而等候辯護人到場致未予訊問者。但等候時間不得逾四小時。其等候第31條第5項律師到場致未予訊問或因精神障礙或其他心智缺陷無法為完全之陳述，因等候第35條第3項經通知陪同在場之人到場致未予訊問者，亦同。」

　　其實，上開4條只是將「智能障礙」修改為「精神障礙或其他心智缺陷」，以資包括所有心智障礙族群，避免排除其他心智障礙者，如自閉症、精神障礙、失智症等，如此而已。

　　2015年2月4日僅修正第420條，大幅放寬再審之規定，堪稱為再審之大翻修。修正後之規定為：「有罪之判決確定後，有下列情形之一者，為受判決人之利益，得聲請再審：一、原判決所憑之證物已證明其為偽造或變造者。二、原判決所憑之證言、鑑定或通譯已證明其為虛偽者。三、受有罪判決之人，已證明其係被誣告者。四、原判決所憑之通常法院或特別法院之裁判已經確定裁判變更者。五、參與原判決或前審判決或判決前所行調查之法官，或參與偵查或起訴之檢察官，或參與調查犯罪之檢察事務官、司法警察官或司法警察，因該案件犯職務上之罪已經證明者，或因該案件違法失職已受懲戒處分，足以影響原判決者。六、因發現新事實或新證據，單獨或與先前之證據綜合判斷，足認受有罪判決之人應受無罪、免訴、免刑或輕於原判決所認罪名之判決者（I）。前項第1款至第3款及第5款情形之證明，以經判決確定，或其刑事訴訟不能開始或續行非因證據不

足者為限，得聲請再審（II）。第1項第6款之新事實或新證據，指判決確定前已存在或成立而未及調查斟酌，及判決確定後始存在或成立之事實、證據（III）。」

　　本次主要修正為放寬第420條第1項再審之規定。同項第5款之範圍，包括因司法警察官或司法警察因該案件犯職務上罪已經證明者。同項第6款則以「發現新事實或新證據」取代過去「發現確實之新證據」，並增訂得以「單獨或與先前之證據綜合判斷」，同時增訂同條第3項明文新事實與新證據包括「判決確定前已存在或成立而未及調查斟酌，及判決確定後始存在或成立」。

　　刑事訴訟法第420條第1項第6款規定之再審事由，修正前之原規定為「因發見確實之新證據，足認受有罪判決之人應受無罪、免訴、免刑或輕於原判決所認罪名之判決者」。法院礙於以往最高法院曾創設出「新規性」（嶄新性）及「確實性（顯著性）」之要件，將本款規定解釋為「原事實審法院判決當時已經存在，然法院於判決前未經發現而不及調查斟酌，至其後始發現者」，且必須使再審法院得到足以動搖原確定判決而為有利受判決人之判決無合理可疑的確切心證，始足當之。然此所增加限制不僅毫無合理性，亦無必要，更對人民受憲法保障依循再審途徑推翻錯誤定罪判決之基本權利，增加法律所無之限制，而違法律保留原則[19]。

　　考量再審制度之目的在發現真實並追求具體公平正義之實現，為求真實之發現，避免冤獄，乃將第1項第6款改為「因發現新事實或新證據，單獨或與先前之證據綜合判斷，足認受有罪判決之人應受無罪、免訴、免刑或輕於原判決所認罪名之判決者」，並新增第3項「第1項第6款之新事實或新證據，指判決確定前已存在或成立而未及調查斟酌，及判決確定後始存在或成立之事實、證據」。

---

[19]　見立法理由。至於對舊法過於嚴苛之批評，見林鈺雄，刑事訴訟法下冊，元照，2010年9月6版，頁434-444；林俊益，刑事訴訟法概論（下），新學林，2011年2月10版，頁454-455；王兆鵬，刑事訴訟法講義，元照，2010年9月5版，頁963-993；王兆鵬、張明偉、李榮耕，刑事訴訟法（下），承法，2013年9月2版，頁444-462。

　　該修正條文生效後，最高法院對於新再審規定應如何適用作出揭示，明白指出「再審條件限制業已放寬，承認『罪證有疑、利歸被告』原則，並非祇存在法院一般審判之中，而於判罪確定後之聲請再審，仍有適用，不再刻意要求受判決人（被告）與事證間關係之新穎性，而應著重於事證和法院間之關係，亦即祇要事證具有明確性，不管其出現係在判決確定之前或之後，亦無論係單獨（例如不在場證明、頂替證據、新鑑定報告或方法），或結合先前已經存在卷內之各項證據資料（我國現制採卷證併送主義，不同於日本，不生證據開示問題，理論上無檢察官故意隱匿有利被告證據之疑慮），予以綜合判斷，若因此能產生合理之懷疑，而有足以推翻原確定判決所認事實之蓋然性，即已該當。申言之，各項新、舊證據綜合判斷結果，不以獲致原確定判決所認定之犯罪事實，應是不存在或較輕微之確實心證為必要，而僅以基於合理、正當之理由，懷疑原已確認之犯罪事實並不實在，可能影響判決之結果或本旨為已足。縱然如此，不必至鐵定翻案、毫無疑問之程度」[20]。

　　為因應放寬修正刑事訴訟法第420條第1項第6款，立法院亦通過刑事訴訟法施行法第7條之8規定，並經總統於民國104年2月4日公布。本條規定：「於中華民國104年1月23日修正通過之刑事訴訟法施行前，以不屬於修正前刑事訴訟法第420條第1項第6款之新事實、新證據，依該規定聲請再審，經聲請人依刑事訴訟法第431條第1項撤回，或經法院專以非屬事實審法院於判決前因未發現而不及調查斟酌之新證據為由，依刑事訴訟法第434條第1項裁定駁回，於施行後復以同一事實、證據聲請再審，而該事實、證據符合修正後規定者，不適用刑事訴訟法第431條第2項、第434條第2項規定（I）。前項情形，經聲請人依刑事訴訟法第431條第1項撤回，或經法院依刑事訴訟法第434條第1項裁定駁回後，仍適用刑事訴訟法第431條第2項、第434條第2項規定。」

---

[20]　最高法院104年度台抗字第125號裁定。

參、台灣刑事訴訟法之前瞻

事實上，如前所述，在清末之1911年，沈家本所完成之「大清刑事訴訟律草案」，共515條，已經揚棄「糾問制」，採取「告劾制」。所謂告劾制，即是彈劾，亦即彈劾制度或控訴制度，是為彈劾主義或控訴原則。此外，為達摘發真實之目的，本法乃採取自由心證原則、直接審判原則和言詞辯論原則。

1928年3月10日，國民政府公布「刑事訴訟法草案」，再經修正修正，而於同年7月28日公布，同年9月1日施行，共513條。此為「舊刑事訴訟法」，大抵沿襲「大清刑事訴訟律草案」，已經具備現代先進國家之優良制度。在舊刑事訴訟法時期，經歷多次修正，法制愈加完備。

1935年1月1日，經國民政府公布「刑事訴訟法」，共516條。同年3月，刑法起草委員會擬具「刑事訴訟法施行法草案」，並於同年4月1日公布，並決定「刑事訴訟法附施行法」之施行日為同年7月1日。該部刑事訴訟法即為「新刑事訴訟法」。在新刑事訴訟法時期，亦經歷多次修正，法制較之舊法時期更加完整。

2003年2月6日大翻修之後的刑事訴訟法，已經異於以往，堪稱為「最新刑事訴訟法」，分為九編，共512條，亦即當今適用之刑事訴訟法。其間亦經歷多次修正，雖然尚有缺失，例如前述預防性之羈押，頗受批評，應予刪除之外，在法制各方面之完備，已至堪稱全世界數一數二之進步。如能再加調整，勢必更加精進。

一、繼續修正刑事上訴審

1999年7月之全國司法改革會議，係以建構「刑事第一審成為堅實之事實審，第二審採行事後審查制，第三審採行嚴格法律審或研採上訴許可制」，作為未來改革之方向。此因我國目前刑事訴訟法之第二審上訴乃是採覆審制，第二審法院應就第一審調查之證據資料，皆應重新認定調查證據，不受原審之拘束，對於案件為完全之重複審理，以達到發現真實為其

主要目的。其結果，不但曠日廢時，浪費法院時間和費用，實益不多；何況，從審級結構觀之，將會產生第一審被架空，訴訟重心移往第二審之疑慮。

　　惟至目前為止，刑事訴訟法之修正進度，止於完成總則及第一審，其餘部分尚在草案階段而未完成立法。因此，立法應加緊腳步，繼續修正刑事訴訟之上訴審及其他相關制度，以期我國刑事訴訟之立法可以益臻完美。

二、改採當事人進行主義

　　在檢察官偵查部分，偵查不公開、起訴、不起訴、依職不起訴、緩起訴、再議、職權再議、聲請交付審判，法制十分完備。在被告及辯護人防禦部分，羈押要件之嚴格化、強制辯護及義務辯護之增加、偵查中選任辯護人之制度十分完整。在法官審判方面，證據法則之確立，改良式當事人進行主義之採行，檢察官起訴門檻之建立，使得法官中立性獲得確認，審判之公正性獲得肯定。因此，台灣之最新刑事訴訟法值得推崇。

　　然則，既是改良式當事人進行主義，本質上就是部分當事人進行主義，不完全之當事人進行主義[21]。因此，為確立法官完全中立審判，排除法官預斷之可能，自應採行完全當事人進行主義，並採行起訴狀一本主義，卷宗及證物不得併送於法院。因此，刑事訴訟法第163條第2項規定：「法院為發見真實，得依職權調查證據。但於公平正義之維護或對被告之利益有重大關係事項，法院應依職權調查之。」其但書應予刪除。同時，刑事訴訟法第264條第3項規定：「起訴時，應將卷宗及證物一併送交法院。」其規定亦應一併刪除。

　　當事人進行主義，一般人易懂；惟起訴狀一本主義，一般人難懂，何故？顧名思義後，不解其意。所謂主義，係指立法之原則。「起訴狀一本」若改稱「起訴書一張」，或逕稱「只有起訴書一張」，可能容易讓人

---

[21] 關於當事人進行主義之辨正說明，見王兆鵬、張明偉、李榮耕，刑事訴訟法（下），承法，2013年9月2版，頁5-12。

理解。申言之，此項只有起訴書一張之立法原則，必須伴隨卷宗及證物不得一併送交法院之制度，才能使得法官以完全空白之心證進行審判，以免形成預斷。進而言之，起訴狀一本，必須加上卷證不併送[22]，始克竟其功。當然，所謂起訴狀一本，其犯罪事實欄也只記載犯罪之基本事實，日本稱之為訴因，乃訴之因素，即日期、時間、場所及方法[23]，以求確定審判之範圍。

三、制訂人民參與審判條例

憲法第4條規定：「中華民國之主權屬於國民全體。」基於主權在民之原則，人民參與審判已是世界潮流[24]，所謂陪審制及參審制皆是[25]。日本於2004年5月28日公布「關於裁判員參與刑事裁判之法律」，簡稱裁判員法，經歷五年之準備，自2009年5月21日起正式實施。其審判係以法官三人和平民裁判員六人組合而成，共同參與審判，票票等值，仍採多數決，惟多數決中至少須包含一位法官[26]。

韓國於2007年6月1日公布「國民參與刑事審判法」，自2008年1月1日施行。其參與審判之人民稱為陪審員。其陪審員可能為五人、七人或九人。法定刑為死刑或無期徒刑者，其陪審員為九人；其餘案件為七人，而被告認罪者為五人。其評議方式係陪審員開會表決而形成共識意見，再向法官提出建議。若法官不採納其意見，應於判決書上說明理由。因此，陪

---

22 關於卷證不併送，可參黃翰義，論日本法上卷證不併送制度之配套措施，軍法專刊，第56卷第2期，頁5-32。

23 日本刑事訴訟法第256條第3項；我國刑事訴訟法第320條第2項規定自訴人提起自訴時，「前項犯罪事實，應記載構成犯罪之具體事實及其犯罪之日、時、處所、方法。」其理亦同。

24 關於人民參與審判之理論基礎，可參孫健智，人民參與審判法制之研究，司法研究年報，第30輯刑事類第2篇，頁99-126。

25 陪審制及參審制之簡介，參見呂丁旺，法院組織法新論，三民書局，2000年10月3版，頁61-65。

26 日本裁判員制度，其詳可參楊舒嵐，日本裁判員制度之研究，司法研究年報，第29輯刑事類第4篇。

審員對於法官只有事實上之拘束力，並無法律上之拘束力[27]。

　　司法院自1987年起，先後提出「刑事參審試條例」、「專家參審試行條例」及「國民參審試行條例」，惟因有違憲疑慮而未送請立法院審議[28]。其關鍵原因在於憲法第80條規定：「法官須超出黨派以外，依據法律獨立審判，不受任何干涉。」憲法第81條規定：「法官為終身職，非受刑事或懲戒處分，或禁治產之宣告，不得免職。非依法律，不得停職，轉任或減俸。」今人民並非法官而參與審判，易生違憲之疑慮。

　　2012年4月間，司法院研擬「人民觀審試行條例草案」，同年5月會銜行政院，同年6月函請立法院審議中。草案設計被告所犯為最輕本刑七年以上之罪，可以進行觀審員之觀審審判制，惟排除少年案件及毒品危害防制條例案件[29]。

　　觀審之審判係法官三人與觀審員五人組合而成。審判後評議時，與韓國類似，先由觀審員內部評議，再向法官進行建議，法官不採納時，須向觀審員說明原因，並在判決書上說明理由。因此，觀審員對法官只有事實上影響力，並無法律上之影響力。換言之，讓你觀，讓你審，不讓你判，是為觀審[30]。

　　嚴格言之，「觀審」乃觀察審判，乃監督審判，並非參與審判。申言之，人民只有近距離觀察審判程序，監督審判程序，僅僅形式上參與審判程序，並未實質上參與審判實體內容。觀審員內部意見形成之表決，並非參與法官判決意見之表決，僅僅是提供意見之角色而已。如此，與人民參與審判之期待仍甚遙遠。

---

[27] 有關日本之裁判員制及韓國之國民參審制，見司法院，台灣人民參與審判制度的理念與規劃——從新世紀東亞人民參與審判熱潮的角度作比較觀察，2014年8月，頁3-15。

[28] 司法院，台灣人民參與審判制度的理念與規劃——從新世紀東亞人民參與審判熱潮的角度作比較觀察，2014年8月，頁15。

[29] 關於觀審制之優缺點，可參王銘，人民參與審判法制之研究，司法研究年報，第30輯刑事類第6篇。

[30] 對於人民觀審條例草案之建議和批評，見黃沛文，人民參與審判法制之研究——以人民參與審判制度的權力結構意義為核心，司法研究年報，第32輯刑事類第8篇。

因此，筆者建議制訂「人民參與審判條例」，仿日本制，以法官三人和參與審判之平民法官六人，一起參與審判而有相同之表決權[31]。惟因如此，更加引發非法官而參與審判之違憲疑慮。不過本人認為此項疑慮實屬多餘。其理由如下。

憲法第8條第2項規定：「人民因犯罪嫌疑被逮捕拘禁時，其逮捕拘禁機關應將逮捕拘禁原因，以書面告知本人及其本人指定之親友，並至遲於二十四小時內移送該管法院審問。本人或他人亦得聲請該管法院，於二十四小時內向逮捕之機關提審。」此在1935年之憲法，其二十四小時之限制規定，乃世界上相當進步之立法。

刑事訴訟法第93條之1規定：「第91條及前條第2項所定之二十四小時，有左列情形之一者，其經過之時間不予計入。但不得有不必要之遲延：一、因交通障礙或其他不可抗力事由所生不得已之遲滯。二、在途解送時間。三、依第100條之3第1項規定不得為詢問者。四、因被告或犯罪嫌疑人身體健康突發之事由，事實上不能訊問者。五、被告或犯罪嫌疑人表示已選任辯護人，因等候其辯護人到場致未予訊問者。但等候時間不得逾四小時。其因智能障礙無法為完全之陳述，因等候第35條第3項經通知陪同在場之人到場致未予訊問者，亦同。六、被告或犯罪嫌疑人須由通譯傳譯，因等候其通譯到場致未予訊問者。但等候時間不得逾六小時。七、經檢察官命具保或責付之被告，在候保或候責付中者。但候保或候責付時間不得逾四小時。八、犯罪嫌疑人經法院提審之期間。」此項實質上延長憲法二十四小時之立法，並無人指稱其違背憲法，因為是因應實際需要之立法。

其次，憲法第8條第1項規定：「人民身體之自由應予保障。除現行犯之逮捕由法律另定外，非經司法或警察機關依法定程序，不得逮捕拘禁。非由法院依法定程序，不得審問處罰。非依法定程序之逮捕，拘禁，審問，處罰，得拒絕之。」憲法只稱「現行犯」而已，並未就「現行犯」

31　相同建議，見王以齊，人民參與審判法制之研究，司法研究年報，第32輯刑事類第7篇，頁80-82。

下定義刑事訴訟法第88條第1項規定：「現行犯，不問何人得逕行逮捕之。」第2項規定：「犯罪在實施中或實施後即時發覺者，為現行犯。」第3項規定：「有左列情形之一者，以現行犯論：一、被追呼為犯罪人者。二、因持有兇器、贓物或其他物件、或於身體、衣服等處露有犯罪痕跡，顯可疑為犯罪人者。」其第3項更將現行犯擴張至「準現行犯」，並無人指稱其違背憲法。

　　情、理、法，是傳統制約之想法，認為法律不外人情。法、理、情，是學習法律之後法律人之想法，認為法律之內才有情理可言。理、法、情，是在深入思考後之結論，認為天理（道理）才是主宰，法律不合天理，就該修改，何況人情！

　　因此，解套之觀念：法官要審判任何案件，才須職業法官。職業法官要件件獨立審判，才需要終身保障。人民參與審判，僅就該案件是法官，不須是職業法官，乃是平民法官、業餘法官、準法官或擬制法官。人民只是該案法官，只就該案審理期間，視為法官，並在該案期間，有與法官相同之權限，有與法官相同之保障而已。

　　準此，在立法上，應制訂「人民參與審判條例」，而非制訂「人民觀審條例」。其一，或可規定「參與審判之人民，就該案件之審判，視為法官」。其二，或可規定「參與審判之人民，就該案件之審判，與法官有同一之權限」。如此，平民法官與職業法官同有表決權，不再只是建議權。

肆、結論

　　相對於「被害人保護法」而言，刑事訴訟法本質上就是一部「被告保護法」。所謂被告乃是被人所告之意。對於被指控有刑事犯罪之被告而言，如何確定其是否真正犯罪而應負刑事責任，國家之刑罰權應否施加其上，如是，其施加之範圍如何，乃刑事訴訟法立法之重點。在此一確認之過程中，為被告之最高利益考量，乃最重要之思考核心或思考背景。

　　因此，以三級三審為原則而以三級二審為例外、公務員之客觀注意義

務、審檢分立原則、迴避制度之建立、辯護人及輔佐人之選任、檢察官之舉證責任，以及證據法則之確立等等，均為此一最高利益考量下之產物。換言之，上開各項制度之建立，皆在保障被告之基本訴訟權，亦即在保障被告之基本人權。

如前所述，清末之1911年，沈家本之「大清刑事訴訟律草案」，共515條，已經採用彈劾制度或控訴制度，並採取自由心證原則、直接審判原則和言詞辯論原則，已經是世界上相當進步之立法。

民國成立後，1928年之「舊刑事訴訟法」沿之。1935年之「新刑事訴訟法」續之而逐步修正，使之益加完備。2002年及2003年之大修正，更進一步落實各項制度，使得保障人權更加周延，堪稱「最新刑事訴訟法」。其後再經多次修正，法制已經甚為完備，稱之世上數一數二之進步立法，應是當之無愧！

然則，若能保留優點，改進缺點，補足弱點，則「未來刑事訴訟法」必將更加完美。所謂保留優點，已如前述；所謂改進缺點，例如刪除預防性羈押，重新修正認罪協商之規定。

再者，前此修法之立意固甚良好；只是，將英美法之交互詰問規則法制化，適用於專業法官，實屬張冠李戴；而第一審變更為以合議庭為原則，讓不該忙碌之法官更加忙碌，實屬矯枉過正。若能再次修正刑事訴訟法，使得張冠張戴，李冠李戴，矯其枉而不過正，則上述缺點盡除。

末者，所謂補足弱點，亦即前述放棄改良式當事人進行主義，改採完全當事人進行主義及起訴狀一本主義，加上卷證不併送法院。果能如此再行修法，先完成上訴審等之修正立法，再制訂人民參與審判條例，讓人民可以適度參與刑事審判，則台灣刑事訴訟法之獨步全球，必將指日可待。

2

無罪推定的實有與流變

蕭宏宜[*]

人生七十才開始

猶記二十二年前，因與尉均同窗，大學時代只求安逸的我，抱著「官大學問大、老師不會當人」的心態，理所當然的成爲「刑法專題研究」的受業。學期初始，當時身爲調查局局長的老師，總帶著一位拎公事包的隨扈，陪同進到教室來上課；學期中，老師榮升法務部長，公務繁忙之餘，儘管記憶中一直遲到（呵呵），卻總是排除萬難，堅持進教室聽完一、兩位同學的報告。

記憶中的老師，大概就是一台溫文儒雅的生化電腦。直到今天，都難忘博學與強記如他，脫口背出「一螢事件」的判決日期時，我腦袋瓜中隨之炸開的驚艷。更重要的是，老師整個學期從未開口談論過時事，甚至也從未提及「今天又辦了什麼案子」，有的只是和藹可親的指點報告哪裡還有缺漏、日本的學說還有哪些看法等。於今回想，才懵懵懂懂體會老師的曖曖蘊存與朗朗乾坤。

楊絳說：「一個人經過不同程度的鍛煉，就獲得不同程度的修養、不同程度的效益。好比香料，搗得愈碎，磨得愈細，香得愈濃烈。」欣逢老師七十大壽，借撰文之便，我的思緒也難得的搭上時光列車。雙十過後，遠遠的伴著您，一起看盡窗外呼嘯而過的歷史風景，吹弄車裡人間的緣起不滅。

[*] 東吳大學法學院專任副教授兼副系主任。

目　次

壹、前言

　　之所以冷飯熱炒的選擇無罪推定，簡單的原因是受邀撰文未久，即出現食品安全犯罪迄今熱度最高的「頂新案」。無罪的結論是否能獲得大眾青睞，勤勉的判決書執筆者顯然也有高度預見；雖然如此，還是在卷帙浩繁間，洋洋灑灑給出了極其精彩的論述，誠值讚賞。

　　儘管言者諄諄，聽之藐藐，系爭判決倒是不厭其煩的揚櫫了無罪推定於我國的具體實踐軌跡：「無罪推定原則係針對犯罪事實為論罪科刑前提之程序上原則，使無罪責無刑罰之實體法原則，反映於訴訟法上不能證明犯罪即應為無罪判決之規定，而此反應於刑事訴訟程序之舉證責任，乃指檢察官或自訴人就被告犯罪事實存在之舉證未盡時，即受控訴無效判斷之不利益結果。刑事訴訟係以國家對於被告之犯罪事實，為適用刑罰法律，而形成並確定具體刑罰權，動輒剝奪人民基本權利，故而對於犯罪事實存在與否之證明程度要求特高，是刑事訴訟程序之舉證責任，在於超越合理可疑程度之高度證明無法達成，而事實陷於真偽不明時，即啟動其機能，以判斷舉證責任負擔者之敗訴責任。刑事訴訟適用法律判定事實有無之過程中，首欲達成之目標固為於事後以客觀之角度確認已發生之犯罪情形，然或因現有科學重建技術及人類認知能力之不足，於調查所提一切證據與

卷內資料後，仍有可能陷於事實不明，而無法交由法官以具體明確之事實為判決之情形，此時倘非藉由裁判規則之設立以為最終判決之依據，將使訴訟程序永無終結之日。依刑事訴訟法第154條第2項、第299條第1項前段及第301條第1項等規定，可知立法者認為只有在對被告之罪責產生確信時，始得下有罪判決，即我國刑事訴訟法所確認之原則為，如於事實不明情形下仍對被告下有罪判決，因此可能產生讓真正無罪之人受罪刑宣告之風險已明顯違背以人性尊嚴為出發點之法治國基本原則，罪疑唯輕原則雖另有使真正犯罪人因而免受制裁之可能弊害，然於兩害相權取其輕之立場下，仍應做此選擇。從而，只有在法律要求之前提事實經確立後，方得處罰被告，如現存證據不足為此認定，此項無法澄清之證明責任，及無法對真正犯罪人諭知有罪判決之風險均應由國家承擔。」

上述論點，雖然多有其依據，卻也難免簡單的質疑：儘管最高法院已做出101年第2次刑庭決議，目的性限縮刑事訴訟法第163條第2項但書，在法庭結構仍係由職業法官主導起訴審查、審前準備、程序分流、協商判決、言詞辯論與證據調查下，如何落實「由原告背負舉證責任，透過說服法院超越合理懷疑的相信犯罪事實存在，以推翻無罪推定」的命題？

此外，不論正當法律程序、法治國原則、人性尊嚴、公平法院、不自證己罪、罪責原則等概念，往往伴隨無罪推定的討論一起出現，其彼此之間關係為何？是上位概念還是具體實踐？是同義詞還是相異的命題，彼此毫無關連？均值進一步探討。其他本文擬處理的爭議，如：透過抽象危險構成要件處罰特定行為，實體法的危險擬制、緩起訴的條件負擔要求、審前羈押的要件設計等，是否違反無罪推定？

以下扣緊無罪推定的規範結構，依序討論「推定」的規範意義、概念可能的範圍延伸、德美兩國的制度操作，藉由釐清無罪推定的概念內涵，檢視其相關疑義，冀能針對其適用，提供可行的框架與操作判準。

貳、無罪推定的規範意涵

　　雖然與德國相比，無罪推定的本土化發展過程少了豐富的歷史涵養[1]，並且直到2009年我國制定公民與政治權利國際公約[2]及經濟社會文化權利國際公約施行法前，少了些許國際化的推波助瀾，刑事訴訟法仍然在2003年修訂時，將此一重要原則明文規定於該法第154條第1項[3]，從而總算有機會揮離其長期以來，只是程序法上一句口號的疑慮。

　　於我國，儘管司法院釋字第653號解釋理由書指出（摘錄）：「……刑事被告受羈押後，為達成羈押之目的及維持羈押處所秩序之必要，其人身自由及因人身自由受限制而影響之其他憲法所保障之權利，固然因而依

---

[1] 不論聯邦憲法或刑事程序法，德國迄今仍欠缺無罪推定的直接規定，而僅僅是藉由1952年歐洲人權公約的內國法化（Gesetz über die Konvention zum Schutz der Menschenrechte und Grundfreiheiten, II Bundesgesetzblatt S. 685 (1952).），加上1987年聯邦憲法法院透過法治國原則賦予系爭概念憲法位階（BVerfGE 74, 358, 370），並與罪責原則與人性尊嚴連結（BVerfGE 74, 358, 371）。

[2] Article 14 (2) of the International Covenant on Civil and Political Rights of 19 December 1966 reads: "Everyone charged with a criminal offence shall have the right to be presumed innocent until proved guilty according to law."

[3] 最高法院100年台上字第6259號判決對此過程有詳細描述：「受刑事控告者，在未經依法公開審判證實有罪前，應被推定為無罪，此為被告於刑事訴訟上應有之基本權利，聯合國大會於西元一九四八年十二月十日通過之世界人權宣言，即於第十一條第一項為明白宣示，其後於一九六六年十二月十六日通過之公民與政治權利國際公約第十四條第二款規定：『受刑事控告之人，未經依法確定有罪以前，應假定其無罪。』再次揭櫫同旨。為彰顯此項人權保障之原則，我國刑事訴訟法於九十二年二月六日修正時，即於第一百五十四條第一項明定：『被告未經審判證明有罪確定前，推定其為無罪。』並於九十八年四月二十二日制定公民與政治權利國際公約及經濟社會文化權利國際公約施行法，將兩公約所揭示人權保障之規定，明定具有國內法律之效力，更強化無罪推定在我國刑事訴訟上之地位，又司法院大法官迭次於其解釋中，闡明無罪推定乃憲法原則，已超越法律之上，為辦理刑事訴訟之公務員同該遵守之理念。依此原則，證明被告有罪之責任，應由控訴之一方承擔，被告不負證明自己無罪之義務。從而，檢察官向法院提出對被告追究刑事責任之控訴和主張後，為證明被告有罪，以推翻無罪之推定，應負實質舉證責任即屬其無可迴避之義務。」

法受有限制，惟於此範圍之外，基於無罪推定原則，受羈押被告之憲法權利之保障與一般人民所得享有者，原則上並無不同。」釋字第654號解釋理由書亦指出（節錄）：「……受羈押之被告，其人身自由及因人身自由受限制而影響之其他憲法所保障之權利，固然因而依法受有限制，惟於此範圍之外，基於無罪推定原則，受羈押被告之憲法權利之保障與一般人民所得享有者，原則上並無不同（本院釋字第六五三號解釋理由書參照）。……」而令無罪推定亦具有憲法位階[4]，並無助於採取「改良式當事人進行模式」的我國，就哪些情形可以涵蓋於系爭概念，提供回答。緣此，下文將扣緊無罪推定已然實踐的功能化面向，及難以企及的適用侷限問題，嘗試說明。

一、「推定」的詮釋取徑

儘管學者認為，系爭概念起源自義大利學者貝卡利亞[5]，甚至可

---

[4] 可參閱許宗力前大法官於釋字第670號解釋的協同意見書（節錄）：「……無罪推定乃在要求，被告及犯罪嫌疑人（以下合併簡稱爲被告）依法受有罪之判決前，應視爲無辜。這在我國無疑具有憲法位階（憲法第八條第一項規定、本院釋字第六五三、六五四號解釋參照），亦爲普世人權的基本內涵（世界人權宣言第十一條第一項、公民與政治權利國際公約第十四條第二項、歐洲人權公約第六條第二項參照）。其不僅在抽象層面強調關於被告之人格與自由應受到充分尊重與人道待遇、揭示被告必須受正當、公平的合法裁判，更在制度層面支配法庭舉證責任之分配與證據法則。是具體而言，不得僅由起訴事實認定嫌疑人犯罪；在犯罪事實確定前，被告不負任何刑事責任；對犯罪事實仍有懷疑時，應爲對被告有利之認定；被告享有不自證己罪的特權，即使保持緘默或未積極舉證推翻被指控的罪名，亦不能逕以其消極不舉反證作爲對被告不利認定的基礎、甚至其虛僞之證言不受僞證罪之追訴。」

[5] 氏著，刑事訴訟法，新學林，2014年4版，頁14。「被告受無罪推定的概念已是現代刑事訴訟法上公認之訴訟基本權，該原則之具體實踐代表著審判者能夠秉持中立，毫無偏頗地執行審判事務，亦係被告公平受審權之落實」，氏著，無罪推定——論刑事訴訟程序之運作，五南，2012年初版，頁3；「且在法治國思想的原則下，國家由立法者制定法律，而刑事司法依法裁判，對於未經法院踐行正當法律程序確實證明存在的事實，如得任意認爲存在，則建構在人權保護及民主思想下的法治國理念，將完全崩潰。」柯耀程，刑事訴訟目的與「無罪推定原則」——歷史觀的評價，刑事訴訟之運作——黃東熊教授六秩晉五華誕祝壽論文集，五南，1997年，頁434。

追溯自羅馬法[6]，當代在思考其正當性基礎時，多連結到憲法層次上的法治國原則或正當法律程序。就證據法而言，「推定」（Vermutung/presumption）理應是由已確定的事實中描繪出結論，常見者如民法的死亡宣告，針對「失蹤若干年」的事實，透過法律推定其「死亡」，從而產生一連串的法律效果；之所以能這樣設計推定的制度，不僅來自生活經驗，一般而言，更可以在任何個案被推翻。與此相對，無罪推定並非植基於已然確定的事實，甚至與一般經驗背離。實情是，一個被起訴的人絕非等於其「未」犯罪，遑論實際上向警方自首表達其曾犯罪的嫌疑人，多數是有罪的。由此看來，所謂的「推定」，其實是一種「假設」，或者說，是一種法律在規範意義上的擬制，據此要求刑事司法系統不論是否存在強烈的犯罪嫌疑與可靠的證據，均應「假裝」被告並未犯罪，以此拘束實施刑事程序的公務員，在知悉被告可能有罪下，禁止為「事實上就是有罪」的表達或暗示[7]。

有疑義者在於，既然系爭概念與經驗甚至直覺脫勾，何以法律願意接納這樣的擬制？對此提問，或許可由無罪推定的規範結構與實際操作入手，嘗試回答。

依多數學說，無罪推定的適用，必須以國家的代理人（公訴檢察官）已針對個人的犯罪產生懷疑，而啟動刑事程序為必要。在這種情況下，無罪推定具有重要功能：透過無罪的假設，提供犯罪嫌疑人面對國家及其代理人種種壓迫作為的保護。「被告即使無法積極的進行（或不積極的進行）推翻該被訴事實之活動，亦不可逕自以此作為被告有罪之證據，亦即不可以被告此一消極的行為表現，逕自推定被告之有罪。相對地，進行追訴之當事人（檢察官或自訴人[8]）就有關告發事實（即公訴犯罪事實）之所有因素（內容），負有向陪審員（我國為職業法官）說服之責

---

[6]　Carl-Friedrich Stuckenberg, Untersuchungen zur Unschuldsvermutung, 1998, S.11.

[7]　Thomas Weigend, Assuming that the Defendant Is Not Guilty: The Presumption of Innocence in the German System of Criminal Justice, 8 Crim. L. & Phil. 285, 286-87 (2014).

[8]　自訴程序亦適用無罪推定原則，vgl. Roxin/ Schünemann, Strafverfahrensrecht, 28. Aufl., 2014, §11 Rn. 2.（亦見EGMR EuGRZ 1983, 475, 478.）

任。被追訴之當事人（被告），就有關被追訴之公訴事實，在事實未確定之前，自己不負有任何刑事責任。[9]」

為什麼犯罪嫌疑人需要這種保護？對「存在刑事不法行為」的懷疑，有其嚴重的社會心理後果：它往往侮辱犯罪嫌疑人，並危及其被接受作為一個值得信賴的公民。與此同時，嚴酷的刑事程序和確定「犯罪真相」的重大社會利益，甚至允許國家將限制個人自由的範圍延伸到未經法院聽審（訊問）與對質（詰問）的情形；一旦此等減縮的社會法律地位與對國家權力的屈從相結合，將導致犯罪嫌疑人處於一種特別難以防禦的弱勢地位，遑論存在國家可利用龐大的程序性權力（如：逮捕、拘留與詢問犯罪嫌疑人，並暫時扣押其財產）以達成「啟動對犯罪嫌疑人遭疑犯行的（預先）懲罰」的真實危險。

以「捷運隨機殺人案」為例，國家或許可以聲稱，將制裁鄭捷的時點延遲至刑事程序終結，在經驗上對此不疑且犯行明確下，徒然耗費時間，殊不知這類思考本身就是一種自我實現預言[10]：在洋溢懲罰的思緒下，賦予國家於審判開始前或進行中愈多可磨難被告的自由，愈可能轉化成為定罪的壓力。為了面對此等真實的危險，必須透過提供犯罪嫌疑人無罪推定的保護，避免其權利受到違法干預，予以抗衡。典型的例子如審前羈押，當個人被懷疑犯了重罪時，難免直覺的聯想到「趕快將他關起來」，以暫時性的剝奪其行動自由。從無罪推定的角度觀察，如此形同以被告未來勢將遭受有罪判決作為思考，透過拘禁預支刑罰；審前羈押的正當性基礎不

9　黃朝義，同註5書，頁15。

10　1950年代以降，誕生一個挑戰以往對於偏差行為看法的「標籤理論」。這個理論不再將重點放在犯罪人，反而回到古典學派，關心社會群體的反應行為所造成的影響。簡之，人的自我並非一開始就存在，而是來自於人與人之間互動的過程，是社會的產物。我們由他人的反應，來得知一個行為是否為「偏差行為」，並把行為人貼上偏差的標籤；一旦被貼上此標籤，每個人就以此標準來衡量那個被標籤的人，而這個人藉著別人的反應，逐漸地，也接受了「我的行為是不對的」，而開始修正自己印象，直到認同自己是個偏差者。此即自我實現預言（Self-fulfilling Prophecy）。也因此，法律的制定與國家機構的運作執行，應避免將偏差者貼上標籤，否則無異透過正式的司法程序將其「烙印」。繼續發展下去，即會在刑事政策上主張儘量除罪化與「轉向」（diversion）、社區處遇等。

應來自有罪判決的期待[11]。司法院釋字第665號解釋理由書，對此提供了清晰的說明（摘錄）：「憲法第八條第一項前段規定：『人民身體之自由應予保障。』羈押作為刑事保全程序時，旨在確保刑事訴訟程序順利進行，使國家刑罰權得以實現。惟羈押係拘束刑事被告身體自由，並將之收押於一定處所，乃干預身體自由最大之強制處分，使刑事被告與家庭、社會及職業生活隔離，非特予其心理上造成嚴重打擊，對其名譽、信用等人格權之影響甚為重大，自僅能以之為保全程序之最後手段，允宜慎重從事（本院釋字第三九二號、第六五三號、第六五四號解釋參照）。是法律規定羈押刑事被告之要件，須基於維持刑事司法權之有效行使之重大公益要求，並符合比例原則，方得為之。刑事訴訟法第一百零一條第一項規定：『被告經法官訊問後，認為犯罪嫌疑重大，而有左列情形之一，非予羈押，顯難進行追訴、審判或執行者，得羈押之：一、逃亡或有事實足認為有逃亡之虞者。二、有事實足認為有湮滅、偽造、變造證據或勾串共犯或證人之虞者。三、所犯為死刑、無期徒刑或最輕本刑為五年以上有期徒刑之罪者。』該項規定羈押之目的應以保全刑事追訴、審判或執行程序為限。故被告所犯縱為該項第三款之重罪，如無逃亡或滅證導致顯難進行追訴、審判或執行之危險，尚欠缺羈押之必要要件。亦即單以犯重罪作為羈押之要件，可能背離羈押作為保全程序的性質，其對刑事被告武器平等與充分防禦權行使上之限制，即可能違背比例原則。再者，無罪推定原則不僅禁止對未經判決有罪確定之被告執行刑罰，亦禁止僅憑犯罪嫌疑就施予被告類似刑罰之措施，倘以重大犯罪之嫌疑作為羈押之唯一要件，作為刑罰之預先執行，亦可能違背無罪推定原則。是刑事訴訟法第一百零一條第一項第三款如僅以『所犯為死刑、無期徒刑或最輕本刑為五年以上有期徒刑之罪』，作為許可羈押之唯一要件，而不論是否犯罪嫌疑重大，亦不考量有無逃亡或滅證之虞而有羈押之必要，或有無不得羈押之情形，則該款規定即有牴觸無罪推定原則、武器平等原則或過度限制刑事被告之充分防

---

[11]　Thomas Weigend, supra note 7, at 287.

禦權而違反比例原則之虞。[12]」

二、功能性的重構嘗試

誠如林山田教授所言：「刑事訴訟程序之所以存有進行的理由，乃是建構在推定犯罪嫌疑人或事被告是無罪之假設之上；否則，若先推定犯罪嫌疑人或被告係有罪者，而後再行追訴與審判，則刑事程序淪為定罪科刑之表演性例行儀式，只是行禮如儀，而無進行之意義與價值[13]。」前揭關於無罪推定的適用說明，由其存在目的（raison d'être）以論，顯然側重於「程序從屬」與「無罪保護」[14]，換句話說，於刑事程序中拘束實施刑事程序的公務員，避免其預斷被告有罪，並以此推定作為行動準據。

與此相異，不論德國還是歐盟[15]，透過不斷的深化操作，已為此概念附加了許多積極的功能。有趣的是美國的實務態度。儘管學者倡議將無罪推定廣義解讀為是一種「國家面對個體的合適態度象徵、是降低個體在刑事程序中被異化的手段[16]」，或認為「既是程序規則，也是一種公民信賴、個人尊重與國家保護[17]」，無罪推定在實務的詮釋上仍略嫌偏

---

[12] 解釋方式參考BVerfGE 19, 342, 350.

[13] 氏著，刑事程序法，2004年5版，頁56-57。

[14] 釋字第670號解釋許宗力大法官協同意見書（節錄）：「……無罪推定不正是這樣一個常常令法官必須帶著遺憾、帶著對犯罪被害人難以交代的重擔、帶著眞相永難釐清的無力感，而作出無罪判決的原則？有時無罪推定導致個案中的遺憾如此之深，常使我們忘記這個案子之所以要錯放，乃是爲了不願在其他案子中錯殺。」

[15] See, e.g., the EU Commission's Green Paper on the presumption of innocence of 26 April 2006 (KOM (2006) 174 final), dealing with various aspects of evidence law, the privilege against self-incrimination, trials in absentia, etc.

[16] Rinat Kitai-Sangero, The limits of preventive detention, 40 McGeorge L. Rev. 903, 908 (2009). 訴諸因此而產生的心理學效應——可避免被告遭到國家的異化，並爲不正訊問手段與非必要的審前羈押提供更強的心理學屏障。Rinat Kitai-Sangero, Presuming innocence, 55 Okla. L. Rev. 257, 280-83 (2002).

[17] Liz Campbell, Criminal labels, the European Convention on Human Rights and the presumption of innocence, 74 M.L.R. 681 (2013).

狹，而被批評為是空洞的修辭（hollow rhetoric）[18]。例如：於*Kentucky v. Wharton*案[19]，未對被告為無罪推定的指示，被認為並未違憲；於*Estelle v. Williams*案[20]，儘管認為不能對尚未定罪的被告強迫其穿上囚服，卻又支持被告在程序上的未異議即補正此一瑕疵；於*US v. Salerno*案[21]，甚至對保釋改革法「允許法院對被告預判所涉案件，並使用起訴書所載事實做為將犯他罪的證據」，仍肯認其合憲性。由此觀察，無罪推定在美國實務運作下，不過是「刑事程序中關於舉證責任分配的學說」[22]、是超越合理懷疑原則（beyond reasonable doubt rule）的表現而已。

　　相較之下，歐洲人權法院，在審酌個案是否違反歐洲人權公約明文保障的無罪推定原則時，也與上開美國操作軌跡出現反差[23]：於Allenet de Ribemont v. France案[24]，認為高階警官於審判前對媒體發表被告是謀殺同夥的評論意見，違反無罪推定[25]；於Geerings v. Netherlands案[26]，亦認為對犯竊盜罪的被告財產沒收後，若被告受到無罪判決，該沒收違反無罪推定；於Lutz v. Germany案[27]，甚至表明秩序違反行為同樣受到無罪推定保

---

[18] Kimberly Kessler Ferzan, Preventive Justice and the Presumption of Innocence, 8 Crim. L. & Phil. 505, 510 (2014).

[19] 441 U.S. 786 (1979).

[20] 425 U.S. 501 (1976).

[21] 481 U.S. 739 (1987).

[22] Bell v. Wolfish, 441 U.S. 520, 533 (1979).

[23] 更深入的討論，可見林鈺雄，無罪推定作為舉證責任及證據評價規則——歐洲人權法院相關裁判及評析，台灣法學雜誌，第145期，2010年2月，頁139以下。

[24] EGMR, 10.02.1995 - 15175/89.

[25] 下級審法院於判決後發言亦同，見EGMR, 15.01.2015 - 48144/09 (Cleve vs. Deutschland)。簡評參閱Satzger, Verletzung der Unschuldsvermutung durch Freispruch, JURA, 2016, S.111；德國多數學說均認為無罪推定的適用時點於「救濟途徑已窮」時方終結，歐洲人權法院的嚴格操作與其並無扞格，反而是德國聯邦憲法法院，就此仍採取較為寬鬆的作法，允許法院為被告有罪的發言，s. BVerfGE 74, 358, 372-73; BVerfGE 82, 106, 116.

[26] EGMR, 01.03.2007 - 30810/03.

[27] EGMR, 25.08.1987 - 9912/82.

護[28]。

　　關此，必須再一次強調並予以區別的，是舉證意義上的（probatory）無罪與實體意義上的（material）無罪。前者是指，陪審團推定欠缺被告有罪的證據，後者則是指陪審團被要求假定被告無罪；換句話說，被告若在舉證上被推定無罪，是因為相信其無法證明（no proof），若是在實體上被推定無罪，則是因為相信被告事實上並未犯罪（not in fact commit the offense）[29]。前者涉及舉證責任（Beweislast），後者涉及證據評價（Beweiswürdigung）[30]。但應注意的是，無罪推定不只是藉由特別負擔以證明事實，基於審判程序的實體優先性與排他性（substantive priority and exclusivity）[31]，只有刑事審判程序可以評估證據並做出有罪的決定；透過無罪推定的保護，維持審判結果的公開性，避免預斷、規避與破壞[32]。

　　刑事訴訟法第154條第1項規定：「被告未經審判證明有罪確定前，推定其為無罪。」立法理由清楚說明：「就刑事訴訟法保障被告人權提供其基礎，引為本法加重當事人進行主義色彩之張本，從而檢察官須善盡舉證責任，證明被告有罪，俾推翻無罪之推定。」據此可知，無罪推定的立法定位是檢察官的舉證責任發生事由。實務似乎也是如此操作：「檢察官對於起訴之犯罪事實，應負提出證據及說服之實質舉證責任。倘其所提出之證據，不足為被告有罪之積極證明，或其指出證明之方法，無從說服法院以形成被告有罪之心證，基於無罪推定之原則，自應為被告無罪判決之諭知[33]。」「又刑事訴訟新制採行改良式當事人進行主義後，檢察官負有實

28　我國學說多認為無罪推定的保護以存在犯罪嫌疑為前提，若非針對犯罪行為，即不適用。如：黃惠婷，無罪推定原則之探討，月旦法學教室，第50期，2006年12月，頁96-97；許澤天，羈押事由之研究，台灣法學雜誌，第121期，2009年2月，頁101。

29　Kimberly Kessler Ferzan, supra note 18, at 512.

30　Carl-Friedrich Stuckenberg, a.a.O. (Fn. 6.), S.522 ff.

31　Kimberly Kessler Ferzan, supra note 18, at 514, 516.

32　See Carl-Friedrich Stuckenberg, Who is Presumed Innocent of What by Whom?, 8 Crim. L. & Phil. 312 (2014).

33　最高法院92年台上字第128號判例。值得注意的是105年度台上字第24號判決：「刑

質舉證責任，法院僅立於客觀、公正、超然之地位而為審判，雖有證據調查之職責，但無蒐集被告犯罪證據之義務，是倘檢察官無法提出證據，以說服法院形成被告有罪之心證，即應為被告無罪之諭知，俾落實無罪推定原則……[34]」

　　對刑事司法體系而言，國家必須保護國民免於受到侵害與威脅，但，國家更應避免因自身的行為而侵害國民的自由；關鍵不在無罪推定是否僅為拘束法官的裁判規則或審判程序的舉證分配要求，而是國家在欠缺有罪判決下，對其國民的信任與尊重[35]，願意相信國民並提供不從事錯誤行為的機會選擇[36]。也因此，值得贊同的意見是：無罪推定基於「懷疑命題」（Zweifelssatz）的觀點，應與罪疑唯輕原則在整個刑事訴訟程序中，共同指示法官對未知事實必須進行「封閉的證據評價」（abgeschlossene Beweiswürdigung），直到罪責被證明為止[37]，以免對被告形成有罪的預斷心證。換言之，為了避免被告審判前遭到烙印化（stigmatization），不論預防性羈押性質上為刑罰或保安處分措施，以預防犯罪作為拘禁目的，不僅是一種有罪推定，更因其「未來不會守法」的

事訴訟法第一百六十一條第一項規定檢察官就被告犯罪事實，應負舉證責任，並指出證明之方法，以使法院形成確信心證之責任；同法第一百六十一條之一所謂被告得就被訴事實指出有利之證明方法，則係相對應於第九十六條規定訊問被告時，就其陳述有利之事實者，應命其指出證明之方法而設，將被告防禦權，由被動化為主動，使其訴訟權之維護更臻週全，並非在法律上課加被告義務之規定。自不因被告未能提出反證，率即令負擔不利益判決之後果。惟若檢察官已為相當舉證足證犯罪事實，而被告抗辯爭執其不真實或主張有法律上阻卻犯罪成立之原因事實，主動向法院指出足以阻斷其不利益心證形成之證明方法，法院據以盡調查能事，並為必要之論斷及說明如何不可採，而為不利於被告之判斷，即非調查職責未盡或理由不備，亦不違無罪推定原則。」

[34] 最高法院104年度台上字第206號判決。

[35] Kimberly Kessler Ferzan, supra note 18, at 516-17, 523.

[36] Rinat Kitai-Sangero, supra note 16, at 921.

[37] Fischer, in: Karlsruher Kommentar zur Strafprozessordnung, 7. Aufl., 2013, Einleitung, Rn. 167.

人格負面評價，已然破壞無罪推定原則[38]。即便刑事訴訟法第101條之1第1項設下「犯罪嫌疑重大」、「有事實足認有反覆實施同一犯罪之虞」的要件，由於無罪推定原則本來就平等適用於所有尚未受到有罪判決者，不論對羈押設下如何的要件限制，甚至訴諸確鑿的證據或過往的犯罪史，既然「推定」的狀態不變，自無改其違反無罪推定的本質[39]。

　　值得注意的是，我國刑事訴訟法第154條第1項特別指出有罪「確定」前，明顯及於第三審，從而也讓無罪推定不再侷限為僅是「事實審」審判程序的舉證責任分配規則，更沒有理由排除偵查階段的適用[40]！司法院大法官會議立場相同，依前揭釋字第665號解釋理由書：「無罪推定原則不僅禁止對未經判決有罪確定之被告執行刑罰，亦禁止僅憑犯罪嫌疑就施予被告『類似刑罰之措施』……」釋字第653號解釋的解釋理由書亦表示：「基於無罪推定原則，受羈押被告之憲法權利之保障與一般人民所得享有者，原則上並無不同。」由此可知，於我國，無罪推定的具體內涵為：於有罪判決確定前，避免被告在欠缺程序保障下，受到烙印或預斷，不僅偵查階段有其適用，審判中更透過分配證明負擔的方式體現；至於實務，不僅以之作限制檢察官上訴的理由之一[41]，最高法院105年度台上字

---

[38] Liz Campbell, supra note 17, at 705; Rinat Kitai-Sangero, supra note 16, at 921. 國內文獻認為預防性羈押違反無罪推定者，如：黃惠婷、李錫棟，論羈押之限制，中央警察大學法學論集，第7期，2001年12月，頁106-107；陳運財，偵查與人權，2014年，頁217。

[39] Rinat Kitai-Sangero , Presuming innocence, 55 Okla. L. Rev. 257, 272-73 (2002).

[40] Ebenso bereits Frister, Der Anspruch des Beschuldigten auf Mitteilung der Beschuldigung aus Art. 6 Abs. 3 lit. a EMRK, StV 1998, 159. 只不過，我們既不可能以超越合理懷疑作為檢、警發動搜索等強制處分前的判斷標準，為了平衡國家偵查犯罪的需求，也只能透過將抽象的原則轉化為不自證己罪特權的保護方式，以護翼個人自由。See Kimberly Kessler Ferzan, supra note 18, at 515.

[41] 「按刑事妥速審判法第九條第一項規定，除第八條所定不得上訴第三審之情形外，對第二審法院維持第一審所為無罪判決提起上訴之理由，僅限於：一、判決所適用之法令牴觸憲法。二、判決違背司法院解釋。三、判決違背判例。又同條第二項規定，刑事訴訟法第三百七十七條至第三百七十九條、第三百九十三條第一款規定，於第一項案件之審理，不適用之，即不得執為上訴第三審之理由。立法意旨在針對歷經第一審、第二審之審理，均認被告無罪之案件，為貫徹無罪推定原則，乃特別

第183號判決甚至將其與耗費司法資源相結合[42]。

三、無限上綱的無罪推定？

　　儘管國內有學者指出：「無罪推定原則係實現公平法院目標之基礎性概念……法官若未以被告受無罪之推定為前提，則何來公平審判可言？故無罪推定原則之落實，乃為公平法院理念實現之基礎，使被告受公平法院公平審判之權利得以有效達成[43]。」惟不論法院是否對被告已然產生有罪確信，始終享有受憲法保障的公平審判權。同樣的道理，緘默權與不自證己罪特權亦非源自無罪推定。任何犯罪嫌疑人，即便其被假定有罪，仍應避免要求透過自己的證言自證有罪的羞辱，除了若干有爭議的例外，並有權讓自己不成為被用來為其定罪的證據製造者；此些權利或特權的起源應往別處尋找，諸如人性尊嚴、一般公平性，甚至是對法院的尊敬，但無法據此推定犯罪嫌疑人或被告無罪[44]。無罪推定與被告的訴訟權間的關係並

限制檢察官或自訴人提起第三審上訴，俾積極落實檢察官或自訴人應負實質舉證責任，以減少無謂訟累，保障被告接受公正、合法、迅速審判之權利。」（最高法院104年台上字第3878、3709、3043、2775號等判決參照）

[42] 「刑法已修正廢止連續犯，改為一行為一罪之處遇，檢察官自須就各個獨立評價之行為，提出各自足以說服法院確認各行為均有罪之證據，如仍故步自封、沿襲舊制，籠統以本質上祇能證明片段行為之證據資料，欲作為證明全部各行為之依據，應認並未善盡舉證責任，其中證據不夠明確、犯罪嫌疑猶存合理懷疑之部分，當受類似民事訴訟之敗訴判決。以販賣毒品案件為例，無論第一級或第二級毒品，法定刑皆甚重，然法院於數罪併罰、定應執行刑之時，依刑法第五十一條第二款至第五款規定，有其極限（其中，有期徒刑不得逾三十年），檢察官自須體認此一現實，引進企業經營、經濟效益之新觀念，就發現之各次犯罪，依其蒐集所得之各項證據資料，擇其中確實明白、無疑者，作為起訴之客體，而於嗣後之法庭活動攻、防中，獲致成功、實效，如此，既達成打擊犯罪目標，亦實際節約司法資源，並免一再上訴爭辯，案件能早日確定，且對被告應受之刑罰無何影響；倘竟就無益之曖昧案情，多事爭議，不唯有違無罪推定原則，且無異徒然浪費寶貴而有限之司法資源，有悖資源利用邊際效益最大化之理想，亦不符合刑事訴訟法第三百八十條所揭示之禁止無益上訴第三審之法理。」

[43] 劉育偉、盧俊良，法治國無罪推定原則在公平法院理念下之落實，國會月刊，第41卷第3期，2013年3月，頁21-22。

[44] Thomas Weigend, supra note 7, at 288-289. 並見BVerfGE 105, 114-115.

不直接，而是處於一種浮動的狀態。沒有錯，如果法官在審判開始前已認定被告有罪，顯然違反被告受公平審判的權利，而與無罪推定希冀能避免法官對被告形成有罪預斷，看起來似乎是同一回事；問題是，法官對被告於審判前的「主觀秘密有罪推定」，是否果然違反無罪推定？如前所述，只要實施刑事訴訟程序的公務員並未在行為舉止上表現或暗示被告事實上應屬有罪，法官並未付諸外顯的心中想法（儘管造成違反公平審判的結果），只要其訴訟指揮與法庭活動行為如常，透過公開審理與言詞辯論，始終維持被告無罪的可能[45]，即難認定其對待被告的方式，已將其視為有罪。

　　事實上，無罪推定的存在目的，就是為了讓犯罪嫌疑人在刑事程序中，能與國家壓倒性的力量抗衡，據此，與其強調系爭概念是被告的主觀權利[46]，毋寧務實的認為是一種適用於實施刑事訴訟程序的公務員的「程序規則」（procedural rule）[47]，絕非賦予個人「不得質疑其無罪」的特權。

四、推定與舉證責任的關係

　　前已提及，美國實務運作下，無罪推定的主要功能在於決定刑事程序的舉證分配，換言之，因此產生原告的舉證責任，並且在程度上必須超越合理懷疑。有疑義之處在於，在我國起訴審查、審前準備與言詞辯論「一庭到底」的職業法官程序運作模式下，暫且不論證據法上操作證據能力與證明力的區別實益，上開以無庸置疑其有罪的證明（until proved guilty beyond a reasonable doubt）標準，作為概念核心的美國思維，果然能無礙適用於以「改良式當事人進行模式」作為程序系統的我國？

---

[45] Valerius, Beck'scher Online-Kommentar StPO, 2015, EMRK Art. 6 Rn. 32.

[46] Valerius, Beck'scher Online-Kommentar StPO, 2015, EMRK Art. 6 Rn. 32.

[47] Thomas Weigend, supra note 7, at 289. 基於意見表達自由，無罪推定無法直接拘束並非國家機構的媒體，vgl. Schädler/Jakobs, Karlsruher Kommentar zur Strafprozessordnung, 7. Aufl., 2013, Rn. 56. 欲尋求保護的個人，只能訴諸隱私權侵害、人性尊嚴或與媒體有關的法規範特殊規定。

　　以德國的「職權模式」而論，由於其審判程序無所謂兩造對抗的角色扮演，技術上自不存在任何一造的「舉證負擔」問題；在法院單方面尋找真相的設計下，不論控、辯雙方，實際上就只是站在邊上觀看、隨時等候訊問而已，如此體系，所謂「透過超越合理懷疑的證明，以推翻無罪推定」，意義為何？在法院由職業法官組成的情況下，對法院而言，不論是證據的蒐集與評價，除非其法律效果是絕對禁止其使用（如：德國刑事訴訟法§136aⅢ、BGHSt 20, 281, 283；我國刑事訴訟法§156Ⅰ、Ⅳ），「實質上」幾乎無任何規則得以對其拘束，一旦檢察官過分被動、被告與辯護人始終保持緘默，在當事人均無舉證義務下，法院因此必須對證據為調查與審酌，以決定其是否被「說服」（überzeugt）被告有罪；換句話說，法官，正是「推翻無罪推定」的那個人[48]！職權模式下，無罪推定的舉證分配被「轉化」為有罪判決的證據要求[49]。

　　依本文，除非採取當事人進行的兩造對抗模式，無罪推定作為刑事程序啟動後（不論未來是否出現有罪判決！）「如何對待被告」的程序規則，已如前述，所謂超越合理懷疑的證明標準，實際上是刑事法院達成有罪判決的證據基礎問題，儘管兩種概念在被告定罪時交軌，仍然有別。簡單說，不同的國家固然在程序上可以操作相同內涵的無罪推定，卻得針對特殊程序，設計相異的證據要求；有罪判決的證據標準，取決於法律系統願意承受的誤判風險，並非由無罪推定決定！現實上，為了增加定罪率，在特殊情況下透過轉換舉證責任（給被告）的方式，更已經歐洲人權法院確認並未違反無罪推定[50]。

　　至於最高法院101年第2次決議，認為：「刑事訴訟法第一百六十三

---

[48] 相較於英美法的證據法則，德國的「職權模式」（並且是職業法官）對證據的能否使用欠缺嚴格限制，而僅能消極的透過「撰寫判決（理由）」的方式，提供上級審檢視（德國刑事訴訟法§267、我國刑事訴訟法§308～§310-2參照）。

[49] Hans-Heiner Kühne, Strafprozessrecht, 8.Aufl., 2010, S. 196. 事實上，歐洲人權公約第6條第2項並未提及舉證責任分配或證明程度的要求，而僅指出「推定」必須持續到「『依法』證明有罪」為止（Everyone charged with a criminal offence shall be presumed innocent until proved guilty according to law.）。

[50] EGMR, 30.08.2011 - 37334/08 (G. v. United Kingdom).

條第二項但書所指法院應依職權調查之『公平正義之維護』事項，依目的性限縮之解釋，應以利益被告之事項為限」，並修改100年度第4次刑事庭會議決議，認為：「案內存在形式上不利於被告之證據，檢察官未聲請調查，然如不調查顯有影響判決結果之虞，且有調查之可能者，法院得依刑事訴訟法第二百七十三條第一項第五款之規定，曉諭檢察官為證據調查之聲請。」整體而言，簡析如下：

1. 上開決議對於無罪推定的概念理解，明顯受到英美法的影響，一方面認為係拘束法院的裁判規則，另一方面亦據此成為原告舉證責任發生之事由，同時還要求有罪判決的證明標準，必須超越合理懷疑。若由歐洲人權法院或德國法的角度觀察，無罪推定其實與法院有無調查義務，並無直接關連性，已如前文所述；在法院有調查義務的前提下，舉證責任可理解為證據調查完畢後事實依然不明的被告利益（罪疑唯輕），換言之，是指分配法律效果的客觀舉證責任，而非排除法院的蒐證義務。也因此，即便我國繼續採取職權模式，由法官主導證據的蒐集與評價，亦不牴觸無罪推定。

2. 早期的實務見解，認為法院為發現真實，除非調查的途徑已窮，而被告犯罪的嫌疑仍無法被證明，不得遽為被告無罪的判決（可見已廢棄的25年上字第3706號判例）。此不僅代表實務在運作上對被告的有罪推定，更要求法院背負起犯罪事實存在與否的調查義務。這樣的立場，在1967年增訂刑事訴訟法第163條：「法院因發現真實之必要，應依職權調查證據。」的規定時，可謂達到了高峰。其後，最高法院開始逐步限縮法院調查義務的範圍[51]，在調查義務未除的前提下，努力的降低職權調查的力道與範圍，殊值肯定。事實上，於101年度第2次刑事庭會議決議之前，

51　先是透過77年度第11次刑事庭會議決議，以所謂「案內所存在之證據」為限，而將積極「蒐集」證據的義務予以排除，再則有78年度第3次刑事庭會議決議，難得的在當時的制度環境下，為避免法院與檢察官就證據的調查形成接力，乃強調：「檢察官對被告犯罪事實有舉證責任，法院依職權調查僅居於輔助之地位。」緊接著，91年度第4次刑事庭會議決議更進一步肯認法院無主動調查證據的義務，並隨著刑事訴訟法關於第161條與第163條的修正，於92年台上字第128號判例確立了這樣的立場。

不論100年度第4次刑事庭會議決議刪除91年度第4次刑事庭會議決議第6點(三)「法院為發現真實,應負調查義務」,甚至同院稍早的100年度第6259、6287號判決,早可見端倪。綜上所述,本決議所涉及者,實屬證據「應否調查」層次[52],原則上委諸當事人、代理人、辯護人與輔佐人,但法院於公平正義之維護或關係被告重大利益之事項,負有「補充調查」之義務。簡之,就證據應否調查,法院僅負補充性的調查義務而已。

---

[52] 最高法院101年台上字第1927判決指出:首者,證據「應否調查」,原則上委諸當事人、代理人、辯護人與輔佐人(第一百六十三條第一項),但法院於公平正義之維護或關係被告重大利益之事項,負有補充調查之義務(同條第二項)。故證據調查之範圍、次序及方法,原則上由當事人提出(第一百六十一條之二、第一百六十三條之一),並於審判期日前之準備程序處理之(第二百七十三條第一項第六款),然如聲請調查之證據與待證事實,在客觀上欠缺關連性、調查之必要性或可能性者,依第一百六十三條之二第一項規定,法院得裁定駁回之,以維訴訟之經濟。尤其所經調查之證據,已足形成有罪之確信,法院對於聲請調查之其他證據,認無調查之必要,不予調查,則此一證據「應否調查」之處理,既無不合,當亦無第三百七十九條第十款之違法。次者,證據經認屬應予調查後,始有「如何調查」之問題,此時受嚴格證明法則之拘束,必須該證據具有證據能力,且經合法調查,始得作為判斷之依據(第一百五十五條第二項反面解釋)。被告以外之人(包括共同正犯、教唆犯、幫助犯及共同被告等)之陳述,須依第一百五十九條之一至第一百五十九條之五等傳聞例外之規定,具有證據適格後,除有傳喚不能等例外情形,均須依法具結,踐行交互詰問等合法調查程序,其供述始得採為判斷之依據。司法院釋字第五八二號解釋所揭櫫反對詰問權為訴訟基本權及正當法律程序所保障之內容,即指此而言。是對於被告以外之人之反對詰問,必須經法院認為屬客觀上有調查之必要,為認定事實、適用法律之基礎所繫之證據方法,上開調查證據程序之規定始有適用,非謂一經聲請詰問,縱法院認無調查之必要(即不應調查),仍一概適用,否則即剝奪其憲法上之權利,此為當然之解釋。至經調查後,得作為判斷依據之證據,其間之取捨與證明力之判斷,乃屬「調查如何」範疇,依第一百五十五條第一項規定,由法院依客觀存在之經驗法則、論理法則,本於確信自由判斷,同時賦予當事人等辯論之機會(第二百八十八條之二)。三者層次不同,不可不辨。再被告之對質、詰問權之所以必須保障,係在於他人所供不利於被告,或與被告認知者不同,乃有透過反對詰問或對質,以彈劾或覈實是項不利之證據,達致發現真實,並保障被告合法、正當權益之訴訟目的。倘待證之事實已因被告之自白與證人所證述內容並無不同,無從削弱或否定證人陳述之信用性,即不具有彈劾之必要性,縱未予對質、詰問之機會,仍無損被告之訴訟防禦權,尚難遽指為違法,資為合法上訴第三審之理由。

五、抽象危險犯的立法衝擊

　　國家的重要任務之一，本在於保護國民免於受到傷害，為達此目的，防微杜漸、儘早干預，似有其實益；然而，若在規範對應上為了避免結果歸責的困難而迴避因果關係的證明要求，甚至完全不考慮行為是否具有侵害法益的可能性，即會產生規範功能與正當性的問題[53]。

　　詳言之，如果刑法僅以特定行為（如：「持有」危險物品）作為禁止內容，是否違反無罪推定？歐洲人權法院於1988年的Salabiaku v. France一案[54]，明確支持國家於存在特定情況或條件限制下，得透過「法律擬制」，推定行為人有罪。就本案而言，肯定的主因在於：法國法院已就既存證據予以評估，並表示一旦被告因為不可抗力的緣故，無從得知其所進口之物為何，即屬無罪。雖然如此，歐洲人權法院顯然刻意將限制的界線予以模糊化，從而也難以推導出更細緻的區分標準－以抽象危險犯而言，訴訟上的實益，正是豁免原告對因果關係，甚至主觀意圖的舉證負擔。於我國，免除因果關係舉證困難者，如食品安全衛生管理法第49條第1項[55]之規定；無庸舉證主觀意圖者，如勞動檢查法第34條[56]。

---

[53] Andrew Cornford, Preventive Criminalization, 18 New Crim. L. Rev. 1, 1-2 (2015); Kimberly Kessler Ferzan, supra note 18, at 506.

[54] EGMR, 07.10.1988 - 10519/83.

[55] 「有第十五條第一項第三款、第七款、第十款或第十六條第一款行為者，處七年以下有期徒刑，得併科新台幣八千萬元以下罰金。情節輕微者，處五年以下有期徒刑、拘役或科或併科新台幣八百萬元以下罰金。」（同法第15條第1項：「食品或食品添加物有下列情形之一者，不得製造、加工、調配、包裝、運送、貯存、販賣、輸入、輸出、作為贈品或公開陳列：三、有毒或含有害人體健康之物質或異物。七、攙偽或假冒。十、添加未經中央主管機關許可之添加物。」、第16條第1款：「食品器具、食品容器或包裝、食品用洗潔劑有下列情形之一，不得製造、販賣、輸入、輸出或使用：一、有毒者。」）

[56] 「有左列情形之一者，處三年以下有期徒刑、拘役或科或併科新台幣十五萬元以下罰金：一、違反第二十六條規定，使勞工在未經審查或檢查合格之工作場所作業者。二、違反第二十七條至第二十九條停工通知者。法人之代表人、法人或自然人之代理人、受僱人或其他從業人員，因執行業務犯前項之罪者，除處罰其行為人外，對該法人或自然人亦科以前項之罰金。」（同法第26條：「左列危險性工作場所，非經勞動檢查機構審查或檢查合格，事業單位不得使勞工在該場所作業：……

　　僅就本人曾撰文研究的食品安全衛生管理法以論[57]，針對危害食品安全的行為樣態，中國大陸僅限於「生產、銷售」，與其相比，我國除了製造、加工、調配、包裝、運送、貯存、販賣、輸入、輸出、作為贈品或公開陳列行為外，還有「違反主管機關有關食品添加物之規定標準，非法添加食品添加物」、「對食品或食品添加物為不實、誇張或易造成誤解之廣告宣傳」、「食品業者存在不符合食品安全管制系統相關規定之行為」與「拒絕主管機關之命令，對特定飲食物品或其他物品不為回收、銷毀」等；再就危害食品安全的行為客體而言，不僅包括供人飲食之食品，還包括非飲食用途之其他物品、與食品之生產加工經營密切相關之其他物品（如食品添加劑、食品包裝器具），甚至延伸至依法應予回收銷毀之物品等。光就此點以觀，我國在規範上的法益確認與隨之而來的入罪正當性疑慮，相較於中國大陸，有過之而無不及[58]，遑論將構成要件修改為抽象危

前項工作場所應審查或檢查之事項，由中央主管機關定之。」勞動部職業安全衛生署因而制定「危險性工作場所審查及檢查辦法」，並於該辦法第20條規定：「事業單位對經審查合格之工作場所，於施工過程中變更主要分項工程施工方法時，應就變更部分重新評估後，報經原檢查機構審查。前項審查，準用第十七條之規定。」）

[57] 拙著，摻偽假冒的刑事爭議問題，台灣法學雜誌，第242期，2014年2月，頁66-78。

[58] 「大陸新修訂的食品安全法第二十八條，較爲詳盡的列舉了不符合安全標準的食品的範圍，且該法第九十九條明確區分了食品與食品添加劑、用於食品的包裝材料和容器等概念。據此，若刑法嚴格援引食品安全法中有關食品概念與外延的厘定，則刑法第一百四十三條之生產、銷售不符合安全標準的食品罪以及第一百四十四條之生產、銷售有毒、有害食品罪的犯罪對象並不包括食品添加劑、用於食品的包裝材料和容器，更不可能包括諸如添加甲醛的衣服等『其他物品』。反觀台灣地區相關刑事立法，危害食品安全犯罪之犯罪對象不僅包括妨害衛生或被毒化的飲食物品，還包括用於飲食之外的其他物品，如過量的食品添加劑或色素，甚至包括藥品、化妝品、玩具、香皂、牙膏等。此外，根據『食品安全衛生管理法』及『畜牧法』之相關規定，有毒化或足以危害健康作用的食品器具、食品容器或包裝、食品用洗潔劑，依法應予回收、銷毀之特定物品，以及未經田間試驗、生物安全性評估涉及遺傳物種轉置之種畜禽或種原、未經屠宰衛生檢查或經檢查爲不合格之屠體或內臟、屠宰衛生檢查合格標誌等，均屬危害食品安全犯罪的犯罪對象。」張偉，兩岸食品安全犯罪刑事立法比較研究，當代法學，第2期，2015年，頁27。

險犯，完全不考慮行為與危害食品安全可能性之間的內在關連[59]！

　　詳言之，使用預防性的手段回應「危險者」，往往罔顧罪責原則與比例原則，藉以達成所謂公眾保護目的。從近年來的食品安全立法政策向抽象危險犯傾斜[60]，根本不過問行為後是否進一步出現危險狀態而言，不僅「危險」的概念似乎正在逐步規範化成為風險，恣意前移刑罰時點，在多數學說主張以罪責原則作為無罪推定基礎之一[61]的脈絡下，即有牴觸疑慮。惟，問題因此而生：不論抽象危險犯的立法模式本身，甚至進一步產生的行為人禁止錯誤的問題，若得援引無罪推定庇護，會否造成透過程序法的「無罪擬制」回頭去否定實體法的「有罪擬制」？本文因此認為，在違憲審查機制否定規範有效性之前，行為的法律效果是確定的，著手實行此行為者，也仍然受到無罪推定保護；簡之，此爭議與無罪推定的概念無關，關鍵始終是刑事政策的妥當性問題，是刑事立法在「無罪推定－拉高

---

[59] 「值得我們深入思考的問題是，為嚴密刑事法網，在刑事立法上，是否有必要擴張危害食品安全犯罪之行為對象。當然，在此需要特別警惕的是防止盲目借鑒。詳言之，我國刑法有關食品安全犯罪的相關行為對象的厘定字面上或許較為狹窄，但若能通過刑法解釋將相關物件能夠囊括進來，則無須勞師動眾、專門立法，以防出現立法過剩。此外，應當注意與食品安全犯罪相關的不同刑法規範、不同犯罪之間的交叉與競合關係，在罪刑法定原則的指導下，運用體系解釋的方法，儘可能拓寬現有食品安全犯罪刑法規範的規制範圍。」張偉，同前註。

[60] 指標性的觀察對象是：食品安全衛生管理法第49條第1項的歷次修法文字更動與範圍擴張。

[61] 前大法官許玉秀於釋字第582號解釋所為的協同意見書謂：「於遠古糾問制度之下，被告乃訴訟客體，法官為被告之辯護人，自無所謂被告防禦權可言。隨著法治國思想之發展，於現代職權主義與當事人主義之刑事訴訟制度中，依據法治國之自主原則，被告逐漸獲得訴訟主體之地位。法治國之自主原則，源於確認人有自主能力，既然人人皆能自主，必然能控制自己之行為，則僅於因自己之故意或過失造成他人法益受害時，方受處罰，此乃刑事實體法上之罪責原則（刑法第十二條規定參照）。程序法上，如不能證明被告有故意或過失造成他人法益受害，即不能為被告有罪之認定，此即無罪推定原則（Unschuldsvermutung/Presumption of Innocence）。換言之，憲法上之自主原則在刑事訴訟法上之第一層意義，乃無罪推定原則。無罪推定原則復有雙層涵義：其一，未有證據證明被告曾有犯罪事實之前，推定被告為無辜，亦即沒有證據證明，不能認定犯罪，此即犯罪依證據認定之證據裁判原則；其二，證明被告有罪之證據，必須無合理可疑，否則，即應作有利被告之認定，此即所謂罪疑有利被告原則（indubioproreo）。」

定罪證明標準（由原告舉證並在程度上超越合理懷疑）—造成舉證困難—
立法政策以抽象危險構成要件規避舉證（以提高定罪率）—違反無罪推
定？」的迴圈正當性問題。

六、程序性措施的適用疑義

　　總和前述，無罪推定在本文的圖像，既與超越合理懷疑的證明標準
無關，亦非有罪判決的審判公平性問題，若然，於刑事程序做出無罪假
設，有何實益？前已再三提及，基於偵查活動與審判過程的特殊性及其對
犯罪嫌疑人所可能造成的影響，堅守無罪推定，可以避免國家機關在假定
犯罪嫌疑人有罪的前提下，從事種種不當干預基本權的程序性措施。據
此，不論實施刑事訴訟程序的公務員面對媒體時，口頭宣稱犯罪嫌疑人
有罪或為事實上有罪的意見表達，歐洲人權法院已先後於1995年的Allenet
de Ribemont v. France案[62]與2005年的A.L. v. Germany案，認為違反無罪推
定[63]。也因此，檢察署或法院發言人於分享資訊時，應謹慎的交代「懷
疑」的種種理由，至於武斷而過早描繪的結論，就留給新聞工作者吧。

　　有趣的現象是，一旦法院在舉止中表現出對被告有罪的預斷，仍難
免違反無罪推定。以德國為例，除了彼邦刑法第73d條關於不法犯罪所
得的沒收，作為剝奪財產的回應手段，與刑罰無異，竟僅要求「合理推
測」，而非更高度證明，而顯有違憲之虞[64]外；作為縮短刑事訴訟程序、
緩解司法機關負擔的轉向措施而誕生的「微罪附條件中止訴訟」（同法
§153a）[65]，在其實務運作上檢察官或法官通常以第153a條第1項第2款為

---

[62] EGMR, 10.02.1995 - 15175/89.

[63] EGMR, 28.04.2005 - 72758/01.

[64] 聯邦最高法院已透過造法方式強化證明負擔，s. BGHSt 40, 371.

[65] 其第1項規定下述幾種負擔形式：一、為補救被告犯行所造成損害而提供特殊服務
（第1款）、二、對非營利機構或國庫支付一定數額的金錢（第2款）、三、履行若
干非營利的服務（第3款）、四、支付一定金額的扶養費（第4款）、五、慎重嘗試
與被害人達成和解協議，以就其犯行為全額或高額補償（第5款）、六、參與道路
交通法所要求的課程（第6款）。值得注意的是，同條第1項後段進一步指出：檢察
署應就被告履行第1項各類負擔設定期間限制；就此而言，除上開第4款不得超過一

據，在被告同意下，命其向國家、被害人或慈善機構「支付金錢」，以換取免除訴追（Absehen von der Strafverfolgung）[66]，問題也因此而生：立法者僅將金錢支付稱之為負擔條件（Auflagen），刻意避免使用「制裁」或「刑罰」的用語，加上對被告而言，不以自白或認罪答辯為程序適用前提，檢察官或法官亦無須為有罪宣告，附條件中止程序的作法，僅就規範文字解讀，似乎與無罪推定不生齟齬；但，若非檢、審以被告可能有罪為心證，如何將（鉅額的）金錢支付合理化？假設被告無辜，確能滿足於以金錢交換免訴嗎？

此外，程序本身往往附隨產生懲罰效果，典型的例子，如審前所為的一般性或預防性羈押。儘管對自由的剝奪本質上不必然連結到對犯罪的懲罰，而可以是諸如避免被告逃亡、串供或滅證，為了順利進行後續程序，而為的保全措施，但，若是為了教育（訓）受拘禁者，甚或可預期未來有罰金或緩刑的高度可能，決定透過監禁的方式，讓受拘禁者嚐嚐監獄的滋味？

關於重罪羈押是否違反無罪推定的討論，前揭司法院釋字第665號解釋已然做了說明與決定，不再贅述，於此僅稍做補充說明：第665號解釋並未將重罪羈押條款（刑事訴訟法§101Ⅰ③）與原先的法定羈押要件（刑事訴訟法§101Ⅰ①、②）結合，而是透過所謂的「有相當理由」，巧妙的取代原來針對逃亡或滅證之虞所必須的「有事實足認」標準，實際上是

年外，其餘情形均不得超過六個月。檢察署不僅得撤銷第1項的各類條件，亦得延長其履行期間三個月，並得經被告同意，追加或變更條件負擔。被告一旦履行其負擔，其所犯之微罪即不得再行起訴；若被告未履行其負擔，亦不再對其前已貢獻者為補償。同條第2項規定，儘管檢察官已經起訴，法院在徵得公訴人與被告同意後，得以裁定暫時停止訴訟，開啟（§199～§211）中間程序，確認事實，同時對同條第1項第3～6、8款的情形施加或變更負擔或指示。對此裁定不得抗告。

[66] 主要理由是：一、排除刑事訴追的公共利益，乃因犯罪人所犯之罪甚輕，以支付罰金的方式，不僅可以免除入監服刑的缺點，更能將罰金做公益上的運用；刑事訴追的利益雖然重要，但當犯罪造成的損害輕微時，應妥善平衡刑事訴追與犯罪人復歸。二、對犯罪人而言，既須繳納一定額度的金錢，並非完全不受到懲罰，仍有追究罪責的色彩。

「新創」了更寬鬆的重罪羈押事由[67]！

　　至於預防性羈押，雖然德、美均於刑事訴訟法明文允許不以保全後續審判程序進行為目的的羈押，前者透過所謂「雙軌的刑事制裁體系」，將其性質解為非刑罰的保安拘禁（Sicherungshaft）；後者則透過定性為行政管理措施（regulatory），取得其正當性基礎。問題是，透過「遁入行政法或保安處分」的模式選擇，從事長期剝奪自由的預防性拘禁，沒有違反正當程序與無罪推定原則的疑慮嗎？刑事訴訟程序的根本精神難道不是寧可錯放、不願錯殺[68]？

參、結論

　　撇開無罪推定的結構內涵與適用範圍爭議，此一概念於我國的實踐過程，尤其是101年第2次決議，幾乎是由職權模式摸索過渡到改良式當事人進行模式的縮影。依本文，若無罪推定的舉證責任分配要求，最終仍可無礙的運作於德國，沒有理由將此一概念與法官是否背負證據調查（蒐集）

---

[67] 實務亦做相同理解：「係將該第三款以犯重罪作為羈押原因時，限縮須併存有逃亡或滅證之虞等羈押原因時，始得施予羈押；並同時肯認上開限縮併存之羈押原因，不必達到如第一款、第二款所規定須有『客觀事實』足認為有逃亡或滅證之虞的要求，而以具有『相當理由』為已足。」（最高法院98年台抗字第825號裁定）「釋字第六六五號解釋，係要求附加考量被告除犯刑事訴訟法第一百零一條第一項第三款所列重罪外，是否有相當理由足認其有逃亡、湮滅、偽造、變造證據或勾串共犯或證人等之虞。該等附加考量與單純考量同條第一項第一款、第二款之羈押原因仍有程度之不同。是以伴同重罪羈押予以考量之逃亡之虞，與單純成為羈押原因之逃亡之虞其強度尚有差異，亦即伴同重罪羈押考量之逃亡之虞，其理由強度可能未足以單獨成為羈押原因，然得以與重罪羈押之羈押原因互佐。另重罪常伴隨有逃亡、滅證之高度可能，係趨吉避凶、脫免刑責、不甘受罰之基本人性，倘一般正常之人，依其合理判斷，可認為該犯重罪，嫌疑重大之人具有逃亡或滅證之相當或然率存在，即已該當『相當理由』之認定標準，不以達到充分可信或確定程度為必要。」（最高法院100年台抗字第246號裁定）

[68] 更詳細的討論，請見拙著，預防性羈押的實然與應然，東吳法律學報，第26卷第4期，2015年4月，頁83-122。

義務掛勾。

　　無罪推定並非植基於已然確定的事實，所謂的「推定」，其實是一種「假設」，或者說，是一種法律在規範意義上的擬制。作為一個程序性規則，其存在目的就是為了避免國家實施刑事訴訟程序的公務員，於刑事程序進行中，因其有罪預斷，而進行對被告的不當干預。要之，以「程序從屬」與「無罪保護」作為結構核心。

3
辯護人偵訊在場權之理論與實際

陳運財[*]

廖教授曾任教於筆者服務多年的東海大學法律系，而與廖教授第一次見面是在1998年5月東海大學舉辦有關對抗組織犯罪的研討會中。廖教授時任法務部長受邀到會演講，會中筆者曾從正當程序評論當時掃黑羈押綠島的做法，廖教授委婉且篤定的倡議該項政策的必要性，令人印象深刻。長期以來，廖教授積極推動台灣刑事司法政策的改革，並重視犯罪被害人權益的保護，廣受社會各界讚譽。適值廖教授古稀大慶，謹以此薄文，感佩先生著力刑事法學研究及刑事政策改革的貢獻。

目　次

壹、前言[1]

　　「刑事訴訟法第二百四十五條第二項規定被告或犯罪嫌疑人之辯護人，得於檢察官、檢察事務官、司法警察官或司法警察訊問該被告或犯罪嫌疑人時在場，並得陳述意見，其立法理由係為使實施偵查程序之公務員對被告或犯罪嫌疑人合法實施偵查，並確保被告或犯罪嫌疑人之合法權益。……本件司法警察及檢察官於八十六年九月二十日訊問乙○○時，未

1　本文係筆者執行行政院國家科學委員會（現為科技部）補助專題研究計畫「偵查辯護制度之研究——以接見通信權與偵訊在場權為中心」（NSC 98-2414-H-029-038-MY2）成果報告的一部分整理撰寫而成，曾發表於2014年5月3日東海大學法律學院主辦「第二屆東亞刑事訴訟法制發展動向學術研討會」。在此感謝國科會之補助及當時的研究助理許家源、侯珮琪協助本研究計畫資料蒐集及分析整理，惟文責由本人自負。

通知其選任辯護人到場，所踐行之訴訟程序，稍嫌瑕疵，但於判決結果不生影響，依刑事訴訟法第三百八十條規定，不得據為第三審上訴之合法理由。」這是一則早期最高法院對於偵訊時辯護人在場權之立法意旨及其違反之訴訟法上效果的法律見解[2]。審判實務高高舉起，輕輕放下的態度，正突顯出此項在場權長期以來受到偵查機關壓抑，且未能獲得有效救濟的狀況。這是本文關注的焦點所在。

誠然，在偵查階段，國家機關實施偵查活動與人權保障的衝突，不僅呈現在國家機關為蒐集保全證據，例如拘提、逮捕、搜索或扣押等，而積極干預人民的自由權利，同時也發生在辯護人為犯罪嫌疑人行使防禦權益，例如辯護人欲與拘捕中的嫌疑人接見、或偵訊時在場欲陳述意見，而遭受到偵查機關的限制或禁止[3]。過去長期以來，偵查與人權的問題，前者積極性干預處分或強制處分的問題顯較受到立法者及學界的重視，至於後者防禦權的問題，則相對的較被忽略。

整體而言，在我國刑事程序中，嫌疑人及被告接近辯護人法律援助的管道看似開放，然而實際上接受援助的機會及辯護活動的內容，量及質仍均有大幅提升及改善的必要。其中最大的問題在於偵查程序，特別是選任辯護人的比例極低，且即便有選任辯護人，辯護人依修正前之刑事訴訟法第34條與羈押之被告接見時，往往受到看守所戒護人員的監視；或依刑事訴訟法第245條第2項於偵訊時在場，多半仍被限制僅能觀察，而無法適時的陳述意見提供法律諮詢。

2009年1月23日大法官釋字第654號解釋的出現，為刑事辯護制度的實質化，注入了活化的元素。因為此項解釋的影響，修正羈押法及刑事訴訟法部分條文，在法制面確立了人身自由受拘束的嫌疑人或被告與辯護人得於不受干預下充分自由溝通的權利，偵查人員或押所職員即便為維持秩序或安全上之必要，於嫌疑人或被告與其辯護人接見時，亦僅得予以監看

2　最高法院92年度台上字第65號判決。

3　法務部調查局台北調查處組長樓仁健，因不滿陪同當事人前往偵訊之曾文杞律師觀看筆錄，兩度與律師發生肢體衝突，造成曾文杞律師雙手與頸部受傷。自由時報，2008年6月21日A01版焦點新聞。

而不與聞。同時，保障拘捕中之嫌疑人與辯護人第一次之接見權，原則上不得予以限制。且對於接見通信權的限制，應受法院之司法審查等，與修法前相較，接見通信權的保障已更為周延。

　　不過，釋字第654號解釋的放射效力是否及於刑事訴訟法第245條第2項偵訊時辯護人在場權規定的解釋，乃成為極需研究的重要課題。具體言之，其一，犯罪嫌疑人與辯護人之間不受干預的自由溝通的防禦權是否也適用及於偵查機關實施偵訊犯罪嫌疑人的場合？偵訊的過程中，在場的辯護人認有必要時，得否要求暫停偵訊，而與嫌疑人先行溝通意見後，再行接受偵訊，或者是偵訊時，辯護人得否提示嫌疑人拒絕回答偵查人員偵訊的問題？其二，現行刑事訴訟法第245條第2項但書規定：「但有事實足認其在場有妨害國家機密或有湮滅、偽造、變造證據或勾串共犯或證人或妨害他人名譽之虞，或其行為不當足以影響偵查秩序者，得限制或禁止之」，此之限制事由是否合於明確性及比例原則？其三，就限制在場權的程序要件而言，是否與限制接見通信權同樣的原則上應採取法官保留的規範，偵查人員限制辯護人偵訊時的在場，亦要事先取得法官的許可[4]？其四，對於偵訊在場權的侵害，是否應賦予辯護人或嫌疑人事後聲明不服的管道，以及偵訊結果如有取得嫌疑人之自白時，如何適用違法證據排除法則等問題。

　　以下，本文將以偵訊時在場權之實務運作的問卷調查結果[5]，依序處理上述與偵訊時在場權相關的爭點，期待透過本文的檢討，能有助於釐清偵訊在場權的本質，並提供解決偵查效率與防禦權保障的衝突的思考方向。

---

[4]　尤伯祥，大法官釋字第654號之後——人民辯護權的新里程碑，司法改革雜誌，第73期，2009年7月，頁51。

[5]　本項問卷調查係於2011年2月至5月間進行，針對登錄並事務所設籍於台中之律師626人郵寄問卷，回收有效份數為116份；對雲林律師寄出59份問卷，回收有效份數為6份，由於雲林地區律師部分回收份數過低，故未列入此次實證分析範圍。另一方面，檢察官部分亦分為台中與雲林兩地，煩請檢察官專人發放的方式進行問卷調查，其中台中地區檢察官發出問卷100份，回收有效份數為23份；雲林地區發出問卷25份，回收有效份數為18份。

貳、關於偵訊在場權的定位

一、在場權之規範目的及定位

　　大法官釋字第654號解釋理由書指出，基於憲法第16條保障人民訴訟權的精神，所謂接受辯護人法律援助之辯護權最重要而核心的保障，即是必須使嫌疑人或被告得自由且秘密地與辯護人充分諮商溝通的機會。此項不受干預充分自由溝通之權利，不論嫌疑人或被告人身自由是否受拘束，原則上均應同等保障。基於無罪推定原則，受羈押之被告憲法權利之保障與一般人民所享有者，原則上並無不同，因其與外界隔離，唯有透過與辯護人接見時，在不受干預下充分自由的溝通，始能確保其防禦權之行使。尤其，兩者之間秘密的溝通意見，就辯護人而言，固屬於執行法律所賦予職權所內在的秘匿特權，對嫌疑人及被告而言，更屬接受公平審判，充分行使防禦以及維護陳述之自由所不可或缺的保障機制。即便其人身自由受到拘束，國家機關亦不容許以任何理由，對於嫌疑人被告與辯護人之間的接見加以監聽或錄音。刑事被告與辯護人得於不受干預下充分自由溝通的權利，縱使為維持押所秩序之必要，於受羈押被告與其辯護人接見時，亦僅得予以監看而不與聞。如法律就受羈押被告與辯護人自由溝通權利，予以限制者，應符合法律保留、明確性原則及賦予相應之司法救濟途徑。

　　此項解釋基於被告作為權利主體的想法，強調關於辯護權之保障，不僅只是形式上選任辯護人而已，為使被告充分行使防禦，以維護公平審判，應使被告獲得辯護人「確實有效」的協助，將辯護權及接見通信權提升至憲法位階予以保障，值得高度肯定。衍生出來的問題是，現行刑事訴訟法第245條第2項偵訊時的在場權，乃至於審判階段搜索扣押時的在場權（§150Ⅰ）等之規定，是否亦為不受干預下充分自由溝通的權利，而屬於憲法訴訟權保障的範圍，即值得探究。

　　現行刑事訴訟法依訴訟進行的階段以及國家機關實施處分內容的不同，分別賦予辯護人得在場行使防禦的機會。就偵查階段而言，設有訊

問犯罪嫌疑人時的在場權（§245Ⅱ）、檢察官訊問鑑定人或實施勘驗認有必要時的在場（§206-1Ⅰ、§214Ⅱ）、於偵查中由檢察官或法院實施證據保全時（含搜索、扣押、鑑定、勘驗、訊問證人或其他必要之保全處分）之在場權（§219-6Ⅰ）；就審判期階段而言，辯護人分別得於準備程序（§273Ⅰ）、審判期日到庭（§271Ⅰ）、審判期日訊問證人、鑑定人或通譯時在場（§168-1Ⅰ）以及於法院實施搜索、扣押及勘驗時在場（§150Ⅰ、§219）。上開規定賦予辯護人得在場之目的，均具有藉由辯護人在場以維護程序的合法性、提供案情資訊的機會以及協助嫌疑人或被告防禦等共通的機能。其中，具體得為協助防禦的內容如何，則視各個不同的處分，而有差異。

學說上，論者指出辯護人在場參與程序，除了可以證明國家機關所踐行的訴訟程序公正、純潔、慎重及尊重，防止秘密調查易生的弊害[6]，尚可見證知悉證據方法的取得、展示，而得及早進行相關辯護策略，有助於迅速發現真實[7]。而在實務上，最高法院曾判決指出：「當事人及審判中之辯護人得於搜索或扣押時在場。但被告受拘禁，或認其在場於搜索或扣押有妨害者，不在此限。刑事訴訟法第一百五十條第一項定有明文。此規定依同法第二百十九條，於審判中實施勘驗時準用之。此即學理上所稱之『在場權』，屬被告在訴訟法上之基本權利之一，兼及其對辯護人之倚賴權同受保護。故事實審法院行勘驗時，倘無法定例外情形，而未依法通知當事人及辯護人，使其有到場之機會，所踐行之訴訟程序自有瑕疵，此項勘驗筆錄，應認屬因違背法定程序取得之證據。[8]」雖然審判中辯護人在實施搜索、扣押及勘驗的過程在場，可期待防止強制處分的濫用、維護程序的合法性以及瞭解證據蒐集的狀況，惟辯護人在此等程序中在場能進一步提供被告法律上專業的援助其實仍屬有限。在此意義下，最高法院上

6　黃東熊，刑事訴訟法論，三民書局，1999年3月，頁218。亦有學者認為辯護人之在場可以促使法官、檢察官讓訴訟程序合法實行，而達到所謂「收斂效果」。吳俊毅，辯護人在場權之探討，政大法學評論，第108期，2009年4月，頁11。

7　王兆鵬，刑事訴訟講義，元照，2009年9月，頁464。

8　最高法院94年度台上字第4929號判決。

開判決針對審判中辯護人於搜索、扣押或實施勘驗時之在場權，仍能強調其屬於被告在訴訟法上之基本權利之一，兼及其對辯護人之倚賴權同受保護，見解值得激賞。相對於審判中搜索扣押勘驗之在場權，刑事訴訟法第245條所定之偵訊在場權，不僅可藉由辯護人的在場達到抑制違法或不當偵訊，且知悉案件的進行狀況的目的，進而可依賴辯護人的陳述意見，維護接受偵訊之犯罪嫌疑人的防禦權益，而更具有重要意義。

犯罪嫌疑人或被告一般缺乏法律專門知識，難以自行實施防禦活動，尤其身處偵訊室或偵查庭面對司法警察人員或檢察官長時間以取得自白或不利陳述為主要目的之偵訊，心理不安等狀況不難想像，如當時人身自由又因拘提或逮捕而受到拘束，偵訊環境的強制色彩益加濃厚；同時在偵審實務長期偏重自白的運作下，偵訊可謂是實務上取得供述證據的關鍵程序。因此，於偵訊程序中，接受具有法律專業知識之辯護人的援助，是使犯罪嫌疑人處於自由意思為陳述，且有效行使防禦之不可或缺的權利，也是防止違法或不當偵訊，確保自白任意性及信用性的程序擔保，其重要性絕不亞於接見通信權，而應認為同屬於犯罪嫌疑人所享有之不受干預下充分自由溝通權的一環。換言之，刑事訴訟法所定之辯護人與拘捕中之嫌疑人及羈押被告的接見交通權，以及偵訊時在場權的保障，均是為達成確立辯護制度所須之最基本而重要的防禦權，屬於憲法第8條正當法律程序保障的具體內容[9]。

而偵訊在場權既係憲法正當程序保障下的基本而重要的辯護權，應是自由且實質有效的權利，故除非基於正當之目的，以法律明文規定且合於比例原則，否則不得予以限制。光是抽象的偵查必要性或發現真實的需求，其與限制辯護權之間尚難謂有充分的關聯性或必要性，且縱使因目的之正當性而有限制的必要，其所採取之限制手段亦應以干預此項防禦權最

9　這是一項積極性的基本權，置於正當程序的內容予以保障即為適當亦已足夠，不必再援引憲法第16條具受益權性質的訴訟權作為依據，否則難免因國家政策或所謂立法自由形成為由而不當限制此項辯護權保障的內容。大法官釋字第654號解釋將選任辯護權及接見通信權提升至憲法層次予以保障，固值得肯定，惟其解釋文舉憲法第16條作為依據，而漏憲法第8條，不無遺憾。

小的方式行之。職是，刑訴法上對於偵訊在場權的限制，若有逾越必要的程度，即應認為不符合正當程序的要求。基於此項觀點，刑訴法第245條第2項但書規定得限制或禁止辯護人在場之事由是否合於明確性原則及比例原則，自有檢討的必要。

另外，偵訊在場權不僅是犯罪嫌疑人作為訴訟主體積極行使防禦的作用，同時可作為維護其供述自由之擔保機制，有助於緘默權的實質保障，兩項權利之間在防禦上應予以有機的連結。以下，即針對偵訊在場權及緘默權的關係，先予論述。

二、與緘默權之關係

刑事訴訟法第95條第1項規定，偵查機關或法院訊問犯罪嫌疑人或被告前，除了應告知犯罪嫌疑及所犯罪名、得請求調查有利之證據外，並應同時告知得保持緘默，無須違背自己之意思而為陳述以及得選任辯護人。賦予接受訊問的嫌疑人或被告得積極的選任法律專家協助防禦的同時，也可消極的選擇保持緘默，辯護權及緘默權同屬嫌疑人及被告享有的基本而重要的防禦權利。然而，選任辯護人於偵訊時在場與緘默權保障間之關係如何，相關的論述尚有不足。

美國聯邦憲法上關於緘默權及辯護權之保障，分別規定在憲法第五修正案及第六修正案：第五修正案規定任何人在刑事程序中不被強制為不利於己之證言；第六修正案規定在所有刑事追訴程序中，被告享有接受辯護人協助防禦的權利。在1950年代後期之前，聯邦最高法院少數見解雖認為在警察偵訊階段，犯罪嫌疑人亦享有使辯護人在場協助防禦的憲法第六修正案的權利，惟多數見解仍維持「綜合情狀」（totality of circumstances）判斷的手法，認為警局偵訊時，即便犯罪嫌疑人被拒絕接觸辯護人，其偵訊結果取得之自白仍應綜合其他情狀以判斷該項自白有無任意性[10]。進入1960年代，聯邦最高法院在Escobedo一案中，指出對於留置於警局中的犯罪嫌疑人，警察對其進行的偵訊如將產生嫌疑人入罪之陳述，而在此過程

---

[10]　See W. R. LaFave & J. H. Israel, Criminal Procedure, Fifth Ed., p.353 (2009).

中嫌疑人要求與其辯護人商談卻被拒絕,同時警察又未告知嫌疑人憲法上得保持緘默的權利時,應認嫌疑人憲法修正案第6條保障之接受辯護人援助的權利已受侵害[11]。之後,在1966年Miranda判決中,聯邦最高法院基於憲法第五修正案保障緘默權的規定,認為任何人被拘捕或留置在警局中接受偵訊時,首先應以清楚且明確的方式告知其享有保持緘默的權利,並向其解釋所為之陳述將作為法庭上不利的證據,且因接受辯護人援助的權利是維護緘默權所不可或缺,故亦應清楚告知其得與辯護人商談及在偵訊中使辯護人在場的權利;如其無資力選任辯護人,將可指定律師為其辯護。本判決進一步強調,嫌疑人得隨時行使緘默權,在偵訊前或偵訊過程中任何時候,其欲保持緘默者,偵訊即應停止;其表示想要辯護人在場者,於辯護人在場之前,偵訊應即停止。未經辯護人在場之下所取得的陳述,檢察官必須證明嫌疑人係在充分知悉且理智下放棄緘默權及接受辯護人的援助。違反上開規則所取得的自白或不利陳述,不得容許作為證據[12]。此項判例將偵訊時辯護人在場協助防禦的權利,定位為是保障嫌疑人緘默權不可或缺的安全機制,以落實憲法第五修正案緘默權的保障,重視嫌疑人及被告權利的主體性,實具有重大意義。

　　在學說上也有論者提出基於被告並無忍受偵訊之義務,若被告行使緘默權時,為維護犯罪嫌疑人當事人的主體性,偵查機關應停止訊問,同理,就辯護人偵訊中之在場權,也應基於破除偵訊情景壓力的必要,而應使其得在場陪同協助犯罪嫌疑人貫徹緘默權之行使[13]。另外,就緘默權之保障與接見通信權的關係,論者一針見血指出,於接見時予以全程的現場監聽、錄音會瓦解緘默權[14]。確實,如果人身自由受拘束之嫌疑人或被告與其辯護人接見溝通時,偵查人員或戒護人員得在場予以監聽或錄音,將迫使被告難以出於自由意志與其辯護人充分討論案情,此不特妨害接見通

---

[11]　Escobedo v. Illinois, 378 U.S. 478 (1964).

[12]　Miranda v. Arizona, 384 U.S. 436 (1966).

[13]　林裕順,論偵訊中辯護人之在場權,法學新論,第2期,2008年9月,頁16。

[14]　許玉秀,司法院釋字第654號解釋協同意見書。

信權所要保障之被告充分行使防禦的權利，亦已干擾被告決定是否為陳述的自由，實質上與侵害緘默權無異。在此意義下，緘默權的保障可作為支持接見通信權秘密化的基礎。

本文認為，思考檢討偵訊在場權與緘默權的關係，可先從刑事訴訟法第100條之3規定開始觀察。依此項規定，司法警察人員原則上不得於日沒後、日出前實施夜間詢問。例外的，如犯罪嫌疑人明示同意，或是因急迫情形，或經法院或檢察官許可，認有比保障緘默權更高之利益存在，且有立即實施詢問之必要者，始得實施夜間詢問[15]。此項規定的立法理由指出：「夜間乃休息之時間，為尊重人權及保障程序之合法性，並避免疲勞詢問，爰增訂本條，規定司法警察官或司法警察原則上不得於夜間詢問犯罪嫌疑人，但為配合實際情況，如受詢問人明示同意者、或於夜間拘提或逮捕到場而有查驗其人有無錯誤者、或經檢察官或法官同意者、或有急迫之情形者，則不在此限。」

由此可知，第100條之3禁止夜間詢問原則的規範目的，不僅僅止於消極的防止疲勞刑訊，而更具有積極的權利保護的內涵，一方面是彰顯基於人道上之處遇，另一方面是承認犯罪嫌疑人有免於受夜間詢問的供述自由，故原則上司法警察人員實施夜間詢問需經嫌疑人的同意。此之同意的性質，就保障緘默權之觀點言，犯罪嫌疑人得保持緘默，享有決定是否為供述之自由，試想嫌疑人行使緘默權時，若仍須在場忍受司法警察人員的詢問，則實際上有無行使緘默權並無多大的意義，尤其，在夜間精神及意識相對薄弱的情況下，強制其在場忍受詢問與強求供述有何差異？在此意義下，第100條之3禁止夜間詢問原則之規定，乃可解釋為關於夜間詢問，犯罪嫌疑人行使緘默權者，原則上具有中止夜間詢問的效果，不負在場忍受偵訊的義務。因此，如果嫌疑人願意保留緘默權的行使，而接受夜間詢問、或是司法警察人員遇有急迫情形，認有違反犯罪嫌疑人的同意而實施夜間詢問的必要時，均應依刑事訴訟法第245條第2項之規定使辯護人在

---

[15] 關於此項禁止夜間詢問原則的評論，詳參拙著，偵查與人權，元照，2014年，頁129。

場陳述意見,確保犯罪嫌疑人的供述係在自由意思下所為,亦即,藉由辯護人的在場,可以緩和嫌疑人接受夜間詢問時的緊張情緒及壓力,使被告清楚瞭解自己擁有的權利,處於理智的狀態選擇是否及如何回答詢問,同時,在場的辯護人並可針對各個詢問的問題提供必要的法律協助。

職是之故,乍看之下,分屬於嫌疑人的緘默權及辯護人的在場權,如回溯於犯罪嫌疑人權利主體性的觀點,在面對司法警察機關的偵訊處分時,為確保嫌疑人供述自由,實有必要使辯護人在場協助其防禦;偵訊在場權,可謂是具有擔保犯罪嫌疑人有效行使緘默權的不可或缺的機制。而此種擔保效果,不僅是存在於所謂的夜間詢問,由於日間詢問及檢察官所為的訊問,亦同樣有刑事訴訟法第95條及第245條第2項的適用,故所有接受偵查機關偵訊的犯罪嫌疑人均享有使辯護人在場以維護其供述自由,及協助其防禦的權利。

參、偵訊在場權的辯護活動內容

於1982年8月4日修正公布刑事訴訟法部分條文,確立偵查階段選任辯護制度的同時,增訂第245條第2項規定偵訊時辯護人的在場權。按當時政府所提的修正草案條文是,辯護人得於偵訊時「在場觀察」,基本上賦予辯護人在場權的規範目的,主要在防止類似王迎先命案之違法偵訊的發生。惟案經立法院激烈討論審議的結果,多數意見認為將偵訊中辯護人的在場辯護活動限制為僅能觀察,顯過於消極,關於陳述意見或抗議不當偵訊等辯護人在場之際得行使之權限,委由實務運作或訂定注意事項予以明確化為已足,故決議將「觀察」二字刪除[16]。然而,實務運作上,偵查機關往往限制辯護人於偵訊時僅能在場觀察,至多僅能在偵訊結束後,認有必要才使其陳述意見,此與律師界主張得於偵訊進行過程中陳述意見,或

---

[16]　立法院公報第71卷第79期委員會紀錄,立法院司法及法制委員會第69會期第3次聯席會議,頁85;立法院公報第71卷第57期院會紀錄,頁33。

提供嫌疑人必要的法律見解等實質辯護的立場，南轅北轍，迭生爭議。至2000年7月，為改善此項條文長期解釋上的對立及實務運作的違誤，提升犯罪嫌疑人的防禦權益，遂由立法委員提案修正本項規定，將偵訊在場權的內容明定為「在場並得陳述意見」。

　　以下，依本文所為問卷調查的結果，先扼要說明偵訊時辯護人在場權的運作狀況：

一、偵訊在場之實務運作概觀

(一)關於等待原則的運作狀況

　　為使辯護人能於偵訊時到場陪詢，刑事訴訟法第245條第4項規定，偵查機關原則上應將訊問之時日及處所通知辯護人。又依據第93條之1第1項第5款規定，等候辯護人到場之時間，致未開始訊問者，等候時間不計入二十四小時內應移送法院審問之時間，但等候時間最多不得逾四小時。由上開規定可知，既然因賦予辯護人得於偵訊時在場，而課以偵查機關的通知義務，另一方面偵查機關等候辯護人到場之時間又不計入限時移送的期間內，並不會對偵查造成不利影響，因此犯罪嫌疑人表示選任辯護人希望獲得法律援助時，在通知後，辯護人未到場前自不得開始實施偵訊。

　　然而，依據問卷調查結果顯示，受訪檢察官中有78%一定會等辯護人到場才進行訊問，14.6%的受訪檢察官表示多半會等辯護人到場才開始訊問。相對的，受訪的律師則指出檢警一定會等到律師到場才開始訊問者只有14.9%，57.9%的受訪律師認為檢警多半會等律師到場，有近三成（27.2%）之受訪律師表示檢警不會等待律師到場即開始訊問。檢辯之間，關於是否等候辯護人到場的認知，存有顯著的落差，即便僅依檢察官方面的經驗來看，仍有約二成並未完全踐行等待到場的要求，剝奪嫌疑人接受辯護人在場的法律援助機會，不可謂不嚴重。

(二)關於律師陪詢的時間

　　32.2%之受訪律師依其經驗表示在司法警察機關每件在場陪詢的時間

平均為二至三小時，30.4%之受訪律師認為平均約三至五小時，陪詢時間達五小時以上者則占11.3%。在檢察機關訊問時，每件平均陪詢時間在一小時以內者占44.3%，40%之受訪律師認為每件平均是一至二小時。由此可見，在司法警察機關之陪詢時間約為在檢察機關陪詢的二倍以上，其中警詢的時間太長，不僅有可能構成疲勞訊問的問題，也使陪詢工作對於律師業務造成過重的負擔。

(三) 辯護人於陪訊時之辯護活動範圍

關於辯護人偵訊時在場的辯護活動內容，85.2%之受訪檢察官認為辯護人於訊問時在場，其可容許的辯護活動範圍限於陳述意見及請求調查有利證據，惟仍有14.8%的受訪檢察官認為僅得在場觀察。關於容許辯護人陳述意見的時機，有48.8%之受訪檢察官表示會在該個別問題犯罪嫌疑人回答完畢後，即給予律師陳述意見的機會，有24.4%之受訪檢察官會視案情而定，選擇適當時機賦予辯護人陳述意見的機會；僅有14.6%之受訪檢察官會待整個訊問結束後始准在場的辯護人陳述。

再根據受訪律師的經驗，高達65.2%之受訪律師表示在警察機關詢問犯罪嫌疑人時無陳述意見的機會，即便有機會陳述，其中87.1%是在警察人員詢問結束後才被給予陳述意見的機會。而在調查局的偵訊，有68.1%之受訪律師表示無陳述意見的機會，即便有之，其中70.9%是在詢問後才被給予。至於，在檢察機關陪訊時，雖然表示無陳述意見機會者僅占7%，惟95.5%之受訪律師表示是在檢察官訊問結束後始有陳述意見的機會。

依2000年修正刑事訴訟法第245條第2項明文規定「在場並得陳述意見」的精神，辯護人在場時應可隨時視情況而有陳述意見之機會，原則上不應受到限制。但依上述調查結果顯示，在司法警察機關的偵訊過程中，半數以上連陳述意見的機會都遭受剝奪，在檢察官訊問階段，絕大多數雖有陳述意見的機會，惟多數係在訊問結束後才被給予。可見辯護人偵訊時在場的活動內容，雖歷經修法改善，但離落實到第一線偵查人員的實務運作仍有相當的距離。

(四)陪訊時當場曉諭嫌疑人保持緘默的爭議

關於辯護人得否於陪詢時當場曉諭犯罪嫌疑人保持緘默的問題，83.5%的受訪律師認為這是權利的行使，應被容許；相對的，80%之受訪檢察官認為限於在偵訊前可曉諭犯罪嫌疑人保持緘默，認為在訊問進行中亦得曉諭緘默權者的比例則降至57.5%[17]。可見仍有近半數比例之受訪檢察官對於在偵訊過程中在場之辯護人曉諭犯罪嫌疑人保持緘默乙事採取否定立場，與絕大多數受訪律師基於保護被告免於作出非真實、非任意之陳述，而主張得曉諭其當事人保持緘默本屬其權利的看法，大異其趣。

二、英國法之接受法律援助權概觀

依「1984年警察及刑事證據法」（Police And Criminal Evidence Act, 1984，簡稱PACE）第58條規定，任何一個受逮捕拘禁於警局的人，均有權接見律師，接受律師的諮詢，除非在具有同條第8項所定與共犯串證，或妨礙犯罪所得財物之回復等法定之例外事由，否則不得加以限制，且限制方式僅為「暫緩接見」。倘警察違反上開暫緩接見的規定，不當或不法的限制律師接見，其法律效果在於是否構成第78條證據排除的要件，如經法院考量所有情狀，包括取得證據的情形、允許使用證據會對程序所造成的不公平，得拒絕容許檢察官聲請調查證據之證據能力。

而依據PACE第66條第1項授權所制定的運作規程（Codes of Practice）C第6條進一步針對受法律諮詢的權利（right to legal advice）做下述的規範：1.被拘捕人必須被告知有與律師私下溝通的權利，其方式包括面談、寫信或是電話，並且有免費接受輪值義務律師（duty solicitor）諮詢的管道（6.1）。2.刊載此項權利的海報必須在警局（包括偵訊室）的顯眼處張貼（6.3）；3.警察不得以言詞或行動試圖勸阻嫌犯接受法律援助（6.4）；4.在該條註釋之準則並進一步規定，所有的警察機關有義務提供被拘捕人

---

[17] 值得注意的是，認為辯護人可以在訊問進行中曉諭犯罪嫌疑人保持緘默之受訪檢察官比例在台中和雲林地區是分歧的，76.5%台中地區的受訪檢察官認為可以，高於雲林地區的43.5%。

與律師以面對面或以電話諮詢的隱私空間，以擔保其秘密接見諮詢的權利（6J）等。

　　針對上開接受辯護人援助機會之保障規範，英國重要的判例認為，PACE第58條第1項係賦予被拘捕之人接受法律援助之權利中最重要的權利，決定警察人員所為之暫緩接見是否合法，應綜合主觀及客觀的檢驗標準，判斷是否有「合理事由」「足認」有導致第58條第8項所定之事項。由於律師在社會上地位高且具有法律專業知識，乃法實務家的一員，故不致有以刑事犯罪之故意，或輕率地被嫌疑人利用而竟洩漏情報給共犯，或妨礙犯罪所得財物之回復等情事發生。一般情形，如以此種事由為據而拒絕嫌疑人與律師之接見，顯屬不當。因此，除非警察人員能證明被拘禁人及其所委任之律師具有特殊情事，例如嫌疑人擁有高度的知識或眾多的犯罪經歷，相對的，其律師欠缺常識之情形，否則以律師將故意或輕率地實行第58條第8項所定事項為由而暫緩嫌疑人之接見權，無法被正當化。而在本案例中，被告作為市民所享有的最重要而基本的權利，已受不當侵害，當時倘賦予被告與其律師接見之機會，被告應不至於之後的偵訊中為自我入罪的陳述，因警察人員的違法影響及於程序的公正性，依警察及刑事證據法第78條之規定，排除該項自白作為本案之證據[18]。

　　其次，有關偵訊時辯護人在場權，英國1984年所制定公布的警察及刑事證據法（PACE）雖未將偵訊時辯護人的在場權直接予以明定，不過在前述接受辯護人法律援助的權利的架構下，上開運作規程（Codes of Practice）C第6條中，分別針對辯護人在場時得行使辯護活動的內容、限制辯護人在場的事由、限制的程序要件、補救措施以及事後通報等，予以具體規範如下：

　　（一）關於在場權之內容。除非被拘捕人因依警察及刑事證據法第58條第8項之事由被暫緩接受律師的法律援助、或因等待受任律師到達將導致進行偵查上不合理的遲延者外，被拘捕人享有使其辯護人於偵訊時陪同在場之權利（6.8）。依據該條的註釋準則（Notes for guidance），律師在

---

[18]　R v Samuel, (1988) 2 W.L.R. 920.

警局的唯一任務就是在保護及促進（protect and advance）其委任人的法律權利。律師有必要視狀況提供有助於其委任人的法律援助，以避免其提出強化檢方指控的證據。律師於偵訊過程中，為尋求偵訊問題或爭點的明確化、挑戰不適當的偵訊問題或方式、建議其委任人對某些問題不予回答或認為有必要提供其進一步的法律意見者，得介入或中斷偵訊（6D）。

（二）關於排除律師在場之事由。律師之行為只有在足以干擾偵訊人員無法適當的對嫌疑人提出問題時，始得要求其退離偵訊現場（6.8）。所謂律師採取的手段或行為防止或不合理的妨礙警察的適當詢問，例如代替嫌疑人回答問題、或提供書面供當事人引用應答等情形（6D）。

（三）關於決定排除律師在場之程序及補救措施。在場之律師有前項不當妨礙偵訊人員適當詢問之情形時，偵訊人員得先停止偵訊，並請示警視階級以上之警官（若無法立即聯絡到警視以上之警官時，得請示與本案偵查無關之警督（inspector）階級以上之警官），由該警官決定是否仍在該律師在場下繼續進行偵訊。倘決定該律師應退離偵訊，則在開始繼續偵訊前，嫌疑人應被賦予與其他律師諮詢的機會，其他律師亦得於偵訊時在場（6.10）。決定排除律師在場之警官負有將來必須說服法院其所為之決定係屬正當的責任，為因應此項證明責任，該警官必須親自檢視所發生的經過（witness what is happening）（6E）。

（四）事後通報。排除律師在場是一項嚴重的處分，採取此項決定的警官應考慮將此一排除事件通報法曹協會（Law Society）；倘被排除在場之律師是輪值義務律師，並應同時通報法律扶助委員會（Legal Services Commission）（6.10）。

由以上之規定可見，雖然被拘捕人與律師的接見權以及偵訊時律師在場權，規範的位階不同，惟性質上同屬嫌疑人接受法律援助的一環，並無疑義。應注意的是，依運作規程的規定，因法定事由被暫緩接見的律師，亦不得於偵訊時在場，似將在場權附屬或融入於接見權的概念內，妥適與否，容有斟酌的餘地。這是與刑事訴訟法第34條第3項後段明示暫緩接見之指定不得妨害辯護人依第245條第2項前段規定偵訊在場之權利，兩者間重要的差異。

　　不過，值得吾人借鏡的是，在承認律師偵訊在場的前提下，運作規程指出律師應以追求委任人的最佳利益自我定位，保護並促進其委任人的法律權利，包括適時介入不當的偵訊，並提供嫌疑人法律諮詢。再者，實施偵訊人員本身不得逕行決定排除律師在場，原則上應由警視階級以上之警官判斷；排除在場是否正當有爭議時，該警官負有說服法院的責任。更重要的是，即便排除原律師於偵訊在場，仍應賦予嫌疑人有諮詢其他律師，並使其他律師在場的權利，以充分保障其接受法律援助的機會。論者強調律師於偵訊時在場，應積極達成追求保護及促進其委任人之權益為目標，否則單純於偵訊時消極的在場旁觀，可能成為偵訊人員不當偵訊的背書工具，反而有害委任人的利益[19]。在R v Paris, Abdullahi and Miller案件中[20]，被告Miller在律師陪同在場的警詢中自白殺人，律師在五天內合計十三小時的偵訊過程中並未為任何介入偵訊的作為。惟上訴審法院認定警詢時偵訊人員曾採取敵對及恐嚇的手段，致使該偵訊具壓迫性（oppressive），故依警察及刑事證據法第76條第2項之規定排除該項自白作為證據[21]。法院進一步指出當遇有不適當之偵訊時，律師應介入予以制止，本案律師因消極的不作為，或許正好有助於誤導偵訊人員相信他們自己並沒有做錯事情。

三、檢討

　　針對刑事訴訟法第245條第2項所定之「在場並得陳述意見」的具體內

---

[19]　Ed Cape, Defending Suspects at Police Stations, p.290 (2006).

[20]　R v Paris, Abdullahi and Miller (1992) 97 Cr App R 99. Cited from Ed Cape, Id., at 278.

[21]　PACE s76 (2) If, in any proceedings where a co-accused proposes to give in evidence a confession made by an accused person, it is represented to the court that the confession was or may have been obtained－ (a)by oppression of the person who made it; or (b)in consequence of anything said or done which was likely, in the circumstances existing at the time, to render unreliable any confession which might be made by him in consequence thereof, the court shall not allow the confession to be given in evidence for the co-accused except in so far as it is proved to the court on the balance of probabilities that the confession (notwithstanding that it may be true) was not so obtained.

涵？國內學說見解多數採積極、擴張解釋的觀點，不過也有少數看法持取消極、限縮的解釋。

採取積極說者，基本上係立於強化被告或犯罪嫌疑人防禦權之觀點，認為除在場聽聞、札記、檢視筆錄、協助閱覽筆錄[22]之外，也可以提問、異議[23]，亦有認為偵查中辯護人在場時，得閱覽卷宗中相關筆錄及鑑定報告[24]。相對的，採消極解釋者則認為所謂在場權及陳述意見權，具有緩和、見證、促進追訴機關踐行正當程序及指導等「平台性」功能，以見證犯罪嫌移人未遭受刑求逼供，並非賦予其如同審判中之積極辯論權。易言之，偵查中之「在場權」及「陳述意見權」，主要目的僅在於保護被告免於做出非真實、非任意之陳述或重大決定而已[25]。至於，審判實務上最高法院雖依條文用語，宣示偵查中辯護人有「在場權及陳述意見權」，惟並未有進一步闡明其權利的內容如何[26]。

本文認為，基於大法官釋字第654號解釋的意旨，被告選任辯護之防禦權，係憲法第16條保障刑事被告受公平審判之權利的重要一環。且刑事被告與其辯護人不受干預下充分自由溝通之權利，乃為使被告獲得辯護人確實有效之協助所不可或缺，為憲法訴訟權保障的內容，更屬於憲法正當法律程序的保障範圍。此項自由溝通權的保障，解釋上應及於偵訊時在場的情形。因此，應以積極說為適當，刑事訴訟法第245條第2項規定「在場，並得陳述意見」解釋上並非限於對偵查機關為意見之陳述及制止不當之偵訊，亦包括說明是否行使緘默權等為接受偵訊之嫌疑人或被告之防禦

---

[22] 彭國能，偵查程序中辯護人在場權之探究，全國律師，第6卷第2期，2002年2月，頁69-70、74-76。

[23] 楊雲驊，偵查機關訊問被告、證人（鑑定人）時辯護人之在場權，政大刑法週演講紀錄，2008年3月8日，參考網址http://www.paochen.com.tw/web/lawartic/96aartic64.aspx。

[24] 顧立雄、劉豐州，刑事犯罪嫌疑人或被告受辯護人協助的權利，全國律師，第1卷第3期，1997年3月，頁17-18。

[25] 邱忠義，刑事偵查中搜索、扣押辯護人在場權及審前羈押，月旦法學雜誌，第169期，2009年5月，頁291以下。

[26] 最高法院98年度台上字第5135號判決。

利益提供法律援助。特別是，在偵訊的過程中，辯護人與嫌疑人或被告之間仍享有自由溝通權，因此不論接受偵訊當時之嫌疑人或被告之人身自由是否受到拘束，對於偵查人員的偵訊問題，如認有先行與辯護人討論再決定是否、及如何回答者，被告及辯護人都得主張暫時停止偵訊，彼此進行諮商或討論後，再續行接受偵訊。況且，被告本有保持緘默之權利，由辯護人提供適時的提醒，以協助被告防禦，亦合於保障緘默權的本旨，並不該當於第245條第2項但書所謂「行為不當足以影響偵查秩序」之情形。

肆、在場權的限制要件及救濟管道

一、實務運作概觀

首先，對於刑事訴訟法第245條第2項但書之規定是否妥適的認知問題，受訪律師中，有74.8%認為現行條文規定已造成過度限制。相對的，有50%之受訪檢察官認為目前的但書限制規定適當，認為限制過度者占40%，而認為但書規定仍限制不足者占10%。其中，有高達四成的檢察官與大多數律師同樣認為本項但書規定不明確可能造成對辯護人在場權過度的限制，此項調查結果，令人測目，是否表示採此觀點的檢察官較具有公益代表人的色彩，且較能落實其客觀義務？有待進一步的檢驗。

其次，關於但書規定的運作，33%之受訪律師表示在警察機關詢問時，一定不會被禁止律師在場、59.1%表示大多不會被禁止在場。這樣的比例在調查局陪詢時分別提高為52.6%、41.4%。至於，在檢察機關陪訊時，一定不會被禁止在場的比例提高到69%，大多不會禁止在場者29.3%，可謂在檢察機關實施訊問的階段，除極少數例外情形，律師並不會被禁止在訊問時在場。換言之，在偵查階段，依受訪律師的經驗，檢察機關禁止辯護人在場的比例最低（1.7%），調查局次之（6%），而警察機關禁止在場的比例最高（7.8%）。關於此一現象的解讀，實際上由於在警察機關初次接受詢問的筆錄往往會作為之後偵查的基礎，又以犯罪嫌

疑人身心狀態來看，在警察機關詢問階段正是其最需要辯護人協助的階段，因此，若無法在第一次詢問時就受到來自辯護人充分且自由的法律協助，其後不論在檢察機關如何補救，對犯罪嫌疑人的權益都可能已造成無法回復的損害。而在少數被禁止在場的案例中，關於其禁止的事由，56.4%之案例偵查機關未附任何理由，16.4%則係以「妨礙偵查秩序」為由禁止其在場。

由上述調查結果可知，刑事訴訟法第245條第2項雖規定辯護人得於偵查機關訊問犯罪嫌疑人時在場並陳述意見，但是在實務運作下，辯護人並非均可在偵訊時在場（在警察機關多半遭禁止在場者占7.8%，在調查局多半遭禁止在場者占6%，在檢察機關多半遭禁止在場者則占1.7%），甚至即使能夠在場也未必都有陳述意見的機會（在警察機關並無陳述機會者高達65.2%，在調查局則為68.1%，在檢察署則有6.1%的受訪律師表示不一定有陳述意見的機會）；且即使有陳述意見的機會，絕大部分係在詢問結束後。而就陳述意見的內容而言，可否曉諭犯罪嫌疑人保持緘默，大多亦採取否定見解。

由此可知，刑訴法第245條第2項的但書賦予偵查機關極其寬廣的想像空間，由於所謂偵查秩序的設定權掌握在偵查機關手中，且將不確定的發現真實的目的冠於辯護權之上，無疑的將使辯護活動的進行，動輒得咎，顯係不當矮化辯護權的制度設計。以下，進一步就學說對於此項但書規定的評論意見予以整理分析：

二、檢討

基本上，多數學說對於刑事訴訟法第245條第2項但書之規定，係持批評或否定的見解，歸納整理主要的看法有三：

（一）但書所定之事由過廣、不明確，且可能造成不當的結果[27]。具體言之，所謂「妨害國家機密」，將導致排除亟需辯護人在場之政治

---

[27] 黃東熊，前揭註6，頁219。

犯[28]；而「湮滅、變造、偽造證據或勾串共犯或證人」，乃原屬犯罪嫌疑人拘提、羈押之理由，卻用以限制辯護人在場，將否定當事人主義之刑事辯護制度本質，何況，辯護人如有上列情形，偵查機關應另行追究相關刑事責任，或由律師公會內部進行懲戒追究責任，實無由偵查機關監控評價律師不法之餘地；至於「妨害名譽」，不僅摒除性犯罪等，亦因犯罪不免涉及被害隱私，將形同被害人或可左右被告辯護權之保障。最後，所謂「行為不當足以影響偵查秩序者」，則難以界定，偵查人員或將以此為藉口，偵訊中選任辯護人制度將完全被破壞[29]。

　　（二）縱使具備限制之正當事由，亦不得全面禁止辯護人在場。即便認為辯護人有利用在場而與犯罪嫌疑人溝通從事毀證或串供的行為，並非即可據此予以全面禁止，而仍應採取「撤換辯護人」等方式，儘可能的維護嫌疑人接受法律專家協助的防禦權益[30]。

　　（三）關於決定限制的主體，交由偵查機關單方面決定是否予以限制，失之主觀。實務運作的結果，極有可能將例外變成原則，故不應將是否限制或禁止交由本來應由辯護人監督的偵查機關來決定，將爭議交由公正客觀的法院依法定程序判斷，決定犯罪嫌疑人或被告的辯護人是否確實不適任[31]。

　　本文基本上贊成第1點及第2點的評論，畢竟在偵查機關實施偵訊以獲取嫌疑人或被告自白的關鍵程序，為防止違法偵訊，並維護嫌疑人防禦權，依刑事訴訟法第245條第2項及第4項之規定，偵查機關應將偵訊時日及處所通知辯護人，且在辯護人未到場前，不得實施偵訊。辯護人於偵訊在場時，得隨時提供法律見解、提示保持緘默、制止不當訊問及請求調查有利證據等陳述意見權。惟由上開實務運作的狀況可知，辯護人的在場及

---

[28]　亦有論者以為此種情形下，應可以公設辯護人代替被告之辯護人在場。黃東熊，前揭註6，頁220。

[29]　林裕順，前揭註13，頁12、17。

[30]　類似見解，參照林裕順，前揭註13，頁13。

[31]　顧立雄、劉豐州，前揭註24，頁18；類似見解，參照楊雲驊，前揭註23，演講紀錄。

其陳述意見權受到偵查機關相當程度的限制，例如基本上僅容許在偵訊結束後，始由辯護人陳述意見，部分案件甚至限制辯護人僅能在偵訊室外觀察，致無法適時提供法律諮詢。其癥結無非在於第245條第2項但書規定違反明確性原則及比例原則，使偵查人員流於恣意認定所致。

同條項但書規定之解釋，有關偵訊中限制辯護人在場提供法律援助之例外情形，應僅限於在場之辯護人提供法律援助的方式已達到干擾偵查人員合法偵訊之實施，例如代替嫌疑人回答偵查人員之偵訊等「行為不當足以影響偵查秩序者」，始得例外地限制辯護人在場提供法律援助的權利。對於負有守密義務之辯護人，偵查人員不得以所謂「其在場有妨害國家機密或妨害他人名譽之虞」為由，限制或禁止辯護人在場提供法律援助；且因偵訊處分係為聽取嫌疑人的辯明並取得其陳述，既容許辯護人在場協助防禦，自不得再以所謂其在場「有湮滅、偽造、變造證據或勾串共犯或證人」之虞為由而加以限制或禁止。因此，將來就立法論而言，本文建議應將「有妨害國家機密或有湮滅、偽造、變造證據或勾串共犯或證人或妨害他人名譽之虞」的文字刪除。

惟關於第3點，就立法論而言，偵查人員如以「行為不當足以影響偵查秩序」為由限制辯護人在場協助防禦之情形，本文並不建議上綱至採取事前需經法院許可之令狀原則，相對的賦予嫌疑人、被告及辯護人對於該項限制為得聲明不服，請求法院救濟的管道，並落實違法證據排除法則即可。關於此項論點，進一步說明如下。

三、是否應採取法官保留？

誠然，大法官釋字第654號解釋基於不受干預下自由溝通之權利之憲法訴訟權保障的定位出發，要求國家機關對於接見通信權的限制，應以相關法律規定由法院決定，並有相應之司法救濟途徑。受此號解釋影響，刑事訴訟法第34條之1規定偵查中檢察官認有限制辯護人與羈押被告接見或通信之必要者，原則上應聲請該管法院限制之，採取所謂相對法官保留的規範。而刑事訴訟法第245條第2項前段所定之偵訊時辯護人在場權，不僅可防止偵查人員以不正方式實施偵訊，更保障受偵訊之嫌疑人或被告得當

場接受辯護人法律援助，概念上及其重要性，與接見通信權均屬於不受干預充分自由溝通權的保障範圍。因此，大法官釋字第654號解釋有關限制自由溝通權應採取的法律原則，自應適用及於對於偵訊在場權的限制規範上。

　　然而，本文認為就干預權利的性質觀察，關於偵訊在場權的限制，乃因辯護人積極主張行使防禦權而介入偵訊的程序，對此，偵查人員出於偵訊有效的進行，而採取對抗性的限制措施。此種國家機關對於訴訟權的干預，其性質自與國家機關因蒐集證據之目的所為積極性的干預基本權，例如剝奪人身自由之羈押、干預住居隱私之搜索等，而有必要採取法官保留之情形有所差異。再者，偵訊過程中有無具備限制辯護人在場的正當化事由，往往應視個案偵訊進展的狀況、以及過程中辯護人與偵查人員的互動關係而定，一般而言法院難以在事前預見而加以審查決定是否核發限制在場書。而且，一旦在偵訊過程中發生有無合於限制辯護人在場之事由的爭議，要先向法院聲請核發限制書，無疑將陷偵訊於停擺的狀態。若是如此，其實由犯罪嫌疑人主張保持緘默，即足以因應，何需再勞費偵查人員向法院提出聲請限制書[32]。要言之，本文認為在修法嚴格規範第245條第2項但書規定後，賦予其相應的事後司法救濟途徑，且針對違法或不當限制辯護人在場之情形，落實違法證據排除法則之適用即可，程序上無庸再上綱至採取法官保留的規範。

四、事後救濟與違法證據排除

　　有關對於侵害辯護人在場權的制衡及救濟，主要涉及兩項課題：一是違法證據排除法則的適用問題，二是能否聲明不服，請求法院撤銷偵查機關對辯護人在場權違法的限制措施，以回復權利自由行使的狀態。

　　就前者之證據排除而言，如有違反刑訴法第95條之告知規定，訊問前未先行告知拘提逮捕之嫌疑人得選任辯護人者，依第158條之2第2項之

---

[32] 參照拙著，釋字第六五四號解釋與自由溝通權，月旦法學雜誌，第192期，2011年5月，頁13以下。

規定訊問取得犯罪嫌疑人或被告之自白或不利益之陳述，原則上不得作為證據，法有明文，較無爭議。問題是，侵害偵訊辯護人的在場權時，其取得之自白有無證據能力？則有待進一步的檢討。本文前言中曾提及最高法院92年度台上字第65號判決指出，偵查機關未通知嫌疑人或被告選任之辯護人，致排除該辯護人於偵訊時在場之機會屬程序稍嫌瑕疵，對於判決結果不生影響云云，本文認為此項判決見解，並不足採。一則是因為本項判決作成的時間點是在上述刑事訴訟法增訂第158條之2第2項規定之前，二是此項判決忽略了偵訊在場權係源自於憲法保障被告實質防禦權的重要意涵。蓋偵訊在場權既然屬於辯護人選任權的重要內容之一，國家機關倘違法限制或禁止辯護人在場之機會，致犯罪嫌疑人隔絕於法律援助機會之外，顯構成違反憲法正當程序之重大違法，於此種違法剝奪法律援助狀態下詢問取得犯罪嫌疑人之自白，如不予排除，將不足以嚇阻偵查機關的違法偵訊。更何況，違反辯護人選任權的告知規定，依第158條之2第2項尚且原則上即導出排除自白之效果，則侵害辯護人在場權者，更應有排除法則之適用，始為衡平。在此意義下，如下級審法院判決採用侵害辯護人在場權而取得被告之自白作為判決之依據者，該項判決應構成當然違背法令，而得作為上訴第三審之事由。

　　另一方面，偵訊中辯護人在場權既屬為落實憲法以正當法律程序保障人身自由之精神，刑訴法賦予犯罪嫌疑人及被告基本而重要的權利，關於此項權利遭受偵查機關不當或違法的侵害，犯罪嫌疑人或其辯護人竟不得提出聲明不服，實為立法上的缺失。職是，有必要儘速修正刑訴法第416條之規定，將限制偵訊時在場權之處分列為得向法院聲明不服請求救濟的範圍。惟應留意的是，偵訊在場權遭不當或違法限制或禁止之情形，事後即便得向法院聲請撤銷該項系爭之處分，惟對於防禦權已受侵害之狀態的救濟，往往已緩不濟急。因此，仍應配套思考如何節制現場實施偵訊的偵訊人員發動限制辯護人在場的處分，就此部分，本文建議可參酌上述英國運作規程的規範，明定偵訊人員決定限制律師在場的程序及補救措施。亦即，在場之律師如有不當妨礙偵訊人員適當詢問的情形時，偵訊人員得先停止偵訊，並請示一定階級以上之警察主管長官判斷是否限制律師在場；

如決定該律師退離偵訊時，應賦予嫌疑人有接受其他律師諮詢的機會。同時，上開相關程序，均應錄音錄影，並留下書面紀錄，以作為將來法院審查有無違法、是否適用違法證據排除的判斷依據，並提供追究違法限制辯護人在場權之偵查人員的行政懲戒責任的參酌。

伍、結論

辯護人於偵訊時之「在場」是行使防禦的手段，而不是目的本身。長期以來，對於刑事訴訟法第245條第2項的理解，因為過度拘泥於能不能在偵訊時「在場」的觀點，致不免窄化，甚至忽視了在場的本質係為了維護接受偵訊之犯罪嫌疑人或被告的最佳防禦利益而存在的目的。

刑事程序賦予嫌疑人或被告得接受辯護人法律援助的權利，旨在使一般缺乏法律專門知識的嫌疑人或被告於面對國家機關的偵查、追訴及審判等措施，得透過法律專家的協助，充分實施防禦。此項接受辯護人援助的權利，貫穿整個刑事程序活動，不論嫌疑人或被告人身自由是否受拘捕或羈押，均享有隨時與辯護人在不受干預下之充分自由溝通的權利。此項權利是防止違法偵查及確保公平審判，於刑事程序上最基本而不可或缺的防禦權益，屬於憲法第8條正當法律程序保障的具體內容之一。反映於刑事訴訟程序，不僅嫌疑人或被告人身自由遭受拘捕或羈押，因身處與外界隔離之狀態，而有必要透過刑事訴訟法第34條所定之接見通信的管道，以保障其接受辯護人法律援助的權利；於偵查機關直接將嫌疑人或被告作為調查對象以取得其陳述的關鍵程序中，更享有依刑事訴訟法第245條第2項之規定使其辯護人陪同在場，以維護其防禦上的最佳利益。所謂在場權，不僅是辯護人所固有的辯護權的一環，更是具有主體性地位之嫌疑人及被告接受法律援助的重要權利。

本文認為，此項在偵訊時由辯護人陪同在場以提供法律援助之權利，包括制止不當或違法偵訊、確認偵訊問題之意義與目的、曉諭行使緘默權以及請求調查有利證據等為維護嫌疑人或被告最佳利益的防禦權益。

國家機關對於此項權利的限制，自應符合法律保留、明確性原則及賦予相應之司法救濟途徑。

現行刑事訴訟法第245條第2項之規定，雖僅規定「在場，並得陳述意見」，解釋上應認為此項陳述意見權，並非限於對偵查機關為意見之陳述及制止不當之偵訊，亦包括為接受偵訊之嫌疑人之防禦利益提供法律援助。同時，在偵訊的過程中，辯護人與嫌疑人之間仍享有自由溝通權，因此不論接受偵訊當時之嫌疑人之人身自由是否受到拘束，對於偵查人員的偵訊問題，如認有先行與辯護人討論再決定是否、及如何回答者，嫌疑人及辯護人都得主張暫時停止偵訊，彼此進行諮商或討論後，再續行接受偵訊。此種情形，嫌疑人及其辯護人如認為其交談內容本身，不想被偵查人員聽聞者，依釋字第654號解釋意旨，偵查人員應確保適當場所或位置，使其交談不受到監聽或錄音。

至於，同條項但書規定之解釋，有關偵訊中限制辯護人在場提供法律援助之例外情形，應僅限於在場之辯護人提供法律援助的方式已達到干擾偵查人員合法偵訊之實施，例如代替嫌疑人回答偵查人員之偵訊等「行為不當足以影響偵查秩序者」，始得例外地限制辯護人在場提供法律援助的權利。對於負有守密義務之辯護人，偵查人員不得以所謂「其在場有妨害國家機密或妨害他人名譽之虞」為由，限制或禁止辯護人在場提供法律援助；且因偵訊處分係為聽取嫌疑人的辯明並取得其陳述，既容許辯護人在場協助防禦，自不得再以所謂其在場「有湮滅、偽造、變造證據或勾串共犯或證人」之虞為由而加以限制或禁止。因此，將來就立法論而言，建議將「有妨害國家機密或有湮滅、偽造、變造證據或勾串共犯或證人或妨害他人名譽之虞」的文字刪除。進一步就立法論而言，偵查人員以「行為不當足以影響偵查秩序」為由限制辯護人在場協助防禦之情形，無庸上綱至採取事前應經法院許可之令狀原則，而賦予嫌疑人及辯護人對於該項限制為得聲明不服，請求法院予以撤銷的救濟管道即可。

實務運作上，本文調查研究結果顯示仍有部分案件，偵查機關並未等候辯護人到場，即先行實施偵訊；且偵訊時間過長，造成辯護人全程在場陪詢的困難，以及法定之陳述意見權受到偵查機關大幅限制的狀況，應盡

速改善。除了有必要儘速確立偵查階段的指定辯護制度之外，強化法律扶助等辯護體制，促進辯護人能於嫌疑人受拘捕後立即時趕赴警調機關提供法律援助，亦屬當務之急。對於偵查機關不當或違法限制偵訊在場權之情形，法院應積極適用刑事訴訟法第158條之2第2項之規定，排除偵查機關所取得之自白或其他不利之陳述。

　　最後，要強調的是，隨著與嫌疑人或被告自由溝通提供法律援助權利逐漸獲得更自由充分的保障，背後所牽伴的辯護人責任，亦相對的加重。如何立於嫌疑人及被告權利主體性的觀點，強化辯護體制，使嫌疑人及被告能迅速的獲得法律援助，自屬刻不容緩的課題。當然，提升辯護倫理，促進偵查機關乃至於社會大眾對辯護人行使辯護權的信賴，更是維繫接見新制妥適運作所不可或缺的要素。

參考文獻

一、中文

1. 尤伯祥，大法官釋字第 654 號之後——人民辯護權的新里程碑，司法改革雜誌，第 73 期，2009 年 7 月。

2. 黃東熊，刑事訴訟法論，三民書局，1999 年 3 月。

3. 吳俊毅，辯護人在場權之探討，政大法學評論，第 108 期，2009 年 4 月。

4. 王兆鵬，刑事訴訟講義，元照，2009 年 9 月。

5. 林裕順，論偵訊中辯護人之在場權，法學新論，第 2 期，2008 年 9 月。

6. 許玉秀，司法院釋字第 654 號解釋協同意見書。

7. 陳運財，偵查與人權，元照，2014 年。

8. 陳運財，釋字第六五四號解釋與自由溝通權，月旦法學雜誌，第 192 期，2011 年 5 月。

9. 彭國能，偵查程序中辯護人在場權之探究，全國律師，第 6 卷第 2 期，2002 年 2 月。

10. 楊雲驊，偵查機關訊問被告、證人（鑑定人）時辯護人之在場權，政大刑法週演講紀錄，2008 年 3 月 8 日，參考網址 http://www.paochen.com.tw/web/lawartic/96aartic64.aspx。

11. 顧立雄、劉豐州，刑事犯罪嫌疑人或被告受辯護人協助的權利，全國律師，第 1 卷第 3 期，1997 年 3 月。

12. 邱忠義，刑事偵查中搜索、扣押辯護人在場權及審前羈押，月旦法學雜誌，第 169 期，2009 年 5 月。

二、外文

1. W. R. LaFave & J. H. Israel, Criminal Procedure, Fifth Ed., 2009.

2. Ed Cape, Defending Suspects at Police Stations, 2006.

3. R v Paris, Abdullahi and Miller (1992) 97 Cr App R 99.

4. R v Samuel, (1988) 2 W.L.R. 920.

5. Escobedo v. Illinois, 378 U.S. 478 (1964).

6. Miranda v. Arizona, 384 U.S. 436 (1966).

4

少年羈押之研究
——以少年被告收容的命令與撤銷爲核心

謝 辭

目前的自己，是一個刑法的教學及研究工作者，除了勉強可以頂得住薪資凍漲物價飛漲的經濟壓力藉以養家餬口，更重要的是，能夠把工作跟自己的興趣結合起來。

這股熱情的「加溫」以及「保溫」，要謝謝非常多的親朋好友，沒有他們各方面的鼓勵以及支持，殊難想像可以堅持到今天。

不過，要說這股熱情的「搧風點火」，老實說，並沒有什麼特別驚天動地的動機，因爲這並非自己斤斤計較盤算思考之後的決定，而是因爲接下來要講的這個「偶然」。

1992年秋天，入學東吳大學法學院，對於法律這門專業，腦海只有法官、檢察官以及律師等工作的圖像，要怎麼開始，對一個家裡沒有從事相關職業的長輩、在台南長大的小孩來說，離家很遠的生活環境與全新的人際關係，一切陌生的感覺，讓自己對於能否良好適應和融入感到相當的不安，另一方面，有別於中學時代，大量的學習資料，才剛剛是迎新的嘗鮮，期末考的壓力立刻迫在眉睫。對未來，別的不說，自己在法律這個專業想要的是什麼，是千頭萬緒的、是非常遙遠的。東吳法律86級A班A組的刑法由廖老師授課，當

---

[*] 國立高雄大學法律學系教授、德國特里爾大學法學博士。

年的選課並不自由，除非重修，一律按照系上的「菜單」，各組的同學必須根據自己的考號選課，自己考號是奇數，應該修A組的課。記得老師當時在行政院上班，第一次上課，老師的這段話到現在還是記憶猶新：「我週末有空，你們應該也有時間，那我們就來上課吧！」坦白說，一個剛從聯考束縛解放的大學一年級學生，週六的下午，別的同學可以開始週休，去看電影、去打球或是回家，自己卻必須待在教室上課同時跟瞌睡蟲搏鬥，伴隨著與老家台南迥異的天氣，又濕又冷的台北，雖說不到淒風苦雨的悲慘，心情卻是相當鬱悶的。老師保持招牌的微笑發給我們每人一張書單，但並不指定要選哪一本作為教科書，就只是說明每一本書的特色。下課後，到學校外面的燒臘店買便當準備搭304公車回外雙溪的宿舍，順便晃到附近的漢興書局就買了有黑白分明封面的林山田老師的第四版「刑法通論」，這本書，當年只有單行本，不過，頁數已經相當可觀。因為慘遭民法總則期中考的「震撼教育」，對於期末考是繃緊神經的，背水一戰否則無顏見台南父老的壓力，第一個離家的耶誕節以及元旦，沒有耶誕舞會，也沒有跨年倒數，就是在外雙溪校本部的男一舍挑燈閱讀這本書下渡過。

考完刑總期末考，考得如何，自己也說不上有什麼特別的感覺。當時，個人資料保護的觀念並不流行，大學的學期成績公布是「透明的」，必須自己或者託人跑到鑄秋大樓的教務處布告欄看，按照授課老師們繳交成績的先後一張張堆疊地黏貼在所屬班級的專區，蠻像是聯考放榜的，自己找自己的成績，同時也「觀摩」別人的成績。一點都不誇張的是，在尖峰時刻，還得穿過重重人牆才能靠近布告欄翻找自己的成績。好不容易，在刑法總則看到自己號碼，然後順著往右找，一個非常大的數字映入眼裡，一時無法置信，還拿尺對了幾次才

確定，更意外的，這居然是班上最高的分數。慶幸自己沒有被當的激情過後，也開始認真思考，或許可以在這裡找到自己的方向以及法律學習的成就感。接著到來的寒假，跟幾個來自中南部的好朋友並沒有立刻回家，大家相約來個「九份玩九天，十分寮瀑布玩十天」也一起泡圖書館，還有，把中央圖書館（國家圖書館）當藏經閣一般抱著厚重的期刊合訂本，往來二樓的期刊室和影印室，爭搶影印機把保成分科六法裡面每個法條後面所列的參考文章印下來。閱讀所找到的文章的同時，突然想起老師跟大家提到，在老師大學時代就已經嘗試投稿，並且以他自己的例子鼓勵大家寫文章這件事。自己後來會選擇刑法學作為研究的興趣，應該是從跟老師的這麼一段的交集開始。大一升大二的暑假，當時電腦打字並不普遍，就真的以「教唆犯的從屬性」為題，用稿紙爬格子的方式，寫了一篇六千多字的文章，開學後第一次上課就拿著這篇文章請老師指導，過了一個禮拜，老師把看完的文章還給我，上面多了他的紅筆批點，寫了些什麼倒不記得了，只有這個舉動至今記憶仍然非常清晰，非常感謝老師，儘管公務非常忙碌，還是願意撥出時間指導自己非常不成熟的刑法文章處女作。這個受教的緣分總共延續了兩年，二年級有幸繼續跟著老師學習，修了一年老師的刑法分則。有興趣之下就是不一樣的，不意外地也獲得非常好的成績。

老師個性剛正寬厚，鐵漢的形象深植人心，這是大家非常熟悉的。上述的故事，或許是老師的自然反映，只是信手拈來，老人家早已不記得。對自己卻是銘記在心，後來投入刑法學的教學以及研究，也是基於這樣的心情，小心翼翼地呵護任何一株潛在對刑法探索興趣的火苗，不管自己身心如何疲憊，心情如何起伏，或者身處何地，都願意留時間傾囊分享。謝謝帶我入門的廖正豪老師，我的刑法啟蒙老

師，引領揭開刑法問題探索的迷人之處，讓自己無怨無悔地繼續獨自深鑿並且也從中找到人生的方向，至今樂此不疲並且能夠用正面的態度珍惜地去過每一天。

今年適逢老師七十歲生日，透過這篇文章以及自己對於老師的觀察，祝福老師生日快樂、身體健康、隨心所欲。

老師長期投身社會公益與兩岸交流，面向相當多元，其中，財團法人向陽公益基金會是關注青少年的福祉，設計了許多的活動，在少年的身心發展的路上耐心陪伴，同時，也屢屢針對重大議題提出極具參考價值的回應與建議，像是，2009年11月24日舉辦的司法院大法官會議釋字第664號之後的檢討，自己也曾經應邀與談[1]。呼應老師的志業，特別是在老師生日的時刻格外有意義，也是基於少年人權的尊重與教育目的達成的心情，以下想以我國的少年羈押作為探索的標的。

1　財團法人向陽公益基金會（主辦），兩岸四地偏差行為少年處遇之理論與實務研討會，研討議題（一）：偏差行為少年現況及規範與處遇措施展望（24.11.2009），當時與談的書面；吳俊毅，少年秩序違反行為的程序與法院管轄，刑事法雜誌，第53卷第6期，2009年12月，頁179-184。

目 次

壹、前言

少年事件處理法（以下簡稱為：少事法）第26條第2款：「少年法院於必要時，對於少年得以裁定為左列之處置：……命收容於少年觀護所。但以不能責付或以責付為顯不適當，而需收容者為限。」以及同法第26條之2第1項第三句：「收容之原因消滅時，少年法院應將命收容之裁定撤銷之。」

如果我們把自己想像成一位少年法院的法官，眼前有一位少年被告，要不要對他作成收容到少年觀護所的裁定，或者，要不要撤銷將他收容於少年觀護所的裁定。望著這兩個結構簡單的規定，在缺乏其他進一步的解釋之下，憑良心講，應該很少有人能夠有條理地講清楚，到底要從哪裡開始思考這兩個問題。寫這篇文章的動機其實很單純，就是基於這樣的想法。

在討論的安排上，想先從對少年被告命令收容及其撤銷的理論出發，先提出一個思考這個問題的方法，然後再嘗試以這個架構來分析現行少事法所描述的少年被告收容的命令及其撤銷的模型，希望透過這樣的體系性敘述來呈現在思考前述兩個主要問題時應該採取的步驟。同時，在對照之下，現行規定與理想思考模型之間的差異可能會在此浮現，從教育目的思考的角度出發，來為這個機制的未來提供一個完整可行的調整建議。最後，將基於少年被告人權保障以及教育目的達成的觀點，找出這個機制的原則性調整方向，為少年被告收容命令及其撤銷規範加以定調，然後即可在此框架內進行細部的調整，也為這個機制的未來發展作一個展望。

貳、少年被告羈押的概念

一、羈押的本質

在刑事訴訟程序，不論是為了調查事實，而要對被告提問並聽取其

對問題的陳述，抑或者在作成確定判決之後，要執行在判決當中所確定的、國家對於可罰行爲行爲人的刑罰請求權，唯有「被告出現在刑事訴追機關之前」，這些動作才可能被有效地實行[2]。被告下落的掌握，是這些動作可以順利被實行的前提，而在被告不願意使刑事訴追機關掌握其下落的情形，爲了刑事訴追目的的達成，這裡產生了一個「掌握被告下落」的需求。羈押是在這樣的情況之下被設計出來，透過限制被告身體活動的自由，將被告置於國家的實力控制關係底下，藉此不中斷地掌握被告的下落。在這個情形，羈押中被告的意思決定以及基於這個決定實行身體活動的可能性受到了限制以及被排除，所以，羈押的本質最主要所要描述的，就是對於憲法所保障的、措施相對人身體活動自由基本權的干預。

二、少年被告的羈押與成年被告的羈押

上述羈押制度設計的想法被規定在我國的刑事訴訟法（以下簡稱爲：刑訴法），原來是針對成年的被告。實際上，羈押所要保護的國家刑事訴追利益，在少年刑事程序也是存在的。少年羈押制度因此無可避免地被引進到少年刑事訴訟程序裡。因此，在對少年被告下令與撤銷羈押時，在規範設計時，自然而然地，是以對成年被告的羈押作爲思考的出發點。

參、對少年被告命令與撤銷羈押的理論與實踐

一、對少年被告命令與撤銷羈押的理論

有鑑於少年被告的人格發展在程序進行時尚處在不成熟階段的特性，對於少年被告羈押的命令與撤銷時，要考慮到因爲羈押執行所處環境的特殊經驗可能形成對於少年被告人格健全發展的障礙。以下的原則，是少年被告羈押機制形成與適用的核心理論；亦即少年被告的羈押，在立法時，不但應該在規範當中加以落實，而且，在適用這樣的規範時，也特別

---

[2]　Werner Beulke, Strafprozeßrecht, 12. Aufl., 2012（以下縮引爲Beulke, StPO），Rn. 208.

提醒法院要特別注意到規範對於上述少年被告人格發展不成熟特性的提示，在個案當中，慎重地考慮對於少年被告羈押命令與撤銷的前提事實是否存在。

(一)由羈押所引起的負面影響的擔心

前面所提到的（貳、一），羈押對於措施相對人身體活動自由基本權干預的本質。縱使不斷嘗試在決定以及執行羈押時加入可發揮有益影響（heilsam wirken）的思考，對於一個身心發展還處在剛剛起步階段的年輕人，羈押會造成一個「驚嚇的影響」（schockartige Erschütterung），並且相當容易對他形成沈重的壓力或是負擔，這股壓力會持續地對他的心理發展加以影響[3]。羈押當中的少年被告，在羈押處所當中所面對的生活環境，有更多的機會接觸到更年長，以及更重要的是，具有強烈危險性的少年，這樣的相處經驗，比方犯罪技術的交流，或者在當中遭到其他羈押中少年虐待的經歷，對於少年被告發展尚未完全的心理狀態，就朝向正面繼續發展的角度，這樣的接觸都是極為不利的，因為他們尚未接受充分的養成教育，並沒有能力去化解這些影響而作正確的自我調整。

(二)教育思考的優先性

有鑑於羈押對於少年被告下令以及執行可能引起的負面影響，以及平均來說，因為少年被告對此無法適度地化解，加上還有影響時間持續比較長的特性，在文獻上似乎普遍是認為，少年被告身處羈押處所的封閉環境，想達到理想的教育目的，亦即防止再犯，是讓人難以期待的。所以，考慮是否對少年被告使用羈押時，普遍的看法是認為，應該儘可能避免使用羈押並採取讓少年被告可以保持自由活動的措施（Ambulante Maßnahmen）[4]。在不得已而必須對少年被告使用羈押的措施時，也必須

---

[3] 比方，在德國，通說是支持這樣的說法，可參見Friedrich Schaffstein/Werner Beulke, Jugendstrafrecht, 14. Aufl., 2002,（以下縮引為：Schaffstein/Beulke, JGG），S.266.

[4] 譬如，德國普遍的看法，對此可參見Franz Streng, Jugendstrafrecht, 2003, §7, Rn. 23. 德國實務上最新的看法卻是認為，應該優先考慮收容在少年扶助機構

注意，要仔細地考慮因為其身體活動自由遭到干預的狀態，而引起負面影響的問題，然後慎重地作成羈押少年被告的決定。

二、命令與撤銷少年羈押的理想機制模型

如前（參、一）所述，在少年刑事程序無法完全放棄羈押的思考底下，「保障刑事程序」成為成年被告以及少年被告羈押的共同目的[5]。就這一點，命令少年被告羈押與命令成年被告羈押的情形，在要件的內容上應該是沒有太大的差異。

關於少年被告羈押命令及其撤銷的理論，以下想特別著重在呈現並凸顯基於羈押對少年被告所引起的負面影響的擔心，以及教育思考的優先性等思考所設計的要件。在方法上，將參考在規範上與我國同樣採取成年被告與少年被告在程序以及羈押作區分的德國，透過其相關的立法以及由此所發展的對於規定適用的看法，而在思考類似的問題時可以獲得有用的啟發。

(一) 少年被告羈押的命令

誠如本段一開始所述，由於與成年被告羈押的情形並沒有太大的差異，想根據文獻上普遍的說法，對少年被告羈押命令的形成作一個介紹。少年被告羈押的命令形成的模型，係由這兩個要件所組成：實質與形式要件。

1. 少年被告羈押命令的實質要件

少年被告羈押命令的實質要件是指，在決定「是否」對少年使用羈押措施時，應該要考慮的條件。

由於與成年被告羈押的情形所要達成的目的大致相同，原則上，關於

（Jugendhilfeeinrichtung），比方，OLG Köln 2008年11月6日的判決（OLG Köln 2Ws 552/08）。

5　對於成年被告的羈押目的，可參考Hans-Heiner Kühne, Strafprozessrecht. Ein Lehrbuch zum deutschen und europäischen Strafverfahrensrecht, 8. Aufl., 2010, Rn. 415. 對於少年被告的羈押目的，可參考Klaus Laubenthal/Helmut Baier, Jugendstrafrecht, 2005, Rn. 320.

少年被告羈押的實質要件，少年刑事訴訟程序的相關規定大多會提示，直接適用規定在刑事訴訟法典的、命令成年羈押的實質要件規定[6]，所以，實質要件是由以下的要素所組成，比方說：

(1)有實行可罰行為的重大嫌疑。

(2)羈押的原因：

－逃亡或（有事實足認）有逃亡的可能（危險）。

－有掩蓋事實的可能（危險）：有事實足認有實行湮滅、變造或偽造證據的可能（危險）、或者教唆或以不正方法影響共同被告或證人作不實陳述的可能（危險）。

－有實行重大可罰行為的重大嫌疑。

－有再度實行刑事訴訟法所列舉的特定可罰行為的危險（預防性羈押）。

(3)比例原則的注意與特別的規定：補充性原則。一旦羈押相對於案件的重要性以及所預期的刑罰或保安處分，是不成比例的，則不得下令羈押[7]。相較於前述要件所造成的效果，這個要件的實現並不會造成少年羈押的使用（朝命令羈押的方向），所以性質上是一個「消極」的要件。

另外，基於教育目的的思考以及羈押所引起的負面影響的擔心，設計上，採取對於利益衡量之後的結果提供明確的「判斷標準」，像是補充性原則，將收容定位在「最後的手段」，以及在命令時所根據的理由[8]，決定機關對此有說明的義務。

6　譬如說，按照德國少年法院法（Jugendgerichtsgesetz＝JGG；以下簡稱為德少院法）第2條第1項，在判斷「是否」可以對少年被告下令羈押的時候，應該要審查的條件是規定在刑事訴訟法裡，也就是，德國刑事訴訟法（以下簡稱為德刑訴法）第112條和第112條a。由此可知，是否可以對少年被告下令羈押，在判斷上是直接根據德刑訴法成年被告命令羈押的前提。

7　這是德刑訴法第112條第1項第2句的規定內容。

8　關於少年羈押命令補充性原則的詳細說明，請參見本文，參、二、（一）、3.、(2)。

2. 少年被告羈押命令的形式要件

少年被告命令的形式要件是形成少年被告羈押的決定時所根據的條件，在內容上，涉及到的是：「如何」形成命令少年羈押與否的決定。

(1) 決定機關

少年羈押命令的決定機關，如同在命令成年被告羈押的情形，原則上也應該採取「法官保留」的設計。

(2) 聲請機關

通常，在審判開始前的階段，有別於法院而主導該程序的國家機關是少年羈押命令的聲請機關，比方，在偵查階段，由檢察官提出羈押少年被告的聲請。

(3) 流程

少年被告羈押命令的流程，基本上，與成年被告羈押命令的情形並沒有什麼不同，一些要求，像是，羈押命令及其聲請的書面要求（要式性）、羈押命令應記載的事項；還有，在偵查中，決定的形成採取「聲請（檢察官）→決定（法院）」的模式，在審判中是「（法院）依職權決定」的模式。且全程保密。

3. 少年被告羈押命令的限制

少年羈押的命令必須根據一定的條件。一旦缺乏所需的、相符合要件的事實，就不許命令少年羈押。以下的前提，可說是少年羈押是否使用的關鍵，對國家刑事訴追機關而言，被理解成措施發動的門檻。不過，從少年被告人身自由影響的觀點，這樣的條件也是這個措施使用的限制。

(1) 羈押原因的限制

對於前述源自於成年被告羈押的原因（參、二、（一）、1.），考慮到少年被告人格發展上的不成熟，以致於無法判斷特定的行為在刑事訴訟程序上的意義，所以，更「具體地」要求應確認少年有實行特定的行為並藉此傳達出其主觀上確有想脫離程序的特定心理事實，比方，在判斷少年被告是否有「逃亡之虞」時，德少院法第72條第2項要求，十六歲以下（十四、十五歲）的少年被告必須有實行脫離程序的行為、或有準備逃亡的行為、或是在該法有效範圍內無固定的住居所，透過這樣的行為來推論

其有脫離程序的意思；相較於成年被告因為逃亡之虞而羈押的情形，只須根據日常生活經驗上具有說服力的行為事實來即可確定，這裡要求要有具體脫離程序行為的發生，命令的門檻因此是明顯被提高的[9]。藉由這樣對於羈押原因的嚴格解釋，來造成少年被告羈押在使用上的限制[10]。

(2) 補充性原則

少年羈押的補充性原則是屬於少年羈押命令的實質要件，以及消極要件，而是被理解成是羈押命令的限制。表面上，似乎是和比例原則有關，但卻不是完全重疊的概念。這個原則所講的是，少年羈押與其他程序措施在適用上的關係；亦即，在羈押的實質要件實現時，同時其他程序措施的實質要件也被實現，這個時候，應該優先考慮其他的程序措施。補充性原則與比例原則，前者是對於後者的利益衡量結果提供一個明確的標準，也就是說，除了少年羈押，在設計上，可達到程序目的的措施還有其他的選擇，必須實際上「成效不彰」（手段盡出、手段用盡），才可以考慮使用少年羈押，因此，少年被告羈押的考慮必須是「放在最後」。在談補充性原則時，操作上應該連同羈押的其他實質要件一起進行考慮，也就是說，即使少年羈押的所有實質要件完全實現而可以對少年被告命令羈押，就羈押想要保障的程序目的的達成，如果實際上有其他的程序措施可以使用且預估可以達成目標，此時就必須優先考慮並使用其他的措施而非先把命令少年羈押納入考慮[11]。

三、其他相關的要求

1. 少年羈押的執行期間及其延長

少年羈押的執行期間及其延長，純粹是基於程序目的的保障作出發，原則上與成年被告羈押命令的執行期間及其延長並沒有被刻意地區

---

[9] Laubenthal/Baier, a. a. O., Rn. 321.

[10] Ulrich Eisenberg, Jugendgerichtsgesetz, 18. Aufl., 2014, §72, Rn. 6.

[11] 比方，德少院法第72條第1項第1句：「當命令教育相關的暫時措施或者其他的措施不能達成羈押的目的時，得宣告並執行羈押。……」

分[12]。

2. 羈押當中的少年被告程序加速原則

基於教育目的的思考以及羈押所引起的負面影響的擔心，羈押中的少年被告的程序應該加速實行[13]。在性質上，這樣的規定並非以少年羈押的命令作為標的，而是在講一個法官的「加快程序義務」（Pflicht zur Beschleunigung）。

四、少年被告羈押命令的撤銷

對於已經發布的少年被告羈押的命令，一旦符合底下的要件，可以將這個命令撤銷並將少年被告釋放。

1. 少年被告羈押命令撤銷的實質要件

少年被告羈押命令撤銷的實質要件描述的是，在決定「是否」撤銷已對少年被告發布的羈押命令時，應該要考慮的條件。

在少年被告羈押命令的撤銷，就免除或解除被告身體活動自由限制的效果這一點，原則上也是直接適用在撤銷對成年被告的羈押命令的要件；亦即，當羈押的原因已不存在——特別是，確定少年被告無逃亡之虞、或經檢察官或法官確定（比方，無罪判決、不起訴處分……）在少年被告這邊沒有可罰行為的嫌疑、或是繼續執行羈押命令並不符合比例原則，得撤銷先前所發布的羈押命令[14]。除此之外，一些特定的事件也可能成為獨立的撤銷羈押要件，比方，在偵查中，只因為檢察官提出撤銷羈押的聲

---

[12] 在我國，根據刑訴法第105條第1和第5項羈押於偵查和審判中各有二個月「單位期間的設計」（在審判中，一旦有上訴時二個月的單位重新計算），關於期間的延長，若非重大犯罪則有次數的限制。在德國，原則上並沒有絕對的期間限制，值得注意的是，Dölling與Feltes所進行的實證研究結果指出（1992至1997年），在德國，平均的羈押天數大約是落在280到295天之間，引述自Kühne, a. a. O., Rn. 441.

[13] 例如，德少院法第72條第5項：「少年在羈押當中，程序應特別加快進行。」我國刑事妥速審判法第5條第1項：「法院就被告在押之案件，應優先且密集集中審理。」也可以適用在羈押當中的少年被告的情況。

[14] Beulke, a. a. O., Rn. 226.

請[15]。

2. 少年被告羈押命令撤銷的形式要件

少年被告羈押命令的形式要件是指，考慮撤銷命令時所根據的條件，也就是涉及到這樣的內容：「如何」形成撤銷少年被告羈押命令的決定。

按照「可否立即免除或解除不必要羈押」的觀點，可以分成以下的撤銷程序程序：(1)決定作成當下的撤銷程序以及(2)執行中的撤銷程序。

(1) 決定機關

①原決定法院

有權撤銷少年被告羈押命令的機關，原則上也是採取「法官保留」的設計。在撤銷聲請程序，若想免除不必要的羈押執行，不論是決定發布的當下還是在執行中，可以透過提起，像是，循「準抗告」[16]或是「撤銷羈押聲請」的途徑[17]，立即請求命令羈押的法院撤銷羈押的命令，並放棄執行「全部的」羈押命令。

②原決定法院的上級法院

如果擔心命令羈押的法院難以認錯並推翻自己的決定，則可以走「抗告的程序」，對命令羈押法院所屬的上級法院請求撤銷羈押命令[18]。

(2) 聲請機關

①直接對原法院聲請撤銷羈押的程序

在決定的當下，採取類似我國「準抗告」的途徑，少年被告方面得聲

15　在我國與德國都有相同的規定，比方，我國刑訴法第107條第5項以及德刑訴法第120條第3項。此外，在德國，因為其羈押期間並未採取絕對上限的設計，一旦羈押期間已逾六個月且未作成判決，也可據此作為獨立的撤銷羈押要件（德刑訴法§121 II）。

16　譬如，我國刑訴法第416條第1項第1款。

17　比方，德刑訴法第117條第1項；我國刑訴法第107條。

18　像是，德刑訴法第304條；我國少事法第63條、刑訴法第403條、第404條第1項第2款。

請撤銷羈押[19]。另外，在偵查和審判階段，執行中，偵查中的檢察官[20]、少年被告方面皆得隨時聲請撤銷羈押的命令[21]，另外，審判中的法官則是可依職權撤銷羈押命令[22]。

　　②以抗告方式對上級法院聲請撤銷羈押的程序

　　不論是在偵查或是審判階段，少年被告方面或是檢察官皆可以抗告方式對命令羈押法院所屬的上級法院以抗告方式要求撤銷羈押命令[23]。

　　(3) 流程

　　原則上，少年被告羈押命令撤銷的流程可以直接適用規定在刑訴法、為撤銷成年被告羈押命令的流程。若在少年刑事程序的規定有特別的規定，相對於刑訴法的規定，在適用上，前者具有優先性。

　　在直接聲請撤銷程序，在偵查或審判中，少年被告方面與檢察官對命令羈押的法院提出撤銷羈押聲請，在收到聲請之後，該法院審查是否羈押的實質要件、補充性原則確實不存在，或者，是否具有其他撤銷的原因，然後根據肯定的結論做成撤銷收容命令的決定。

　　在抗告撤銷的程序，在偵查或審判中，少年被告方面與檢察官對命令羈押法院所屬的上級法院以抗告的方式提出撤銷羈押的聲請，在收到聲

19　例如，我國刑訴法第416條第1項第1款。

20　比方，德刑訴法第120條第3項以及我國刑訴法第107條第2項第2句（限於成年被告的程序以及少年刑事案件程序的情況）。

21　像是，德刑訴法第117條第1項：「羈押中的被告可隨時聲請法院審查，是否羈押命令應撤銷，或是根據第116條停止羈押（羈押審查／Haftprüfung）。」與第118條第1項：「根據被告的聲請或法院依職權裁量的羈押審查，在口頭審理之後作成決定。」以及我國刑訴法第107條第2項第1句。另外，在我國，辯護人或被告的輔佐人得獨立為被告對法院聲請撤銷羈押（刑訴法§107Ⅱ第1句），但是，刑訴法卻又規定，撤銷羈押的聲請一般都須透過「提起抗告或準抗告的方式」來實行，也就是按照現行刑訴法第403、404條以及第416條，只有被告或檢察官才能提出抗告或準抗告來撤銷羈押命令。性質上，這是涉及到兩個不同的撤銷羈押的需求，按照抗告或是準抗告的程序，係在羈押命令初作成的當下所提出的撤銷聲請，藉此阻止「執行『全部』的羈押命令」。至於在刑訴法第117條的情形，則是「執行中」的撤銷羈押聲請，可藉此來阻止「執行『剩餘的』羈押命令」。

22　譬如，德刑訴法第118條第1項。

23　像是，德刑訴法第304條；我國少事法第63條。

請之後，該法院審查是否羈押的實質要件不存在、不符合補充性原則，或者，是否具有其他撤銷的原因，然後根據肯定的結論做成撤銷收容命令的決定。

上述兩大程序區分的實益在於，「執行中的撤銷程序」，可立即促使原命令法院對對羈押的命令進行修正，藉此使少年被告免於遭受不必要的羈押的執行與繼續執行。

肆、少年被告收容的性質及其命令與撤銷的法律基礎

一、少年被告收容的性質

按照少事法第2條、第3條及第18條，實行刑法的可罰行為[24]的被告，在程序開始時，若他的年齡是介於十二至十七歲之間，且少年刑事案件的程序根據同法第27條並不會被展開，則可對他實行少年保護事件程序並在最後不對他宣告少年刑罰，而是宣告保護處分措施。如果被告的年紀是介於七到十一歲，則只能對他實行少年保護事件程序（少事法§85-1）。

為了保障少年保護事件的程序能順利實行，立法者設計了對少年命令與執行收容。不過，對於這個措施的性質，立法者似乎並沒有直接的說明，對此，可能必須從相關的規定來進行推論。或許可以從這兩個規定開始：

---

[24] 少事法第3條第2款所列舉的「少年虞犯行為」，其性質最高僅具秩序違反性的「行政不法」內涵，對於實行少年虞犯行為者一律先移送少年法院（少事法§18 I、§3②，以及少年不良行為及虞犯預防辦法§6 I ③），接下來所實行的是性質上屬於刑事訴訟程序的少年保護事件程序（少事法§18規定在同法第三章「少年保護事件」）；對此的批評，請參見吳俊毅，少年制序違反行為的程序與法院管轄，刑事法雜誌，第53卷第6期，2009年12月，頁184；認為選擇刑事程序處理少年虞犯行為，缺乏目的與手段關係，許玉秀，論正當法律程序（十），軍法專刊，第56卷第6期，2010年12月，頁4。

少事法第26條第2款：「命收容於少年觀護所。⋯⋯」

少事法第71條第2項第1句：「少年被告應羈押於少年觀護所。⋯⋯」

從這兩個有關對少年被告收容與羈押執行處所的規定，就我們比較熟悉的羈押措施的執行所引起少年被告身體活動自由的基本權干預這一點，對照其干預強度上的近似性，可以把對少年被告命令的收容與羈押等同視之，並且可以這麼說，在我國的少年刑事程序，對於少年被告羈押的規定，比照前述程序的區分也是採取「雙軌制」的設計。

二、命令或撤銷少年被告收容的法律基礎體系

以下的規定描述了少年被告收容的命令與撤銷。

(一) 少年被告收容的命令

如前所述（肆、一），少事法將少年被告的收容與對其羈押等同視之。對於少年被告收容命令的實質要件，像是重大嫌疑保留、羈押原因以及比例原則注意等，應直接適用成年被告羈押的規定（少事法§1-1、§26，以及刑訴法§101、§101-1）。

還有，屬於實質要件的消極要素的「補充原則」（少事法§26②），因為屬於比例原則標準的特別規定，所以需要特別考慮。關於收容命令的形式要件，像是命令決定機關以及命令形成的流程，少事法專為此設計的明文規定（少事法§26、§26-1）。考慮到執行羈押對少年被告人格健全發展上與教育目的達成的負面影響，在少事法當中，對於形式要件有一些規定，譬如說，命令決定的機關是少年法院（少事法§26），以及收容命令的要式性要求（少事法§26-1）。另外，還有期間及其延長次數的限制（少事法§26-1）。

(二) 少年被告收容命令的撤銷

少年被告收容命令撤銷實質要件的法律基礎，在思考上，應該以刑事

訴訟法有關撤銷羈押的規定作出發（比方刑訴法§101、§101-1、§107Ⅰ、§109）。另外，考慮到少年保護事件程序的性質以及最後可能宣告的法律效果，因應程序特性緣故的少事法規定，在適用上具有優先性（比方少事法§26-2第3句）。至於這裡的形式要件則是按照情形而被分別規定在少事法第26條之2第1項第3句（依職權撤銷）、第61條第2、3款、第63條第1項（抗告聲請撤銷）以及第64條（抗告期限延長為十天）。

對於少年被告收容命令與及其撤銷的法律基礎體系，可用圖4-1來呈現。

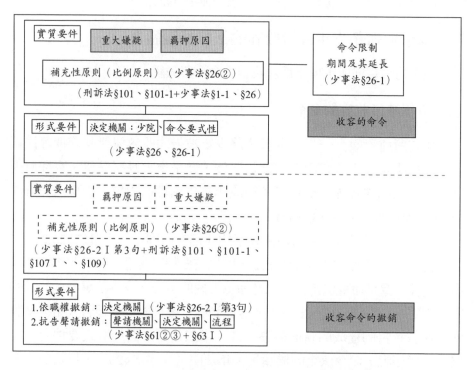

圖4-1　少年被告收容命令及撤銷的法律基礎體系

伍、少年被告收容的命令

一、實質要件

命令少年被告收容的實質要件是由以下的條件所組成：「是否」可以對少年被告使用收容的措施。

少事法第26條第2款：「少年法院於必要時，對於少年得以裁定爲左列之處置：……命收容於少年觀護所。但以不能責付或以責付爲顯不適當，而需收容者爲限。」這個規定是命令少年被告收容的主要規定，在這個應該要放實質要件的法條，似乎看不到以此作爲標的的描述。如前所述（肆、一），少事法的立法者對於少年被告的收容在性質上係與少年羈押等同視之。在考慮是否應該使用少年收容時，主要還是應直接根據刑訴法第101條及第101條之1。

(一) 重大嫌疑保留

少年被告有實行根據刑法的可罰行爲的嫌疑，且嫌疑重大（刑訴法§101Ⅰ）。

此外，少年有實行根據少事法第3條第2款虞犯行爲的嫌疑時，按照少事法第18條，少年法院因爲移送或者請求，可以開啟保護處分程序。少年收容是這個程序底下的措施，解釋上應該可以使用。不過，自司法院大法官會議釋字第66號解釋之後，因爲虞犯的重大嫌疑使用少年收容已經被排除，少事法第26條第2款的適用因此受到限縮。

(二) 收容的原因

根據少事法第26條之1第2項第3款，在收容書當中應記載項目有這麼一項：「收容的理由」，不過其內涵爲何卻沒有進一步的規定。解釋上，應該參考刑訴法的規定，亦即，根據具體事實，其涉嫌實行以下任何一個作爲羈押原因的行爲，比方逃亡、逃亡之虞（刑訴法§101Ⅰ①）或者

掩蓋事實的危險（勾串共犯或證人；湮滅、變造或偽造證據）（刑訴法§101Ⅰ②）。不過，刑訴法第101條第1項第3款的重罪條款，對照少年被告收容是在少年保護事件程序（少事法§27）被命令，因此無法適用。另外，刑訴法第101條之1所列舉的可罰行為，若按照少事法第27條第1項而展開少年保護事件程序，收容措施也可以因為預防少被告再犯的危險而被下令。

（三）比例原則的注意與判斷標準的特別要求：補充性原則

對少年被告命令收容時，也應該注意比例原則，所以，刑訴法第101條在這裡也可有適用。解釋上，一旦收容相對於案件的重要性以及所預期的保護處分措施，是不成比例的，則不得下令羈押。相較於前述要件所造成的效果，這個要件的實現並不會造成少年收容的使用（朝命令收容的方向），所以性質上是一個「消極」的要件。

少事法第26條第2款：「少年法院於必要時，對於少年得以裁定為左列之處置：……命收容於少年觀護所。但以不能責付或以責付為顯不適當，而需收容者為限。」這個規定也描述了少年被告收容命令的補充性原則。當收容的實質要件已經實現，此時就應該要命令收容。但是，如果把少年置於特定的個人或是團體的監督之下，基於少年被告與受託者間的信賴關係所發揮的影響，也可以有效地解除對少年被告脫離程序的擔心。在這裡，收容與責付都是可以使用的措施。考慮到措施的執行對於少年被告可能產生的、對於教育目的達成的負面影響，剝奪身體活動自由的方式是影響比較強烈的，責付的使用在這裡就顯得具有優先性。因此，在少年保護事件程序，收容成為保障程序順利實行目的的「最後手段」而居於補充的地位。性質上，少事法第26條第2款是比例原則的特別規定，透過這個規定，在決定少年收容可否使用時，在比例原則的操作上提供一個明確的判斷標準。

二、形式要件

命令少年被告收容的形式要件是由以下內容的條件所組成：「如

何」形成少年被告收容的命令。

(一) 收容命令的書面要求及其性質

少事法第26條之1第1項：「收容少年應用收容書。」按照這個規定，收容命令應以書面的方式作成。收容書至少應該由以下的項目組成：1.少年被告個人的相關資料。比方，姓名、性別、年齡、出生地、身分證字號；2.所涉及的案件；3.下令收容的原因；4.應該移送的收容處所（少事法§26-1Ⅱ）。

至於這個命令的性質，按照少事法第26條是屬於「裁定」。

(二) 命令決定機關

依少事法第26條，不論在調查階段還是在審理階段，少年法院是有權命令少年收容的機關。

(三) 程序

少年法院必須審查命令收容的實質要件是否實現，在得出肯定的結論時依職權作成收容的決定。

陸、少年被告收容的期間

按照少事法第26條之2第1項，關於少年收容的期間，可以分成調查階段以及審理階段來說明，在這兩個階段，收容期間皆為二個月（基本單位），一旦階段的目的無法在此期間內完成且實現收容實質要件的事實繼續存在，二個月的單位期間屆滿後，可以繼續執行收容命令的期間最高以一個月為限（延長單位），但只有一次的使用機會。所以，不論是在調查階段還是在審理階段，少年收容期間的上限皆為三個月。此外，若案件經提起抗告，由於少事法第26條之2第2項並未對抗告審另設收容期間，所以，審理中的三個月收容期間的上限是原審與抗告審共用，一旦原審已經

用完三個月的期間上限，則上訴審法院將有無法命令收容的問題。

　　按照少事法第26條之2第1項，上述收容期間的長度由少年法院決定。

柒、少年被告收容命令的撤銷

　　少年被告收容命令的撤銷是指，因為在少年被告這邊，之前命令收容所根據的實現實質要件的事實已不存在，而讓收容命令失效的決定。少年被告收容命令撤銷的機制也是由實質與形式兩種要件所構成。

一、實質要件

　　少年被告收容命令撤銷的實質要件是指，在決定「是否」要讓收容的命令失效時應該要考慮的條件。

　　原則上，先前對少年被告命令收容所根據的要件，不論是在決定作成的當下發現，或者在執行中才發現，亦即，事後不存在，都應該因此撤銷收容命令，比方，沒有嫌疑或是沒有重大的嫌疑、或者收容的原因不存在。除此之外，若有其他法定的情形發生，亦可根據少事法或是刑訴法性質相符的規定來撤銷收容的命令。

(一) 無嫌疑或是無重大的嫌疑

　　根據少事法第26條和第1條之1、刑訴法第101條第1項，少年被告有實行根據刑法的可罰行為的重大嫌疑，為命令收容的實質要件之一。一旦前述嫌疑根本不存在或是嫌疑未達重大程度，可因此撤銷收容命令。

(二) 收容的原因不存在

　　少事法第26條之2第1項第3句：「收容之原因消滅時，少年法院應將命收容之裁定撤銷之。」刑訴法第107條第1項：「羈押於其原因消滅時，應即撤銷羈押，將被告釋放。」

先前命令收容所根據的原因係直接適用刑訴法第101條與第101條之1所列舉的羈押原因（伍、一、2.）。一旦這些原因事實不存在，也就是，少年被告沒有脫離程序或是再犯的危險，在收容決定發布之後，在適用上，應該優先適用少事法第26條之2第1項第3句，然後連同刑訴法第101條與第101條之1來撤銷收容命令。

(三) 其他撤銷收容或釋放收容中少年被告的原因

1. 執行收容期間超越原審決定的限制身體活動自由處分期間

刑訴法第109條：「案件經上訴者，被告羈押期間如已逾原審判決之刑期者，應即撤銷羈押，將被告釋放。……」解釋上，一旦少年保護事件程序最後作成的保護處分措施，在內容上涉及到身體活動自由的限制，比方，安置福利教養機構（少事法§42 I ③）或是，收容少年感化處所（少事法§42 I ④），相較於前述保護處分措施應該執行的期間，收容期間是比較長的，則可對此裁定提起抗告（少事法§61 I ⑦、§62 I ④、II），並根據刑訴法第109條撤銷收容命令。

2. 視爲撤銷收容

另外想提一下視爲撤銷收容的情形。所謂視爲撤銷收容描述的是這樣的情形：不需要特地作出撤銷收容的命令，而是根據其他的程序或實體決定即可發揮撤銷收容的效果。就這一點，在這裡，並沒有撤銷收容的決定被作成。

在思考上，可以從刑訴法的規定獲得理論的啟發，亦即，視爲撤銷羈押的規定，像是，羈押期間屆滿（刑訴法§108 II第2、7句）、中止程序的決定（刑訴法§259：不起訴、緩起訴處分；§306：不受理、無罪、免訴、免刑判決）。少事法當中並沒有類似規定，而是被放在屬於法規性命令的「少年保護事件審理細則」第48條：「收容於少年觀護所之少年，經諭知不付審理、不付保護處分或訓誡者，視爲撤銷收容。……」觀察這個規定的內容，並對照少年保護事件程序的性質，具有中止程序效果的決定，譬如，相當於不起訴處分的不付審理，以及相當於無罪、免訴、免刑的不付保護處分或訓誡，在這些情形，少年法院可據此決定直接釋放被告，反

之，少年被告方面也可以根據這些決定要求釋放少年被告。不過，少事法當中卻沒有把期間屆滿的事實作為釋放少年被告的原因，考慮到收容對於少年人格正常發展的不利影響，應該肯定在這裡有刑訴法規定的適用（少事法§1-1、刑訴法§108 II 第2、7句），所以，少年法院可因為收容期間屆滿而釋放少年被告，相反地，少年被告方面亦可據此要求釋放少年被告。

二、形式要件

少年被告收容命令撤銷的形式要件，是形成撤銷收容命令的決定所根據的條件，且以這樣的內容為標的：「如何」形成撤銷少年被告收容的命令。

在少年收容的撤銷，如同成年被告羈押撤銷的情況，按照解除對少年人身自由限制的時間上的需求，理論上，應該會有有兩種程序：1.決定作成當下的撤銷程序、2.執行中的撤銷程序。

（一）聲請機關

1. 決定作成當下的撤銷程序

由於收容的決定在性質上是裁定，對此應該提出抗告來進行救濟，就這一點，可以從少事法第61條第1項第2、3款對於少年收容裁定不服抗告的規定來推得少年被告收容命令撤銷的有權聲請機關為：少年被告、少年被告的法定代理人、現在保護少年之人、以及少年的輔佐人（相當於辯護人的功能）。

2. 執行中的撤銷程序

對於收容命令的撤銷聲請機關，少事法並沒有如同刑訴法第107條第2項被告、辯護人及其輔佐人得在執行中聲請撤銷羈押的規定。按照少事法第1條之1，解釋上，刑訴法第107條應該可以直接適用。不過，對照前述命令決定當下撤銷程序的聲請機關範圍，刑訴法第107條是「限縮的」，這是不利於少年人身自由限制撤銷的正確決定。所以，根據刑訴法第107條執行中的撤銷程序應該可以提起，至於聲請機關，可以比照少事法第61條第1項第2、3款，有權聲請機關為：少年被告、少年被告的法定代理

人、現在保護少年之人以及少年的輔佐人。

(二)決定機關

1. 上級少年法院

根據少事法第26條之2第1項第3句，少年法院是少年被告收容命令撤銷的有權決定機關。在以抗告方式撤銷收容命令的情形，少年法院所屬的上級法院是少年被告收容命令撤銷的有權決定機關（少事法§61、§63Ⅰ）。

2. 原決定法院

按照少事法第1條之1以及刑訴法第107條，執行中，原命令少年收容的法院是撤銷少年收容的有權決定機關。

(三)程序

1. 決定作成當下的撤銷程序

(1) 依職權撤銷收容

按照少事法第26條之2第1項第3句，少年法院係依職權撤銷少年被告收容的命令。在這個情形，程序的實行與決定的形成並不是透過前述的聲請機關來發動，亦即撤銷收容的決定並不是因為聲請。

(2) 聲請撤銷收容

為了取得撤銷收容的決定，前述的聲請機關若想主動加以影響，只能依據少事法第61條第1項第2、3款及第63條第1項，對作成收容命令的少年法院所屬的上級法院僅能以「抗告」的方式提出撤銷收容的聲請。有別於成年被告的情形，此抗告的期間延長為十天（少事法§64Ⅰ）。命令收容的少年法院的上級法院，在收到此聲請之後應該對於命令收容的實質要件是否存在，按照事實進行審查，並得出支持或反對抗告訴求的決定，最後以裁定的方式將撤銷收容或是駁回的決定對外公開。

2. 執行中的撤銷程序

按照少事法第1條之1以及刑訴法第107條，少年被告、少年被告的法定代理人、現在保護少年之人、以及少年的輔佐人等，可以對原命令的少

年法院提出撤銷少年收容的聲請，不過，少年法院對此聲請應以何種方式對外公開決定的結果，並沒有明文規定。

捌、檢討與建議

從前面對於少年羈押理論的介紹，對照現行少年收容命令與撤銷的規定，發現到一些理想與現實之間的落差。另外，在少年事件處理法司法院版的草案裡對於少年被告收容有一些修法的意見提出。以下的段落，想基於教育目的思考的指導原則，並考慮到刑事司法正確實行的利益，提出幾個未來修法時應該去實踐的方向。

一、明確規定少年命令收容實質要件的法律基礎

按照現行的少事法，對於命令少年被告收容所根據的實質要件並沒有加以規定。不但容易造成收容是否是少年保護程序羈押的爭執[25]，而且也因為缺乏對此的明文而一直存在濫用的危險與質疑。在少年刑事程序無法完全放棄羈押的思考底下，「保障刑事程序」成為成年被告以及少年被告羈押的共同目的。就這一點，命令少年被告羈押與命令成年被告羈押的情形，在實質要件的內容上應該是沒有太大的差異。在未來，應該明確在少事法第26條當中規定可以直接適用刑訴法有關羈押實質要件的規定，譬如，刑訴法第101條以及第101條之1。不過，對照少事法第27條將少年保護事件定位在處理非重大可罰行為的程序，刑訴法第101條第1項第3款的重罪條款應該在這裡被排除。

另外，在判斷少年被告是否有逃亡或者有逃亡之虞時，少年法院應該考慮到少年通常在這個階段，因為他的心智發展還不成熟，以致於無法理解住居所設定的意義並且有能力妥當地決定住居所的位置，在這裡，並非

---

[25] 比方，實務上似乎是將少年被告的收容認為是「類似刑事案件被告之羈押」，參見司法院第一期少年法院（庭）庭長、法官業務研討會研究專輯，2003年12月，第四則，頁140（甲說）及頁142（甲說）。

如同在對成年被告命令羈押情形的操作，而是應該拉高這個要件在決定時的實現門檻，也就是特別要求，少年被告必須確有實行具體的脫離程序的行爲、或有準備逃亡的行爲、或是在該法有效範圍內無固定的住居所，透過這些行爲來推論其有脫離程序的意思。

二、加入符合補充性原則的說明義務

考慮到收容執行當中，少年被告身處的環境可能對他會造成的負面影響，收容的使用必須是對於程序的保障在其他方法無法奏效之後「不得已」的最後手段。對此認定所根據的事實，少年法院應負有說明的義務，並且在未來修法時一併放到收容書應記載的項目裡。

三、規定抗告審的收容期間

在前面的討論（陸），現行少事法未就案件經提起抗告的情形規定收容的期間上限，使得刑事訴追目的利益有無法達成的危險。在實務上，少年被告方面同意調查官的處遇意見建議時，且少年法院據此作成不付審理的裁定時，少年法院可以不用製作裁定書（少年保護事件審理細則§19）。因爲這樣對於少年法院減輕工作負擔的誘因以及一旦提出抗告則少年法院必須回頭對此製作裁定書，少年法院應該會盡力說服少年被告接受前述的處遇意見，以爲少年被告換取不付審理裁定，藉此壓制少年被告的抗告動機，同時，還有個不可說的秘密：「也爲自己換得不用寫裁定書」。影響所及，造成抗告率偏低，連帶這個問題也就沒有受到關注。可是，一旦有抗告提起，少年法院可能就會面臨缺乏充分的抗告中收容期間的問題與壓力。建議在未來應該爲此設計一個獨立的案件抗告程序的收容期間及其延長的規定。

四、規定少年被告方面有撤銷收容聲請權

現行少事法所規定的兩種少年被告收容命令撤銷的程序，在少年法院依職權撤銷的情形，少年被告方面（少年被告、法定代理人、現在保護少年之人以及輔佐人）並沒有如同刑訴法第107條第2項的撤銷羈押聲請權。

而是必須透過對原命令的少年法院所屬上級法院提起抗告，藉此主動地對於收容命令的效力進行影響，從命令作成到抗告決定這一段時間，命令依舊要繼續執行。為免除對少年被告而言可能是不必要的負面影響，未來應該考慮讓少年被告方面可以對少年法院提出撤銷收容的聲請，藉此提供一個可以立即撤銷收容的可能。不過，在司法院版的少事法修正草案（以下簡稱為：院版草案），似乎並沒有考慮到這個問題[26]。

五、明定其他釋放少年被告的事由

目前少事法當中並沒有與釋放羈押被告的「視為撤銷羈押」等同的「視為撤銷收容」規定，考慮到收容執行可能造成的負面影響，目前只能以採取準用的方式解決問題[27]。對此，目前是規定在少年保護事件審理細則第48條來加以補充[28]。值得歡迎的是，院版草案有注意到這一點，不但把前述細則規定的內容全部納入，還收錄期限屆滿未合法延長收容的情形[29]。

玖、展望

在未來，對於少年被告的收容與命令的撤銷，以下幾個原則性的地方必須先定調，然後在這裡所圍成的框架底下就可以繼續進行細部的改革，

---

[26] 院版草案第26條之4第1項：「少年、少年之法定代理人、現在保護少年之人或輔佐人，得隨時向少年法院聲請責付，以停止收容。」不過，撤銷與停止是兩個不同的思考方向，在前者，如同收容命令自始不存在，未來是否對少年被告命令及執行收容，應該對於實質要件的審查重新來過。而在後者，收容命令繼續存在，一旦少年不配合實行替代措施，隨時可以對他繼續執行收容命令。

[27] 請參見本文，柒、一、（三）、2.。

[28] 院版草案第26條之3第4項：「收容於少年觀護所之少年，經諭知不付審理、不付保護處分者，視為撤銷收容。……」

[29] 院版草案第26條之2第2項第2句：「收容期滿，延長收容之裁定未經合法送達者，視為撤銷收容。」

讓少年被告收容的命令以及撤銷獲得正確的使用。

一、少年被告收容的命令

　　對於收容的性質，是否等同於少年刑事案件程序的少年羈押。在法律基礎上，目前從執行處所相同的法條文字反推的方式，只能算是一種權宜的作法。一旦碰到處所被分開規定時，收容性質等同於少年羈押的說法將失去法律基礎。在未來，應該在少事法第26條規定少年收容命令的實質要件，在作法上，可以明文規定準用刑訴法第101條和第101條之1，並且排除重罪條款的適用（刑訴法§101Ⅰ③）。

　　考慮到對於少年被告人格發展上以及教育目的達成的不利影響，未來也應該明定，在確定實質要件時，應該考慮少年人格發展上不成熟的特性，要求其必須要有具體的行為事實來作為判斷特定的收容原因是否實現的基礎，比方，在判斷是否有逃亡或者有逃亡之虞時。另外，在收容書當中，未來也應規定法官負有義務對於補充性原則條款確有實現的理由進行說明。

二、少年被告收容命令的撤銷

　　考慮到收容對於少年被告而言，可能造成對於教育目的達成來說是為不必要的不利影響，在未來，應該修法並給予少年被告方面（少年被告、法定代理人、現在保護少年之人以及輔佐人）有權在知悉少年法院的收容決定之後，可以立刻對原命令的少年法院直接聲請撤銷收容，而少年法院也有義務應該限期對此聲請作出決定。

參考文獻

一、中文

1. 吳俊毅，少年秩序違反行為的程序與法院管轄，刑事法雜誌，第 53 卷第 6 期，2009 年 12 月。

2. 許玉秀，論正當法律程序（十），軍法專刊，第 56 卷第 6 期，2010 年 12 月。

3. 司法院第一期少年法院（庭）庭長、法官業務研討會研究專輯，第四則，司法院，2003 年 12 月。

二、德文

1. Werner Beulke, Strafprozeßrecht, 12. Aufl., 2012, Heidelberg.

2. Ulrich Eisenberg, Jugendgerichtsgesetz, 18. Aufl., 2014, München.

3. Hans-Heiner Kühne, Strafprozessrecht. Ein Lehrbuch zum deutschen und europäischen Strafverfahrensrecht, 8. Aufl., 2010, Heidelberg.

4. Klaus Laubenthal / Helmut Baier, Jugendstrafrecht, 2005, Berlin.

5. Friedrich Schaffstein / Werner Beulke, Jugendstrafrecht, 14. Aufl., 2002, Stuttgart.

6. Franz Streng, Jugendstrafrecht, 2003, Heidelberg.

5

犯罪被害人權益保障與
程序參與權

黃朝義[*]

[*] 中央警察大學行政警察學系教授、日本慶應義塾大學法學博士。

目次

壹、前言

　　犯罪被害情形發生而個人無法加以回復時，國家與社會本有義務為其伸張正義與救濟其權益。甚且有些國家容許私人救濟制度之存在以供被害人自我回復被害（如私人追訴制度或我國的自訴制度）。蓋因人民一旦遭逢被害且處於無助狀態時，不外乎會出現不是被害人找尋自我回復被害方法，即是要求國家應予以協助而不可置之不管。

　　隨著時代的演進，國家獨占刑罰權、檢警職能的擴張、被告人權保障之重視等等主、客觀因素，而產生被害人在刑事訴訟程序中被「弱化」的危機。換言之，為實現刑法之目的，擔負追訴責任（工作）之刑事訴訟法乃以規範「科處刑罰之國家」與「被科處刑罰之被告」間之關係為主，相對地「犯罪之被害人」漸次地淪為刑事訴訟程序中之次要角色。因而，傳統上論述刑事訴訟程序主要參與者或訴訟關係人時，鮮少有將犯罪被害人獨立論述者。事實上，犯罪被害人在我國刑事訴訟程序中之地位，主要透過告訴、再議、交付審判之聲請、偵查中之證據保全聲請、自訴等加以突顯。因此，在認知上多以此些制度面問題為討論、檢討之重心。

　　然而，此種對被害人地位認知之傳統立場，在1970年代後半起發生變

化。在變遷之過程裡，刑事訴訟程序中本以被告的權利保障為主之觀念，轉而重視與犯罪有直接關係之被害人保護。一般而論，此種強化被害人在刑事程序上地位之論調稱之為「被害者論」或「被害者學」。

被害者學基本上所強調者為被害人本身權益之保護，至於將被論及者為被害人乃屬未來程序保障之重點。一般而論，犯罪行為終了後，被害人受到第一次的侵害，隨之，在接受刑事追訴程序時，亦可能會受到第二次的侵害。甚且被害人為避免自己受到第二次的侵害，可能採取不為犯罪事實之告訴，因而在形式上，隱忍著被害之結果，猶如再次地受到第三次的侵害。就此多重被害可能之觀點而論，無論在精神上或物質上，任何得以使被害人受到刑事程序上最低被害之論調，毫無疑問地，很容易獲得一般人之贊同。只不過，在實際運作之過程上，為避免被害人受到刑事程序上之另一被害，其工作之重點在於調和國家刑罰權之公正適用，以及如何確保被害人權利的保護[1]。

貳、現行法犯罪被害人相關規定

依據我國刑事訴訟法規定，犯罪被害人得參與的刑事訴訟程序，包括，告訴、再議、自訴、交付審判聲請、證據保全之聲請（屬程序參與範疇）；另一方面，犯罪被害人參與刑事訴訟程序是其權利，但其亦為證人之一種，自有其作證之義務（被害人權益）。

一、犯罪被害人程序聲請權

(一) 提出告訴

刑事訴訟法賦予犯罪被害人告訴權。告訴係指告訴權人向偵查機關陳

---

[1] 本論文所論述之範圍原則上以犯罪被害人為主，不及於其遺族，亦不及一般少年犯罪部分；所論述之對象係以犯罪被害人權益與程序參與權為主軸，不及於犯罪被害人補償等問題。

述犯罪事實所為請求訴追的意思表示。依刑法對於犯罪之分類，區分為非告訴乃論之罪與告訴乃論之罪。非告訴乃論罪，告訴僅為偵查之開端，檢察官因其他情事知有犯罪嫌疑者，亦得逕行偵查起訴，無庸犯罪被害人提出告訴。此類犯罪，被害人僅需申告犯罪事實，無須表明追訴之意思。告訴乃論罪區分為絕對告訴乃論之罪及相對告訴乃論之罪，前者被害人提出告訴非但為偵查之開端，更為訴追條件，被害人提出告訴，需表明訴追之意思；後者本來係屬非告訴乃論之罪，惟因具有一定身分者犯罪之時，刑法特別規定需告訴乃論。例如，刑法第234條親屬間竊盜。此類犯罪重在犯人，是以犯罪被害人提出告訴時尚須指明犯人，未指明犯人者，其告訴不合法律規定。

　　刑事訴訟法232條規定：「犯罪之被害人得為告訴。」此為犯罪被害人取得告訴權之根據條文。刑事訴訟法對犯罪被害人的定義限於因犯罪而直接受害之人。

(二) 提起自訴

　　我國起訴制度，除由檢察官代表國家提起之公訴制度外，尚有自訴制度，亦即公訴與自訴併存制度。依刑訴法第319條第1項前段規定：「犯罪之被害人得提起自訴。」犯罪之被害人為自訴權人，得依法提起自訴。此處之犯罪被害人與本法第232條告訴規定之犯罪被害人相同。

(三) 聲請再議

　　現行法對於檢察官之起訴裁量權（含起訴、不起訴、緩起訴）存有兩大監督機制予以制衡，亦即內部監督機制的再議制度，以及檢察機關以外的監督機制，即交付審判制度。

　　告訴人向檢察官提起告訴後，申告犯罪事實及表明訴追意思後，如檢察官為不起訴或緩起訴處分，刑訴法第256條規定：「告訴人接受不起訴或緩起訴處分書後，得於七日內以書狀敘述不服之理由，經原檢察官向直接上級法院檢察署檢察長或檢察總長聲請再議。但第253條、第253條之1之處分曾經告訴人同意者，不得聲請再議。」告訴人得運用再議制度，向

上級法院檢察署請求撤銷不起訴或緩起訴處分。犯罪被害人欲運用再議制度，不僅需具有告訴權，並需為實行告訴之人[2]，若犯罪被害人雖依刑訴法第232條具有告訴權，卻未提出告訴，對於檢察官其後所為之不起訴或緩起訴處分並無再議權。

(四) 聲請交付審判

為防止檢察官濫權不起訴，刑訴法除有再議制度予以制衡外，尚有交付審判制度。刑訴法第258條之1規定：「告訴人不服前條之駁回處分者，得於接受處分書後十日內委任律師提出理由狀，向該管第一審法院聲請交付審判。」交付審判之聲請主體限於告訴人，且限於提出告訴並提起再議被駁回之人。此處駁回再議之處分限於第258條之情形，即上級法院檢察署檢察長或檢察總長認再議無理由，以處分書駁回之情形，並不包括因再議不合法之駁回。犯罪被害人需依法提起告訴及聲請再議無理由駁回後，方得為本條規定之適用對象。

(五) 聲請證據保全

證據保全係指當證據有湮滅、偽造、變造、隱匿或礙難使用之虞時所為的一種保全措施[3]。我國刑事訴訟法於2003年新增「證據保全」一節規定，增訂理由為：「依刑事訴訟法之規定，檢察官為偵查主體，並負有偵查及追訴犯罪之義務，為發見真實及保障告訴人、犯罪嫌疑人或被告之權益，於證據有湮滅、偽造、變造、隱匿或礙難使用之虞，告訴人、犯罪嫌疑人、被告或辯護人於偵查中應得直接請求檢察官實施搜索、扣押、勘驗、鑑定、訊問證人或其他必要之保全處分，爰於本條第1項規定之。」

有關證據保全內容之規定，刑訴法第219條之1第1項規定：「告訴人、犯罪嫌疑人、被告或辯護人於證據有湮滅、偽造、變造、隱匿或礙難使用之虞時，偵查中得聲請檢察官為搜索、扣押、鑑定、勘驗、訊問證人

---

[2] 司法院院字第1576號解釋。

[3] 拙著，刑事訴訟法（四版），新學林，2014年，頁361。

或其他必要之保全處分。」此為偵查中之證據保全；聲請人包含告訴人，原則上即為犯罪被害人（刑訴法§232以下）。聲請權人於起訴前如認有證據保全之必要，應向偵查中之該管檢察官聲請（刑訴法§219Ⅰ），若案件尚未移送或報告檢察官，應向調查之司法警察官或司法警察所屬機關所在地之地方法院檢察署檢察官聲請（刑訴法§219-3但書）。檢察官駁回證據保全，或未為期間內為證據保全，聲請人得逕向該管法院聲請保全證據（刑訴法§219-1Ⅲ）。

二、犯罪被害人權益問題

(一) 作為證人

我國現行刑事訴訟法採行公訴與自訴併行，亦即公訴制度與自訴制度並存。在自訴程序中，被害人自行起訴，自為原告，而在公訴程序中，係由檢察官代表國家對被告起訴，被害人並非訴訟當事人。惟被害人本身對自身受害遭遇知之最詳，因而在訴訟程序中多以證人角色出現。依刑訴法第176條之1規定，除法律另有規定外，不問何人，於他人之案件，有為證人之義務。復依第178條、第193條規定，證人有到場義務、真實陳述義務、具結義務。若證人經合法傳喚，無正當理由不到場，將遭受罰鍰與拘提的制裁；若無正當理由拒絕具結及證言，也有罰鍰制裁；倘若虛偽陳述，將面臨刑法第168條偽證罪之刑罰制裁。

案件經起訴，進入審判程序，依第166條至第166條之7關於交互詰問制度之規定，證人需在公判庭接受檢察官及被告或辯護人之詰問，以確保證言之真實性。是以，在公訴程序中，犯罪被害人負有作證義務，若所涉及者為非告訴乃論之罪，被害人訴追犯罪之意願非但不為檢察官提起公訴與否所考量，更需面對國家以公權力強制其作證之處境。

(二) 犯罪被害人參與緩起訴制度

對於犯罪被害人之被害而言，被害人於被害後，除得以報案或提出告訴外，為能真正落實追訴犯罪之效果，被害人於追訴之各程序中，應有

其重要之角色扮演與參與，方能顯現出被害人之被害情感受到重視。尤其是，被害人於提出告訴後，檢察官在作出起訴與不起訴（或緩起訴）之選擇時，一旦選擇了起訴，檢察官之起訴作為，基本上或許容易與被害人之被害情感觀念較能契合，因而被害人自始即使未參與整個偵查作為亦無問題。然若檢察官所為之處分為不起訴或緩起訴時，對被害人而言，檢察官之處分行為自然會反映出漠視或忽略了被害人情感之現象。此時，身為公益代表之檢察官如何說服被害人或取得被害人之諒解，將關係著未來被害人之情緒反應以及針對不起訴或緩起訴之不服態度。

　　換言之，在此階段，被害人只要得以充分參與以及為意見之陳述，即便是檢察官為不起訴或緩起訴，被害人理應無法或不會提出不服或表明反對之立場以尋求救濟。刑事訴訟法第256條以下，所規定之有關救濟部分，亦將不會輕易被提出。尤其在得告訴人之同意下，緩起訴處分不得聲請再議（刑訴法§256Ⅰ但書）。

　　或許有認為起訴裁量權專屬於國家公益代表者之權利，因而起訴與不起訴（或緩起訴）之處分決定，並不需要被害人之參與。此就實際而論，在形式上，不容許被害人參與或不需考量被害人意見之做法，或許並無不當之處，且得將其解讀為屬於檢察官之裁量範圍。惟雖如此，在實際上，被害人（告訴人）在被漠視或被忽略之情形下，經常容易作出不服之意思表示（此乃人之常情），請求救濟。到頭來，原本認為被害人之參與及意見陳述並不重要，但最後之結果，卻是經常出現對檢察官所為起訴裁量表明不服。因此，如何強化被害人之參與及意見之陳述，除將可提升被害人之訴訟地位外，亦能防止被害人對起訴裁量之案件提出不服之情形[4]。

　　刑事訴訟法第256條第1項規定告訴人不服緩起訴處分得聲請再議，但書規定「第253條、第253條之1之處分曾經告訴人『同意』者，不得聲請再議。」本規定就被害人角度而言充滿特殊意義。

　　犯罪被害人對於輕微犯罪期待行為人道歉或彌補損害其實比行為人被科處刑罰更有意義。倘若刑事訴訟程序中檢察官基於公益考量之餘，亦能

---

[4]　拙著，前揭書，頁112。

兼及考慮被害人的感受，善加運用本條規定，協助加害人與被害人溝通、互動，必較能彌補雙方因犯罪行為衝突、對立關係。

此論點並非意指刑事訴訟程序係為符合犯罪被害人之應報情緒服務，而是透過被害人的同意，減少被害人提出不服的情形。現行法規定告訴人不服緩起訴處分除得依第256條規定提起再議外，於再議被駁回時尚得依第258條之1向法院聲請交付審判，如此一來，因犯罪行為產生的紛爭並未因緩起訴處分獲得平息，反而須耗費更多司法資源。蓋因在起訴裁量程序中，最重要的乃是在於平衡司法資源的有效運用與被害人情感的滿足，方屬的論。

基此，檢察官若能在運用緩起訴處分時，給予被害人陳述意見的機會，獲得其同意，一方面基於公益及特別預防目的，給予犯罪嫌疑人提早脫離刑事司法程序的機會，另一方面能撫平被害人情緒，不僅修復加害人、被害人雙方衝突關係，且能節約司法資源。如此一來，緩起訴處分雖是司法機關對加害人的懲罰措施，與修復式司法理論提倡社會復歸的觀點不同。惟因該理論強調修復加害人、被害人、社會因犯罪行為而破裂的關係，就此角度而言，緩起訴處分有可能實現此一層意義[5]。

(三) 犯罪被害人參與量協商程序

我國刑事訴訟法第253條之2、第451條之1第2項、第455條之2第2項立法上均是得以對被告課與一定負擔作為程序要件，例如：向被害人道歉、向被害人支付相當數額之損害賠償或向公益團體支付一定數額等；另外，第299條第2項規定法院為免刑判決時得命被告為一定行為；刑法第74條第2項規定法院為緩刑宣告得命被告為一定行為，二者皆與上述採相同立法方式。

5　國內犯罪學學者許春金教授的一份研究，以修復式正義觀點探討緩起訴處分，其透過焦點團體法，與檢察官、觀護人座談會取得執行者對緩起訴制度的態度，並運用問卷訪談法對於受處分者進行施測。該研究發現，加害者與被害者間充分的對話與協商，對於加害者與被害者間關係的修復似乎具有提升的效果。許春金、陳玉書、游伊君、柯雨瑞、呂宜芬、胡軒懷，從修復式正義觀點探討緩起訴受處分人修復性影響因素之研究，犯罪與刑事司法研究第七期，2006年9月，頁141。

　　我國刑事訴訟法已有制度被立法者在程序中納入擬似「行為人與被害人和解」之機制。在有被害人之犯罪，透過被告履行損害回復之負擔、向被害人道歉，與被害人達成一定之和解，而可獲得緩起訴、免刑判決、簡易判決處刑、量刑協商或緩刑宣告；在無被害人之犯罪，基於公益考量與社會觀感，也課與被告向公益團體支付一定數額之負擔[6]。此些緩起訴處分、免刑判決、簡易判決處刑、量刑協商、緩刑宣告等規定，可謂就犯罪被害人立場而論，是不符合其被害情感。亦即依犯罪被害人之觀感，起訴被告，使被告處以其認為可展現被告罪有應得之刑，應是最符合司法正義。

　　然另一方面，透過此些擬似行為人與被害人和解制度與損害回復制度，卻有可能讓刑事程序有機會修復加害人、被害人間之關係、以及雙方與社會間之關係。在輕微犯罪方面，被告應非十惡不赦之徒，被害人也並非都希望將被告關進牢獄，其有時僅希望獲得真誠的道歉或是更實質的補償，甚至因有時被告與被害人住在同一個社區，或是彼此在人際網絡上有所關聯，刑事程序從此觀點著手，給予犯罪被害人行使「同意權」的機會，化解對立衝突，是具有修復式司法功能之刑事訴訟制度。

　　刑事訴訟法增訂量刑協商程序為兼顧被害人利益，在第455條之2第2項規定當事人就「向被害人道歉」、「向被害人支付相當數額之賠償金」須得「被害人同意」。申言之，檢察官與被告在協商程序中量刑協商，被告認罪，檢察官承諾向法院求以較低之刑或緩刑宣告，一旦法院依其合意為協商判決，原則上不得上訴，因被告認罪使法院可迅速結案。此雖節省訴訟資源，但立法者顯然認為如此可能侵害被害人之利益，方增訂第455條之2第2項規定。

　　基於刑事訴訟程序不能為訴訟經濟犧牲被告權益，同樣也不能罔顧被害人利益之觀點，檢察官與被告量刑協商時，有被害人之案件應儘量適用本項規定，讓被害人有參與及陳述的機會，使加害人與被害人有和解的可

6　上述各條文規定不一，第451條之1第2項即未考慮無被害人犯罪之情形，是為立法不足之處。

能；若是無被害人案件，應從公益考量，使其履行其他負擔。

認罪協商制度本身極具社會爭議，不論是犧牲被告接受審判之權利或被害人透過刑事程序實現正義的權利，以換取訴訟經濟，皆非屬刑事訴訟程序應有的價值判斷。運作之際倘若能充分運用刑訴法第455條之2第2項規定，讓協商程序提供被告與犯罪被害人溝通和解的機會，被告可藉此減輕刑罰，犯罪被害人亦可在刑事訴訟程序中獲得實質補償，使被告、被害人雙方與社會都能跳脫犯罪陰影而得到復歸。

(四) 犯罪被害人與自訴制度

犯罪之被害人就同一案件，依刑事訴訟法第232條及第319條第1項前段規定，有告訴權與自訴權。惟二者應互為消長，不得同時行使，自訴權之行使，其範圍較大，具有告訴效果。刑訴法第324條規定：「同一案件，經提起自訴，不得再行告訴或為第二百四十三條之請求。」又刑事訴訟法為避免自訴之擴張，於第321條、322條、323條設有提起自訴之限制。

具體而論刑事訴訟法將犯罪被害人之自訴權加以限縮，例如1.刑訴法第323條公訴優先原則的時點由舊法時期「檢察官偵查終結」提前至「檢察官開始偵查」，以防止自訴權人以自訴程序干擾公訴程序；另2.自訴採律師強制代理制度（刑訴法§319Ⅱ），未以律師代理起訴，法院將諭知不受理判決（刑訴法§334），修法傾向已顯然朝向限制自訴之方向。

惟立法者要求犯罪被害人在公訴與自訴程序兩者間優先考量公訴程序之同時，另一方面又擴大檢察官起訴裁量之空間（例如緩起訴制度等之導入），如前述對於檢察官職權的監督乃成為另一重要課題。

我刑事訴訟程序，在立法技術上極力避免自訴權人濫用自訴程序以干涉公訴程序；實務上，如前述確實也朝限制自訴之方向運作。因此限制自訴程序之提起，或進而提出廢除自訴制度，皆屬立法技術上之必然趨勢或發展方向。然而，自訴程序之存廢向來有所爭議，惟若僅以交付審判制度之增訂，作為逐步廢除自訴制度之理由，而交付審判制度於立法上所存在之缺點無法一一加以克服，恐難獲得認同。倘以保護犯罪被害人之角度觀

之，自訴制度仍有存在之必要[7]。是以，自訴程序有保護被害人之功能，在某方面亦可監督檢察官之作為，將來修法時可以考慮廢除交付審判制度，改由自訴程序取代[8]。

三、小結

犯罪被害人參與刑事訴訟程序，我國刑事訴訟法設有如前所述之相關規定，刑事訴訟之目的為保障人權、發見真實，此所謂「人權」並非僅係被告之人權，犯罪被害人之人權同樣應受到重視。犯罪被害人是實際因犯罪遭受侵害之人，國家獨占刑罰權發動之程序，其必須仰賴刑事訴訟程序始能回復正義。然而刑事訴訟程序乃是國家確定刑罰權有無及範圍之過程，追訴犯罪乃國家公益，並非僅單純保護犯罪被害人，但也不應忽略掉犯罪被害人的意見及感受。

犯罪被害人在刑事訴訟程序中的角色相當多樣化，可能是證人，可能是告訴人、自訴人，可能是再議、證據保全、交付審判之聲請人，或者僅是緩起訴或認罪協商程序中被告向其道歉、賠償之人，又或者是審判期日到庭陳述意見之人。倘若始終認為犯罪被害人之利益僅簡化成實體法上抽象之「法益」概念，即便是刑事訴訟程序不論賦予犯罪被害人多少參與機會，不過僅具有程序上的形式意義，犯罪被害人權利依舊空洞。

換言之，刑事訴訟程序中種種犯罪被害人出現的場合並非僅具備正當程序之意義，應有其實質上意義，且實施刑事訴訟之公務員，亦應有所體認。申而言之，刑事訴訟法規定中，理論與實務上所強調之犯罪被害人之人權並非僅指應報主義下以眼還眼之概念，應該是程序參與權、意見陳述權，對起訴裁量之制衡，以及創造加害人與被害人對話、和解的空間等等。亦即現行刑事訴訟法所定各項使犯罪被害人得以參與程序之規定，實務運作上應予以落實，不得對犯罪被害人參與訴訟之權利動輒以實務見解或其他司法意見增加一些法律上負擔之限制；刑事訴訟運作過程中，應盡

---

[7]　拙著，前揭書，頁636。

[8]　拙著，前揭書，頁637。

量賦予犯罪被害人陳述意見的機會，如能藉此創造加害人、被害人對話、和解空間，將可大量減輕司法負荷。

參、犯罪被害人程序參與之展望

一、證人保護問題

(一) 犯罪被害人筆錄檢閱限制

一旦發動偵查時，犯罪被害人將因成為重要證人之一，而須接受偵查機關或法院之訊問。亦即，在偵查階段，犯罪被害人成為證人而成為偵訊的對象（刑訴法§248有規定偵訊時陪同人）。此時，偵查機關對於犯罪被害人之偵訊行為，倘有疏忽情事發生時，對被害人而言，會造成第二次傷害，亦可能對其隱私權構成侵害，不得不慎重。

因而，倘認為被害人隱私權或名譽之保護重要，且需特別加以考量時，對於被害人所製作之筆錄，即便是在審判中，理應考慮不得任意供被告之辯護人檢閱，亦即在某些情況之下，應對其加以限制（此部分屬於立法論問題）。

(二) 免除犯罪被害人被害威脅措施

我刑事訴訟法賦予檢察官擁有追訴權，在審判程序中，被告受到辯護律師的協助（選任案件或強制辯護案件），對於檢察官所為的主張得加以批判與挑戰。此時被告自可聲請傳喚對自己為不利陳述的證人或鑑定人於公開法庭進行詰問（刑訴法§166）。然相對地身為證人而參與審判程序之犯罪被害人，倘若不加以保護亦非訴訟制度之常態。

一般而論，犯罪被害人以證人身分出庭時，除非特殊情況，其與一般證人是相同的，負有真實陳述義務。蓋因犯罪被害人既為國民之一份子，自然負有出庭作證之義務（刑訴法§176-1）。證人必然須在被告、訴訟關

係人或一般旁聽者面前陳述意見，緊接著必須接受被告所為嚴格的反詰問，可能就會發生本來不想再回憶的犯罪被害情節，再次的必須重新加以作證（陳述）。可謂對犯罪被害人而言，為了要求其履行作證義務而讓其產生第二次的被害。

再者並非僅僅作證本身所存在的問題，倘若被告屬於幫派組織的成員，或者眼前的被告在政治上具有相當影響力者，或者如同一些虐童案件或配偶間家暴案件同居者的家屬為被告者等情形，證人身分的犯罪被害人（包含年少者），似乎也會思考著，一旦對被告提出不利證言時，恐怕受到報復或造成人際關係的惡化，反而會讓他們不願據實提出證言。

為確保必要的證言不受影響，在程序上免除犯罪被害人以及其家人受到被告所為生命身體財產之危害或恐嚇是有必要的。此時，在法制設計上，必須講究證人身分之犯罪被害人在審判程序外的保護，以及採取減輕其作證後所延生出心理負擔之措施。對此，脅迫證人罪之制定有必要外，對於有威脅疑慮行為之被告得以限制其具保，或者一旦具保後亦可撤銷其具保。

(三) 不得詰問之犯罪被害事項

證人（含犯罪被害人）其住居所、工作地點或通常所在之場所一經特定可能產生負面影響時，只要不衝擊到或影響到被告防禦上之實質上的不利益範圍內，應該亦可限制被告就該事項所為的詰問。甚且在證據調查聲請前得以表明就這些事項作限制不予閱覽[9]。

(四) 被告刑執行完畢後通報措施之可行性問題

在刑罰執行完畢後相關證人保護關係裡，受有罪判決之刑罰執行後之被告，回歸社會後，經常（或偶而）會基於某些不明原因或理由干擾或表

---

[9] 美國等國家，為要求協助國家偵辦或追訴或審理組織幫派犯罪的首腦，在過程中因證人之證言而導致證人或其家人受到生命身體危害之情形，為讓其在作證後得以安全的過生活，制定有將證人姓名加以變更，並將其送到其他區域生活，而給予工作等之證人保護程序。

示要接觸犯罪被害人之情形。此時，對犯罪被害人或其監護人或社會，有無必要建立加害人（被告）已經出獄之相關情報資訊之通報制度，將是保護犯罪被害人之重要課題。蓋因此種制度之建立，對於被告出獄後之行為感到不安的犯罪被害人而言，在程度上可能會有防止再被害的期待。然相對地，透過被告已經出獄之通報途徑，從刑事政策之觀點而論，反而可能使出獄的被告復歸社會的困難。

惟不可否認的，對於一些性犯罪者再犯率頗高（或一些同樣再犯率頗高之被告）之情形，透過出獄通報制度之實施，在保護一些僅靠自己力量預防犯罪有顯著困難之幼童或年少者而言，有時可能會受到某程度之評價。換言之，出獄通報制度之建立，通報對象之擴大，不僅被害人的再被害得以防止，亦可期待有預防犯罪之效果。

（五）減輕證人負擔作證之保護

為減輕作證後的心理負擔，可分為被告面前的保護以及公開法庭下作證之保護兩類別。前者之保護可實施以取得證言為目的之審判外詰問，且在詰問時，在被告面前受到壓迫而無法作證時，於作證間得以命令被告一時間退庭，嗣後再賦予被告行使詰問權。

就後者，亦即在公開法庭以及有特定旁聽者在庭所為證人保護之情形，在實務運作上，例如在審理性侵案件時，在作證受性侵時之具體情狀部分，因有礙公序良俗之疑慮，法庭應做公開之停止，再對證人要求其作證。有時甚且須考量一旦發現在特定旁聽者面前，無法充分作證時，在證人作證之期間可命該旁聽者退場。

然因即便是採取上述方法，證人仍然要面對被告與旁聽者，甚且在分離審判之共犯案件中，同一事項會發生重複不斷作證之情形，因而作證後所伴隨的第二次被害反而難以達成減輕之效果。因此，為使證人於法庭中容易作證，供述時，期待得以緩和證人的不安與緊張，證人作證時，漸漸容許證人之家人、從事被害保護的諮商專家或者辯護律師得以一同出庭協助。只不過一同出庭者對於證人的陳述不得為有不當影響之言詞。

(六) 特殊作證方式之作證

　　一般而論，一定性犯罪之案件，證人在法院裡係與被告不同處所，透過影像與變音方式進行證人詰問。如此一來證人與被告非面對面方式接受證人的詰問，被告大致上透過影像或畫面確認證人作證情形，以進行反詰問。證人亦可能於將來對於同一事項在不同刑事追訴程序中有所證言，此時只要證人同意可對其作證與接受詰問之情形加以錄音錄影，而實現減輕反覆針對同一事項作證所帶來之負擔。

　　另外，證人在被告面前陳述而感受到壓迫時，被告或旁聽者與證人間，得採取一方或雙方無法認知到對方情狀之遮蔽措施。惟若採取連被告也無法認知證人狀態之措施時，在證人詰問程序中，鑑於被告認知證人作證狀態與辯護律師詰問活動之重要，此時必須考量或許只有辯護人在場時方得以進行。總之，此些措施之採取無非在於減輕證人作證時所受的心理負擔。另從犯罪的性質、證人的年齡、身心狀態、名譽的影響、證人與被告間關係以及其相關情事加以判斷與觀察，一旦認為此些措施有必要時，不僅能適用於具證人身分之犯罪被害人可採取，尚且亦適用於已脫離犯罪組織的犯罪共犯者以及目擊證人，使其免於為證人作證後而膽戰心驚。所為此些遮蔽措施，非但未違反公開審判之要求，亦未剝奪被告的反對詰問權。

二、審判程序與犯罪被害人權益保障

(一) 犯罪被害人法庭訴訟參與權

　　在審判階段，犯罪被害人可能扮演著證人之角色。被害人對於該案件而言屬於最為熟悉之證人，其所為之陳述具有頗高之證據價值。因此，從真實發現之觀點而論，該陳述對事實之認定相當重要。惟相對地，如前所述，從犯罪者之角度而論，犯罪被害人屬於其有罪證據之重要依據，其存在自然非其所樂見者，因而被害人之安危，亦隨之受到重視，而有保護之必要（證人保護法規範之範圍）；甚且有無必要制定脅迫證人罪，亦為未來需為之考量之課題。

審判期日，依刑事訴訟法第271條第2項，應傳喚被害人或其家屬並予陳述意見之機會。該條於1997年12月增訂，解釋上，其立法目的應係充分保障被害人之程序參與權，藉由此參與，可滿足其報復心理，其陳述亦可作為法官量刑之標準。此一陳述非基於證人之角色，除別有規定外，被害人若係證人，依法應經人證之調查程序（刑訴法§166以下）。

(二) 犯罪被害人其他積極性訴訟參與權問題

一般解讀認為，犯罪被害人即便是屬於犯罪案件本身的當事者，但無法以一訴訟主體的地位，在公訴程序中追訴被告之犯罪行為，且在審判程序不能聲請調查證據（如最高法院98年台上字第5662號判決等），對於被告不合理的辯解無法採取反論，亦無法提起上訴[10]。

然基於權利保障之考量，除一些訴訟構造之本質問題，如起訴範圍設定、上訴提出等非當事人之犯罪被害人無法擁有者，以及既有法制業已能夠達成犯罪被害人程序參與（如前述告訴、再議、自訴、交付審判聲請、證據保全之聲請等）外，其他犯罪被害人積極性程序參與制度（主體參與）之建構有其必要，以補充犯罪被害人程序參與權不足部分。例如1.擴大一定重大犯罪的犯罪被害人（或受被害人委託的律師）之相關證據調查之聲請權與法院證據調查時需徵詢犯罪被害人意見；2.經由法院之同意，以犯罪被害參與人身分，於審判期日出庭，對被告與證人得加以詢問（或詰問）；與3.犯罪被害人也可陳述辯論意見與陳述檢察官權限之意見（此部分需修法）[11]。

此些被害人積極性訴訟參與制度，基本上其主軸仍然維持檢察官追訴與證明被告之犯罪行為，被告接受辯護律師之協助進行犯罪事實之認定，

---

[10] 依現行法規定，對於法院所為判決，犯罪被害人不得直接表示不服，提起上訴。犯罪被害人對於下級法院之判決有不服者，得具備理由後，請求檢察官上訴（刑訴法§344Ⅲ）。對此，檢察官對於是否上訴有完整之「裁量權」。

[11] 本文認為犯罪被害人並非當事人亦非可比擬為準當事人或類似當事人，因而一些訴訟構造之本質上問題或其他不適合之相關權限不宜過度擴張。許福生等著「犯罪被害人保護之政策與法制」，新學林，2013年，頁68以下。

只有在原有範圍外增加犯罪被害參加人一定權限之行使。整體而論，應該不至於違反彈劾主義（告發主義）與當事人辯論主義，亦不至於限縮被告本身所具有的緘默權。

針對此種制度，或許有認為一旦容許強烈要求處罰的犯罪被害人參與，其結果，必然造成法庭審理程序的混亂，而無法為正確事實的認定，或者有認為被告可能在被害人面前畏縮而無法行使有效的防禦行為反而亦會影響事實的認定。

犯罪被害人參與制度本身，屬於係以被告相關權利獲得保障為前提之制度，而在法院許可之情形下犯罪被害人得以行使一些訴訟行為（權限）而已。倘若法院預想法庭有造成混亂之情形，法院自可不容許犯罪被害人參與，或者法院認為被告在犯罪被害人面前會有畏縮之情狀，此時被告可由其辯護人（當然其前提要有選任律師或由國家提供公費辯護人）代為辯論。換言之，透過法院適切訴訟指揮權之發揮，使得制度本身不至於產生上述可能的疑慮。

(三) 犯罪被害人之律師協助

另外，倘若犯罪被害參與人本身經濟狀況不佳而又需要委託律師代其行使權利之情形，未來有無可能透過法律扶助基金會，向該案件繫屬的法院聲請選任被害參與人之律師，且法院於選任犯罪被害參與人之律師後，其費用由法律扶助基金會支付（修法問題）。如此一來，犯罪被害參與人得透過法律扶助基金會選任律師，以提高實現被害權益保障之機會，同時亦會因透過犯罪被害參與人律師行使被害參與人之權限以迴避法庭混亂情形之產生。

(四) 犯罪被害人特殊案件作證之保護

犯罪被害人依法亦為證人之一種，接受詰問係發現真實之必要且亦為被告詰問權之保障。詰問權在經大法官釋字第582號解釋後，屬於憲法第16條訴訟權之保護領域及憲法第8條正當法律程序之一環，已具有應受憲法理念規範之範圍。事實上，保障詰問權會對於身為被害人之證人造成二

次傷害，尤其是性侵害之案件。所以如何在兩者之間取得平衡，向為立法難題。

　　我國法制上對於此問題，顯得立法不足。如性侵害犯罪防治法第16條第4項，禁止性經驗證據詰問與提出，且該項但書規定法官或軍事審判官認為有必要時，不在此限。然何謂有無必要，其判斷基準為何，過於模糊；再者，同條第1項規定之隔離訊問或詰問雖能緩和被害人再次遭受侵害，但對於被害人而言，終究還是要與施暴者有所接觸，因而所採隔離訊問或詰問之手段，有時亦非為最佳之方法。面對此一難題，應採取侵害最小之手段，例如，法官得在不公開及親自訊問之方式，透過其察顏觀色以判定其證據價值，不得僅依筆錄（在符合傳聞之例外下）認定，此種方式或可供將來立法參考。除性侵害案件外，例如家庭暴力案件，基於保護兒童之立場，亦有上述相同之問題，在進行訊問或詰問時，並無相關法制規範以保障兒童。

　　公開審判原則係刑事訴訟法相當重要之原則，藉由公開審判使人民能監督審判之公正性。公開審判原則係針對糾問制度下之反動，在現今刑事訴訟思潮中，公開審判原則亦面臨到一些挑戰。尤其是涉及被告及被害人之隱私、營業秘密、國家機密等等案件時，審判之公開亦會侵害到人民之權益與國家安全。「公開」與「不公開」間之界限，並非清楚可知。法院組織法第86條、第87條但書規定，訴訟之辯論及裁判之宣示，有妨害國家安全、公共秩序或善良風俗之虞時，法院得決定不予公開。此屬法院組織法中之概括規定，性侵害犯罪防治法第18條既有相同之規定，依法理自應優先適用。

肆、代結論

　　犯罪被害人被害後（第一次被害），在偵查程序中，通常會被列入偵訊之對象（訴訟關係人或證人之應訊）；在公判程序中（審判期日），國家為取得其真實證言，犯罪被害人亦以證人身分在加害人面前針對犯罪情

節真實的陳述證言，其精神上之痛苦，或許宛如受到第二次被害（法制上有保護犯罪被害人之必要性）。

再者，犯罪被害人等倘若未提起告訴（或他人所為之告發等），相關犯罪事實之訊息，如程序過程中之被告被起訴、辯護活動的啟動或被告受到有罪判決之懲罰等程序，係無法被傳遞出去的或進行的（司法機關犯罪情報資訊取得之必要性）。

綜觀前述，犯罪被害人淪為犯罪追訴過程次要角色之論調，漸漸地無法為一般人所接受。我刑事訴訟程序採行公訴、自訴併行制，現行法上既有的規範（如告訴、再議、自訴、交付審判聲請、證據保全之聲請等）雖亦提供犯罪被害人程序參與權，但就整體權益保障與程序參與權部分，如犯罪被害人積極程序參與權與證人相關保護措施等，如前述般仍有待修法補強或實務見解之補充，方能落實犯罪被害人被害後之保障。

6

日本犯罪被害人在刑事訴訟程序上之保護

鄭善印[*]

祝壽文

我因廖前部長主張「兩極化的刑事政策」而有深入研究該理論的機會，兩極化的刑事政策，簡言之就是對經常性且重大的犯罪人，採取長期的隔離措施，因其難於治癒，例如對積重難返的幫派份子；對於偶發性且輕微的犯罪人，則採非監獄性處遇，因輕微犯罪者多無持續犯罪的特質，故與其進入監獄，不如讓其在監獄外工作，例如無被害人之犯罪者。這種政策有犯罪學及長期經驗的根據，並非只是一種理想，我至今仍然相信，也樂於在廖前部長七秩華誕前，爲文誌慶。

---

[*] 開南大學法律系教授。

目　次

壹、日本犯罪被害人保護概況

日本現今的犯罪被害人保護制度，自財產給付以至於證人保護洵至於參加訴訟等，林林總總，並非一日即能形成，而是經過長期醞釀、累積及不斷呼應國民的要求而來。其重要里程，在時間上大約可以整理如下[1]：

表6-1　日本保護被害人制度里程表

時間	項目及內容	備註
1980.5.1	公布「犯罪被害人給付金支給法」（1981.1.1施行），內容主要為對犯罪被害人的補償，但業務由警察執行	與我國「犯罪被害人保護法」之實體部分類似
1981.5.21	成立財團法人犯罪被害救援基金會，主要業務為給予犯罪被害人子女獎學金、給付犯罪被害人支援金、給予支援被害人團體援助金，並由其理、監事人員組成內容來看，有濃厚的警察主導色彩	與我國犯罪被害人保護協會（1999.1.21設立）之組成及監督不同
1990.11.17	成立日本被害人學會	我國尚未成立
1996.2.1	警察廳制訂「被害人對策綱要」	我國警政署尚無類似政策
1998.5.9	成立全國犯罪被害人支援網路	我國尚未成立
1999.4.1	內閣設置「犯罪被害人對策相關部會聯絡會議」	我國尚無
2000.5.19	公布犯罪被害人保護二法： 1.刑事訴訟法及檢察審查會一部修正法，主要內容為增加證人之輔佐人、證人之隔離及視訊措施。性犯罪告訴期間之廢止，及對檢察官不起訴處分可提異議權人範圍之擴大 2.犯罪被害人權利及利益保護之附隨刑事程序措施法，主要內容為審判長應考量犯罪被害人旁聽之優先權及可得讓其閱覽、影印審判文書暨民事和解及損害賠償命令等	我國尚無類似規定

---

[1] http://www8.cao.go.jp/hanzai/local/pdf/san01.pdf#search='%E7%8A%AF%E7%BD%AA%E8%A2%AB%E5%AE%B3%E8%80%85%E4%BF%9D%E8%AD%B7%E4%BA%8C%E6%B3%95'犯罪被害人政策實施時間表，最後瀏覽日期：2015年8月30日。

表6-1　日本保護被害人制度里程表（續）

時間	項目及內容	備註
2001.4.13	修正「犯罪被害人給付金支給法」，主要內容為擴大受支給人之範圍及額度	我國尚未擴大
2004.12.8	公布犯罪被害人基本法	我國尚無
2005.12.27	內閣公布「第一次犯罪被害人基本計畫」，主要目的為規範行政機關如何具體執行犯罪被害人基本法（實施日期2005.12.27～2010.3.31）	我國尚無
2007.6.27	「犯罪被害人權利及利益保護之刑事訴訟法一部修正」，主要內容為： ・創設犯罪被害人參加訴訟之制度 ・創設犯罪被害人得在刑事訴訟程序中請求損害賠償之制度 ・創設犯罪被害人隱私保護之制度，並擴大閱覽、影印審判文書之範圍	我國有刑事附帶民事訴訟制度
2011.4.1	內閣公布「第二次犯罪被害人基本計畫」，主要目的為強化行政機關如何具體執行犯罪被害人基本法（實施日期預計2011.4.1～2015.3.31）	我國尚無

　　上述里程可分成兩個部分，一個是行政體系對於犯罪被害人之保護，另一個是刑事訴訟體系對於犯罪被害人之保護。行政體系的保護指的是，由行政機關層面來的各種被害人保護措施，例如對於被害人給付金之支給、警察廳對於犯罪被害人之對策綱要、全國犯罪被害人網絡的成立等等，其中最重要的里程碑就是「犯罪被害人基本法」，以及基於該法訂定的兩次內閣基本計畫。刑事訴訟體系的保護指的是，刑事訴訟程序對被害人的保護措施，例如公布犯罪被害人保護二法、公布犯罪被害人權利及利益保護之附隨刑事程序措施法、犯罪被害人權利及利益保護之刑事訴訟法一部修正法等。

貳、行政體系對犯罪被害人之保護

行政體系對於犯罪被害人的保護措施，重要的有「犯罪被害人基本法及兩次內閣公告的犯罪被害人基本計畫」[2]。犯罪被害人基本法第18條牽涉到司法層面對被害人在訴訟程序上的保護，基本計畫中的第三個重點課題，也牽涉到司法層面對被害人的保護，亦即行政保護措施中竟然含有司法性質的保護。其因在於日本乃內閣制國家，而非三權絕對分立的總統制國家，故其立法與行政經常會立場一致，從而因政治需要而由立法制定的保護政策，乃涵蓋行政保護與司法保護。

一、犯罪被害人基本法

日本於2005年訂定「犯罪被害人基本法」。該法訂定的由來，乃源於執政的自民黨，鑑於2000年以後陸續有幾個跟犯罪被害人密切相關的法律公布，例如2000年5月有犯罪被害人保護二法、騷擾行為防止法以及兒童虐待防止法；2000年12月又有少年法之修正法；2001年4月有犯罪被害者給付金支給法之修正法，以及家庭暴力防止法等。但這些法律都是片段的被害人保護對策法，尚非整體性的政策法制，因此乃在犯罪被害人及其團體的要求下，由自民黨小委員會基於「支援犯罪被害人乃政治責任」以及「犯罪被害人之權利應予闡明」兩項理念，而於國會提出犯罪被害人基本法，並於2005年4月經兩議院通過。

該法目的由其前言可以看出大約有以下三項：第一乃實現安全社會；第二為防止被害人第二次被害；第三則是強化被害人權利。該法前言謂：「實現安全及能安心生活的社會乃一般國民的心願，同時也是國家的重要任務。我國在遏止犯罪方面的努力，雖不曾間斷，但近年來各種各樣的犯罪仍無法滅絕，遭波及的犯罪被害人不僅多數人權利未受到尊重，並

---

[2]　廖正豪，我國犯罪被害人保護法制的檢討與策進——並簡介日本「犯罪被害者等基本計畫」，刑事法雜誌，第52卷第6期，2008年12月，頁1-62。

且無法受到充分的協助，甚至還會被社會隔絕。更甚的是，被害人不僅遭受犯罪的直接侵害，還要受苦於第二次以後的被害。原本，犯罪的第一個責任人應該是加害人，但有義務遏止犯罪，有責任建立安全及能安心生活的社會的我們，也不能不傾聽犯罪被害人的聲音。更何況目前的社會，每一位國民都有可能成為犯罪的被害人，故我們應站在犯罪被害人的立場，採取必要的政策，往保護被害人權利或利益的社會邁出新的一步。從而，為明白宣示犯罪被害人政策之基本理念及方向，並在中央與地方政府及其他相關機關與民間團體攜手合作之下，推定綜合性及計畫性的犯罪被害人政策，特制定本法。」

　　該法除上述前文闡述的理念外，共三章計三十條。其中重要的條次及內容如下[3]：

　　（第11條）諮商及資訊之提供。

　　（第12條）有關請求損害賠償之協助。

　　（第13條）給付金支給制度之充實等。

　　（第14條）保健醫療服務及福祉服務之提供。

　　（第15條）防止犯罪被害人再次被害及確保其安全。

　　（第16條）居住處所之安定。

　　（第17條）受僱之安定。

　　（第18條）擴充參加刑事訴訟程序等。

　　（第19條）顧慮保護、偵查、審判之過程。

　　（第20條）增進國民之理解。

　　（第21條）調查研究之推動等。

　　（第22條）對於民間團體之支援等。

　　（第23條）確保意見之反應及其透明性。

　　此外，該法尚有第8條關於行政機關（內閣）推動犯罪被害人基本法之各種細部計畫規定，該法第8條謂：「（犯罪被害人等之基本計畫）政

---

[3] http://www8.cao.go.jp/hanzai/whitepaper/w-2011/pdf/.../1s1s.pdf，最後瀏覽日期：2015年9月4日。

府為推動犯罪被害人綜合性、計畫性政策，應制定有關犯罪被害人政策之基本計畫（I）。犯罪被害人基本計畫應制定之事項如下。一、應採取綜合性、長期性犯罪被害人政策大綱。二、除前款規定外，推動犯罪被害人綜合性、計畫性政策之必要事項（II）。內閣總理大臣就犯罪被害人之基本計畫案，應尋求內閣會議通過（III）。內閣總理大臣於有前項之閣議決定時，應迅速公告犯罪被害人基本計畫（IV）。前二項規定於犯罪被害人基本計畫有變更時，準用之（V）。」簡言之，日本政府為推動犯罪被害人基本法所揭示的理念，必須有一由內閣會議通過的「基本計畫」，詳述保護的具體措施，以便中央與地方、官方及民間一體遵循。

二、犯罪被害人基本計畫

由上述犯罪被害人基本法第8條的推導可知，基本法乃有關犯罪被害人政策之基本構想；反之，基本計畫則為內閣於一定期間內所構築的具體設計及工程，亦即乃個別具體政策的實施，或者是反應犯罪被害人具體願望之工具。這類內閣之基本計畫，至今為止有第一及第二兩次。

（一）第一次犯罪被害人基本計畫

第一次基本計畫[4]成立於2005年12月27日，預計推動期間為五年，至2010年3月止。其形成方式，乃在內閣府內先成立一個「犯罪被害人政策推展會議」的特別機構，並在內閣府政策統籌官之下設立一個統籌庶務的幕僚單位「犯罪被害人政策推展室」，並由該室及該會議完成：1.基本計畫案的製作，2.政策相關重要事項的審議，3.政策的推動，4.政策實施狀況的檢驗、評價及監督。該基本計畫的組織、製作、推動及評價體制有如下圖：

4　http://www8.cao.go.jp/hanzai/kohyo/keihatsu/data/keikaku-pamphlet.pdf#search='%E7%8A%AF%E7%BD%AA%E8%A2%AB%E5%AE%B3%E8%80%85%E7%AD%89%E5%9F%BA%E6%9C%AC%E6%B3%95%E5%88%B6%E5%AE%9A%E3%81%BE%E3%81%A7%E3%81%AE%E7%B6%93%E7%B7%AF'犯罪被害者等基本法制定までの経緯。最後瀏覽日期：2015年8月30日。

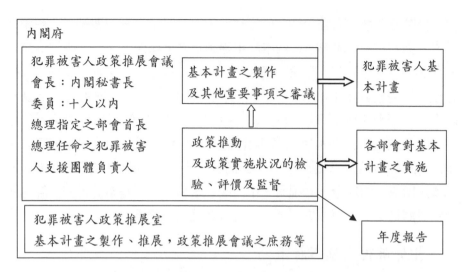

圖6-1　內閣推動犯罪被害人政策體制圖

在上述推動體制的進行下，首先從被害人團體（68個）搜集到1,066個意見，經整理後形成四個基本方針、五個重點課題及258個具體措施，實施期間五年。其圖如下：

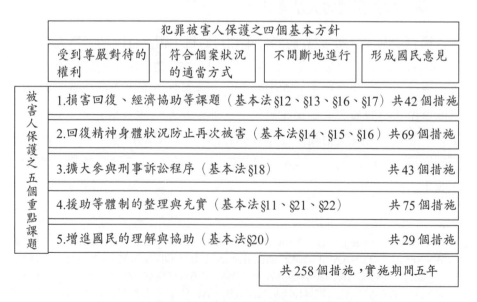

圖6-2　基本計畫之基本方針與重點課題概略圖

在第一次基本計畫中，與刑事訴訟體系關係特別密切的是第三個重點課題，亦即「擴大參與刑事訴訟程序」。蓋以依傳統刑事訴訟制度，並且從犯罪被害人的立場來看，所謂偵查、審判等，都是以被告及其辯護人、警察、檢察官、法官為主體，被害人只不過是證據的一環，刑事司法體制的客體而已。故不僅基本的資訊無法獲得，且在過度強調維護社會秩序下，只重公益考量，完全不顧被害人的權利，使得國民對司法無法信賴。

為彌補上述缺憾，應在偵查與審判程序中，將犯罪被害人當成是案件的當事人，不僅應讓其瞭解真相、辨明善惡與責任、回復自己與家人的名譽，並且應適度懲罰被告以回復被害人的正義。從而，有關擴大被害人參與刑事訴訟程序部分，基本計畫乃規劃了四個綱要：1.檢討被害人能直接參與刑事審判之措施，例如被害人參加訴訟等，並應於二年內檢討促成；2.交付被害人刑事訴訟程序中檢察官開頭陳述之文書，並應於一年內檢討促成；3.檢討被害人對少年犯罪案件之意見與願望，並應隨著少年法之檢討一併進行；4.檢討被告於假釋前應詢問被害人意見的制度，並應於兩年內促成。

(二) 第二次犯罪被害人基本計畫

第一次基本計畫實施近四年半時，政府機關發現國民反應良好，內閣負責監督政策推動狀況的「基本計畫推展專門委員會議」，乃開始進行第二階段的檢討、評估及續行。首先該會向全國犯罪被害人團體及被害人支援協會探尋意見，在2009年9月至11月期間，全國七個地區，共有35個團體以口頭或書面方式提出280個意見。專門委員會議將這些意見仿第一次基本計畫，分成五個重點課題再次審議後，將初步結論再舉辦一次公聽會，最後終於在2011年3月25日，經由內閣會議通過，將第二次基本計畫向外公告。預計自2011年4月開始進行五年，至2015年12月31日止。

第二次基本計畫的重點在於將第一次計畫的措施，更加細膩、深入地進行，其中重要意見的概略如下：1.更加擴大犯罪被害給付制度的範圍，2.導入地方政府對犯罪被害人的給付與借貸制度，3.應從生活保護之收入認定中扣除被害給付金，4.被害人的諮商費用由公費負擔，5.被害人參加

訴訟及旁聽旅費、停業損失之補償，6.在陳述對假釋及假出院之意見時，得對監獄官及觀護人提出質詢，7.放寬申請辯護人之被害人的資力，8.對被害人團體與支援被害人團體經費之補助，9.在市町村設置綜合窗口，10.充實性犯罪被害人全套支援之中心，11.促進學校有關犯罪被害人相關之教育，12.增進國民對性犯罪的理解。

　　以上之犯罪被害人基本法及基本計畫，雖屬行政部門對被害人綜合性的保護政策與措施，但其中不乏專屬於刑事訴訟程序者，例如基本法第18條即為「擴大參加刑事訴訟程序」，基本計畫第三課題即是「擴大參與刑事訴訟程序」，這些理念與計畫不久之後都在刑事訴訟程序的修正案中落實。以下即專就刑事訴訟程序的保護政策與措施作敘述。

參、刑事訴訟體系對犯罪被害人之保護

　　日本自1999年以後在刑事訴訟程序上，增修了若干保護證人與犯罪被害人之相關法令，依文獻記載，其概要如下[5]：

一、1999年刑事訴訟法部分修正，增訂有關證人保護措施

　　鑑於審理組織犯罪時，證人對於自身之安危及財產有深刻不安的感覺，為讓刑事程序順利及適當地進行，乃採保障證人安全之規定。於證人有受加害之虞時，「審判長應限制當事人訊問證人住居所等特定事項」（刑事訴訟法§295 II）；「檢察官與辯護人在證據開示時，得要求對方當事人採取不讓他人知悉證人住居所等特定事項或其他確保安全之措施」（刑事訴訟法§299-1）。

5　www.moj.go.jp/content/000100783.pdf，刑事手続における犯罪被害者・証人等の保護に関する最近の主な立法の概要，最後瀏覽日期：2015年8月30日。

二、2000年增修所謂「犯罪被害人保護二法」

(一) 刑事訴訟法及檢察審查會法部分修正，增修下列規定：

1. 減輕證人負擔

(1)賦予證人輔佐人：審判長為緩和證人顯著之緊張及不安，得賦予適當之輔佐人（刑事訴訟法§157-1）。

(2)給予證人隔離措施：審判長為減輕證人在被告或旁聽人面前作證時精神之負擔，得採取隔離證人與被告或旁聽人之措施（刑事訴訟法§157-2）。

(3)視訊方式之作證：審判長為減輕證人在公開法庭作證之精神負擔，得讓證人在法庭外之場所（須與法官在同一法院內），藉由影像及聲音在視訊雙方相互認知之情形下（視訊方式）訊問（刑事訴訟法§157-3）。

2. 告訴乃論之罪告訴期間之廢止

強姦罪等告訴乃論之性犯罪，其告訴期間（自知悉犯人之時起六個月內）廢止（刑事訴訟法§235）。

3. 被害人陳述意見

法院於被害人或其法定代理人（被害人死亡時，其配偶、直系血親或兄弟姊妹）申請時，得於審判期日，准許其陳述被害心情或其他與該案有關之事項（刑事訴訟法§292-1）（其後，得陳述意見之人之範圍擴大）。

4. 擴大得向檢察審查會聲明異議之人之範圍

被害人死亡時，對於不起訴處分得聲明異議者之範圍擴大至其遺族（檢察審查會法§2、§30）。

(二) 2000年增訂「犯罪被害人權利及利益保護之刑事程序附隨措施法」（以下簡稱附隨措施法）對於被害人有以下之保護規定：

1. 審判程序之旁聽

刑事案件繫屬法院之審判長，應於被害人申請時，儘量讓申請人得旁

聽審判之程序（附隨措施法§2）。

2. 閱覽及影印審判紀錄

刑事案件繫屬法院之審判長，認為被害人之申請具有正當理由且適當時，應准許申請人閱覽或影印審判紀錄（附隨措施法§3）（其後，閱覽及影印範圍再次擴大）。

3. 民事紛爭在刑事訴訟程序上之和解

被告與被害人之民事紛爭和解時，得共同請求刑事案件繫屬之法院，將和解記載於審判筆錄內，該和解經記載後，與審判上之和解有同一之效力（附隨措施法§13）。

三、2007年刑事訴訟法及附隨措施法部分修正，增訂有關「被害人參加訴訟制度」及「命令賠償損害制度」

其中規定：

(一) 被害人參加訴訟制度（刑事訴訟法§316-32～§316-38）

法院認為適當時，得准許因殺人、傷害等故意行為致人死傷或業務過失致人死傷之被害人參加刑事訴訟，獲准參加之人得：

1. 於審判期日出庭。
2. 就該犯罪案件，得於檢察官行使權限時，陳述意見並接受說明。
3. 有關情況證據，為爭執證言之證明力，得就必要事項訊問證人。
4. 被認為有陳述意見之必要時，得訊問被告。
5. 調查證據完畢後，在訴因範圍內，得就事實及法律之適用，陳述意見。

(二) 犯罪被害人隱私之保護

1. 法院得裁定性犯罪被害人之姓名等，不得於公開法庭洩漏，於此情形，朗讀起訴狀之訴訟程序，應以隱去被害人姓名等方式行之（刑事訴訟法§290-1）。
2. 檢察官於證據開示時，認為洩漏被害人之姓名等，將有害於被害

人名譽之虞時，得向辯護人要求不得任意讓他人知悉被害人之姓名等（刑事訴訟法§299-2）。

(三)利用刑事訴訟程序完成損害賠償之制度（命令賠償損害之制度）（附隨措施法§17以下）

1. 因殺人、傷害等故意行為致人死傷犯罪之被害人，得向刑事法院，請求基於訴因之不法行為之損害賠償。
2. 請求損害賠償時，應在有罪判決後之最初期日，調查刑事判決之訴訟紀錄，並原則上應在四次期日內終結之。
3. 請求損害賠償之裁判，應以裁定為之，對該裁定有異議時，由通常民事法院審理之。

(四)閱覽及影印審判紀錄範圍之擴大（附隨措施法§3、§4）

1. 刑事案件之被害人，原則上得閱覽及影印審判紀錄。
2. 同種餘罪之被害人，為行使損害賠償請求權被認為必要且適當時，亦得閱覽及影印審判紀錄。

(五)擴大得申請陳述被害心情或其他意見之人之範圍

被害人身心有重大障礙時，得由其配偶、直系血親或兄弟姊妹請求為刑事訴訟法第292條之1之陳述。

四、2008年附隨措施法及綜合法律支援法部分修正法，增訂被害人參加訴訟時之免費辯護扶助制度

為讓無資力之參加訴訟被害人，得受辯護人（扶助被害人參加訴訟之辯護人）之援助，以便訊問被告，法院應選定扶助被害人參加訴訟之辯護人，由國家負擔辯護人之報酬及費用，日本司法支援中心（按：與我國法律扶助基金會類似）並應向法院報備候選之辯護人。

肆、日本律師團體對犯罪被害人在刑事訴訟程序上保護之檢討

上述日本刑事訴訟法及相關附隨程序法與檢察審查會法，在長達十餘年的時間內陸續增修各種有關保護證人及犯罪被害人的規定。這些規定若予以一一詳述及檢討，恐陷於繁瑣，故以下僅聚焦於四個較重要的保護制度，並敘述日本律師團體的檢討意見。

一、刑事訴訟程序對犯罪被害人重要的保護制度

（一）證人保護部分

由於在缺乏物證或性侵害或生命、身體受害的案件中，證人證詞與犯罪成立與否密切相關，而證人往往又因各種疑慮，不肯完全吐露真實，尤其是在日本卷證不併送制下更是如此。從而，乃有在刑事訴訟法中創設保護證人制度的必要。

日本有關證人保護部分，規定在2000年5月19日公布修正的刑事訴訟法第157條之1至第157條之3中[6]，其內容要言之有：1.由法院賦予證人可得緩和其情緒的輔佐人；2.由法院採取證人與被告或旁聽人間，無法互相辨識的隔離措施；3.由法院採取視訊方式訊問證人。

（二）被害人可得陳述意見部分

由於被害人在傳統刑事訴訟制度中僅扮演客體角色，故在提高被害人地位的呼籲下，日本乃於2000年5月19日公布修正的刑事訴訟法第292條之1[7]，賦予被害人或其配偶、血親，於審判期日得出庭陳述意見的權利。被害人於陳述意見時，尚可依該條第6項之準用規定，享有「賦予輔佐人」、「採取隔離措施」、「視訊訊問」等權利。故被害人在日本刑事訴

6　詳請參閱附錄壹之譯文。

7　詳請參閱附錄壹之譯文。

訟法上，雖尚無主體權，但可謂已充分享有表達意見的權利，其表達應足以影響法官及裁判員。

(三) 被害人延伸的權利部分

2000年5月19日，日本公布「犯罪被害人權利及利益保護之附隨刑事程序措施法」，該法乃刑事訴訟程序之附隨措施法，雖無刑事訴訟的結構性規定，但仍不乏對被害人有實質利益的規定。後又經幾次增修，2014年6月18日最後增修之該法條文，規定有：被害人「可得申請閱覽及影印審判紀錄」、「可得申請選定扶助被害人參加訴訟之辯護人」、「民事紛爭之和解與裁判有同一效力」、「被害人可得請求損害賠償命令」[8]等權利。

(四) 被害人參加訴訟部分

2007年6月27日，日本參眾兩院通過可能影響刑事訴訟結構的「被害人參加訴訟制度」。該新增制度規定於日本刑事訴訟法第二編第一審第三章審判第三節被害人參加訴訟內，自第316條之32至第316條之38條，共計七條，於2008年12月1日開始實施。

被害人參加訴訟制度的主要內容為：「故意致人死傷或性侵害等犯罪之被害人，得申請參加訴訟」、「獲准參加訴訟之被害人，得於審判期日出庭」、「被害人得向檢察官提出意見，檢察官得作說明」、「參加訴訟之被害人，得就情況事項訊問證人」、「參加訴訟之被害人，得申請訊問被告」、「參加訴訟之被害人，得申請就事實或法律之適用陳述意見，但不得作為證據」、「法院得賦予參加訴訟之被害人輔佐人或採取隔離措施」[9]。

8　請參閱附錄貳該法第三、五、六、七章等章名譯文。

9　詳請參加附錄三之譯文。

二、日本律師團體對被害人保護制度的檢討

針對上述被害人保護制度，日本律師團體對於「被害人可得申請閱覽及影印審判紀錄」、「被害人可得請求損害賠償命令」、「被害人可得陳述意見」及「被害人參加訴訟制度」，有以下的檢討：

(一) 支援犯罪被害人律師論壇的檢討

支援犯罪被害人之律師論壇，在被害人參加訴訟制度實施三年後，曾在網頁上公開支持，並認為有以下四點需要加強，並應修正法律：

1. 被害人在同一起訴程序中，應全部准許參加訴訟。否則殺人棄屍行為，准許殺人部分陳述意見卻不准棄屍部分陳述意見，顯然不合理，即使量刑亦須兩罪併同考量，始為合理。

2. 應准許被害人在準備程序即行參加。因為所有審理對象的證據，幾乎在準備程序即已確定。

3. 訊問證人時不僅情況事項，即使是犯罪成立事實，亦得訊問，此外，不僅反對訊問，即使主訊問亦應准許。因為證人講出檢察官不知道的情節時，檢察官可能無法即時反應，但被害人或其遺族卻可有效反應。

4. 無需顧慮裁判員的負擔，反而應由被害人向法院多提證據。因為，證據雖可能影響裁判員，但相反的卻是犯罪事實及情況的最佳說明。[10]

(二) 自由法曹團的檢討

日本自由法曹團於2007年5月10日，曾在網頁上公開下述檢討意見：

1. 被害人可得申請閱覽及影印審判紀錄的權利雖值得尊重，但相反的，若被害人濫用所取得的資訊時，應如何處理？卻未有相對應的措施。反觀被告濫用資訊時，有脅迫證人等罪，辯護人濫用資

---

10 http://www.vs-forum.jp/HOME>問題提起>被害者参加制度の3年後見直しに当たっての要望，最後瀏覽日期：2015年8月30日。

訊時，亦有相對應的罰則，被害人部分若無相當罰則，則顯然過度傾斜。

2. 被害人可得請求損害賠償命令等制度，雖意在迅速彌補被害人的損失，但不無以下幾點疑慮：(1)刑法因有訴因的限制，其受害法益顯然較民事侵權損害賠償範圍要窄，(2)有多數被害人時，若有未經起訴之案件，則顯然對未起訴案件之被害人不公，(3)民事訴訟上的慰撫金、所失利益、與有過失之衡量等，極難確定，恐有阻礙刑事案件定讞之虞，(4)因與有過失而在法庭上爭執其程度時，恐將民事爭點帶進刑事程序，不僅有害迅速裁判，並且有二次傷害之虞。

3. 有關被害人陳述意見部分，若被害人因此可以有「隔離措施、視訊訊問」等權，則將不利於被告的訊問權，因為被告難以就被害人的態度而作反應。甚而，將使無罪推定原則崩潰，因為此正是認為被告為犯人，否則何來給與被害人陳述意見之機會。

4. 對於被害人參加訴訟制度部分，辯護人反對最烈。其言謂：(1)將使憲法保障的被告防禦權大幅後退，(2)將與刑事訴訟法主要在於保障被告權利的原則相違，(3)被害人參加訴訟，將對檢察官追訴方針產生影響，(4)將對法官及裁判員之判斷產生影響，(5)被告不無可能反而產生報復情感而致生冤冤相報疑慮，(6)被害人直接參加訴訟，將使刑事訴訟結構產生變動。[11]

(三) 日本辯護士連合會的檢討

日本辯護士連合會（以下簡稱日辯連）於2012年11月15日，在網頁上公告該會對被害人參加訴訟制度的意見書[12]。該意見書起首即認為：

---

[11] 以上資料：www.jlaf.jp/jlaf_file/070510higaisya.pdf刑事裁判への被害者參加制度の創設等に反対する意見書（自由法曹団），最後瀏覽日期：2015年8月30日。

[12] http://www.nichibenren.or.jp/library/ja/opinion/report/data/2012/opinion_121115_5.pdf#search='%E8%A2%AB%E5%AE%B3%E8%80%85%E5%8F%83%E5%8A%A0%E5%88%B6%E5%BA%A6%E3%81%AE%E5%BC%8A%E5%AE%B3'，現行の被害者參加

1. 被害人陳述心情及意見之制度應予限制：被害人參加訴訟制度中的刑事訴訟法第292條之1的被害人陳述意見制度應予刪除，因有重複之嫌。

2. 應導入程序二分制及限制被害人參加訴訟程度：在公訴事實存否有爭議的案件，應導入事實存否程序及量刑程序的二分制度，在二分程序下，被害人僅能於量刑程序參加訴訟。

相關理由，在該意見書有以下的論述：

1. 2007年相關法案公告後，日辯連即於2007年5月1日提出反對意見書認為，被害人參加訴訟制度有以下五個制度上的問題：(1)有害於真實之發現，(2)有損於刑事訴訟結構之基礎，(3)有損害被告防禦之虞，(4)對於少年事件的處理將產生更嚴重的問題，(5)對於事實認定將產生惡劣影響，以至於損害（國民擔任）裁判員制度的功能。

2. 在相關制度實施四年後，雖然不無在刑事訴訟之審理與裁判中，反應出被害人及其遺族的意見，但經由向被害人支援協會及參與被害人支援之辯護人問卷調查後，發現仍有以下幾個重要問題：

   (1)許多辯護人都感覺，被告在「充滿殺伐氣氛的法庭中」、「受到很大的精神負擔」，這與作為反省場所的法庭任務不合。

   (2)被害人與扶助被害人參加訴訟的辯護人，在法庭上充滿異常緊張的心理狀態，被害人及其遺族有時會對被告有激烈的言論，甚至毆打被告，相反的，也有被告表示將來要再次討回等，互相攻擊的言行。

   (3)被害人會將被告不同意之證據作為實質證據，強加訊問或陳述意見，以致紊亂證據法則。

   (4)在陳述意見時，被害人或其遺族有時會要求法定刑度以上的刑罰，或與檢察官之求刑嚴重乖離。此外，被害人之陳述法律意

制度に見直しに関する意見書，日本辯護士聯合會，最後瀏覽日期：2015年8月30日。

見，與其說是對於檢察官犯罪事實存否之辯論，毋寧是刑事訴訟法第292條之1的陳述意見。此外，調查問卷中也有多數意見認為檢察官求刑及判決，有加重的情形。

(5)綜合言之，被害人參加訴訟，對於國民裁判員及法官多少都會產生影響，這種現象對於原本應依嚴格證明，冷靜及謙抑地進行的刑事訴訟程序，造成異變。

(6)原本刑事訴訟應有兩種截然劃分的程序，一個是判斷有無犯罪事實之程序，另一個是判斷如何量刑之程序。被害人之陳述意見或陳述心情，理應在量刑程序始可准許，否則在有無犯罪事實階段即由被害人任意以感性語言陳述，勢將影響法官或裁判員的理性判斷。是故，在日本刑事訴訟程序尚未嚴格區分「犯罪判斷與量刑判斷」之前，被害人之意見陳述應予相當限制。

伍、本文意見

綜觀上述日本各種律師團體對於被害人保護的正反意見後，可以看出重要的爭點都在：「被害人可得陳述意見」及「被害人參加訴訟制度」這兩點上。至於證人保護及損害賠償命令等，則爭議不大。

若與德國被害人保護制度相較，則日本制度依然顯得保守及尊重原有刑事訴訟制度。蓋因德國採取的是「被害人為另一訴訟主體」的制度，日本則是「附屬於檢察官之下的被害人參加訴訟」制度，德日相較，其表約如下述[13]：

---

[13] http://www.clb.law.mita.keio.ac.jp/ohta/openzemi2.pdf，被害者參加制度の問題点と課題，最後瀏覽日期：2015年8月30日。

表6-2　德國與日本被害人保護制度比較表

德國	日本
被害人為訴訟主體 有持續在庭權	被害人非訴訟主體 需獲准參加訴訟後才有出庭權
有辯護人選任權	有辯護人選任權
可請求法官與鑑定人迴避	無此權限
對法官之訴訟指揮與訊問有申明異議權	無此權限
有請求調查證據權	無此權限
有訊問證人權、訊問被告權、陳述意見權	有訊問證人權但限於情況事實且須先向檢察官為之、有訊問被告權但須先向檢察官為之、有陳述意見權但須先向檢察官為之且不得作為證據
被害人有代理人	被害人有輔佐人且可採取隔離措施
被害人有獨立上訴權	無此權限

　　雖然日本在刑事訴訟法上保護被害人的整體制度仍嫌保守，但制度被利用的狀況，在實施後五年期間內仍持續保持穩定成長，可見該制度仍受日本社會歡迎。其五年實施狀況表茲分成兩部分各如下[14]：

表6-3　日本實施被害人保護制度（參加訴訟除外）五年情況表

年別	陳述意見	以書面代陳述	證人的保護			隱匿被害人資訊	刑事和解	申請損害賠償命令	閱覽影印審判紀錄
			賦予輔佐人	隔離	視訊訊問				
2009	1,119	490	79	1,094	235	3,849	46	162	1,348
2010	1,198	557	102	1,295	261	3,854	34	239	1,175
2011	1,164	561	136	1,317	242	3,887	30	237	1,278
2012	1,154	517	121	1,757	288	4,271	38	246	1,381
2013	1,173	574	116	1,792	278	4,112	29	312	1,468

---

[14]　參考日本犯罪白書，平成26年版，頁50。

表6-4　日本實施被害人參加訴訟制度五年情況表

年別	參加訴訟被害人	參加訴訟中有裁判員審判者	訊問證人	訊問被告	辯論及求刑	賦予輔佐人	隔離	委任辯護人	委任辯護人中的公費辯護人
2009	560	22	130	344	288	24	50	367	131
2010	839	262	217	484	428	40	115	557	272
2011	902	320	176	459	454	30	104	632	275
2012	1,002	327	193	475	479	38	95	677	324
2013	1,298	366	257	596	605	47	147	873	410

註：2009年的「參加訴訟中有裁判員審判者」，乃計自2009年5月21日始。

　　有關德、日犯罪被害人保護制度是否值得模仿與參考一事，我國曾有媒體報導指出：「……為讓犯罪被害人能主動參與刑事訴訟，立委提案修正刑事訴訟法，增訂『犯罪被害人參加訴訟制度』，讓被害人在審判過程充分表達意見、聲請調查與保全相關證據，甚至可與被告或辯護律師交互詰問或對質、提出上訴或聲請再審。不過，司法院與法務部意見分歧，法務部認為增訂『犯罪被害人參加訴訟制度』可實現『溝通式司法』理念；司法院則憂心，如此立法恐強化控方對抗立場，影響法院中立。全案將擇期再審。」[15]

　　綜觀上述日本在刑事訴訟法上保護被害人制度與德國的比較，以及在其本國的實施情形後，本文認為日本保護被害人制度，尤其是被害人參加訴訟制度，仍值得我國參考[16]，茲僅簡述四點理由如下：

一、被告自偵查以至於審判已有充分保障，但被害人則尚缺乏

　　刑事訴訟結構並無專責維護被告權益的理由，而應該是「保障被告基本權利及發現真實」，亦即刑事訴訟制度不應該僅是為了要證明被告無罪，其最終目標應仍在發現真實、依法論處。故若被告基本權利已受保

---

[15] 聯合報，記者鄭媁、林河名／台北報導，2015年3月26日。

[16] 許福生，我國犯罪被害人保護政策之實證分析，中央警察大學執法新知論衡，第8卷第2期，2012年12月，頁1-34。

障，則並無不讓被害人出庭陳述意見的合理依據。我國目前制度，對於被害人的保障，主要仍僅止於刑事訴訟法第271條第2項之規定：「審判期日應傳喚被害人或其家屬並予以陳述意見之機會」而已，顯然有失被害人之正義。

二、被害人應有對等陳述意見及對質權利，否則武器仍非平等

檢察官、法官或裁判員，均為局外人，真正瞭解事實發生經過的應該是被告及被害人，故若能讓兩人在法庭中對質，應該是確認事實最好的方法之一。所謂法官直接審理主義，亦即藉由法官面對詢答雙方語言及態度的機會形成心證的制度，也只有在案件當事人雙方爭執後，始能發揮功能。若謂「被告的對質詰問權乃其不可剝奪的基本權利」，則被害人或其遺屬在法庭的「陳述意見權及對質權」等，何嘗不是其應有的基本權？蓋因若被告對法官代為詰問無法完全信任，而須親自詰問始能服氣，則被害人為何應完全信任檢察官的追訴權，其為何不能在關鍵時機親自上場？

三、日本律師團體的批判仍抵不過贊同的聲音

對於上述日本律師團體的批判，日本研究刑事訴訟程序被害人保護制度的相關學者，卻多有贊成新制者，其中瀧澤誠副教授即在綜合各家學說後指出[17]：

（一）日本的被害人參加訴訟制度，仍然維持國家訴追及檢察官獨占起訴等原則，並未承認被害人的自行起訴及追訴權，故不致過度侵害被告權利。

（二）被害人參加訴訟與當事人進行主義能夠融合。

（三）刑事訴訟法第292條之1的陳述意見，乃讓被害人陳述被害的心情及意見，該陳述不得作為認定事實之證據。相反的，被害人參加訴訟時的意見陳述，卻是有關得否作為證據之事實及法律適用的陳述，兩者在性

---

[17] 瀧澤誠，被害者参加制度について，刑法雜誌，第54卷第2號，有斐閣，2015年2月，頁167-182。

質上並不相同。

　　(四) 被害人的過度情感表現及被告辯護權的萎縮疑慮等，均可由法官調節。

　　(五) 程序二分後，不讓被害人參加事實認定程序，反而有害於原本的立法目的。

　　(六) 例外情況下，於不致影響真實發現時，被害人仍可在法官訴訟指揮下，參加準備程序。

四、日本實證資料肯定被害人參加訴訟制度的成效

　　根據諸澤英道等人的一份實證研究[18]指出：

　　(一) 日本2000年所實施的「意見陳述制度」（刑事訴訟法§292-1）及2008年新創的「犯罪被害人參加訴訟制度」（刑事訴訟法§316-32～§316-38），已達成其設立的目的。其因在於，這兩種制度的利用者（多為被害人之遺屬），經由對「檢察官於參加訴訟時所採的照應措施」的認知，而「給予檢察官肯定的評價」，再經由「對裁判結果的滿足」，而產生「對司法制度一般性的信賴」。

　　(二) 兩種制度的利用者，對於檢察官的肯定，例如在「決定審判期日時，檢察官會顧慮到被害人遺屬的方便」、「檢察官會適度說明判決內容」、「檢察官會代為辯論」這三個問卷題目中，在1至5分的選項中，被害人參加訴訟之遺屬群，及被害人陳述意見之遺屬群，回答的平均得分均較未利用這兩種制度者為高，且達顯著程度。在「對檢察官的評價」一題

---

[18] https://www.syaanken.or.jp/wp-content/uploads/2013/01/A-05.pdf#search='%E5%88%91%E4%BA%8B%E8%A3%81%E5%88%A4%E3%81%B8%E3%81%AE%EF%BC%86%E7%8A%AF%E7%BD%AA%E8%A2%AB%E5%AE%B3%E8%80%85%E9%81%BA%E6%97%8F%E3%81%AE%E6%BB%BF%E8%B6%B3%E5%BA%A6%E3%81%A8%E5%8F%B8%E6%B3%95%E3%81%AB%E5%B0%8D%E3%81%99%E3%82%8B'。參與刑事裁判犯罪被害人遺屬之滿足度對司法信賴之影響——以結果及過程為核心，最後瀏覽日期：2015年12月1日。另請參考陳運財，刑事訴訟程序被害人角色再定位與程序影響評估——日本法之觀點，中華民國法官協會，104年學術研討會，頁12-13。

中，被害者參加訴訟遺屬群平均得分為3.8；陳述意見遺屬群為3.09；未利用該二制度之遺屬群則為2.69。第一及第三種遺屬群間，亦出現顯著相關情形。

　　（三）兩種制度的利用者，在審判方面，認為「裁判能反應遺屬的心情」、「裁判能回復被害人的名譽與尊嚴」、「對判決結果滿足」三題上，得分都比未曾利用該二制度之遺屬群為高，且達極顯著程度。惟同研究亦指出，三種遺屬群對於「加害人是否得到應有懲罰」均予消極評價，被害者參加訴訟遺屬群平均僅得1.56分；被害人陳述意見遺屬群僅得1.72分；未曾利用該二制度族群則得1.21分。綜合言之，被害人陳述意見及參加訴訟這兩種制度，均已達成其預設目的。

陸、附錄

附錄壹

刑事訴訟法及檢察審查會部分條文修正法（2000年5月19日公布）

第157條增加以下三條：

第157條之1（賦予證人輔佐人）

　　法院於訊問證人時，在考量證人年齡、身心狀態或其他情事後，認證人有顯著不安或緊張之虞，在聽取檢察官或被告或其辯護人之意見後，得准許有助於緩和其不安或緊張，且不至妨礙法官或訴訟關係人之訊問或證人之供述，或不當影響其供述內容之人，於證人供述中，作為證人之輔佐人。

　　前項規定證人之輔佐人，於證人受訊問中，不得有妨礙法官或訴訟關係人之訊問或證人之供述，或不當影響其供述內容之言行。

第157條之2（採取隔離證人之措施）

　　法院於訊問證人時，依犯罪之性質、證人之年齡、身心狀態、與被告之關係或其他情事，認為證人於被告面前（包含次條第1項所用之方

法）供述，將感受到壓迫而明顯有害於精神平穩之虞時，在聽取檢察官或被告或其辯護人之意見後，認為適當時，得採取一方或雙方均不能辨識之措施。但不使被告辨識之措施，僅在辯護人出席時，始得採取。

法院於訊問證人時，依犯罪之性質、證人之年齡、身心之狀態、對其名譽之影響或其他情事，在聽取檢察官或被告或其辯護人之意見後，認為適當時，得採取旁聽人與證人間互相不能辨識之措施。

第157條之3（採取視訊方式訊問證人）

法院訊問以下證人，在聽取檢察官或被告或其辯護人之意見後，認為適當時，得讓證人在與法官及訴訟關係人不同之處所（但須在同一法院內），以視訊方式訊問。

一　刑法第176條至第178條、第181條、第225條（限於與猥褻或結婚目的相關之部分。以下於本款亦同）、第227條第1項（限於與第225條之罪之幫助犯相關之部分）或第3項（限於與猥褻目的相關之部分）或第241條前段之罪，或上述各罪之未遂犯之被害人。

二　兒童福利法第60條第1項之罪或與同法第34條第1項第9款相關之同法第60條第2項之罪，或與兒童性交或猥褻之處罰及兒童保護法第4條至第8條之罪之被害人。

三　除前二項外，依犯罪之性質、證人之年齡、身心之狀態、與被害人之關係或其他情事，認為證人在法官及訴訟關係人面前供述，將感受到壓迫而明顯有害於精神平穩之虞之人。

依前項規定方式訊問證人，而法院認為日後有於訴訟程序中就同一事實訊問證人之虞時，於獲得證人同意，並聽取檢察官或被告或其辯護人之意見後，得以影音紀錄媒體紀錄證人之訊問、供述及其他狀況。

依前項規定紀錄證人之訊問、供述及其他狀況之紀錄媒體，得作為筆錄之一部。

第292條之後加一條：

第292條之1（被害人申請陳述意見）

　　法院於被害人或其法定代理人（被害人死亡時，其配偶、直系血親或兄弟姊妹）申請陳述被害心情或相關意見時，得讓其於審判期日陳述意見。

　　依前項規定申請陳述意見時，應事先向檢察官提出之。於此情形，檢察官應附具理由通知法院。

　　審判長或陪席法官於被害人陳述意見後，為確定其意旨，得訊問該被害人。

　　訴訟關係人於被害人陳述意見後，為確定其意旨，得經由審判長許可，訊問該被害人。

　　審判長認為被害人之陳述或訴訟關係人之訊問重複，或陳述及訊問與案件無關或其有他不當情形時，得限制之。

　　第157條之1、之2及之3第1項規定，準用於第1項之意見陳述。

　　法院考量審理情況或其他情事，認為陳述意見不適當時，得命被害人提出書面意見，以代陳述，或不准被害人陳述意見。

　　依前項規定提出書面時，審判長應於審判期日將其意旨公開之。於此情形，審判長認為適當時，得朗讀書面或告知意旨。

　　第1項規定之陳述或第7項規定之書面，不得作為認定犯罪事實之證據。

附錄貳

犯罪被害人權利及利益保護之刑事程序附隨措施法（犯罪被害者等の権利利益の保護を図るための刑事手続に付随する措置に関する法律）（2010年5月19日法律第75號修正通過）（平成12年5月19日法律第75号）

（2014年6月18日最後修正法律第69號修正通過，但修正部分尚未施行）

最終改正：平成26年6月13日法律第69号（最終改正までの未施行法令）

第三章　閱覽及影印審判紀錄
第3條（被害人閱覽及影印審判紀錄）

犯罪案件繫屬之法院，在該案件第一次審判期日後終結前，被害人等或被害人之法定代理人或該二類人委託之辯護人，有申請閱覽或影印訴訟紀錄時，在聽取檢察官或被告或其辯護人之意見後，除申請理由不當或考量犯罪之性質、審理之狀況或其他情事，認為閱覽或影印訴訟紀錄為不當外，應准許申請人閱覽或影印。

法院依前項規定准許影印時，得限制影印訴訟紀錄之使用目的，或附加其他適當之條件。

依第1項規定閱覽或影印訴訟紀錄之人，在使用閱覽或影印所得知之事項時，應注意不得有害於相關人之名譽或生活之平穩，亦不得有害於偵查或審判。

第五章　扶助被害人參加訴訟之辯護人之選定

第11條（請求選定扶助被害人參加訴訟之辯護人）

依刑事訴訟法第316條之33至第316條之37規定之被害人，於其委託辯護人時，其資力在扣除該犯罪案件所生傷害或療養疾病所需費用或因該犯罪而在六個月內所須支出之費用後，不足標準額時，得向該案件繫屬之法院，請求選定扶助被害人參加訴訟之辯護人。

依前項規定之請求，應經由日本司法支援中心提出。於此情形，參加訴訟之被害人，應依下列各款之不同，提出各該款規定之文書。

一　資力不足標準額時，應提出說明其資力及內容之文書。

二　前款規定以外之人，應提出資力及療養費等額度，及其內容之說明書。

日本司法支援中心於受理第1項規定之請求時，除應通知法院外，並應依前項規定，送達提出之文書。

第12條（扶助被害人參加訴訟之辯護人之指定及通知）

日本司法支援中心於受理前條第1項規定之請求時，應從法院所選定之候補辯護人中，指定扶助被害人參加訴訟之辯護人，並通知法院。

日本司法支援中心於次條第1項各款情形下，得不依前項規定為指定及通知。於此情形，該中心應將意旨通知法院。

日本司法支援中心為第1項規定之指定時，應先聽取前條第1項請求人之意見。

第13條（選定扶助被害人參加訴訟之辯護人）

法院依第11條第1項規定受理請求時，除有下列各款情形之一外，應選定扶助被害人參加訴訟之辯護人。

一　請求不合法時。

二　請求人與第11條第1項規定之人不符時。

三　請求人因可歸責於己之事由撤銷辯護人之選定時。

法院依前項規定選定辯護人，認為必要時，得要求日本司法支援中心通告候補之辯護人。於此情形，準用前條第1項及第3項之規定。

第14條（選定扶助被害人參加訴訟之辯護人之效力）

　　法院選定扶助被害人參加訴訟之辯護人，應各審級為之。

　　前項辯護人之選定，對合併辯論之案件亦有效力。但不許被害人參加訴訟之案件，不在此限。

　　辯護人之選定於有刑事訴訟法第316條之32第3項之裁定時，失其效力。

　　由法院選定扶助被害人參加訴訟之辯護人，得請求旅費、日費、住宿費及報酬。

　　依前項規定應支給扶助辯護人旅費、日費、住宿費及報酬之額度，準用刑事訴訟法第38條第2項規定應支給扶助辯護人旅費、日費、住宿費及報酬之規定。

第六章　民事紛爭在刑事訴訟程序上和解時

第19條（民事紛爭在刑事訴訟程序上和解時）

　　犯罪案件之被告及被害人等，關於民事紛爭（限於與該犯罪案件有關之被害紛爭）有和解時，得共同向該犯罪案件繫屬之第一審法院或第二審法院，申請將該和解記載於審判紀錄內。

　　前項和解以被告對被害人給付金錢為內容，且被告以外之人對該債務為保證或為連帶債務人時，該被告以外之人亦得共同請求將該意旨記載於審判紀錄內。

　　為前二項之請求時，應於辯論終結期日前，出席審判期日，提出足以表明該和解及記載民事紛爭標的權利事實之文書。

　　依第1項或第2項規定之請求，於審判紀錄上記載和解時，該記載與裁判上之和解有同一之效力。

第20條（和解紀錄）

　　依前條第1項或第2項規定，請求於審判紀錄記載和解之人，或陳明利害關係之第三人，雖有本法第三章及刑事訴訟法第49條之規定，仍得對書記官請求閱覽或影印該審判紀錄（限於該和解及記載民事紛爭標的權利事實之部分）、與該請求有關之前條第3項文書或其他與該和解有關之紀錄（以下稱和解紀錄），或請求交付其正本、謄本、抄本

或與和解有關之證明書。

對於書記官所為有關前項規定和解紀錄之閱覽或影印，或其正本、謄本、抄本或與和解有關證明書之交付之處分有不服時，準用民事訴訟法第121條之規定，對於閱覽和解紀錄所涉及之秘密保護限制有不服時，準用民事訴訟法第92條之規定解決之。

和解紀錄於刑事案件終結後，由該案件繫屬之第一審法院保管之。

第七章　刑事訴訟上有關犯罪被害人損害賠償請求之裁判程序特例
第一節　申請命令損害賠償等
第23條（請求損害賠償之命令）

與下列犯罪案件（但依刑事訴訟法第451條第1項規定更為審判者除外）有關之被害人或其一般繼承人，得在辯論終結前，對於該犯罪案件繫屬之法院，請求為損害賠償之命令（指基於該犯罪案件之訴因所特定之事實而生之要求被告賠償之命令）。

一　因故意犯罪行為致人死傷之罪或其未遂罪。

二　下列之罪或其未遂罪

　　(一)刑法第176至178條之罪（強制猥褻、強姦、準強制猥褻及準強姦罪）。

　　(二)刑法第220條之罪（逮捕拘禁罪）。

　　(三)刑法第224至第227條之罪（略誘未成年人及誘拐、為營利目的之略誘及誘拐、為勒贖之略誘、為移送國外之略誘及誘拐、人口販運、移送被略誘人出國、引渡被略誘人等罪）。

　　(四)包含前三目犯罪行為之犯罪行為。

損害賠償命令之請求，應提出記載下列事項之文書

一　當事人及其法定代理人

二　請求旨趣及特定犯罪案件訴因之事實或其他足以特定請求之事實。

前項文書，不得記載前項各款及其他最高法院規則所定以外之事項。

附錄參

日本刑事訴訟法（被害人參加訴訟）（2008年12月1日施行）

第316條之32（得參加訴訟之被害人）

下列犯罪之被害人或其法定代理人或該二類人委任之辯護人，申請參加該犯罪審理程序時，法院應在聽取被告或其辯護人意見，並考量犯罪之性質、與被告之關係及其他事項後，認為適當時，以裁定准許被害人或其法定代理人參加犯罪審理程序。

一、以故意行為致人死傷者。

二、刑法第176條至第178條（譯按：強制及準強制猥褻罪）、第211（譯按：業務過失致死傷罪）、220條（譯按：私行拘禁罪）或第224條至第227條之罪（譯按：略誘及意圖勒贖而略誘罪）。

三、包含前款犯罪在內之犯罪行為。

四、前三款犯罪之未遂犯。

前項申請應先向檢察官提出之。檢察官應添加意見後，告知法院。

法院發現依第1項規定准許其參加訴訟之人（以下簡稱參加訴訟之被害人），非該犯罪之被害人或法定代理人，或已非法定代理人時，或依第312條規定（譯按：檢察官在公訴事實同一性之範圍內得追加、撤回或變更訴因或法條）撤回或變更法條時，已非第1項規定之各該罪名時，應以裁定撤銷該准許。法院考量犯罪之性質、與被告之關係及其他事項後，認為被害人參加訴訟不適當時，亦同。

第316條之33（被害人於審判期日出庭）

參加訴訟之被害人或其委任之辯護人，得在審判期日出庭。

法院應告知參加訴訟之被害人，審判之期日。

參加訴訟之被害人或其委任之辯護人有多數，而法院認為必要時，得要求從中挑選代表於審判期日出庭。

法院考量審理情況、參加訴訟之被害人或其辯護人之人數或其他情事後，認為不適當時，得不准許其全部或一部分人於審判期日出庭。

上述各項規定於準備程序訊問證人或勘驗時，準用之。

第316條之34（被害人得向檢察官提出意見）

參加訴訟之被害人或其委任之辯護人，得於檢察官就該案件依本法規定行使權限時，向檢察官提出意見。於此情形，檢察官認有必要時，就該案件之行使或不行使相關權限，得對陳述意見之被害人或其辯護人提出說明。

第316條之35（被害人得就情況事項訊問證人）

法院於訊問證人階段，參加訴訟之被害人或其委任之辯護人，申請訊問證人時，法院應於聽取被告或其辯護人之意見，考量審理狀況、申請訊問內容、申請人數及其他情事後，認為適當時，得許可申請人就有關情況事項（有關犯罪事實事項除外）之證人供述之證明力，訊問證人。

前項申請應於檢察官訊問終了後（無檢察官之訊問時，於被告或辯護人訊問終了後），即時提出明確之訊問事項向檢察官為之。於此情形，檢察官除自行訊問外，應將訊問事項附具意見告知法院。

審判長除依本法第295條第1項至第3項之規定（譯按：對證人重複訊問之限制等規定）外，對於參加訴訟之被害人或其委任之辯護人，得考量其訊問之事項有無超越第1項規定後，予以限制。

第316條之36（被害人得申請向被告訊問）

法院於參加訴訟之被害人或其委任之辯護人，申請向被告要求本法第311條第2項規定（譯按：於被告任意供述時，審判長得就必要事項隨時要求被告就相關事項為供述）之供述而為訊問時，應於聽取被告或其辯護人意見，認有讓參加訴訟之被害人或其委任之辯護人依本法規定陳述意見之必要時，得於考量審理狀況、訊問內容、申請人數及其他情事，認為適當後，讓申請人訊問被告。

前項申請，應先確定訊問事項後，向檢察官為之。於此情形，檢察官除自行要求被告供述外，應將申請事項附具意見告知法院。

審判長除依本法第295條第1項至第3項規定（譯按：對證人重複訊問之限制等規定）外，對於參加訴訟之被害人或其委任之辯護人，得考量其申請之事項與第1項規定之意見陳述是否相關後，予以限制。

第316條之37（被害人得申請就事實或法律適用陳述意見，但不得作爲證據）

法院於參加訴訟之被害人或其委任之辯護人，申請就事實或法律適用陳述意見時，得於考量審理狀況、申請人數及其他情事，認為適當時，於審判期日由檢察官依第293條第1項之規定陳述意見後，在特定事實之訴因範圍內，准許申請人陳述意見。

前項申請，應先確定陳述之意旨，向檢察官為之。於此情形，檢察官應附具意見告知法院。

審判長除依本法第295條第1項至第3項之規定為限制外，於參加訴訟之被害人或其委任之辯護人之意見陳述有超越第1項規定之範圍時，得予限制。

第1項規定之陳述，不得作為證據。

第316條之38（法院得賦予被害人輔佐人、採取隔離或無法被辨識之措施）

法院於參加訴訟之被害人依本法第316條之33第1項（含同條第5項之準用。第4項亦同）規定，出庭審判期日或準備程序時，於考量參加訴訟被害人之年齡、身心狀態或其他情事，認為參加訴訟之被害人有顯著不安或緊張之虞時，得於聽取檢察官或被告或其辯護人之意見後，為緩和參加訴訟被害人之不安與緊張，賦予參加訴訟之被害人無礙於法官或訴訟關係人之訊問或請求被告供述或訴訟關係人之陳述，或對其陳述內容有不當影響之虞之輔佐人。

前項參加訴訟被害人之輔佐人，不得為有礙於法官或訴訟關係人之訊問或請求被告供述或訴訟關係人之陳述，或對其陳述內容有不當影響之言行。

法院認為，第1項規定之輔佐人，有礙於法官或訴訟關係人之訊問或請求被告供述或訴訟關係人之陳述，或對其陳述內容有不當影響之虞時，或認為賦予輔佐人為不當時，得以裁定撤銷第1項之裁定。

法院於參加訴訟之被害人依本法第316條之33第1項規定，出庭審判期日或準備程序時，於考量犯罪之性質、參加訴訟被害人之年齡、身

心狀態、與被害人之關係或其他情事，認為參加訴訟之被害人於被告面前出庭、被訊問、被詰問或陳述時，有感受壓迫以致明顯影響精神平穩之虞時，得於聽取檢察官或被告或其辯護人之意見後，於辯護人出庭之情形下，採取被告無法辨識參加訴訟之被害人之隔離措施。

法院於參加訴訟之被害人依本法第316條之33第1項規定，在審判期日或準備程序出庭時，於考量犯罪之性質、參加訴訟被害人之年齡、身心狀態、對名譽之影響或其他情事，認為適當時，得在聽取檢察官或被告或其辯護人之意見後，採取旁聽人與參加訴訟之被害人間無法互相辨識之措施。

7

檢警關係之虛與實

江玉女[*]

---

[*] 玄奘大學法律學系助理教授。

壹、前言

　　刑事訴訟法下的檢警關係該如何定位，長久以來爭論不斷，檢察官制度發軔於法國，為法律的守護者，被賦予保護被告免於法官之擅斷，也保護犯罪嫌疑人免於警察的恣意侵害。換言之，檢察官是處於警察（行政）與法官（司法）兩種國家權力的中介位置，其在保護被告免於法官之擅斷，扮演著「法官裁判把關者」的角色，並無多大問題；但與警察之間，卻因現實與法規之扞格，任務、專業功能及組織隸屬之不同，二者在犯罪偵查之角色定位，所產生之權責區分與指揮合作之爭執問題不斷，中外皆然。我國現行檢警制度，係仿效日本戰前之刑事訴訟法制規定，以行政組織體之警察，居於司法警察（官）之地位，依刑事訴訟法之規定，協助或受檢察官指揮、命令偵查犯罪[1]，由於日本戰前的刑事訴訟法係脫胎於德

---

[1]　參照黃東熊，中外檢察制度之比較，中外文物供應社，1985年4月，頁19；余振華、康順興，前揭「中日檢警關係及偵查主體法制之比較考察」，頁138。

國,因此我國檢警關係與德國體制相仿,問題一樣。日本戰後受美國法制影響,刑事訴訟制度向當事人主義傾斜,經過折衝妥協下,改為雙偵查主體,雖與日本國情及既有制度有不少齟齬,在法令之實行及制度之運作上曾經引發相當大的議論及紛爭,但其締造的治安不容否定其功。

　　檢警關係,論者多從兩方面來看,一是從檢察官制度設立初衷之一的防止警察濫權,保障被告人權觀點考量,二則從現實絕大多數偵查工作皆由司法警察執行的實務觀點。我國檢察制度繼受日本,間接於德國法制,因此在探討檢警關係時,自然要比較外國法制,以藉他山之石攻錯,本文即參考德、日兩國檢警關係之法制及該兩國實務面,再就我國之制度試作評析。

貳、德國之檢警關係及其問題

一、德國檢警制度之歷史法制

　　德國刑事訴訟制度最初承繼了羅馬法化(Romanized Carolina)的糾問制度(Inquisitionsprozess),在18世紀末,受到法國大革命的影響,植入法國的檢察制度[2],於1848年建立檢察制度,規定於當時的普魯士憲法中[3],德國檢察制度借鑑於法國,基本模式相似,然其並非全般採用,其修正了法國檢察官握有過分強大權限的缺點,將檢察官的地位限定於刑事訴訟之原告地位,僅承認檢察官具有訴追權與裁判執行權,而不承認其具有對法院之監督權。同時,為使檢察官客觀化,將法國原屬於行政官性質之檢察官歸類於非審判官之司法官,並使檢察系統不隸屬於行政機關,而將之附設於法院。德國刑事訴訟制度有別於法國,而希望達成下列三願望:(一)徹底廢除糾問主義刑事訴訟制度,使訴追工作與審判工作分開,以擔保審判之客觀性與正確性;(二)使檢察官在刑事司法制度中居

2　黃東熊,中外檢察制度之比較,中央文物供應社,1986年4月,頁11。

3　呂丁旺,法院組織法論,三民書局,2000年10月,頁93-97。

於「法的看守人」（Wächer des Gesetzes）之地位，以期刑事法規切實被遵守，確保刑事司法之公平與公正；（三）令檢察官對警察為維持法治國家體制之控制，以保障人權[4]。

德國自法國移植入檢察制度，其後廢止預審制度（Voruntersuchung），一改最初的糾問主義，漸漸趨於以證據裁判主義、自由心證主義為主的彈劾主義，在「存有疑問則不罰」之法理下，檢察官對於在審判中不可能維持即不應起訴，而具有「公益代表人」之性格，依此性格，檢察官不僅要調查犯罪嫌疑人之犯罪證據，對於其無罪之證據亦應一併調查，亦可為被告利益而上訴（StPO 160(2)、296(2)），因此其學者洛克信（Claus Roxin）以及格瑟爾（Karl Heinz Gössel）均稱西德的檢察官並非刑事訴訟的當事者，亦即其刑事訴訟法課以檢察官「發現真實」之義務[5]。

二、德國檢警關係及其問題

（一）檢警在刑事程序中的角色地位

在德國刑事訴訟中，檢察官的機能主要有三項，為：1.在偵查程序中作為偵查主體；2.在審判程序中代表公訴；及3.判決確定後擔任執行刑罰職務。德國刑事訴訟法第161條第1項規定檢察官為了提起公訴，得為一切必要之偵查，接受所有機關提供有關偵查的情報，親自或令（刑事）警察進行偵查，同時也規定了檢察官為了符合刑事訴訟法第160條第1項至第3項的目的，只要沒有其他法令規定的話，訴訟法賦予其可以要求所有機關提供情報資料，並且自行執行所有各種類型性質的偵查活動，或者讓警察機關、人員進行上述的偵查活動。而同條第2項則規定，警察機關、人員有義務回應檢察官的「請託」或「囑託」，在這情形下，可以要求所有的機關提供情資[6]。德國法院組織法第153條第1項規定，檢察官的偵查人員

---

[4]　黃東熊，中外檢察制度之比較，中央文物供應社，1986年4月，頁12-13。

[5]　Karl Heinz Gössel, Überlegungen, S.330; Claus Roxin, Strafverfahrensrecht, 19. Auflage, S.48.

[6]　德國刑事訴訟法第161條第1項。

以此身分資格，有義務「服從」所屬轄區檢察官及其長官之「命令」[7]。由這兩項條文規定中可以知道偵查主體係檢察官，警察機關及人員係其輔佐官，依檢察官對之有「指令權」（Das Weisungsrecht），依刑事訴訟法第161條第1項第2句及法院組織法第152條第1項規定，其內容包括請託（Ersuchen）、囑託（Auftrag）與命令（Anordnungen）。

　　警察被認為是刑事訴訟程序中的狹義的訴訟主體，對於犯罪的偵查具有舉足輕重的重要性。法院組織法規定警察為檢察官的輔佐官（Hilfsbeamte）[8]，但在德國刑事訴訟法第163條中賦予警察一種獨特的權限——「刑案的初次（接觸）干涉權」（Recht des ersten Zugriffs）。該條第1項主要規範警察機關或人員必須對犯罪展開調查，並且為了防止事實受到掩飾而發布所有「不容拖延的命令」（alle keinen Aufschub gestattenden Anordnungen zu treffen）[9]。為了達到這個目的，只要他法無其他規定的話，德國刑事訴訟法第163條便賦予警察一種可以「請託」（ersuchen）所有的機關提供情資，甚至在有即刻危害下「要求」（verlangen）提供。也可以進行各種類型性質的偵查[10]。亦即警察可以不待檢察官指示與否，而優先自發主導地進行干涉，著手開始偵查[11]。因此警察並非被動地進行偵查，而是在法律的授權下進行案件的偵查，這也可以稱為「警察干涉權」。第2項則授予警察機關及人員直接移送法院的權限。通常案件需要即刻（ohne Verzug）移送給檢察官，但是如果法院的調查有迅速進行的必要時，警察可以直接跳過檢察官而將案件移送給（區）法院。由這樣的設計上可以看得出來警察有「法定原則」（Legalitätsprinzip）及「職權原則」（Offizialprinzip）之適用，也就是當

---

[7]　德國法院組織法第152條第1項。

[8]　德國法院組織法第152條。

[9]　Roxin著，吳麗琪譯，德國刑事訴訟法，1998年初版，第10章邊碼17，則譯為所有「不得延宕」的措施。

[10]　德國刑事訴訟法第163條第1項。

[11]　Volks, Klaus, Grundkurs stop, 4. Aufl., 2005, §7, Rn. 7.

警察對案件有充分懷疑的情形時，即應著手調查並告發。[12]

(二) 檢警關係之問題與學說對應

德國在刑事訴訟上的檢警關係確係以檢察官為偵查主體，警察為檢察官的輔佐官（Hilfsbeamte），雖沒直指所有警察均為檢察官的輔佐官，但洛克信及格茲（Volkmar Götz）指出雖然法律未明文規定行政警察及保安警察亦為檢察官之輔佐官，但其等在執行勤務時發現犯罪嫌疑時，是時其等即是執行刑事警察職務，所以其等間接的亦屬檢察官的輔佐官[13]。準此德國在法律上檢察官係偵查主體，但警察可不待檢察官之指揮而有偵查之權利與義務，事實上警察才是真正的偵查主體，這一點與我國情形相同，法律制度與現實面不相符合的情形，令真正肩負治安重責的警察感覺矮了一截，因此在1978年，內政部提出「檢察官與警察關係修正案」，央求改善檢警關係。其提出的訴求包括檢察官為公訴官，從偵查離手，改責由警察專責偵查，廢除檢察官對於警察之指揮權，警察亦無須再向檢察官報告等，但此提案為國會否決，否決的理由係「如果提案通過，則不只偵查體系，連刑事訴訟法上的法秩序都將被顛覆」，因此仍維持著檢察官係犯罪偵查主體、警察對於其犯罪偵查應立即移送檢察官，於犯罪偵查上檢察官對於警察有下達命令之權等三原則，但為了平息警察之不滿情緒，仍進行法令之調整，讓警察在偵查犯罪上擁有自主性及獨立空間。[14]

學說上也針對檢警關係提出意見，試圖為檢警關係解套，最具代表性的有洛克信（Claus Roxin）、格瑟爾（Karl Heinz Gössel）及沛達斯（Karl Peters）三人的見解，茲介紹如下：

1. 洛克信之見解

洛克信認為德國刑事訴訟原則採起訴法定主義，主觀上認為有犯罪嫌疑者即必須展開偵查，以公訴人立場提起公訴，法律明文規定檢察

---

[12] Volks, Klaus, Grundkurs stop, 4. Aufl., 2005, §7, Rn. 7.

[13] Claus Roxin, Strafverfahrensrecht, 19 Auflage, S.55.

[14] Karl Heinz Gössel, Überlegungen, S.350.

官是犯罪偵查主體。檢察官在犯罪偵查上是主體,卻是一個「沒有手的頭」(Kopf ohne Hände),因其無手足,自然無法進行犯罪偵查,所以必須委由其手足之警察為輔佐官(Hilfsbeamte),進行偵查犯罪之工作,警察雖是檢察官之輔佐官,但並非身分上的上下隸屬關係,僅是偵查上的地位而已,檢察官受檢察總長統轄,而警察則是隸屬內政部(Innenminister)[15]。

2. 格瑟爾之見解

檢察官應撤出犯罪案件偵查,而實施偵查管理即可,其意並非否定檢察官的偵查權,而是將檢察官的偵查權提升層次,居於「指揮所」(Schaltstelle)的概念,檢察官居於審判法官與進行具體事實偵查的警察之間,保持等距,既可防止警察恣意的違法調查,保障被告人權,同時也可監督法官善盡審理,不致殃及無辜[16]。

但其也指出,因為原來是檢察官偵查犯罪之手足,卻被委身為檢察官之「輔佐官」,的確有讓警察覺得矮人一截的感覺,因此格瑟爾提出上述偵查管理概念,警察並非全面在檢察官之指揮下,而是在檢察官可管控的範圍下進行犯罪偵查。檢察官為了能對警察為偵查管理,本身也應充實鑑識等其他科學的偵查能力[17]。

3. 沛達斯之見解

沛達斯雖也主張檢察官是偵查主體,但刑事訴訟賦予追訴犯罪的使命,檢警皆同,只是組織隸屬不同[18],此一見解與洛克信相同,只是其認為檢察官的偵查主體之意義,不只在實際偵查,還有期待其為法律偵查之義。只是現代犯罪日新月異,對於犯罪必須具備專業知識,因此偵查的比重漸漸傾向警察,實際的偵查逐漸由警察取代。[19]警察接獲告訴、告發,逕行發動偵查,只將偵查結果移送檢察官是屬不當且違法,立法者對檢察

---

[15] Claus Roxin, Strafverfahrensrecht, 19. Auflage, S.50.

[16] Karl Heinz Gössel, Überlegungen, S.341.

[17] Karl Heinz Gössel, Überlegungen, S.350.

[18] Karl Peters, Strafprozeß, S.161.

[19] Karl Peters, op-cit, S.533.

官任務的原意並非如此，檢察官應該對於警察偵查結果再行偵查，現今情況，對警察偵查的稽核功能並不充分，對於發現真實的效果不彰[20]。

參、日本之檢警關係及其問題

一、日本檢警制度之歷史法制

日本法曾繼受中國法而形成武家法，但至近代該師法德、法，開始現代化法制，二戰戰敗後受美國託管，又受美國法之影響，法制即呈現多層面象，刑事訴訟法即為一例，係經數次制度面衝擊、更迭，折衝妥協下之產物。其中在二戰後受美國託管，在GHQ（聯合國總司令部）強大壓力下，刑事訴訟制度更趨近美國法制，可說是大陸法與美國法的混合體，但其並未引進美國之「陪審制」，其學者稱之為半吊子獨特的刑事司法[21]。但在如此制度下的偵查體制，創造出日本人引以為傲的治安佳績，偵查制度中檢警關係的協調，應是主要原因，本文試將其分為戰前舊憲法時期、戰後美國占領下司法改革時期，及1948年（昭和23年）通過刑事訴訟法改正案後現行制度時期[22]。

（一）舊憲法下的檢警關係——司法省檢察權限下的警察[23]

日本在戰前中央集權的舊憲法下，檢事局附設於法院，檢察官與法官並列為司法官，置於司法大臣監督下。而依當時法院組織法第84條第1項

20　Karl Peters, op-cit, S.533.

21　長井圓，日本における検察と警察との関係，收錄於2015年12月11日中央警察大學舉辦之2015偵查法制國際學術研討會論文集，頁152。

22　福井厚，戦後日本の検察と警察，收錄於村井敏邦ほか編・刑事司法改革と刑事訴訟法上卷，日本評論社，2007年，頁63-70。

23　伊藤栄樹，逐条解説検察庁法（全訂版），良書普及会，1972年，35頁；刑事訴訟法制定過程研究会，團藤重光，刑事訴訟法の制定過程（一），法学協会雑誌，第91卷7号，1974年7月1日。

規定，司法警察對於檢察官職務上或於其檢事局管轄區域內發布之命令、或該檢察官之上級長官發布之命令，應服從之；第2項規定，司法省或檢事局或內務省或地方官廳協議於法院管轄區內之警察，定其為司法警察，受前項命令並執行之。大正刑訴法（舊刑訴法）制定，依第248、249條規定，偵查之主事者係檢察官，司法警察官係檢察官之輔助官，受檢察官之指揮進行調查犯罪，並依第124條、第171條規定，警察並無獨立的偵查權限。準此從法律形式規定觀之，戰前的檢察官獨攬犯罪偵查權限，指揮司法警察。然警察並不隸屬司法省而是內務省（內務大臣所屬），實務上警察在偵查犯罪時，通常係利用1900年制定之行政執行法第1條之行政檢察、及1885年制定之違警罪即決例之拘留等方法，或濫用以獲嫌疑人同意的任意處分之名而行強制處分之實。因此雖法律規定命司法警察官聽從檢察官的命令，但檢事局並無直接支配、掌握警察之權限，因此，當時即有人強烈主張應將司法警察官改隸於司法省之下，並因應戰爭末期社會情勢的持續惡化，司法省刑事局草擬的改革制度，即擬在司法部的戰時體制機構中，設立直屬於檢察官的司法警察制度，上述改革即因1945年戰敗，局勢丕變而擱置，但是戰後檢察機構的改革仍然是以前述想法為出發點。

（二）美軍占領下司法改革中的檢警關係[24]

戰後初期，刑事訴訟法的改革主導權，仍主要在司法省的手中，鑑於其未握有司法警察的人事權致實際上檢察官無法充分指揮，於是1945年之司法制度改正審議會諮詢事項草案中，仍就檢警制度之改正初步規劃將司法警察由內務省改隸司法省，司法警察官吏直屬地方檢察廳及區檢察廳，以達成偵查一元化的目標，期能充分發揮偵查的能力。如此的改革壯大檢察偵查權限，非託管的GHQ（聯合國總司令部）所樂見，因為GHQ主張政府、偵查權力分權化。隨著制定過程的進行，總司令部方面進一步

---

[24] 刑事訴訟法制定過程研究会，松尾浩也，刑事訴訟法の制定過程（三），法学協会雑誌，第91卷10号，1974年10月1日；長井圓，日本における檢察と警察との関係，收錄於2015年12月11日中央警察大學舉辦之2015偵查法制國際學術研討會論文集，頁154。

發揮了強大的影響力，主導憲法修正案的制定，連帶影響了刑事訴訟法的改革制度及構想，在憲法修正案的架構下，納入有關令狀主義、辯護權、緘默權、證人訊問權、自白任意性、自白補強證據法則、一事不再理等觀念，並主張政府、偵查權力分權化，就檢警關係制度改採將警察由檢察機關獨立而出，作為第一次的偵查機關，將偵查責任交給司法警察，檢察官則擔任公訴官。即司法警察為第一次偵查機關（刑訴法§189Ⅱ、警察法§2Ⅰ），檢察官係居於第二次偵查機關（刑訴法§191、檢察廳法§6Ⅰ）。不過，GHQ也做了妥協，於地方檢察廳設置「特別搜查部」，職司財政界（民意代表）掛勾、貪瀆等案件之偵辦。

(三) 1948年（昭和23年）通過刑事訴訟法改正案後現行制度時期

在戰敗後的混亂期，檢察與警察為犯罪偵查的主導權（第一次搜查權）而爭論不休，檢察機關與警察機關間的關係究應採指揮命令關係或協力關係。刑事訴訟制度改革在司法省主導下，同時也在GHQ的影響下進行了多次修正，對於偵查機關的組織架構、權限，也隨之改變，法務省逐次退讓，同意司法警察官擁有一定程度的強制搜查權部分，司法警察成為了第一次的偵查機關。雖然司法警察成了獨立的司法機關，但GHQ總司令部也做了折衝妥協，規定檢察官對於司法警察有指示、指揮權，為了達到遂行偵查的目的，而直接賦予司法警察有逮捕令之令狀請求權，但由於司法警察之訓練並不徹底、偵查能力不足，甚至濫用逮捕令等違法濫權情事頻傳，逐漸失去國民的信賴，而有要求對於警察之偵查權加以制約，並且強化檢察官對於司法警察之約束力；另外，由於警察成為獨立偵查機關後，關於檢察官對於警察之一般指示權範圍不夠明確，頻生紛爭摩擦，認有修法之必要，因此再次提出刑事訴訟法修正案，在「為使檢警關係明確化，防止逮捕令之濫用」的提案理由下，就檢警關係部分，明定一般指示權為「所謂一般指示，係以實行公訴為目的，就必要之犯罪偵查相關重要事項，訂定準則為限」，並及於「促使司法警察的偵查活動合法適當」之範圍。對此警方強烈反對，認為檢方不能以偵查作為為對象，訂定使偵查作為合法適當進行的一般性準則。為杜爭議，因此1953年再次修正，明定

檢察官一般指示權的範圍明文及於偵查作為。

二、日本檢警關係及其問題

（一）檢警在刑事程序中的角色地位

　　日本現行刑事訴訟法中規定擁有偵查權限之機關為司法警察職員（§189Ⅱ）、檢察官（§191Ⅰ）、檢察事務官（§191Ⅰ）。刑事訴訟法第191條第1項規定：「檢察官，認為有必要時，得自為偵查」，所謂「認有必要」係以當司法警察的偵查有所不足，或者某些情況下司法警察不為偵查，或認由司法警察偵查有困難時，檢察官得自為偵查。此及意味著檢察官的偵查權係屬補正或補充的性質，因此一般謂為第二次的偵查權。對於司法警察移送之案件檢察官再為偵查者，稱為補充偵查，檢察官自己發覺犯罪嫌疑而偵查者稱為自為偵查。至於檢察官開始自為偵查之具體情況例如：1.檢察官接受告訴、告發；2.應由司法警察偵查，警方未為偵查作為；3.為確保重大案件於將來公訴階段能確保偵查成果時，即令司法警察已開始偵查，檢察官仍得併行或自為偵查。[25]

　　前述日本刑事訴訟法中規定警察也擁有偵查權限（§189Ⅱ），同時刑事訴訟法第246條規定司法警察實行犯罪偵查後，應儘速將書類及物證一起送交檢察官，第242、245條規定司法警察受理告訴告發或自首案件後應儘速將書類及物證移送檢察官，警方之犯罪偵查規範第196、197條亦規定告訴案件移送檢方後，警方再有取得新物證時應立即送交檢察官。這些規定都認為檢察官在犯罪偵查初期即應參與偵查作為。此外，司法警察移送案件後雖然仍然可以實施偵查作為，但前提應在服從檢察官之具體指揮權下為之[26]。

　　綜上，日本檢警關係原則上係協力關係，於必要範圍內檢察官有指示、指揮權，警察有服從之義務。檢察官與司法警察為各自獨立之偵查機關，刑事訴訟法第192條規定：「檢察官與司法警察，就偵查作為，需互

---

[25]　伊藤栄樹ほか，注釈刑事訴訟法（第3卷），第189至270條。

[26]　伊藤栄樹ほか，注釈刑事訴訟法（第3卷），第189至270條。

相協力。」條文中的偵查作為，不僅限於個別具體事件之協助，也包括一般偵查方針之制定，包括對犯罪情勢之認識、犯罪防治之策略，以及偵查一般相關事項等事務。雖然雙方為對等協力關係，但偵查是以實現國家刑罰權為目的的程序之一，與實行公訴直接相關，而公訴權屬檢察官之專屬權，且刑事程序涉及法律專業判斷，偵查亦不例外，需要有法律判斷之必要素養，因此一定限度下認可檢察官介入司法警察之偵查作為。例如刑事訴訟法一方面認可只有檢察官擁有對於被告之羈押聲請權（§205 I），司法警察逮捕犯罪嫌疑人後應於四十八小時內將人犯送交檢察官（§203 I）；而在賦予檢察官介入控制司法警察具體偵查活動的同時，透過同法第193條規定，再訂定檢察官對於司法警察之指示、指揮權以及司法警察之服從義務，期使偵查程序能合法適當，更保障人權。

另外，在必要範圍內檢察官對於警察有指示、指揮權，警察有服從義務。檢察官之指示、指揮權，依刑事訴訟法第193條規定，分為一般指示權、一般指揮權及具體指揮權。

(二) 檢警關係之問題

現行制度下之檢警關係究竟應該如何理解為宜？現行法一方面規定檢警的對等協力關係，一方面又規定於必要範圍內檢察官有指示、指揮權，警察有服從義務，可以說賦予檢察官相當大的權限。透過這些明文規定，檢察官似乎屬居於偵查程序主導者之地位，而與現行法賦予司法警察擔負偵查責任，由警察擔負犯罪偵查第一線，難免有矛盾之處，充斥於實務當中。過去發生檢察官對於警察犯罪事件進行搜索，導致關係惡化。由於檢察官對於警察機關的偵查作為有監督功能，因此，雙方常存有一種緊張關係，同時因檢警為了順利完成偵查活動，而處於協力關係，雖檢方可能嚴格監督，但是從程序的觀點而言，監督或有不足[27]，導致現制下日本檢察官雖然等同戰前，在偵查中維持了支配性的地位。但另一方面，某程度檢察官也必須屈從於警察之下，對嫌疑不足案件施以緩起訴處分，因為檢察

---

[27] 龜山繼夫，刑事訴訟法五十年と檢察の課題，ジュリストNo. 1148，1999年1月。

官擔心將案件予以不起訴處分會導致警方的不悅,將來遇到需要警方協力的案子,將有遭到拒絕的風險[28]。

學說上亦就檢察官角色而提出檢察官公判專從論及檢察官純司法官論,以及實務界的法務省亦提出改革建言,茲敘述如下。

1. 檢察官公判專從論

此乃GHQ之指導方針,之後到1970年又重新提出此主張,因為警察偵查能力較高,於是檢查方面將偵查工作委由警察,檢察權力傾注於公訴、公判上,以使司法營運更為有效率。但反對論具優勢,主張檢察官為能適切的提起公訴及提高舉證能力,必須在犯罪嫌疑人的調查階段就必須介入[29]。

2. 檢察官純司法官論

此一論點係認為在偵查中司法警察職員與犯罪嫌疑人是對立的當事者,檢察官作為「對兩當事者為中立的公訴裁定者」,如果犯罪嫌疑不充分,則應予以不起訴處分,其意指檢察官有「客觀的義務」,應為犯罪嫌疑人而實現彈劾的偵查結構,為此見解屬少數說,不見容於通說及實務,因為刑訴法第191條規定檢察官與司法警察職員就「偵查事項應相互協力;與德國之刑訴不同,檢察官已非屬司法官,甚至檢察官對於犯罪嫌疑不夠充分時決定予以「不起訴處分」,依刑訴第248條規定處以「緩起訴處分」者是偵查的結果。不容否認的,檢察官與犯罪嫌疑人、辯護律師係處於對立的關係,如果檢察官與法官同樣的是「中立公正的司法官」,擇期在偵訊時,則應該保障嫌疑人的辯護權(辯護律師的在場權)[30]。

3. 法務省積極推動檢察改革,於2011年法務大臣指示最高檢察廳設置檢察機制檢討會議之「檢察之再生」,同時,也推動特搜部的改革與擴大偵訊之錄音、錄影,並因應時代變化而提升搜查、公判之能力,及充實

---

[28] David T.Johnson,アメリカ人のみた日本の檢察制度日米の比較考察,2004年7月28日,頁73。

[29] 安部治夫,新檢察官論,中央公論5月号,1963年,頁162。

[30] 井戶田侃,刑事手續の構造序說,有斐閣,1971年,頁83、137;石川才顯,刑事手續と人權,日本評論社,1986年,頁66。

強化組織營運以推動改革[31]。

肆、我國之檢警關係及其問題

一、我國檢警制度之歷史法制

在清末之前，我國並不存在檢察監督制度，至清末始仿德、日立法例，採用檢察制度，頒布高等審判廳以下各級審判廳試辦章程及法院編制法，配置檢察官於各級法院[32]。民國肇始，總檢察廳發布刑事案件須照檢察制度各節辦理通令。認為檢察官是國家的代表，居於原告的法律地位，檢察官有檢舉犯罪、實行控告、提起上訴之職責[33]。至1935年（民國21年）中央政治會議，第231次議決，改法院編制法為法院組織法，並預定立法原則以為起草之張本，其中第1點謂：「刑事訴訟就現行之檢察制度，加以改正，益擴張自訴之範圍，凡因犯罪而被害之個人，以許自訴為原則。按檢察制度試行以來，因未獲得相當利益，有主張絕對廢除而代以人民自訴制度者；但若一旦遽廢，照吾國情形，亦恐尚有窒礙，與其多事更張，不如加以改善。查現行刑事訴訟中已有自訴之規定；惟自訴衹限於初級法院管轄直接侵害個人法益之罪。告訴乃論之罪，範圍仍嫌過狹。若就此而擴張至凡因犯罪而被害之個人，以許自訴為原則，則人民亦有自訴之途，不患為檢察官所阻隔，存檢察制度之利而去其害，自較適宜。至對於人民自訴之原則，應否加以限制，俟修正刑事訴訟法時，再行討論。」檢察制度即未偏廢[34]。

而台灣當時為日本占領，台灣總督府於1896年5月1日發布律令第1號

---

[31] 長井圓，日本における檢察と警察との關係，收錄於2015年12月11日中央警察大學舉辦之2015偵查法制國際學術研討會論文集，頁160。

[32] 陳衛東、張弢，檢察監督職能論，群眾出版社，1989年3月，頁1。

[33] 王新環，中國檢察官制的濫觴與職權嬗變，國家檢察官學學報，第13卷第1期，2005年2月，頁58。

[34] 陳瑞堂，清末民初中國法制現代化研究報告──法院組織法，頁3。

「台灣總督府法院條例」，設置法院，同時設置檢察官，法院判官、檢察官均由台灣總督任用，則為日本首度將檢察制度引進台灣，1945年，日本戰敗，台灣重回中華民國的懷抱，1950年中華民國政府退守台海，國民政府賡續移植大陸時期的法政制度，台灣的檢察制度才與大陸時期的檢察制度重新接軌[35]。由於清末明初或統治台灣時日本的刑事訴訟制度，皆師法德國，因此銜接上並無問題。

二、我國檢警關係及其問題

(一) 檢警在刑事程序中的角色地位

　　我國檢察官制度，係受到歐陸及戰前日本創設檢察官制度的影響，其主要目的有二：一則在審判方面，廢除專制時代法官包辦刑事追訴與審判之糾問制度，確立訴訟上的權力分立原則，二則在偵查方面，使公正客觀之檢察官控制警察活動之合法性，並監督裁判公正且正確的行使；透過檢察官扮演法律守護人之角色，使客觀的法意旨貫通整個刑事訴訟程序[36]。

　　依刑事訴訟法規定，檢察官有主動偵查犯罪（§228 I）、制處分權（§128-1、§88-1、§131），並有指揮、調度司法警察之權力（§228 II、§229 I、§230、§231、§231-1）。再者，依法院組織法第60條及刑事訴訟法的相關規定，檢察官之職權為實施偵查、提起公訴、實行公訴、協助自訴、擔當自訴及指揮刑事裁判之執行，其職權範圍從偵查乃至於執行，貫穿及於整個刑事司法之程序，學理上稱此為「檢察官司法」，並以所謂的合法性義務、客觀義務做為支配檢察官行使職權的指導原理[37]。

---

[35] 王泰升，台灣檢察制度變遷史，法務部編印，2006年6月，頁8。

[36] 林鈺雄，檢察官在訴訟法上之任務與義務，法令月刊，第49卷第10期，1998年10月，頁11以下。

[37] 陳運財教授認為，檢察官在刑事程序中所扮演的角色兼具：第一，偵查機關之地位，具有司法警察機關調查犯罪、蒐集證據的色彩；第二，客觀義務公益者之角色，此具有為被告之利益負實質辯護人之色彩；第三，裁量者之角色，指檢察官於偵查終結，就一定範圍內之案件，認以不起訴為適當者，得不為追訴；第四，追訴者之角色，指代表國家及協助被害人追訴犯罪之立場，提起公訴及實行公訴；第五，於刑之執行階段，乃刑之指揮執行者，此部分又具有觀護人的色彩。

經過連續兩年（91、92年）刑事訴訟法進行大幅度修法，修法後調整與確認了檢察官在刑事程序中各階段的地位，重要者有確認檢察官法庭活動之實質必要性、引進證據排除法則監督檢察官之蒐證、對檢察官之起訴監督、強制處分權逐漸回歸法院等，確立審判階段檢察官當事人地位[38]。

(二) 我國檢警關係之問題

由上述刑事訴訟法規定，我國係以檢察官為偵查主體，其職權範圍從偵查乃至於執行，貫穿及於整個刑事司法之程序，學理上稱此為「檢察官司法」，並以所謂的合法性義務、客觀義務做為支配檢察官行使職權的指導原理[39]。檢察官司法的特色，其實於偵查階段最為彰顯。其有下列特點[40]：

1. 檢察官集權、司法警察人員無權

依刑事訴訟法第228條至第231條之1之規定，檢察官為偵查的主導機關，司法警察則基於輔助的地位，協助檢察或聽其指揮命令偵查犯罪，同時，以檢察官的強制處分權及調度司法警察條例所賦予的懲戒權。

依現行法，關於偵查的發動，司法警察人員知有犯罪嫌疑者，應即開始調查，並將調查情形報告該管檢察官，接受檢察官關於個案偵查上的指揮命令[41]。另外，司法警察如要進行強制處分，關於限制人身自由處分之拘提，應向檢察官請求簽發拘票；執行搜索，雖已採令狀原則，應向法院聲請搜索票，惟程序上仍應經檢察官許可。拘提或逮捕犯罪嫌疑人，應解送於該管檢察官。至案件之調查結果，則應移送檢察官為偵查終結之處分，司法警察機關並無逕行結案之權限。亦即，檢察官為偵查主導者，偵

---

38 陳運財，檢警關係定位問題之研究，月旦法學雜誌，第108期，2004年3月，頁68-69。

39 同前註37。

40 陳運財，檢警關係定位問題之研究，月旦法學雜誌，第108期，2004年3月，頁66。

41 依2001年修正前刑事訴訟法第230條第2項及第231條第2項之規定，司法警察人員知有犯罪嫌疑者，應以「報告」該管檢察官為原則，2001年修正後，賦予司法警察人員有主動調查犯罪嫌疑之職權，不必先向檢察官報告後才能開始調查，但其調查之情形仍應向具有法律監督責任之檢察官報告。

查權集權於檢察官一身。

2. 檢察官偵查角色之衝突

檢察官設置目的之一係在控制警察活動的合法性，避免法治國淪為警察國，因此刑事訴訟法規定檢察官為偵察主導機關，司法警察居於輔導地位，協助檢察官或聽其指揮命令，同時檢察官亦擁有強制處分權以及依據調度司法條例所賦予的懲戒權，確立「將兵關係」。然而，識者對此指出其於理論上極大的謬誤，一方面要強化檢察官之偵查主宰地位，另一方面又要以檢察權來制衡警調權，如何並存？

另就檢察官與被告之關係而言，刑事訴訟法雖已明文保障偵查中犯罪嫌疑人選任辯護權及緘默權，惟在偵查中檢察官擁有強大之強制處分權的架構，犯罪嫌疑人仍有忍受檢察官傳喚或拘提的義務，而淪為偵訊的客體，偵查仍具有相當強烈的糾問色彩。甚者，按新增訂第219條之1設偵查中證據保全之規定，使犯罪嫌疑人或辯護人認有保全證據之必要者，應先向檢察官聲請保全，固然是出於檢察官客觀義務的原理，惟其背後仍潛在著偵查主優越的思維，而益形突顯出武器的不對等。

檢察官本應監督制衡角色，卻因我國刑事訴訟基於審檢分立、不告不理，偵查階段由檢察官主宰偵察，刑事司法權力大幅集中於檢察官的糾問刑司法，讓人憂心於司法權力過度集中檢察官，可能產生濫權之疑慮，而實際上偵察品質並未如預期提升，進而反思權力重新制衡及維護正當程序之重要性，遂進行數次修法，調整檢察官在刑事程序上之地位，其重要者有：將審判階段檢察官當事人化，採證據排除法則以抑制違法偵查，對檢察官追訴權之監督，強制處分權陸續歸還法院等。[42]

---

[42] 林鈺雄，體檢檢察官之法律地位——以上命下從及其界限問題之探討為中心，月旦法學雜誌，第39期，1998年8月，頁95。

伍、目前檢警關係之虛與實

檢警關係問題，國內相關論述汗牛充棟，論者多著重於法規範面於實務運作之扞格，及權能分立制衡原則觀點，刑事訴訟法多次修正，檢察官地位亦多所改變，是否撼動其偵查主體之地位，使刑事程序的「檢察官司法」褪色，茲就學者所指述其所產生的影響析述如下[43]：

一、當事人化之影響

藉刑事訴訟法修正，審判階段檢察官之當事人地位已告確立。對偵查應有下列幾點波及作用：

第一，就理論層面而言，既然於審判階段將檢察官定位為一造之當事人，強調與被告之間的攻擊防禦的對等，如繼續堅守檢察官於偵查中積極主導偵查的角色，糾問被告，不僅造成檢察官程序前後角色扮演的矛盾，亦不利於被告防禦權利的維護。

第二，檢察官負舉證責任，作為控訴者之責任大幅增加，故對於偵查的進行，應著重於證據之審查及篩選的工作，而非積極介入事實的調查、證據的蒐集。

第三，就運作面而言，由於檢察官任務的重心應置於法庭活動上，如仍繼續偏重偵查的主導工作，分身乏術的結果，勢必影響追訴品質，並造成審判的遲延、無罪率上升或量刑不當等問題。

二、緩起訴與認罪協商之影響

增訂檢察官得行使裁量權為緩起訴，以及協商程序的性質，可能存有兩種不同的理解方式，一是，認具當事人處分權的性質，檢察官乃當事人，其裁量不起訴乃純屬一造當事人所為之起訴放棄；另一則是，緩起訴

43　陳運財，檢警關係定位問題之研究，月旦法學雜誌，第108期，2004年3月，頁68-69。

乃檢察官具司法官地位所為之作用。然而,不論採哪一種看法,因增訂緩起訴與認罪協商程序,使檢察官作為裁量者之角色愈加強烈之餘,如仍繼續強調檢察官在偵查中主導偵查的角色,將影響其起訴裁量的運作,較難落實特別預防的刑事政策。畢竟自行積極偵查後的案件,如認犯罪嫌疑充足,主觀情感上或基於績效考量,往往會傾向提起公訴之故,過去即因檢察官兼行主導偵查的角色,致使職權不起訴之規定,適用情形偏低。

進一步言之,倘使再不降低檢察官介入偵查的密度,因檢察官為判斷有無再犯之虞以決定是否裁量為緩起訴之需要,以及加入認罪協商程序,將使偵查愈形長期化及糾問化,如此一來,反而又將使刑事程序的重心向偵查傾斜,將與修法落實公判中心的理念背道而馳。

三、證據保全規定之影響

按照新增訂偵查中證據保全制度,偵查中犯罪嫌疑人、被告或辯護人認有保全證據之必要者,應先向檢察官提出聲請,此項規定的論據,無疑的是出於檢察官負客觀義務的思維,不免多少與審判程序檢察官當事人化的趨向有所偏離。不過無論如何,為使檢察官能善盡此項客觀義務,而不是對被告窮追猛打,忽視其請求調查證據的權利,檢察官自不宜立於積極主導偵查進行的角色,以維持較中立客觀的立場,為被告保全有利之證據。

四、違法證據排除法則之影響

我國創設檢察官制度的目的之一,在透過檢察官的法律監督以抑制司法警察機關的濫權,惟事實上因案件繁多,同時將檢察官定位為偵查主導機關,均難以要求檢察官能善盡監督之責。如今刑事訴訟法明定違法證據排除法則,雖並未採取絕對排除的立場,不過由法院就證據能力,從維護正當程序的觀點做事後的審查,對於抑制警察機關的違法偵查,仍可發揮一定的效果,是以,此項法則的建立,檢察官對司法警察法律監督功能與必要性將大為下降。

五、警察職權行使法修正之影響

　　受大法官會議釋字第535號解釋之影響，民國92年制定警察職權行使法，具體規範警察職權發動、實施及其救濟措施。其中，賦予警察機關依異常舉動或周圍情況為合理之判斷，足以懷疑已犯罪或即將犯罪之虞者，得實施攔停、查證身分、檢查攜帶物件以及蒐集線報等職權，在性質上雖然多半將其理解為行政警察作用法的性質，惟實際上，行政警察作用與司法警察作用往往甚難區別，警察執行預防危害或行政事件的過程轉換為刑事案件，極其常見，故上開防或檢肅治安之警察職權，可謂兼具有偵查之預備性質，是警察任務為維護社會秩序的特徵。

　　關於此部分警察職權的領域，不僅具公訴官色彩之檢察官不宜介入指揮，而既然立法政策已就此種兼具偵查預備性質的警察作用，設明文規範，其實更有必要進一步修正刑事訴訟法，使警察亦成為得自行獨立實施偵查的機關，以求警察職權的銜接性及完整性。

　　綜合上述的修法影響，可見不僅形式上，檢察官於刑事程序中所負任務的重心已移往審判期日，實質上因檢察官的當事人化、裁量者角色的增強以及證據保全規定的新增，造成了檢察官地位的質變，為減少檢察官角色扮演的衝突、落實公判中心並維護被告的訴訟權益，檢察官應儘可能的退出蒐集證據之偵查工作，儘量以事後之法律監督或證據綜判為檢察官之偵查要務。

陸、結論

　　為了制衡中世紀所形成的刑事糾問制度對人性與人權侵害的弊端，而產生檢察官此一制度，其作用在於制衡法院以及警察。將原本屬於法院的權限分配予檢察官，以避免糾問制度的危害，這是制度上的制衡。同時於法律上監督警察以避免重蹈警察國家干涉人員的弊害，這是法律上的制衡。所以檢察官的存在有其作用與合理性。但是檢察官不能夠越權成為另

一種法官，否則便重蹈糾問制度；也不能常態地指揮警察，否則便成為另一種更有權力的「司法」警察而讓國家重回警察國家的文明退化情況。因此不讓檢察官擁有武力與不讓其具有法官身分（本文不論述其是否屬司法機關）便一直是法治國所堅持的方向。但為了不削弱其追訴犯罪的實質力量，便必須讓檢察官與警察之間形成點狀、合目的性的合作，此乃檢警關係的基礎與目的。

　　警察有追訴犯罪的任務，但其還另有行政警察的任務，是不受檢察官指揮監督的，當檢警兩者的權利關係進入追訴犯罪，自不免於干涉人民基本權重大情況，在為避免警察國家的覆轍下，以檢察官作為偵查主體對警察人員及機關進行法律監督是有其合理性的，連帶地檢警關係形成了從屬關係。然而這種從屬關係的形成並非毫無限制的，這時仍要考慮到民主法治國下的「檢察官無武力」的限制，否則豈又將回復到糾問（如果認定檢察官是準法官地位）。

8

通訊保障及監察法修正評析
——以通聯紀錄「調取票」為中心

傅美惠[*]

祝壽文

「鐵面無私、剛正不阿」就是部長您的名

「堅持」就是部長您的名

從部長身上，我看到了善的循環

非常榮幸受邀參與廖部長七十大壽論文撰寫盛事，能夠結識部長是我一生中最大的榮耀和最感人的經歷，有緣多次追隨部長參與兩岸法學研討盛會，近身學習，記憶深刻，受益良多。

我對廖部長最深的印象，也是最為人所津津樂道，就是他在擔任法務部長期間，結合「檢、調、警、憲」鐵四角的力量，排除萬難，雷厲風行地推動掃黑政策，「鐵面無私、剛正不阿」就是部長您的名。

「我來自民間，回到民間；來自社會，回到社會；來自家庭，回到家庭。」離開公職，部長不願接受任何公職或黨職安排，選擇在私立大學教書，繼續他最愛的教學與研究工作。同時慈悲帶領了數十個公益團體，持續推動兩岸交流活動，始終樂於服務、行腳，繼續發揮生命的能量，讓人生的路更寬廣、更自在。

[*] 國立中正大學法學博士、真理大學法律學系專任助理教授。

部長的專業認真與勇於任事，於公於私，都交出劃時代的成績。以奮起的堅持，秉持對台灣這片土地的熱愛，為台灣社會做出了不平凡的貢獻，「堅持」就是部長您的名。

在兩岸法學及司法實務交流領域，是我親眼目睹見證，部長用生命經營他的理想。在歷經生命大地震之後，重病癒後，部長知識熱情並不稍減，依然繼續他宏觀、深耕、溫柔卻堅定的服務人生，自然表現出對生命的敬重與熱愛，令人動容。部長教我們生命的真諦，不只是我們學問上的老師，更是我們生命的導師。從部長身上，我看到了善的循環。

最後，謹此向　部長致上我最深的敬意　祝福　部長　身體健康，平安喜樂！！！

目 次

壹、前言

　　通訊保障及監察法（以下簡稱「通保法」）於103年1月29日修正，同年103年6月29日施行，通保法之修正緣起於2013年9月爆發所謂「馬王政爭」政治上之監聽風暴及通保法被濫用之爭論，亦即特偵組偵辦柯建銘立法委員涉嫌貪污案件而進行監聽，意外聽到立法院院長王金平涉嫌介入司法關說之案外案。嗣因特偵組於該案偵查所實施之通訊監察過程及通聯紀錄調取引發適法性爭議，導致了2014年1月通保法大幅度修正。其中，通保法於第11條之1增訂了通聯紀錄調取之相關規定，並於第3條之1第1項為通聯紀錄作出了立法定義。鑑於現代生活型態已深受電信通信科技之影響，使通聯紀錄於現代刑事偵查實務之重要性與日俱增[1]。為保障人民秘

---

[1] 林鈺雄，通聯紀錄之調取——從幾則基地台相關判決談起，台灣法學雜誌，第239
期，2014年1月，頁49以下。

密通訊自由，因應科技快速發展，犯罪手法也不斷翻新並有科技化之趨勢[2]，科技之進步亦會改變社會對於隱私之合理期待，但在此同時執法機關之策略也必須跟上科技變革，以避免犯罪者包圍司法體系[3]。因此，當面臨科技變化時，解決隱私權最好之方式便是立法，立法可以衡量大眾態度、劃下明確界線、衡平隱私權與公眾安全[4]。本次修法相應地增訂了通聯紀錄調取，須符合令狀（法官保留）原則之相關規定，惟因倉促立法之故，諸多問題也因通聯紀錄「調取票」之增訂而亂象環生，急待再次修法解決。如何在人權保障與治安維護之間，求其均衡維護，值得深思。

　　2014年1月修法前之通保法，所規範之通訊監察除一些言論或書信等之監察外，係以有線或無線通訊內容之擷取為通訊監察之主軸（通保法§3規定參照）。修法後，通保法將尚未屬犯罪偵查手段，而性質接近於類似蒐集犯罪情資階段之通聯紀錄（含「通信紀錄」及「通訊使用者基本資料」，實務上簡稱「基資」）亦列入規範對象（通保法§3-1規定參照）。此一修法結果，不但引發通保法本質上之質變[5]，對警察機關偵查工作，勢必造成重大革命性之影響與衝擊[6]。新法雖為干預秘密通訊自由之通聯紀錄調取，賦予了包括實體與程序要件等相對具體內涵之法律授權依據，是否具體明確，是否作出了完整妥適之規範？另非出於刑事追訴目的之通信紀錄調取，屬於以「犯罪預防或公益目的」為訴求之通信紀錄調取，於修法後是否仍得為之？以及通訊使用者基本資料之調取，是否需要調取票疑義等問題，以上種種問題都需要進一步思考與澄清。

---

[2]　林豐裕、李欣倫、李鎮宇，簡評2014年通訊保障及監察法增修條文──兼論新法對於實務運作之衝擊，檢察新論，第16期，2014年7月，頁61。

[3]　Sinner, 690 F.3d at 778，此處引用*United States v. Knotts,* 460 U.S. 276, 284, 103 S. Ct. 1081, 75 L. Ed. 2d 55 (1983).

[4]　Jones, 132 S. Ct. at 964，Alito法官之協同意見。

[5]　黃朝義，通聯紀錄調取與另案監聽修法評析，警大法學論集，第26期，2014年4月，頁3。

[6]　黃朝義，犯罪偵查第四講──監聽，月旦法學教室，第10期，2003年8月，頁103-104。

貳、通聯紀錄調取之概述

一、通信紀錄之立法定義

通聯紀錄含「通信紀錄」及「通訊使用者基本資料」，本次通保法修正重點之一，除了第3條之1第1項增訂通信紀錄之立法定義，以及通聯紀錄調取之實體及程序要件規定。通信紀錄及通信使用者資料，應由法官核發「調取票」，依通保法第3條之1第1項規定，所謂「通信紀錄」係指：電信使用人使用電信服務後，電信系統所產生之發送方、接收方之電信號碼、通信時間、使用長度、位址、服務型態、信箱或位置資訊等紀錄。

所謂「通信使用者資料」，依修正後通保法第3條之1第2項規定之立法定義，係指電信使用者姓名或名稱、身分證明文件字號、地址、電信號碼及申請各項電信服務所填列之資料。

二、通信紀錄之性質

通信紀錄亦屬於個人資料保護法第2條第1款所規範之個人資料[7]，除有特別規定外，通信紀錄資料之蒐集、處理與利用亦有該法相關規定之適用，也是所謂後設資料「Metadata」（關於描述資料之資料，data about data）[8]，也因為得以調取基地台位置，故透過通信紀錄之調取，經過解析後，得以描繪出持用該電信號碼者之行動軌跡圖[9]，有利於警方循線調查，拼湊出嫌犯之人際網絡與犯罪事證。

---

[7] 李榮耕，特定明確原則與機動性通訊監察，政大法學評論，第126期，2012年4月，頁132、138；李榮耕，簡評2014年新修正的通訊保障及監察法——一次不知所爲何來的修法，月旦法學雜誌，第227期，2014年4月，頁148-175。

[8] 陳佑寰，電信通聯紀錄具個資，取得使用仍應合法——Metadata也算Data，淺談通聯紀錄與個資保護，請參閱http://www.netadmin.com.tw/article_content.aspx?sn=1312050004。

[9] 陳重言，刑事追訴目的之通信（通聯）紀錄調取與使用——兼評2014年初通保修法，檢察新論，第16期，2014年7月，頁41。

三、通信紀錄調取之期限

　　通保法第11條之1第1項並未進一步精緻化區分通信紀錄調取之類型，因此，只要符合「調取票」之實體與程序要件下，均可調取。我國慣用之通信紀錄調取，大都是向電信事業調取所儲存之（過去的）通信紀錄。而受限於電信事業對於通信紀錄保存期限之實際限制，依電信事業用戶查詢通信紀錄作業辦法第4條規定，市內通信紀錄僅得調取三個月以內之紀錄；國際、國內長途通信及行動通信紀錄，則僅得調取六個月以內之紀錄[10]。

參、通聯紀錄調取修法前後比較觀察

　　通信紀錄之產生，主因電信事業基於電信費用計算與批價之營業需求而生。同時，並有提供電信事業參照據以改善電信服務品質之功能。關於通信紀錄及通訊使用者基本資料之調取，應向所欲查詢之電信號碼所屬電信事業提出聲請。除犯罪偵查機關或其他公務機關外，一般私人用戶亦得依據電信事業用戶查詢通信紀錄作業辦法（電信總局依電信法§7 II授權訂定），向所屬電信事業查詢調閱通信紀錄[11]。

　　通保法修法前，司法警察機關欲調取通聯紀錄，僅須依電信事業處理有關機關查詢電信紀錄實施辦法第3條規定，警察機關於認有必要時（調取目的並未限制，偵查、急難救助……均可），符合相關法令程序後，備妥正式公文（或僅備妥電信通信紀錄查詢單），即可向電信機關（或公司）調取或查詢用戶之通信紀錄與通信使用者資料。電信機關並無須審查調取目的是否正當、手段是否符合比例原則[12]。通保法修正施行前後，警

10　陳重言，同前註9，頁45。

11　陳重言，同前註9，頁43。

12　黃朝義，同前註5，頁12。

察調取通聯紀錄之差異分析如下[13]：

表8-1　通聯紀錄調取修法前後之比較

	修法前做法	修法後做法
偵辦刑事案件	1.上刑事局網站填寫通聯調閱查詢單，列印後交由偵查隊長等主管批核 2.上傳刑事局，由刑事局發送各家電信業者 3.電信業者將結果回覆給刑事局 4.刑事局再回覆給調閱單位	1.偵辦最輕本刑十年以上有期徒刑之罪、強盜、搶奪、詐欺、恐嚇、擄人勒贖，及違反人口販運防制法、槍砲彈藥刀械管制條例、懲治走私條例、毒品危害防制條例、組織犯罪防制條例等罪，得由檢察官依職權調取通聯紀錄，或司法警察官向檢察官聲請同意後，調取通信紀錄 2.偵辦最重本刑三年以上有期徒刑之罪，應以書面聲請該管法院核發調取票
尋人之緊急危難、救護案件	1.承辦單位與電信業者設立之緊急窗口聯繫，優先調取 2.事後再補齊相關核准資料	執行救助或災害防免等非犯行追緝職務時，不因通保法修正增訂第11條之1而受影響，自仍得依個資法第15條第1款或第16條各款（特別是第3、4款）結合各該相關公務機關職務法規之規定，如警察職權行使法第28條第1項、行政執行法第36條、消防法第16條、社會救助法第26條等，據以調取通信紀錄

---

[13] 關於警方於修法前調取通信紀錄之內控流程，請參閱黃紹祥，通訊保障及監察法之研究──以通聯紀錄爲中心，國防管理學院法律研究所碩士論文，2005年5月，頁121以下。

肆、通聯紀錄調取之合憲性與必要性

一、通聯紀錄調取之合憲性

(一) 司法院釋字第631號解釋意旨

　　憲法第12條規定：「人民有秘密通訊之自由。」旨在確保人民就通訊之有無、對象、時間、方式及內容等事項，有不受國家及他人任意侵擾之權利。國家採取限制手段時，除應有法律依據外，限制之要件應具體、明確，不得逾越必要之範圍，所踐行之程序並應合理、正當，方符憲法保護人民秘密通訊自由之意旨。中華民國88年7月14日制定公布之通訊保障及監察法第5條第2項規定：「前項通訊監察書，偵查中由檢察官依司法警察機關聲請或依職權核發」，未要求通訊監察書原則上應由客觀、獨立行使職權之法官核發，而使職司犯罪偵查之檢察官與司法警察機關，同時負責通訊監察書之聲請與核發，難謂為合理、正當之程序規範，而與憲法第12條保障人民秘密通訊自由之意旨不符，應自本解釋公布之日起，至遲於中華民國96年7月11日修正公布之通訊保障及監察法第5條施行之日失其效力。

　　憲法第12條規定：「人民有秘密通訊之自由。」旨在確保人民就通訊之有無、對象、時間、方式及內容等事項，有不受國家及他人任意侵擾之權利。此項秘密通訊自由乃憲法保障隱私權之具體態樣之一，為維護人性尊嚴、個人主體性及人格發展之完整，並為保障個人生活私密領域免於國家、他人侵擾及維護個人資料之自主控制，所不可或缺之基本權利（本院釋字第603號解釋參照），憲法第12條特予明定。國家若採取限制手段，除應有法律依據外，限制之要件應具體、明確，不得逾越必要之範圍，所踐行之程序並應合理、正當，方符憲法保障人民基本權利之意旨。

　　通保法係國家為衡酌「保障人民秘密通訊自由不受非法侵害」及「確保國家安全、維護社會秩序」之利益衝突，所制定之法律（通保法§1

參照）。依其規定，國家僅在爲確保國家安全及維護社會秩序所必要，於符合法定之實體及程序要件之情形下，始得核發通訊監察書，對人民之秘密通訊爲監察（通保法§2、§5、§7參照）。通保法第5條第1項規定：「有事實足認被告或犯罪嫌疑人有下列各款罪嫌之一，並危害國家安全或社會秩序情節重大，而有相當理由可信其通訊內容與本案有關，且不能或難以其他方法蒐集或調查證據者，得發通訊監察書」，此爲國家限制人民秘密通訊自由之法律依據，其要件尚稱具體、明確。國家基於犯罪偵查之目的，對被告或犯罪嫌疑人進行通訊監察，乃是以監控與過濾受監察人通訊內容之方式，蒐集對其有關之紀錄，並將該紀錄予以查扣，作爲犯罪與否認定之證據，屬於刑事訴訟上強制處分之一種。惟通訊監察係以未告知受監察人、未取得其同意且未給予防禦機會之方式，限制受監察人之秘密通訊自由，具有在特定期間內持續實施之特性，故侵害人民基本權之時間較長，亦不受有形空間之限制；受監察人在通訊監察執行時，通常無從得知其基本權已遭侵害，致其無從行使刑事訴訟法所賦予之各種防禦權（如保持緘默、委任律師、不爲不利於己之陳述等）；且通訊監察之執行，除通訊監察書上所載受監察人外，可能同時侵害無辜第三人之秘密通訊自由，與刑事訴訟上之搜索、扣押相較，對人民基本權利之侵害尤有過之。

　　鑑於通訊監察侵害人民基本權之程度強烈、範圍廣泛，並考量國家執行通訊監察等各種強制處分時，爲達成其強制處分之目的，被處分人事前防禦以避免遭強制處分之權利常遭剝奪。爲制衡偵查機關之強制處分措施，以防免不必要之侵害，並兼顧強制處分目的之達成，則經由獨立、客觀行使職權之審判機關之事前審查，乃爲保護人民秘密通訊自由之必要方法。是檢察官或司法警察機關爲犯罪偵查目的，而有監察人民秘密通訊之需要時，原則上應向該管法院聲請核發通訊監察書，方符憲法上正當程序之要求。系爭通保法第5條第2項未設此項規定，使職司犯罪偵查之檢察官與司法警察機關，同時負責通訊監察書之聲請與核發，未設適當之機關間權力制衡機制，以防免憲法保障人民秘密通訊自由遭受不必要侵害，自難謂爲合理、正當之程序規範，而與憲法第12條保障人民秘密通訊自由之意旨不符，應自本解釋公布之日起，至遲於中華民國96年7月11日修正公布

之通保法第5條施行之日失其效力。另因通訊監察對人民之秘密通訊自由
影響甚鉅，核發權人於核發通訊監察書時，應嚴格審查通保法第5條第1項
所定要件；倘確有核發通訊監察書之必要時，亦應謹守最小侵害原則，明
確指示得為通訊監察之期間、對象、方式等事項，且隨時監督通訊監察之
執行情形，自不待言。

(二) 通信紀錄調取之憲法基礎

依司法院釋字第631號解釋，通信紀錄仍屬於憲法第12條秘密通訊自
由之保障範疇。故透過調取通信紀錄對於此通訊自由所造成之干預，自應
符合法治國基本權與合法干預之審查基準。此號解釋闡明其保障範圍除及
於人民通訊之內容（干預型態為通訊監察）外，亦及於通訊之有無、對
象、時間、方式等事項[14]。其中對於通訊事項之干預，即為通聯紀錄之調
取。此號解釋要求，當國家對於包含通信紀錄在內之秘密通訊自由採取限
制手段時，除應有法律授權依據外。限制之實體要件應具體、明確，不得
逾越必要之範圍，所踐行之程序並應合理、正當，如此始符合憲法保護人
民秘密通訊自由之意旨。

通信紀錄亦屬於個人資料保護法第2條第1款所規範之個人資料，故
於本次通保法增訂第11條之1前，通信紀錄之調取可援引個資法之相關規
定；通信紀錄調取之法源依據為個資法第15條第1款，即公務機關於執行
法定職務必要範圍內，對個人資料之蒐集或處理，或第16條各款，特別是
第3、4款，為免除當事人之生命、身體、自由或財產上之危險，或為防止
他人權益之重大危害。惟上開個資法規定雖對於調取通信紀錄提供了形式
上之法律依據，但由於其授權規範之內涵極為空泛，除僅就調取對象較為
特定外，其餘事項均漏未規範，與司法院釋字第631號解釋意旨所要求之
具體且明確之實體限制要件、未逾越必要範圍及合理、正當之程序要件等
規範密度，顯有違背。本次通保法增訂第11條之1規範刑事追訴之通聯紀

---

14 林鈺雄，論通訊之監察——評析歐洲人權法院相關裁判之發展與影響，收錄於刑事
程序與國際人權 (二)，元照，2012年3月，頁257以下。

錄調取干預類型，應符合司法院釋字第631號解釋要求充分保障憲法秘密
通訊自由之解釋意旨。

二、通聯紀錄調取之必要性

(一) 通聯紀錄之調取常用於前偵查領域

　　警察任務除了保障人權之外，以維護治安爲主。維護治安又以「危害
防止」與「犯行追緝」兩大任務爲主要內涵。至於「預防犯罪」是否爲警
察任務之一，是否可以作爲調取通信紀錄之依據，爭議較大[15]。警察對特
別危險之犯罪必須採取有效之預防措施[16]。對此類犯罪如以傳統對付小市
民犯罪之方法，已無法有效應付[17]。警察爲預防特定犯罪，於不危及任務
達成之前提下，又無其他偵查方式可用，或其他偵查方式較無效果，爲蒐
集資料必要時，得以調取通信紀錄方式爲之。

　　警察之犯罪預防工作，是指警察在準備犯行追緝之事先階段，運用
警力及一切有利之措施，以達成抗制犯罪之目的。換句話說，警察於具體
危害或犯罪發生前，運用一切資源與活動，以便及早知悉危害或犯罪之狀
況，並預先做好準備工作，防止危害或犯罪之發生[18]。爲了儘早防止危害
或預防犯罪，警察將防止與追緝之活動在時間上向前推移，將警力投入，
以防患於未然。預防犯罪成爲警察之新任務，乃時勢所趨。爲達成這個
任務，調取通信紀錄措施便應運而生，而且有其必要[19]。爲應付隱密性或
組織性之犯罪，警察若不能於危害防止或犯行追緝之先前領域蒐集資料
或調查證據，將無法在未來有效抗制犯罪。我國刑事訴訟法前揭規定，警
察「知有犯罪嫌疑（初始嫌疑），應即開始偵查」，亦即有主觀之犯罪嫌

---

[15] 許文義，警察預防犯罪任務之分析與探討，警學叢刊，第29卷第5期，1999年3月，
頁237以下。

[16] 許文義，同前註15，頁246。

[17] 許文義，同前註15，頁242、258。

[18] 許文義，同前註15，頁241-242。

[19] 許文義，同前註15，頁258。

疑後，偵查機關發動偵查，經由偵查來確認客觀之犯罪嫌疑，其確認之方式有很多種，依任意偵查原則，應優先考量偵查對象是否出於自願，或以不侵害其實質權益之任意處分方式行之，以避免侵害人民之自由權利。而在此「任意」之空間內，刑事訴訟法並未限定偵查應採取什麼方式，但所謂的「任意」並非不受拘束，仍應就處分之緊急性、必要性及對權益侵害性質、程度等考量，判斷具體狀況下是否相當，始足認定該任意處分之適法性。基於強制處分法定原則及偵查自由形成原則，強制處分須法律授權及司法審查，任意偵查不須法律授權及司法審查。由於我國對任意處分、強制處分之範圍限度並未明確，惟任意偵查並非得恣意妄為，仍須符合比例、正當法律程序原則。

警察犯行追緝任務包含了前偵查領域，通信紀錄及基資之調取常視為犯行追緝之偵查準備階段，在將來犯罪追訴之預先準備階段，透過警察之通信紀錄及基資之調取措施迅速且有效地釐清未來可能的犯罪情況。這樣的犯罪預防活動其實與刑事追訴措施具有同質性，所不同的在於這樣的活動雖然可以說是一種在具體犯行嫌疑的前階段中之證據保全行為，然而卻無法規範在刑事訴訟法中。原因就在於事實上尚未證明有「初始嫌疑」的存在，所以無法發動刑事訴訟法之效果與作用[20]。

(二) 通聯紀錄之調取常用於犯行追緝以外領域

從通保法增訂第11條之1之文義解釋及立法整體精神觀察，特別參照其中第1項至第3項，如最重本刑三年以上有期徒刑之罪、犯罪情形、最輕本刑十年以上有期徒刑之罪等用詞，本條顯然僅針對犯罪已發生，損害已經造成後之「犯行追緝」及刑事訴追而為規範。

至於應否進行事前預防，避免犯罪發生，避免生命遭受危害，國家在危險預防上，是否有憲法課以必須作為之義務，凡此諸多問題，必須正視。當人民之基本權利遭受侵害時，然基於憲法國家保護義務、比例原

---

[20] 周慶東，權利干預與警察法上的危害預防，2013第一屆國際暨兩岸「行政罰與刑事罰界限問題之探討」學術研討會，真理大學法律學系暨高雄大學法律學系等主辦，2013年5月，頁184。

則、以及人權保障等要求，國家自不能坐視不理，聽任侵害發生免除其危險預防之義務，特別是於緊急事態發生時，國家機關甚至必須「裁量收縮至零[21]」，採取立即措施以保護人民之生命、身體或財產等法益。因此，當目的外使用確有「確保國家安全，維護社會秩序以及保護個人權利」之必要者，不應一概在禁止範圍[22]，亦即基於國家保護義務及危害防止等維護社會安全之任務需求，應無全然排除因犯行追緝以外之目的，而採行包含調取通信紀錄之廣義通訊監察措施之可能性。

對人民通聯紀錄調取，有可能是出於犯行追緝、刑事蒐證、釐清案情之目的，亦有可能是行政上危害防止、危險預防之需要，各有不同法理以及運作規範[23]。對於警察或消防等機關，執行救助或災害防免等非犯行追緝職務時，不因通保法增訂第11條之1而受影響，自仍得依個資法第15條第1款或第16條各款（特別是第3、4款）結合各該相關公務機關職務法規之規定，如警察職權行使法第28條第1項、行政執行法第36條、消防法第16條、社會救助法第26條等，據以調取通信紀錄，簡言之，執行救助或災害防免等非犯行追緝職務時，不因通保法第11條之1之增訂而受影響。然為明確化干預基礎及其容許密度，而不以概括授權為滿足，相關授權法律依據自仍有再精緻化之必要，亦即各該相關公務機關職務法規有必要再予以精緻化，也就是朝「各別領域精緻化」演進[24]。

---

[21] 裁量收縮至零，系具體特殊案件涉及重大法益維護，行政機關有義務採取防制措施，行政機關不得依自己之裁量而決定不作爲。司法院釋字第469號理由書引用日本學理「裁量收縮至零」理論來界定國家不作爲責任之標準。

[22] 吳巡龍，監聽偶然獲得另案證據之證據能力——評新修通保法第18條之1，檢察新論，第16期，2014年7月，頁38；楊雲驊，失衡的天平——評新修正通訊保障及監察法第18條之1，檢察新論，第16期，2014年7月，頁18-20。

[23] 類似說法，請參閱楊雲驊，同前註22，頁24。

[24] 許文義，從時代潮流變革探討當前警察法演進之趨勢，警學叢刊，第30卷第1期，1999年7月，頁341以下。德國警察法之演進趨勢，自1950年發展至今，概可區分爲三個階段，主要是以警察職權之概括規定，經具體規定（具體化），進而到精緻規定（精緻化）之歷程爲重心。

伍、通聯紀錄調取之實務解析

一、通保法修正施行後，警察調取通聯紀錄之實務作法

司法警察機關調取「通信使用者資料」時，其相關要件通保法既漏未規定，是否可依刑事訴訟法第230條第2項或第231條第2項之規定，所謂「偵查概括條款」，逕向電信業者調取，免用「調取票」，不受令狀（法官保留）原則之拘束。另「通信使用者資料」是否有必要進一步類型化，依其干預限制程度，而應有層級化之區隔。法務部針對「通信使用者資料」，曾做成以下二號代表性之實務見解，分述如下：

(一) 法務部103年8月25日法檢字第10300162300號函釋

司法警察機關聲請調取通信使用者資料之適用法律疑義，依據法務部103年8月25日法檢字第10300162300號函釋規定，通保法新增第11條之1規範關於調取「通信紀錄」及「通信使用者資料」之相關要件，依本條第2項、第3項規定，司法警察因調查犯罪嫌疑人犯罪情形及蒐集證據，認有調取「通信紀錄」之必要時，應報請檢察官許可後，向該管法院聲請核發調取票（第2項），或應聲請檢察官同意後調取之（第3項），然司法警察機關認有調取「通信使用者資料」必要時，因前揭第2項、第3項均僅規定「通信紀錄」而未規定「通信使用者資料」，故依文義解釋，應無須依上述程序報請檢察官許可後向法院聲請核發調取票，或聲請檢察官同意後調取。故司法警察機關調取「通信使用者資料」時，通保法既未有明文規定相關要件，即應與通保法修法前相同適用其他有關法規，例如：依刑事訴訟法第230條第2項或第231條第2項之規定，向電信業者調取。

(二) 法務部103年10月24日法檢字第10300187820號函釋

警察機關查詢IP紀錄、入口網站會員資料及email之適法疑義、依據法務部103年10月24日法檢字第10300187820號函釋規定，法務部函請警政

署參照103年10月17日法檢字第10300162120號函復香港商雅虎資訊股份有限公司台灣分公司之說明，重點摘要如下：

1. IP紀錄

(1)由網際網路接取服務提供者（Internet Access Service Provider, IASP，例如中華電信股份有限公司）配發之IP（例如「117.56.22.198」），此符號自身非屬通信紀錄或通信使用者資料。

(2)使用IASP之電信服務後，電信系統所產生之發送方、接收方之通信時間、使用長度、位址、服務型態、信箱或位置資訊等紀錄，屬通保法所稱之通信紀錄，調取時應依通保法相關規定為之。

(3)網際網路平台提供者（Internet Platform Provider, IPP，例如Yahoo、Google等）、網際網路內容提供者（Internet Content Provider, ICP，例如NOWnews、部落客等）及網際網路應用服務提供者（Application Service Provider, ASP，例如APP Store、Android Market等），因非屬電信法第2條第5款所稱電信事業，故調取時無需適用通保法相關規定。

2. 入口網站會員資料

網路公司經營之入口網站屬資訊服務業，所提供服務尚非屬電信法第2條第4款所稱電信服務，故民眾使用入口網站之資訊服務所登記留存之使用者資料，並非通保法第3條之1第2項所稱「通信使用者資料」。

3. email（即電子郵件）

(1)針對特定帳號，預定一定期間攔截、過濾將寄發或收受之郵件者，應遵守通保法規範要件。

(2)調取某特定帳號內業已寄發或收受之郵件情形，非適用通保法而應依刑事訴訟相關規定辦理。

二、通聯紀錄調取之實務評析

(一)違反「檢主警輔」原則

　　通保法新增第11條之1第1項，對於檢察官所得調取之通訊相關資料，特將「通信紀錄」及「通信使用者資料」之調取相關要件並列，致使調取此二項資料之實體及程序要件均為相同。另規範司法警察機關認有調取「通信使用者資料」必要時，因前揭第2項、第3項均僅規定「通信紀錄」而未規定「通信使用者資料」，亦即未如第1項般，將「通信使用者資料」及「通信紀錄」同列。亦即司法警察機關調取「通信使用者資料」時，不用調取票，檢察官調取「通信使用者資料」時，反而要調取票；司法警察機關調取「通信使用者資料」時，反而未受到如同檢察官般的嚴格限制；由於長期以來，我國在檢警關係向採「檢主警輔」之原則，此種由「檢察官為偵查主體，警察為偵查輔助機關」之「上命下從」關係，亦即，作為法定唯一犯罪偵查主體之檢察官於依修正後新法調取「通信使用者資料」時，所遭遇之法定限制門檻，竟反高於協助偵查之犯罪偵查輔助機關（司法警察機關）[25]。我國檢警關係長期發展結果，向由檢察官獨領風騷，以致演變成檢警權責不分、權責不符，形成「檢察官有權無責、而警察有責無權」之畸形現象[26]。修正後新法產生了體系失衡之顯然立法缺失，形成司法改革以來，一個少有反常之奇怪現象，到底是立法者有意疏漏或單純是立法疏失，還有待觀察。若是立法者有意疏漏，意在兼顧司法警察無可迴避地必須擔負起犯罪偵查第一線工作之主要責任，讓其有充分

---

[25] 法院組織法第60條第1款、第76條第1項，調度司法警察條例，警察法第5條、第6條、第9條及第14條等規定，而認為檢察官乃是犯罪偵查的主體（主宰者、中心），擔負犯罪偵查的全責，而警察機關僅是犯罪偵查的輔助機關，檢察事務官視為刑事訴訟法第230條第1項的司法警察官。法院組織法第66條之3規定：檢察事務官受檢察官的指揮，處理「實施搜索、扣押、勘驗或執行拘提」及「詢問告訴人、告發人、被告、證人或鑑定人」事務時，視為刑事訴訟法第230條第1項之司法警察官。

[26] 陳運財，檢警關係定位問題之研究——從貫徹檢察官控訴原則的立場，月旦法學雜誌，第108期，2004年5月，頁64-77。

發揮偵查作為之空間，無須處處箝制警察之辦案空間。

(二) 違反「法律明確性」原則

通保法修法前，我國偵查機關係依據「偵查概括條款」及電信事業之法定協助義務（通保法§14 II、IV規定參照）及個資法等相關規定，調取此類通信使用者資料[27]。修法後法務部仍依循修法前作法，以通案性質之函釋司法警察機關調取「通信使用者資料」時，其相關要件通保法既漏未規定，得依刑事訴訟法第230條第2項或第231條第2項之規定，所謂「偵查概括條款」，逕向電信業者調取，免用「調取票」，不受令狀（法官保留）原則之拘束。

法務部前揭函釋依傳統見解，較符合偵查本質，我國刑事訴訟法第228條第1項，檢察官是犯罪偵查主體；依刑事訴訟法第230條第2項或第231條第2項之規定，司法警察官或司法警察，接受檢察官之命令偵查犯罪。刑事訴訟法並未規定，檢察官應該用什麼方法偵查犯罪；所以，犯罪偵查方法之選擇，屬於檢察官之裁量權限[28]。此外，警察「知有犯罪嫌疑者」，可以不待檢察官或上級警察官之命令，逕行調查犯罪嫌疑人犯罪情形及蒐集證據。換句話說，如果檢、警「知有犯罪嫌疑」，對於犯罪偵查之方法，應該有自行斟酌之權限，即「偵查自由形成原則[29]」。也就是，在特定情形下，運用調取「通信使用者資料」之手段蒐集犯罪證據，是偵查權之行使。檢察官及司法警察對偵辦刑案有「判斷餘地」之偵查自由形

---

[27] 林鈺雄，通訊監察之修法芻議──通訊保障及監察法之部分修正條文，萬國法律，第192期，2013年12月，頁31。

[28] 依我國現制，除了羈押、搜索、鑑定留置權回歸法院之外，檢察官仍擁有廣泛之強制處分權。檢察官有權選擇偵查犯罪之方式。至檢察官是否有權限決定應否採取偵查措施，則仍有爭議。

[29] 基本上，對於偵查機關偵查方法之控制，有其現實上之困境。犯罪事實之偵查，因主客觀因素隨時間改變，而有其變動性。偵查常要求靈活應變與合目的性，即「偵查自由形成原則」。請參閱何賴傑，事實審法院蒐集證據之義務──兼評最高法院87年台非第1號判決，政大法學評論，第61期，1999年6月，頁447。

成空間[30]。刑事訴訟法前述規定之「偵查概括條款」，可以做為調取「通信使用者資料」之法律基礎，似乎沒有疑問。不過，這畢竟缺乏具體明確之授權依據，難免引發爭議。為符合法治國法律保留之精神，最恰當之做法，應該修法明定。

我國偵查實務修法前，係依據「偵查概括條款」等規定，調取此類通信使用者資料。由於調取「通信使用者資料」之法律基礎，一直都不夠具體明確，頗受爭議。為使人民對「通信使用者資料」調取更具有可預測性、可度量性、與可信賴性[31]，應有具體明確之法律授權基礎，使「通信使用者資料」調取有具體明確之法律依據，正式告別「偵查概括條款[32]」。

由於偵查作為常屬於浮動之狀態，偵查活動中，自亦無從事先預測或控制調取所可能擴及之範圍[33]。「通信使用者資料」調取大都以秘密方式進行資料蒐集，且經常是在被蒐集者不知悉之情況下所為，對人民之資訊自決權及精神自由權會有妨害。如果「通信使用者資料」調取所採取之預防犯罪手段不侵犯人民自由權利，不具有干預性質，或並未行使強制力，且對人民權益侵害相當輕微，屬「任意偵查」手段，即不須有法律之授權。例如，通信使用者基本資料中若單純電信號碼之歸屬者資料，包括固定IP位址資料，屬於「資訊自決權」之保障範疇；若所採取之措施是干預人民自由權利之強制手段，應劃歸為「強制偵查」之範圍，就需要法律之明確授權，例如，浮動IP位址資訊則因必然連結特定具體的網路通訊過程（含通信紀錄），而屬於憲法「通訊秘密基本權」之保障範圍[34]。否則國家公權力就有恣意擴張濫用之可能性[35]。

---

[30] 楊雲驊，同前註22，頁9。

[31] 許宗力，法與國家權力，月旦，1996年，頁122。

[32] 正式告別「概括條款或不確定之法律概念」，類似說法，請參閱吳庚，行政法之理論與實用，三民，1998年4版，頁109-110。

[33] 楊雲驊，同前註22，頁4。

[34] 陳重言，同前註9，頁49。

[35] 李震山，警察任務法，登文，1998年4版，頁20、22。

(三) 違反「法律保留」原則

「法律是干預行政之剎車及油門。」同理，法律也是「基資」調取措施之剎車及油門，如果沒有具體明確之法律依據，「基資」調取措施就不能任意使用。公權力措施受較多之法律羈束，人民相對的會受到較多的法律保障[36]。在法治國原則及法律保留原則之要求下，通信紀錄及「基資」調取之行使必須有具體明確之法律特別授權基礎[37]，且授權之內容、目的及範圍必須具體明確，使「基資」調取措施更具可度量性、可預見性、與可信賴性，以保護人民免於遭到「基資」調取措施之「突襲」。

為符合法律明確性及立法比例原則，「基資」調取攸關人民自由權利至鉅，所以，需要有法律具體明確之授權基礎，法治國原則才得以確保。刑事訴訟法前揭規定終究不夠具體明確，所以，應有具體明確之法律依據。惟是否有必要制定一個獨立之「通保法」？涉及立法政策考量，固屬立法者自由形成之範圍，但本文認為，「基資」調取措施之核心意義，就是為了刑事追訴（犯行追緝）。在刑事特別法回歸普通法潮流下，為避免形成特別刑法過度肥大之現象，我國刑事法律規定充斥特別法，甚至被譏為「刑事特別法肥大症[38]」，本應在我國刑事訴訟法，增列相關條款，明定「基資」調取措施之要件與程序較妥，賦予刑事追訴機關調取此類「基資」（例如：動態IP位址資訊）獨立之法律依據。然我國既已制定一個獨立之專法「通保法」，就應儘速在通保法做更精緻化之「基資」調取類型區分。法務部之前揭函釋，雖有進一步作類型化區分，惟僅以通案性質之函釋，亦即便宜行事以解釋性行政規則函頒[39]，未有具體明確之法律授權

---

36 吳庚，同前註32，頁15-17。

37 李震山譯，德國警察與秩序法原理（中譯2版），Heinrich Scholler/Bernhard Schloer 合著，Grundzuege des polizei- und Ordnungsrechts in der Bundesrepublik Deutschland，登文，1995年2版，頁6；許文義，德國警察資料保護職權精緻化之探討，警大法學論集，第4期，1999年3月，頁68。

38 林山田，論特別刑法肥大症之病因，法令月刊，第39卷第1期，1988年1月，頁8-9。

39 謂之函釋，並無立法定義，一般係指主管機關就法規之意義及如何適用所表示之法

依據，誠屬遺憾。

　　司法警察如果經干預之授權，就得行使其通信紀錄及「基資」調取職權。為達成警察法上之「犯行追緝」之特定任務，並非所有手段或措施都需法律之特別授權，只有當所採取之手段或措施干預或限制到人民之自由權利時，才有法律特別授權之必要[40]，例如：通聯紀錄中通話對象及基地台位置之調取[41]、及「基資」中動態IP位址資訊之調取等，凡此涉及受調取對象之憲法秘密通訊自由、居住遷徙自由及隱私權等。亦即，干預人民權益之強制措施，應歸類為「強制偵查」之範疇，須受嚴格法律保留原則之拘束；反之，未干預人民權益之任意性措施，應歸屬於「任意偵查」之範圍，只須遵守法律優越原則，不須法律授權亦得為之[42]，例如：「基資」中固定IP位址資料之調取、自願提供之個人靜態資訊[43]、以及屬於通訊紀錄中機械事項[44]之調取等。

律見解。主管機關作成解釋函釋之對象，不外為下級機關、不相隸屬之機關及詢答之人民。依行政程序法第159條第1項規定：「本法所稱行政規則，係指上級機關對下級機關，或長官對屬官，依其權限或職權為規範機關內部秩序及運作，所為非直接對外發生法規範效力之一般、抽象之規定。」因此，主管機關對下級機關所為通案性質之函釋，因係一般、抽象之規定，乃視之為行政程序法第159條第2項第2款規定所稱，為協助下級機關或屬官統一解釋法令、認定事實、及行使裁量權，而訂頒之解釋性行政規則。

[40] 許宗力，行政機關若干基本問題之研究，收錄於翁岳生，行政程序法之研究，經建會健全經社法規工作小組，1990年12月，頁242。

[41] 因基地台位置已能大致鎖定受調取對象之活動軌跡、活動模式及其所在區域地點，亦即基地台位置會提供受調取對象之遷徙、活動資訊。請參閱黃朝義，同前註5，頁15。

[42] 許宗力，同前註31，頁242。

[43] 自願提供之個人靜態資訊，例如：申請者姓名、身分證號碼、性別、年齡、戶籍地址、帳寄地址、申請日期、目前使用狀況等資訊，屬於受調取對象使用電信服務，與電信公司簽訂合約並合法使用該通訊手段，且自願提供之個人資訊。該資訊僅能證明申請者申請時使用之靜態資訊，並非使用者之動態資訊。請參閱黃朝義，同前註5，頁15。

[44] 屬於通訊紀錄中機械事項，例如：通訊日期、通訊時間、通訊頻率、手機IMEI、通話類別、轉接電話等資訊。此些資訊因屬於通訊紀錄中機械事項，係用於識別通話本身。請參閱黃朝義，同前註5，頁15。

另附帶一提，美國政府之偵查機關欲使網路業者提出使用者之電子郵件資料，必須達到和「通訊監察」相同之「相當理由」（probable cause）之證據門檻[45]，以聲請搜索票之方式爲之，因爲這是使用者之間的通訊，而非網路業者與使用者間之通訊，不能單純以商業紀錄視之，網路業者僅屬媒介者之性質[46]。惟電子郵件資料之調取，有別於基地台位置之調取，基地台位置資訊顯然是商業紀錄[47]，美國基地台位置之調取，雖亦屬於法官保留事項，但僅須達到「合理懷疑」（reasonable suspicion）之門檻時，即可核發調取基地台位置之法院命令[48]。法務部之前揭函釋，雖有進一步就電子郵件資料作成兩種類型化區分，第一類、針對特定帳號，預定一定期間攔截、過濾將寄發或收受之郵件者，應遵守通保法規範要件。第二類、調取某特定帳號內業已寄發或收受之郵件情形，非適用通保法而應

---

[45] 通訊保障及監察法第5條所規定之「相當理由」（probable cause），係程序法中用以避免執行機關「恣意」通訊監察所作之重要限制。「相當理由」之存在，係國家機關「發動」通訊監察之前提，如未依相當理由即發動強制處分權，因此取得之證據，即有權衡法則之適用。又「相當理由」之認定，必斟酌一定之事由，而非依聲請人主觀上之預想或猜測而來。請參閱王兆鵬，成大案搜索之適法性問題，台灣本土法學雜誌，第23期，2001年6月，頁75；吳巡龍，新法緊急搜索之心證門檻、要件及違法搜索之證據排除，載於台灣刑事法學會編，刑事訴訟法之最新增修與實踐，台北學林，2002年9月初版，頁113。

[46] *United States v. Warshak,* 631 F.3d 266, 286-288 (6th Cir. 2010).

[47] Jones, 132 S. Ct. at 961，其中Alito法官之協同意見。在此一架構下，基地台位置資訊顯然是商業紀錄。電信業者基於商業目的蒐集基地台位址資料，可能是爲了使電信網路服務最佳化，也可能是爲了向使用該等基地台之消費者收取費用。政府並未規定電信業者作成或儲存該等紀錄，電信業者對於要記錄之事項、要儲存之期間都有自主決定權限。政府更未要求或勸說電信業者保留該等基地台位址紀錄，而僅是在該等紀錄作成以後，請求電信業者提出業已完成之紀錄。

[48] In re Application of the United States for Historical Cell Site Data, 724 F.3d 600, No. 11-20884 (5th Cir. 2013)，基地台位置資訊屬於商業紀錄，因爲治安法官與地方法院法官將該等資訊以行蹤資訊視之，因此適用了錯誤的「相當理由」（probable cause）法律標準。在適當的架構分析下，美國儲存通訊法§2703(d)授權法院在聲請人之聲請已達「特定可述事實」（specific and articulable facts）又稱「合理懷疑」（reasonable suspicion）門檻時，即可核發調取基地台位置之法院命令，該門檻縱非憲法增修條文第4條之相當理由，亦不違憲。再者，只要政府之聲請符合法定要件，儲存通訊法並未賦予治安法官駁回聲請之裁量權。

依刑事訴訟相關規定辦理。前者應遵守通保法規範要件，後者非適用通保法而應依刑事訴訟相關規定辦理。法務部函釋針對電子郵件資料之調取未訂「相當理由」之門檻，基地台位置之調取亦未訂「合理懷疑」之門檻[49]，且均未有具體明確之法律授權依據，美國法制均足以作為我國未來修法與實務運作之參考。

陸、通聯紀錄調取之修正評析

通保法新增第11條之1明定「通信紀錄」及「通信使用者資料」調取票之相關要件，依本條第2項、第3項規定，司法警察因調查犯罪嫌疑人犯罪情形及蒐集證據，認有調取「通信紀錄」之必要時，應報請檢察官許可後，向該管法院聲請核發調取票（第2項），或應聲請檢察官同意後調取之（第3項），以下就「通信紀錄」及「通訊使用者基本資料」，分述如下：

一、調取票規範之立法缺失

(一) 緊急調取權，恐架空令狀（法官保留）原則

2014年年1月29日修正之通保法，其修正重點之一，即增訂檢警對於通信紀錄之調取規定，除通保法第3條之1增訂通信紀錄及通訊使用者資料之定義外，通保法第11條之1並規定檢察官及司法警察聲請調取通信紀錄及通信使用者資料之要件。亦即，檢察官偵查最重本刑三年以上有期徒刑

---

[49] 「特定可述事實」（specific and articulable facts）又稱「合理懷疑」（reasonable suspicion），相對於「相當理由」（probable cause）屬於較寬鬆之心證標準，量化上，「合理懷疑」約為20分，「相當理由」約為50分，請參閱黃翰義，論刑事證據之基本原則，軍法專刊，第55卷第5期，2009年10月，頁82。另「特定可述事實」係自美國最高法院Terry v. Ohio (392 U.S. 1)一案引伸而來，最高法院在該案中肯定員警只要能依據「特定可述事實」作出合理推斷，即可對嫌疑人進行攔檢與拍搜（stop and frisk），毋庸適用憲法增修條文第4條之相當理由標準。

之罪，有事實足認通信紀錄及通信使用者資料於本案有必要及關連性時，除有急迫不及事先聲請者外，應以書面聲請該管法院核發調取票。

另關於通聯紀錄法官保留部分，調取通聯原則上均應法官保留，但下列情形除外，不需法官保留：1.最輕本刑十年以上有期徒刑之罪、2.所犯係強盜、搶奪、詐欺、恐嚇、擄人勒贖、人口販運防制法、槍砲彈藥刀械管制條例、懲治走私條例、毒品危害防制條例、組織犯罪防制條例等罪、3.國安局之情報監聽（通保法§11-1參照）。

在制度之設計上，令狀之核發，即應由中立之司法機關加以制衡[50]，使法官發布令狀之權限，事前由司法審查該調取行爲是否符合要件、有無必要性等事項，以平衡偵查之要求及基本權之維護[51]。以令狀規制之實益，係以事前審查之機制，抑制偵查機關強制處分之恣意性[52]，蓋以法官保留係具有「獨立性保障」及「程序保障」之特色[53]，以使調取行爲於具體實行時，得以顧及人民之秘密通訊自由及隱私權[54]。

通保法增訂第11條之1第1項，對於通信紀錄之調取，亦採取令狀原則，原則上需要符合法官保留原則，即須提出聲請後經該管法院核發「調

---

[50] 日本憲法第35條第2項規定：「搜索或扣押，應由有權限之法官核發。」日本學者論及電話監聽之憲法論，大部分認爲其令狀原則係本於日本國憲法第35第2項之條文，請參閱奧平康弘，いま市民の自由を語る意味——通訊傍受法を考える，法律時報，第71卷第12號，1999年11月，頁6。然通訊監察之概念與搜索、扣押並不相同，以此資爲監聽行爲之令狀原則在憲法上依據，容有未洽之處。

[51] 石丸俊彦，刑事訴訟法，成文堂，平成11年3月10日初版3刷，頁103-104。

[52] 高田卓爾、田宮裕，演習刑事訴訟法，青林書院，昭和59年5月10日初版1刷，頁94。

[53] 獨立性保障，指獨立於行政（the executive）及獨立於當事人（the parties）之外的原則；程序保障，指對於人民基本權之限制，應有正當程序之要求。須附帶一言者，乃日本學者就「監聽」本身（如在家中裝置竊聽器）是否違憲仍有爭論。採合憲說之學者平野龍一認爲：立法論上限於對生命或國家安全之情形，得本於特別令狀並限定時間之方式予以核發；採違憲說之學者鵜飼信成認爲：事實上依監聽行爲之性質，並無法使之特定且具體化，故不可能有合法之監聽行爲。請參閱川崎英明，盜聽法——令狀主義，法律時報，第71卷第12號，1999年11月，頁37。

[54] 林三欽，通訊監察與秘密通訊之自由，憲政時代，第23卷第2期，1997年10月，頁9。

取票」，始得調取通信紀錄。此項立法決定勢必增加許多司法實務成本，但因符合強化保障秘密通訊自由及隱私權之國際趨勢，仍值肯定[55]。令狀原則其目的在於防止偵查人員恣意進行通信紀錄及「基資」之調取，以確保人民憲法上之秘密通訊自由權利，須嚴謹具體明確之實體與程序要件，方可控制偵查機關之通信紀錄及「基資」之調取權限[56]。通保法增訂的第11條之1第1項，雖明定了通信紀錄及「基資」之調取，原則上須符合「法官保留」原則，例外僅於急迫情況，賦予檢察官緊急調取權限。然同條第3項則廣開法官保留之例外大門，但如此寬廣之例外情況，實質上等同架空了法官保留原則[57]。不可以假借例外情形之名義，濫行調取，恐不免有使例外變為原則之疑慮，一旦形成「例外變原則」怪現象，幾等同於未採「法官保留原則」，讓調取票之立法美意流於形式，甚至落空。

(二)取證性質調取權限，全部回歸法院，恐生犯罪抗制不能之弊端

通保法修正後，關於通信紀錄及「基資」之調取是否改為法官保留事項，引起諸多討論[58]。從憲法保障人權之觀點，在羈押（採絕對法官保留原則，屬憲法位階）[59]、搜索權（採相對法官保留原則，僅屬法律層次）[60]與鑑定留置（採絕對法官保留原則，亦僅屬法律層次）先後回歸法院後[61]，偵查中之強制處分亦有回歸法院之趨勢，通信紀錄及「基資」之

---

[55] 陳重言，同前註9，頁55。另有關通保法之原理原則介述，請參閱張麗卿，通訊保障及監察法之修正與評析，月旦法學雜誌，第229期，2014年6月，頁32-37；及黃朝義，同前註5，頁103-104。

[56] 李榮耕，同前註7，頁105-153。

[57] 陳重言，同前註9，頁55。

[58] 莊佳瑋譯，含基地台位址之通聯紀錄是否屬合理期待之隱私？——美國第五巡迴上訴法院裁定（724 F.3d 600），檢察新論，第16期，2014年7月，頁190-202。

[59] 參照憲法第8條第2、3項及司法院大法官釋字第392號解釋意旨。

[60] 參照刑事訴訟法第128條第1項規定，我國搜索採行「相對法官保留原則」，以有令狀搜索為原則，無令狀搜索為例外。

[61] 參照刑事訴訟法第203條之1第4項規定：「鑑定留置票，由法官簽名。檢察官認有鑑定留置必要時，向法院聲請簽發之。」此係2003年2月6日增訂「鑑定留置」規定，亦採「絕對法官保留原則」，惟僅屬法律層次。

調取有干預人民基本權利，是一新型態之強制處分，原則宜採「法官保留原則」，較符合人民之法感情[62]。我國近年之刑事訴訟法修正，羈押、搜索、扣押、鑑定留置等強制處分權限，其令狀簽發之決定權已有逐漸回歸法院之趨勢，固可避免形成「球員兼裁判」之偵查構造，較符合當事人對等之訴訟架構[63]，但偵查作為具有迅速及時和積極主動等特性，若把搜索、扣押、監聽、通信紀錄及「基資」之調取等屬於取證性質之強制處分權限，全部回歸法院，可能相對產生對犯罪追訴不能之情形[64]，因此，為有效且合理的抗制犯罪，檢察官仍應保有搜索、扣押、拘提、逮捕、監聽、通信紀錄及「基資」之調取等屬取證性質之強制處分決定權限，以兼顧「效率」及「正義」之追求，方屬合理。

強制處分採「法官保留原則」，其優點在於「保障人權，防止濫權」，其缺點在於分權制衡，妨礙追訴效率。偵查階段，發現犯罪嫌疑人及證據之取得、蒐集與保全，時機往往稍縱即逝，令狀之聲請與決定分離之結果，容易坐失先機，而且偵查犯罪具有高度機動性，強制處分之發動時點，常常不分晝夜，要全天候待命，以目前有限的法官人力建制，勢必無法因應配合[65]。

強制處分若採「法官保留原則」，完全將強制處分權之監督關係，甚至其行使之權限，交付法院，在權利保障上，似乎是多了一層防護，但所應思考的問題，實應更廣，如完全交付法院審查，在犯罪追訴與處罰的即時性，有效蒐證之機會稍縱即失，是否會因程序的延誤，讓罪犯逍遙法外，而產生犯罪抗制不能之弊端，而造成司法必須向犯罪妥協之嚴重後果。偵查作為無可避免地必須高度要求效率、迅速、即時與合目的性，偵查機關在有限的程度內，必須賦予通信紀錄及「基資」之調取等屬於取證性質之強制處分決定權限，此不但是世界先進國家所共認，同時也具有追

---

[62] 林鈺雄，刑事訴訟法（上冊）——總論，自版，2001年，頁367。

[63] 黃朝義，刑事訴訟法（制度篇），元照，2002年初版2刷，頁16以下。

[64] 柯耀程，刑事訴訟法強制處分部分條文修正擬議（甲案），刑事訴訟法強制處分部分條文修正研討會，台灣本土法學雜誌，第19期，2001年2月，頁22以下。

[65] 林鈺雄，刑事訴訟法（上冊、總論編），學林，2001年2版，頁250-251。

訴可能性及可行性之實質意義所在。如將偵查機關之強制取證權限，完全剝奪，首先面臨的問題，在於對犯罪的追訴不能，從而對犯罪的證明，更難以實現。因此，在思考強制取證權限的分配時，必須同時兼顧人民基本權利干預的正當性與追訴處罰的可能性，以及搭配未來刑事訴訟制度及通保法變革的考量。

基於避免無謂的司法訴訟資源耗費以及有效保全證據，及考量偵查階段常屬浮動狀態之現實，是否會有侵犯檢察官對案件有「判斷餘地」之偵查自由形成空間等問題。是以，通信紀錄及「基資」之調取及其他非人身自由干預之強制處分權，是否應該完全交由法院來行使，其所考量之問題，不應僅從「法官最後審查」之觀點，作單向的思維，而應從通信紀錄及「基資」之調取的本然性質，以及未來刑事訴訟法及通保法的修正動向，作雙向的斟酌，以保障人權[66]。通信紀錄及「基資」之調取強制處分在分配原則的考量上，仍應維持原來「偵審兼具」的分配關係較妥，但對於發動條件，以及行使的內容及範圍，應加以限制，同時嚴格採行「令狀原則」，以避免通信紀錄及「基資」之調取等處分的浮濫[67]。

二、增訂通聯紀錄調取評析

(一) 通信紀錄調取評析

1. 個案情節重大漏未規範

通保法修正警察調取通聯紀錄之「調取票」規範，和第5條「通訊監察書」同樣採取「重罪」原則，在「法定刑」部分，本次新法修正，檢察官偵查最重本刑三年以上有期徒刑之罪，有事實足認通信紀錄及通信使用者資料於本案之偵查有必要性及關連性時，除有急迫情形不及事先聲請者外，應以書面聲請該管法院核發調取票；司法警察官因調查犯罪嫌疑人犯

---

[66] 柯耀程，同前註64，頁23。這裡提到目前檢察官、司法警察（官）及法院，均具有程度不等的強制處分權限，而在刑事訴訟法中，並無嚴格條件的規範，僅作原則性概括的規定而已，因此，產生若干執行上的弊端。對於現行法關於搜索、扣押的規定，應更明確限制分配的條件，以及限定行使的範圍。

[67] 柯耀程，同前揭註64，頁23。

罪情形及蒐集證據，認有調取通信紀錄之必要時，得依前項規定，報請檢察官許可後，向該管法院聲請核發調取票（通保法§11-1Ⅰ、Ⅱ規定參照）。修法後，通聯紀錄調取票之聲請程序，須檢察官許可後方可向法院聲請，等同架設兩道高牆，增加警方辦案之困難度，延誤辦案時機及耗費更多偵查人力資源，提供串供滅證銷贓之機會，嚴重者甚至讓犯嫌逍遙法外；且民眾日常生活中常遇到之輕罪（普通傷害、侵入住居、強制、妨害秘密、妨害名譽、毀損、恐嚇危安、妨害電腦使用、贓物、重利、賭博、網路色情等），修法後警察機關全數不能立即調取其通聯紀錄，無法及時掌握嫌犯身分及其即時位置與犯罪活動範圍軌跡，無法有效即時追查，釐清案情，遏止犯罪；此外，對於自殺、違序、家暴等與公益有關案件，警察若無法及時調取通聯紀錄，予以必要之查證與協助，對社會治安及偵查犯罪，勢必造成負面之衝擊與影響[68]。

　　此外，不用事先聲請法院核發調取票情況，採取以「法定刑」與「罪名」併列之立法模式，檢察官、司法警察官為偵辦最輕本刑十年以上有期徒刑之罪、強盜、搶奪、詐欺、恐嚇、擄人勒贖，及違反人口販運防制法、槍砲彈藥刀械管制條例、懲治走私條例、毒品危害防制條例、組織犯罪防制條例等罪，而有需要時，得由檢察官依職權或司法警察官向檢察官聲請同意後，調取通信紀錄。

　　換言之，修法後，依該法第11條之1規定，司法警察機關欲調取通聯紀錄需符合偵查犯罪之目的，且區分不同罪名向不同機關聲請調取票。亦即司法警察機關偵查最重本刑三年以上有期徒刑之罪時，需報請檢察官許可後，向該管法院聲請核發調取票；在偵辦最輕本刑十年以上有期徒刑之罪、強盜、……、組織犯罪防制條例等罪時，僅須得檢察官同意即可調閱[69]。

　　本次通保法修正頗受詬病，依重罪原則，檢察官僅追訴最重本刑三年以上有期徒刑之重罪（未限定最低刑度），始得調取通聯紀錄，此項重

68　黃朝義，同前註5，頁12。

69　黃朝義，同前註5，頁12。

罪門檻限制,從刑事訴訟既有之強制處分體系觀之,似有輕重失衡之不和諧。蓋較調取通信紀錄干預強度更大之羈押、拘提、搜索等強制處分,立法者均未限定犯罪類型與刑度低標(刑事訴訟法§101、§75、§76、§122參照),何以干預強度較輕微之通信紀錄調取,反設立罪刑門檻。相對於立法者概括設立過重之罪刑門檻,可能不當限制刑事追訴效能;相反地卻完全忽視了個案情節之輕重,罔顧個案正義。由於該當科處重刑之犯罪構成要件之具體社會事實,個案中可能情節輕微,例如:公務員侵占公用便條紙一張,依貪污治罪條例第4條第1項第1款,處十年以上有期徒刑。以上案例如發生在通保法修正後,如未採認「可罰違法性」或「社會相當性」以欠缺實質違法性否認成罪之理論[70],而仍予以訴追時,即便此等犯罪之法定刑在形式上仍符合調取要件,然對於此等輕微犯行調取通信紀錄,仍顯與比例原則有違[71]。未來修法宜明訂,所追訴之犯罪不僅法定刑應重大,於個案情節亦應重大,方得調取通信紀錄[72]。

2. 利用通訊工具犯罪漏未規範

司法警察為辦案所需,另應先報請檢察官許可,依上述程序辦理。此令狀制度猶如孫悟空頭上之緊箍咒,促使司法辦案更加慎重。惟就最重本刑三年以上有期徒刑以外之其他輕罪,司法機關無法調取通信紀錄與通信使用者資料,可能不利於該等案件之證據調查。我國一些常見利用通訊工具實行犯罪,但卻因未達到刑度門檻而不准調取其通信紀錄與基資,恐將產生爭議之犯罪群組,有待修法增訂利用通訊工具犯罪類型或其他輕罪予以納入規範[73]。

---

[70] 違法性可依程度輕重,區分為可罰或不可罰,刑罰的發動應針對具有可罰違法性之行為。「可罰違法性」是指,程度比較嚴重的違法;程度微小的違法,則欠缺可罰違法性。可罰違法性理論的創發,是為了對應極輕微的構成要件該當行為。日本學說與實務大致接受「可罰違法性」的觀念,但意見分歧。有認為,輕微不法(如偷採一顆水果)並非構成要件該當;有認為,輕微不法乃構成要件該當,但不具可罰的違法性。請參閱林東茂,刑法綜覽,一品文化,2015年8月8版,頁1-104。

[71] 陳重言,同前註9,頁51-52。

[72] 參照德國刑事訴訟法第100g條第1項第1句第1款規定。

[73] 陳重言,同前註9,頁53-54。

3. 其他立法缺失有待修法解決

(1)調取通信紀錄之類型，尚包括即時調取通信紀錄，特別是針對基地台位置資訊。透過電腦程式之輔助迅速查詢，此類即時調取通信紀錄類型，對於偵查機關犯行追緝或人質營救等即刻救援行動，可即時提供重大成效。由於此類即時調取通信紀錄型態，對於秘密通訊自由之干預程度較高，故德國刑事訴訟法第100g條第1項第3句即規定，僅適用於符合該條第1項第1句第1款「重大犯罪」門檻之情形，未來修法宜參考德國法制納入規範。

(2)為了確保刑事訴訟程序順利進行，使國家刑罰權得以實現，除了犯罪事實查證之外，確認調查被告所在地（尋獲被告），亦應為包含調取通信紀錄等查證手段之重要目的，依通保法第11條之1之法條文義解釋，僅限於犯罪事實調查之目的，對於確認調查被告所在地（尋獲被告）部分漏未規範，未來修法宜增訂，具體明確規範確認調查被告所在地，亦得為調取通信紀錄，以臻明確。

(3)當通訊紀錄已脫離電信事業之資訊儲存系統，而儲置在個別電信用戶之通訊機具（如手機、電腦等）內時，德國刑事訴訟法第100g條第3項已明定，不再受重罪門檻之限制，德國法制均足以作為我國未來修法與實務運作之參考。

(4)依通保法第4條及第11條之1調取通信紀錄之對象，僅限以被告或犯罪嫌疑人為限，未包括被告或犯罪嫌疑人以外之正犯與共犯或其他受監察人[74]，未來修法宜明訂。

(5)當事人知悉而且同意調取通信紀錄時，即逕可調取，新法漏未明示當事人同意調取作為許可事由，未來修法宜明訂[75]。

---

[74] 參照德國刑事訴訟法第100g條第1項第1句亦明文僅容許對犯罪之正犯與共犯調取通信紀錄。

[75] 參照德國刑事訴訟法第100g條第1項第1句即明定縱使當事人不知情的情況下，亦得調取通信紀錄。反面言之，當事人知悉而且同意調取通信紀錄時，即逕可調取，毋庸再討論調取之實體或程序要件是否該當。

三、增訂通訊使用者基本資料調取評析

通訊使用者基本資料本質上屬於電信契約之基本資料，此電信通信使用者契約之基本資料，係指電信參與者涉及電信通訊服務契約之締結、內容、變更與終止等事項所取得之相關資料[76]。與通信紀錄最為相關，並嚴予區辨之重要資料為通信使用者基本資料。然此資料卻因我國通保法修正之不當規定，修正後通保法第11條之1第1項規定，對於通信紀錄與通信使用者基本資料，課以相同之限制要件，使得通信使用者基本資料之調取要件與程序，因等同於通信紀錄而遭受過度限制。通信紀錄與通信使用者基本資料所涉及之基本權內涵不同。通信使用者基本資料中若單純電信號碼之歸屬者資料，包括固定IP位址資料，屬於「資訊自決權」之保障範疇；相對於此，浮動IP位址資訊則因必然連結特定具體的網路通訊過程（含通信紀錄），而屬於憲法「通訊秘密基本權」之保障範圍。其干預限制程度自不應等同設定，而應有層級化之區隔，新法修正卻等同對待，自有不當[77]。

「通信使用者資料」只要涉及基本權利限制或干預者，就應有具體明確之法律依據，其法律保留密度視事件性質不同，形成層級化之保留體系，其結構形成一個如同心圓般之規範體系。換言之，在此層級化法律保留體系中，因為所涉及人民之自由權利與侵害強度不同，法律保留所要求之強度也有所不同，亦即視「通信使用者資料」之性質及其干預人民基本權利之深度與強度，分別做不同程度之規範，亦即調取權之「層級化法律保留體系[78]」。

我國通保法修正未區隔調取通信紀錄及通信使用者基本資料之實體與程序要件，亦未要求具備獨立具體明確之法律授權依據，甚至修法後法務

---

[76] 參照德國電信法第3條第3款對此有類似規定，參閱陳重言，同前註9，頁48。

[77] 參閱陳重言，同前註9，頁48-49。

[78] 謝亞杰，違法取證與證據排除——以臥底偵查為中心，政治大學法律研究所碩士論文，2003年6月，頁29。這裡提到「司法警察詢問權的層級化保留體系」，其想法主要源自司法院大法官釋字第443號解釋的啟示，頗具創意與實用價值。

部函釋僅依據「偵查概括條款」即可調取通信使用者基本資料，重返傳統見解之老路，並對於通訊機具或儲存設備之存取權限安全密碼及浮動IP位址資訊等之調取，未設立更高之實體與程序門檻，且未確認浮動IP位址資訊屬於秘密通訊自由保障之範疇，不得單純附隨於通信使用者基本資料而恣意調取使用，顯與憲法保障通訊秘密自由及資訊自由權與一般人格權之要求有所違背，有待我國未來儘速修法解決。

柒、結論

犯罪偵查之目的，固重在發現實體真實，其手段應合法正當，以保障人權[79]。為兼顧「人權保障」及「公共利益（社會治安）」之均衡維護，通信紀錄及基資調取之運用，勢必干預人民之基本權利，必須依法踐行「正當法律程序」（Due Process of Law），而且兼顧「目的」與「手段」之衡平，謹守「法律保留」與「比例」原則，如何在有效的刑事追訴之外，復能兼顧人權的保障，為近代刑事法之重要課題[80]。

通信紀錄及基資之調取常運用於前偵查領域。警察犯行追緝任務包含了前偵查領域，通信紀錄及基資之調取常視為犯行追緝之偵查準備階段，在將來的犯罪追訴之預先準備階段，透過警察的通信紀錄及基資之調取措施迅速且有效地釐清未來可能的犯罪情況。故透過通信紀錄之調取，經過解析後，得以描繪出持用該電信號碼者之行動軌跡圖，有利於警方循線調查，拼湊出嫌犯之人際網絡與犯罪事證。

通保法修法前，我國偵查機關係依據「偵查概括條款」及電信事業之法定協助義務（通保法§14Ⅱ、Ⅳ規定參照）及個資法等相關規定，調取此類通信使用者資料。修法後法務部仍依循修法前作法，以通案性質之函釋司法警察機關調取「通信使用者資料」時，其相關要件通保法既漏未規

---

[79] 林輝煌，論證據排除——美國法之理論與實務，元照，2003年初版1刷，頁7。

[80] 林鈺雄，搜索扣押註釋書，元照，2001年9月，頁19以下；楊雲驊，違法搜索，法學講座，第27期，2004年5月，頁97。

定，得依刑事訴訟法第230條第2項或第231條第2項之規定，所謂「偵查概括條款」，逕向電信業者調取，免用「調取票」，不受令狀（法官保留）原則之拘束。

通信紀錄及「基資」調取措施之核心意義，就是為了刑事追訴（犯行追緝）。在刑事特別法回歸普通法潮流下，為避免形成特別刑法過度肥大之現象，我國刑事法律規定充斥特別法，甚至被譏為「刑事特別法肥大症」，本應在我國刑事訴訟法，增列相關條款，明定「基資」調取措施之要件與程序較妥，賦予刑事追訴機關調取此類「基資」（例如：動態IP位址資訊）獨立之法律依據。然我國既已制定一個獨立之專法「通保法」，就應在通保法做更精緻化之「基資」調取類型區分。

法務部之前揭函釋，雖有進一步作類型化區分，惟僅以通案性質之函釋，亦即便宜行事以解釋性行政規則函頒，未有具體明確之法律授權依據，誠屬遺憾。為符合法律保留、法律明確性及立法比例原則，通信紀錄及「基資」調取攸關人民自由權利至鉅，所以，需要有法律具體明確之授權基礎，法治國原則才得以確保。刑事訴訟法第230條第2項或第231條第2項之規定，所謂「偵查概括條款」終究不夠具體明確，所以，應有具體明確之法律依據。

通保法修正因倉促立法之故，諸多問題也因通聯紀錄「調取票」之增訂而亂象環生，急待再次修法解決，例如：緊急調取權，恐架空令狀（法官保留）原則；把具有取證性質通信紀錄及「基資」調取權限，全部回歸法院，恐生犯罪抗制不能之弊端，此外，還有其他多項立法缺失，均有待修法解決。因此，如何在有效的刑事追訴之外，又無損於真實發現追求正義之目的，復能兼顧秘密通訊自由及隱私權之保護，是通保法未來修正將會面臨的法律上之難題。

參考文獻

一、中文

1. 王兆鵬，成大案搜索之適法性問題，台灣本土法學雜誌，第 23 期，2001 年 6 月。

2. 李榮耕，特定明確原則與機動性通訊監察，政大法學評論，第 126 期，2012 年 4 月。

3. 李榮耕，簡評 2014 年新修正的通訊保障及監察法——一次不知所為何來的修法，月旦法學雜誌，第 227 期，2014 年 4 月。

4. 李震山，警察任務法，登文，1998 年 4 版。

5. 李震山譯，德國警察與秩序法原理（中譯 2 版），Heinrich Scholler/Bernhard Schloer 合著，Grundzuege des polizei- und Ordnungsrechts in der Bundesrepublik Deutschland，登文，1995 年 2 版。

6. 何賴傑，事實審法院蒐集證據之義務——兼評最高法院 87 年台非第 1 號判決，政大法學評論，第 61 期，1999 年 6 月。

7. 吳庚，行政法之理論與實用，三民，1998 年 4 版。

8. 吳巡龍，新法緊急搜索之心證門檻、要件及違法搜索之證據排除，載於台灣刑事法學會編，刑事訴訟法之最新增修與實踐，學林，2002 年 9 月初版。

9. 吳巡龍，監聽偶然獲得另案證據之證據能力——評新修通保法第 18 條之1，檢察新論，第 16 期，2014 年 7 月。

10. 林山田，論特別刑法肥大症之病因，法令月刊，第 39 卷第 1 期，1988 年1 月。

11. 林東茂，刑法綜覽，一品文化，2015 年 8 月 8 版。

12. 林鈺雄，刑事訴訟法（上冊、總論編），學林，2001 年 2 版。

13. 林鈺雄，刑事訴訟法（上冊）——總論，自版，2001 年。

14. 林鈺雄，搜索扣押註釋書，元照，2001 年 9 月。

15. 林鈺雄，論通訊之監察——評析歐洲人權法院相關裁判之發展與影響，收

錄於刑事程序與國際人權（二），元照，2012 年 3 月。

16. 林鈺雄，通訊監察之修法芻議——通訊保障及監察法之部分修正條文，萬國法律，第 192 期，2013 年 12 月。

17. 林鈺雄，通聯紀錄之調取——從幾則基地台相關判決談起，台灣法學雜誌，第 239 期，2014 年 1 月。

18. 林三欽，通訊監察與秘密通訊之自由，憲政時代，第 23 卷第 2 期，1997 年 10 月。

19. 林輝煌，論證據排除——美國法之理論與實務，元照，2003 年初版 1 刷。

20. 林豐裕、李欣倫、李鎮宇，簡評 2014 年通訊保障及監察法增修條文——兼論新法對於實務運作之衝擊，檢察新論，第 16 期，2014 年 7 月。

21. 周慶東，權利干預與警察法上的危害預防，2013 第一屆國際暨兩岸「行政罰與刑事罰界限問題之探討」學術研討會，真理大學法律學系暨高雄大學法律學系等主辦，2013 年 5 月。

22. 柯耀程，刑事訴訟法強制處分部分條文修正擬議（甲案），刑事訴訟法強制處分部分條文修正研討會，台灣本土法學雜誌，第 19 期，2001 年 2 月。

23. 黃翰義，論刑事證據之基本原則，軍法專刊，第 55 卷第 5 期，2009 年 10 月。

24. 黃朝義，刑事訴訟法（制度篇），元照，2002 年初版 2 刷。

25. 黃朝義，犯罪偵查第四講——監聽，月旦法學教室，第 10 期，2003 年 8 月。

26. 黃朝義，通聯紀錄調取與另案監聽修法評析，警大法學論集，第 26 期，2014 年 4 月。

27. 黃紹祥，通訊保障及監察法之研究——以通聯紀錄為中心，國防管理學院法律研究所碩士論文，2005 年 5 月。

28. 陳重言，刑事追訴目的之通信（通聯）紀錄調取與使用——兼評 2014 年初通保修法，檢察新論，第 16 期，2014 年 7 月。

29. 陳運財，檢警關係定位問題之研究——從貫徹檢察官控訴原則的立場，月旦法學雜誌，第 108 期，2004 年 5 月。

30. 陳佑寰，電信通聯紀錄具個資，取得使用仍應合法——Metadata 也算

Data，淺談通聯紀錄與個資保護，請參閱 http://www.netadmin.com.tw/article_content.aspx?sn=1312050004。

31.許文義，德國警察資料保護職權精緻化之探討，警大法學論集，第 4 期，1999 年 3 月。

32.許文義，警察預防犯罪任務之分析與探討，警學叢刊，第 29 卷第 5 期，1999 年 3 月。

33.許文義，從時代潮流變革探討當前警察法演進之趨勢，警學叢刊，第 30 卷第 1 期，1999 年 7 月。

34.許宗力，法與國家權力，月旦，1996 年。

35.許宗力，行政機關若干基本問題之研究，收錄於：翁岳生，行政程序法之研究，經建會健全經社法規工作小組，1990 年 12 月。

36.莊佳瑋譯，含基地台位址之通聯紀錄是否屬合理期待之隱私？——美國第五巡迴上訴法院裁定（724 F.3d 600），檢察新論，第 16 期，2014 年 7 月。

37.張麗卿，通訊保障及監察法之修正與評析，月旦法學雜誌，第 229 期，2014 年 6 月。

38.楊雲驊，違法搜索，法學講座，第 27 期，2004 年 5 月。

39.楊雲驊，失衡的天平——評新修正通訊保障及監察法第 18 條之 1，檢察新論，第 16 期，2014 年 7 月。

40.謝亞杰，違法取證與證據排除——以臥底偵查為中心，政治大學法律研究所碩士論文，2003 年 6 月。

41.高田卓爾、田宮裕，演習刑事訴訟法，青林書院，昭和 59 年 5 月 10 日初版 1 刷。

二、日文

1. 石丸俊彥，刑事訴訟法，成文堂，平成 11 年 3 月 10 日初版 3 刷。

2. 奧平康弘，いま市民的自由を語る意味——通訊傍受法を考える，法律時報，第 71 卷第 12 號，1999 年 11 月。

3. 川崎英明，聽法——令状主義，法律時報，第 71 卷第 12 號，1999 年 11 月。

三、相關判決

1. In re Application of the United States for Historical Cell Site Data, 724 F.3d 600, No. 11-20884 (5th Cir. 2013).

2. *United States v. Warshak,* 631 F.3d 266, 286-288 (6th Cir. 2010).

3. *United States v. Knotts,* 460 U.S. 276, 284, 103 S. Ct. 1081, 75 L. Ed. 2d 55 (1983).

4. Jones, 132 S. Ct. at 961.

5. Sinner, 690 F.3d at 778.

9

組織犯罪案件的證人保護及其檢討[*]

王紀軒[**]

[*] 本文係科技部研究計畫「組織犯罪法制及其判決分析之研究」（MOST104-2410-H-034-061）成果的一部分。本文先發表於2015年12月25日中國文化大學法律學系刑事法研究中心「刑事法的新趨勢」學術研討會；感謝與談人師長的指正，使本文得以更加完整；惟文責由筆者自負。

[**] 中國文化大學法律學系助理教授、東海大學法學博士。

壹、前言

　　抗制組織犯罪，維護社會治安，是政府無可旁貸的責任[1]。然而，組織犯罪具有高度隱蔽性，除了犯罪組織本身，通常假借公司行號名稱以掩人耳目之外，犯罪組織成員的活動也都低調進行，因為這些人自知所作所為難見天日，加上犯罪組織具有內部管理結構，以內部規範約束犯罪組織成員，以免走漏風聲；就算是犯罪組織活動之下的被害人，也會因為忌憚犯罪組織的報復，也就緘口。如此一來，犯罪組織及其成員的犯行得以遁入黑暗，而不易被發現。

　　對民眾而言，同樣不願招惹犯罪組織，就算目睹犯罪組織的惡行惡狀，多半也不願多說，深怕遭受犯罪組織尋仇。雖然人民厭惡組織犯罪，

---

[1] 法務部在廖正豪部長任內，雷厲風行地打擊犯罪組織，並促成組織犯罪防制條例的立法（立法院，委員會紀錄，立法院公報，第85卷第46期，1996年10月，頁32-81），以及其他治安相關的法案（如：洗錢防制法、毒品危害防制條例、證人保護法的制定，檢肅流氓條例修正案、槍砲彈藥刀械管制條例修正案的通過等），對於台灣抗制組織犯罪的法制與實踐，均具極大貢獻。前開提及的法律，論者有稱為「掃黑法制」，可以參見廖正豪，「掃黑」法制與實務——宏觀政策的規劃與推動，刑事法雜誌，第52卷第3期，2008年6月，頁16-34。

希望犯罪組織滅絕，但趨吉避凶是人類本能，面對組織犯罪避之唯恐不及，鮮少有人願意出面指證組織犯罪，或舉發犯罪組織成員的犯行。在這樣的情形之下，追訴組織犯罪的難度自是增加，要將犯罪組織成員繩之以法，現實上恐怕不容易。如何讓真正見聞組織犯罪的人願意出庭作證，成為抗制組織犯罪的重要問題。

我們可以發現，對於潛在的組織犯罪案件證人而言，無論是被害人、見聞犯罪組織活動的民眾或犯罪組織成員，之所以不願意出庭作證，原因不外乎是畏懼犯罪組織的報仇，擔憂一旦作證，自己及身邊親友會遭受災難[2]。是故，法制面應當關心的是，如何保護願意出庭作證者，使證人不因指證犯罪而生危害。為此，組織犯罪防制條例、證人保護法均設有規範，希望透過證人保護機制，讓證人安心作證；但同時應注意的是，過度的證人保護可能使秘密證人復辟，反而造成被告防禦權利的傷害。本文的重點在於，檢討組織犯罪案件的證人保護，是否逾越應有的界限。

貳、組織犯罪案件的證人

刑事訴訟程序的證人，係以其見聞作證，即陳述自身過去實際觀察的事實；倘非實際見聞，而是個人意見或推測的發言，依據刑事訴訟法第160條，不得作為證據，除非是以實際經驗為基礎的意見或推測。換言之，在組織犯罪案件的審理上，某人之所以得在法庭上作證，是因為曾經實際接觸犯罪組織，或曾受犯罪組織成員的迫害，或偶然知悉有組織犯罪情事。

組織犯罪案件的證人，類型上通常較一般犯罪案件豐富，除了被害人及知悉有組織犯罪情事的民眾之外，還有組織犯罪的行為人，以及混入犯罪組織的臥底警員或線民。組織犯罪的行為人，可能是犯罪組織的領導者或參與者，又或是犯罪組織以外成員的資助者，這些人必然與犯罪組織有

2　廖正豪，同前註1，頁29。

所干係，若能作證，勢必強而有力。面對隱蔽性強的組織犯罪，為增強追訴的可能性，證人保護法第14條、組織犯罪防制條例第8條，均設計俗稱窩裡反證人的條款[3]，藉由減輕或免除其刑的寬典，吸引組織犯罪的行為人棄暗投明。

在犯罪組織活動之下的被害人，直接受犯罪組織迫害，對於相關犯行必然有所見聞，是當然的證人。最高法院93年台上字第6578號判例有謂，「被害人乃被告以外之人，本質上屬於證人，其陳述被害經過，亦應依人證之法定偵查、審判程序具結，方得做為證據。」至於知悉有組織犯罪情事的民眾，通常是檢舉人，其目睹組織犯罪情事，心有所本，方才提出檢舉；對於檢舉人所舉發的事項，如審判程序中需要說明，自得傳喚檢舉人作證。

又為打破組織犯罪的隱蔽，以掌握犯罪實情[4]，國家可能會投入臥底警察或線民[5]；臥底埋伏在犯罪組織中，試圖明瞭犯罪組織的情況與動向，並趁犯罪組織蠢動時，將之一網打盡。所謂臥底，學理通常稱之為誘

---

[3]　附帶一提的是，對於多人犯罪的場合，證人保護法第14條，希望藉由寬典，吸引被告或犯罪嫌疑人，於偵查中供述與案情有重要關係的待證事項，或其他正犯或共犯的犯罪事證，又或其犯罪的前手、後手或相關犯罪網絡等內容，以使檢察官得以追訴證人保護法第2條所列刑事案件的被告或犯罪嫌疑人。組織犯罪防制條例第8條，更是特別針對組織犯罪所設，即主動解散或脫離犯罪組織的領導或參與犯罪組織行為人，或非犯罪組織成員而資助犯罪組織的行為人，能自首、提供資料而查獲該犯罪組織，減輕或免除其刑；偵查中自白者，犯罪組織的訊息可以由自白中得知，依法減輕其刑。對窩裡反證人制度的評論與改革建議，可以參見許家源，證人刑事免責制度——評我國證人保護法第十四條規定，軍法專刊，第48卷第11期，2002年11月，頁33-34；洪宜和，窩裡反證人保護法制之觀察與比較，軍法專刊，第50卷第3期，2004年3月，頁34、35。

[4]　黃朝義，誘捕偵查與誘陷抗辯理論，警大法學創刊號，1996年3月，頁374。

[5]　臥底警察或線民，雖然是基於國家社會安全的公益，用於打擊隱蔽的重大犯罪（組織犯罪、毒品或軍火交易，甚至恐怖攻擊），所產生的蒐證手段；但運用上，終究會有侵害人權的問題，應有立法明確規範及授權。現在臥底線民的部分，係以警察職權行使法第12條作為依據，但臥底警察的部分，2003年立法院雖曾有審議臥底偵查法草案，但因爭議仍大，而未能完成立法。相關的討論，可見彭國能，對質詰問與證人保護，律師雜誌，第255期，2000年12月，頁94-95；傅美惠，臥底偵查法草案評析，法令月刊，第54卷第12期，2003年12月，頁26-31。

捕偵查，類型上有：創造犯意型（陷害教唆），是讓原無犯罪意思者，經臥底設計誘陷，萌生犯意並著手之際，再予以拘捕；以及提供機會型（釣魚偵查），是行為人已有犯意，臥底獲悉後為取得證據而提供犯罪機會，佯裝配合犯行，意在暴露犯罪事證，待其著手時，予以逮捕。實務向來認為，以誘捕偵查前，被誘捕人有無主觀犯意，作為誘捕偵查是否合法的判斷標準[6]。基此，陷害教唆是臥底引誘他人犯罪，實已逾越偵查犯罪的必要程度，且無助於公共利益維護，是違法取證；反之，釣魚偵查則屬於偵查犯罪的技巧，藉此取得的證據資料，有證據能力[7]。

　　然而，有必要思考的是，以被誘捕人事先有無主觀犯意作為判斷標準，並藉此推導提供機會型的誘捕偵查合法，恐怕過於簡化。畢竟被誘捕人究竟事前有無犯意，並無絕對的有無之分，應是程度差異而已，如何在個案中進行辨別，恐怕不是易事。誘捕偵查有侵入人民自由意志的疑慮，有國家製造罪犯的危險，應限定運用於重大且隱蔽性高的犯罪，非一般犯罪所能運用。對此，通訊保障及監察法第5條明定的犯罪類型，恰可作為誘捕偵查運用的參考，因為臥底與監聽同樣是進入個人的私密領域，且限定用於「不能或難以其他方法蒐集或調查證據」的案件，組織犯罪自是其中之一。同時，檢警應有證據認為被誘捕人涉嫌犯罪為前提，否則偵查誘捕行為將不合法[8]。

　　無論是金盆洗手的犯罪組織成員，或犯罪組織犯行的被害人，或知悉組織犯罪情事的檢舉人，又或進行臥底工作的員警及線民，他們本於對組織犯罪的所見所聞，都是追訴組織犯罪的證人；但是，人們通常會震懾於

6　最高法院99年度台上字第5645號、98年度台上字第7699號、97年度台上字第418號、97年度台上字第5567號、95年度台上字第4538號等判決。

7　對於實務的認定，學者有提出批評，認為就算是釣魚偵查，也未必是合法取證，還必須屬於無直接被害人的案件（如毒品犯罪），且有必要性；有學者進一步要求，非情況緊急時要有法官簽發的令狀，方得實施。這些討論，詳請參見黃朝義，同註4，頁394；陳運財，誘捕偵查——兼評日本最高裁平成16年7月12日第一小法庭1815號大麻取締法違反等案件，法令月刊，第58卷第9期，2007年9月，頁90-92。

8　吳巡龍，論誘捕偵查——兼評最高法院九十二年度台上字第四五五八號判決，月旦法學雜誌，第141期，2007年2月，頁281-283。

犯罪組織的恐怖，不只是擔心自己，更深怕連累家人或朋友，而不願或不敢出庭作證[9]。由此可知，組織犯罪案件的證人，實是不易覓得。對此，台灣高等法院92年度上更（二）字第810號判決有謂，「警方要明瞭幫派之幫派負責人及成員之管道，除非派警臥底，否則祇能依賴秘密證人或幫眾之供述，而幫眾多因忌憚遭幫派之報復，對於幫派內部之組織、成員，甚或幫主，大多守口如瓶，以免惹禍上身，實難期待有諸多之線索可供按圖索驥」；是故，若追訴組織犯罪時，能夠尋得證人，勢必應予以充分保護，避免其遭到犯罪組織傷害。

參、組織犯罪案件的證人保護

為保護組織犯罪案件的證人，1996年制定組織犯罪防制條例時，便設有保護證人的規定[10]；但2000年證人保護法公布施行後，組織犯罪防制條例對於證人保護的規定，在相當程度上便被架空。應先說明的是，鑑於國家資源的有限[11]，證人保護法所保護的證人，並非包含所有證人，而是僅限於證人保護法第2條所羅列的特定刑事案件的證人，這類案件通常屬於重大或高隱蔽的犯罪類型[12]；依據該條第15款，組織犯罪案件屬於證人保護法所稱的刑事案件，故組織犯罪案件的證人，有適用證人保護法的規

---

[9] 在文獻上有指出，組織犯罪案件證人所遭遇的危險，可能遠較其他刑事案件的證人為大。見鄧湘全，證人保護制度之研究，軍法專刊，第45卷第2期，1999年2月，頁19。

[10] 同樣的精神，也在於保護檢舉人上。組織犯罪防制條例第11條規定：「檢舉人之身分資料應予保密。檢察機關、司法警察機關為保護檢舉人，對於檢舉人之身分資料，應另行封存，不得附入移送法院審理之文書內。」

[11] 證人保護的工作，勢必會增加警察工作量與壓力。見林東茂，證人保護法鳥瞰，台灣法學雜誌，第9期，2000年4月，頁204。

[12] 林錦村，證人保護法之研究（上），軍法專刊，第46卷第5期，2000年5月，頁37；陳文琪，證人保護法簡介，全國律師，第5卷第3期，2001年3月，頁56；許家源，同註3，頁31。

定。

　　證人保護法第1條第2項規定，「本法未規定者，適用其他法律之規定。」組織犯罪防制條例第12條第2項規定，「證人之保護，另以法律定之。」就立法先後而言，立法較早的組織犯罪防制條例，是狹義的證人保護規定，立法較晚的證人保護法則是廣義規定；就規範內容而言，組織犯罪防制條例是針對組織犯罪案件證人保護的特別規定，證人保護法則是，讓受保護的證人能夠「勇於出面作證，以利犯罪之偵查、審判」，同時維護被告權益，相較於屬於證人保護的普通規定[13]。

一、證人保護的始終

　　依據證人保護法第4條，當證人自身，或與證人有密切利害關係者，因證人到場作證，而導致「致生命、身體、自由或財產有遭受危害之虞，而有受保護之必要」，偵查中的檢察官、審理中的法院，得依職權，或證人、被害人或其代理人、被告或其辯護人、被移送人或其選任律師、輔佐人、司法警察官、案件移送機關、自訴案件的自訴人聲請，核發證人保護書。倘若時間急迫而不及核發證人保護書時，可採取必要的先行保護措施；惟該先行保護措施，如果是司法警察機關在調查刑案階段所發動，必須七日內陳報檢察官或法院，由檢察官或法院判斷該先行保護措施的必要性及是否適當，再視情況維持、變更或停止該措施。

　　由此可知，在證人保護的對象上，不侷限於證人，而是包含與證人有密切利害關係者。就證人的部分而言，證人保護法第3條規定，所保護者是「願在檢察官偵查中或法院審理中到場作證，陳述自己見聞之犯罪」，以及「依法接受對質及詰問」。由此可知，這是證人保護制度，而非秘密證人制度，立法者希望能夠藉此兼顧真實發現與證人保護[14]。在程序上，證人保護法施行細則第2條要求，證人於接受保護前應書立切結書，表明將依法作證並接受對質詰問的立場，且願與執行證人保護者採取各種方式

---

[13]　對於證人保護法與其他法律的關係，有論者認為證人保護法是特別法，應優先於其他法律。參見林錦村，同前註，頁37。

[14]　彭國能，同註5，頁84、85。

進行證人保護的合作。至於所謂與證人有密切利害關係者，則是證人保護法施行細則第3條所指的「證人之配偶、直系血親、三親等內旁系血親、二親等內姻親或家長、家屬、與證人訂有婚約者或其他身分上或生活上有密切利害關係之人。」這些人對證人來說，是有高度重要關係者，若不將這些人列入保護，恐怕證人會因為擔心他們無端捲入被告的尋仇，而拒絕作證，所以將證人保護的範圍，自證人擴大至與證人有密切利害關係者。

至於個案上的證人，是否需要保護，除了有保護的原因，也就是證人的「生命、身體、自由或財產有遭受危害之虞」以外，且必須有「受保護之必要」[15]。有無保護必要，應就客觀事實為斷，而非天馬行空的主觀臆測。證人保護法第6條羅列的，核發證人保護書的參酌事項，應該可以視作判斷有無保護必要的參考準據：證人或與其有密切利害關係者受危害的程度及迫切性；犯罪行為情節；犯罪行為人危險性；證言的重要性；證人或與其有密切利害關係者的個人狀態；證人與犯罪活動的關連性；案件進行的程度；被告或被移送人權益受限制的程度；公共利益的維護等。

當客觀上，欠缺執行證人保護的事由或必要性時，受保護人及執行證人保護的機關，得向檢察官或法院聲請停止或變更證人保護措施，又或者檢察官、法院依職權為之。這些欠缺保護的事由或必要性，規定在證人保護法第9條，諸如受保護人同意，受保護人違反保護措施的應遵守事項，或受保護人因案經羈押、鑑定留置，或移送監獄、保安處分處所執行，也可能是證人就本案有偽證或誣告情事，經有罪判決確定。相反地，當有重新保護的必要，或有變更保護措施的需求時，檢察官或法院依同法第10條規定，依聲請或職權重新進行，毋庸多言。

二、證人保護的措施

關於證人保護措施，依據證人保護法第7條第1項第5款、第2項，以及第11至13條可知，大抵可分為身分保密、安全保護及生活安置等三種；組織犯罪防制條例第12條，另外針對組織犯罪案件的證人保護設有特別規

---

[15]　林錦村，同註12，頁38。

定。證人保護法的保護措施，通用於所有證人保護的場合，而組織犯罪防制條例的證人保護措施，則是專門用於組織犯罪案件的證人，補充證人保護法所無的規定。

(一)證人保護法的證人保護措施

證人保護法的身分保密，規定於該法第11條。身分保密的目的在於，避免證人身分曝光，而造成證人及與其密切利害關係者的危險；特別是在追訴組織犯罪的案件中，證人為組織犯罪作證，是與整個犯罪組織為敵，一旦證人身分被發現，犯罪組織可能將鎖定證人，對其生命、身體、自由及財產等，都可以發生危險，甚至因而找上與證人有密切利害關係者，藉此威逼要脅證人。如此一來，不只是證人及與其有密切利害關係者有危險，亦可能使證人不願或不敢作證，而無法發現真實。

身分保密的落實，第一是公文書上的身分保密，即公務員在製作筆錄或文書時，不得記載該證人真實姓名與身分資料，而以代號為之；該證人也毋庸簽名，而以指印代之。惟筆錄或文書的原本，仍會有記載證人的真實姓名與身分資料，所以保管必須謹慎，卷面必須另行製作封存。第二是限制閱覽的身分保密，除非法律另有規定，否則不可供偵審機關以外之人閱覽，以確實保密證人的真實姓名與身分資料，避免增加身分洩漏的風險。第三是訴訟活動的身分保密，在依法訊問、對質或詰問時，不要因此露出破綻而被他人認出，所以有保密身分必要的證人，應以蒙面、變聲、變像、視訊或其他適當隔離方式進行前述行為。此外，若法院認為有保護證人的必要時，亦應可依法院組織法第86條，決定不公開審理。

為周延證人的身分保密，證人保護法第16條對於洩漏證人身分者，設有刑事制裁規定。違反證人身分保密的公務員，是洩漏或交付他人，關於受身分保密證人的文書、圖畫、消息、相貌、身分資料或其他足資辨別證人的物品；至於非公務員，若因職務或業務知悉或持有這些足資辨別證人身分的物件等，卻將之洩漏或交付他人。差別在於，若是公務員洩密，有處罰過失犯、未遂犯；但非公務員洩密，僅有處罰故意既遂犯。

再者，安全保護是要避免證人或與其有密切關係者，因證人作證而有

遭受生命、身體或自由立即危害的可能，規定於證人保護法第12條。罪犯為求僥倖脫罪，豈能容許有人在法庭上指證其犯行，今有人仗義作證，罪犯或許心懷怨憤而加以報復。為免除證人及與其有密切關係者的人身安全疑慮，法院或檢察官得命司法警察機關派員，於一定期間內，隨身保護證人或與其有密切利害關係者的人身安全。為加強證人的安全保護，依法可以禁止或限制特定人士接近證人等，並禁止或限制該特定人士於證人等住居所、工作場所的行為舉止[16]。

　　至於生活安置，則規定於證人保護法第13條。生活安置是考量證人或與其有密切利害關係者，當為了避免遭受犯罪組織危害，而有離開現在生活圈的必要時，短期內證人等生活起居、工作環境自然隨之將生變化，為照料證人等的生活無虞，法院或檢察官得命付短期生活安置，指定安置機關，在一定期間內將受保護的證人及與其有密切利害關係者，安置於適當環境或協助轉業，並給予生活照料[17]。既然是短期的生活安置，就不可能遙遠無期，原則上最長不得逾一年，但必要時，經檢察官或法院同意，得延長一年。

(二) 組織犯罪防制條例的特別證人保護措施

　　組織犯罪防制條例第12條，是針對組織犯罪案件證人的特別保護規定，其規範重心在於證人身分保密。理論上，證人的身分保密，應當是證人保護措施的核心。若證人身分保密得宜，他人將無從得知證人身分，自然不能尋釁復仇，證人的人身安全或正常生活也就不會遭受危害。

　　前開條文的第1項前段，是針對組織犯罪案件證人，於公文書及限制閱覽的身分保密，以免證人身分曝光而受到災禍。具體的規定是，組織犯罪案件的「證人之姓名、性別、年齡、出生地、職業、身分證字號、住所

---

[16] 然而，此對特定人士的禁止或限制措施，顯有侵害其人身自由的可能，所以證人保護法第12條，允許被禁止或限制的特定人士，對證人保護書的禁止或限制措施聲明不服。

[17] 對此，證人保護法可能的缺漏是，制度上沒有充分考慮未成年子女的權益，如探視未成年子女的配套機制等。這個部分可以參見鄧湘全，同註9，頁25。

或居所或其他足資辨別之特徵等資料，應由檢察官或法官另行封存，不得閱卷。」又，同條項但書後段，「有事實足認被害人或證人有受強暴、脅迫、恐嚇或其他報復行為之虞者，法院、檢察機關得依被害人或證人之聲請或依職權拒絕」被告的「選任辯護人檢閱、抄錄、攝影可供指出被害人或證人真實姓名、身分之文書」。

承前，同條項但書則規定，當有事實足認證人有受強暴、脅迫、恐嚇或其他報復行為的可能時，承審法官、承辦檢察官得依證人聲請或依職權拒絕被告與證人對質、詰問，或依此拒絕被告的選任辯護人詰問證人。如此一來，證人將消失於證據調查程序，完全抹煞被告接觸證人的可能，以達到對於證人身分保密的絕對強化。但是，為了將證人的陳述，能夠呈現於法庭之上，同條項中段規定，「訊問證人之筆錄，以在檢察官或法官面前作成，並經踐行刑事訴訟法所定訊問證人之程序者為限，始得採為證據」，並依同條項後段規定，將得採為證據的訊問證人筆錄，向被告告以要旨，訊問其有無意見陳述。

由此可知，組織犯罪防制條例的特別證人保護規定，除了同樣要求證人身分資料應予保密，且不得閱卷之外，如果有事實足認證人有受強暴、脅迫、恐嚇或其他報復行為之虞時，法院、檢察官得依證人的聲請或依職權，禁止被告與證人對質，並禁止被告及其選任辯護人對證人詰問。對此，立法者可能著眼於，組織犯罪案件的證人，其所面對者係犯罪組織，可能人身安全與正常生活遭受危害的風險，較為其他刑事案件作證更大，故組織犯罪防制條例對於證人的身分保密規定，比證人保護法更加嚴密。

這個別開生面的規定，顯與證人保護法中訴訟活動的身分保密不同，幾乎堪稱秘密證人[18]；若此，必然會遭受組織犯罪防制條例第12條侵害被告對質詰問權（即質問權）的質疑，且該條之中，證人審判外陳述「得採為證據」的規定，也會遭受是否屬於傳聞例外的挑戰。再者，何以被告的「選任辯護人」，當有事實足認證人有受報復可能時，法院、檢察官得依證人的聲請或依職權，禁止其檢閱可供指出證人真實身分資料的文

---

[18] 立法院，院會紀錄，立法院公報，第85卷第58期，1996年11月，頁37-39。

書，亦不許詰問；若該辯護人是公設辯護人或國選的強制辯護人，就毋庸限制其檢閱資料或詰問的權力，恐怕也是值得檢討的地方。

肆、組織犯罪防制條例證人保護規定的檢討

　　為避免組織犯罪案件的證人，因作證而陷自身或與其有密切利害關係者遭受危害，證人保護法、組織犯罪防制條例對組織犯罪案件的證人，設有保護規定，除了防止證人的身分曝光，也對證人及與其有密切利害關係者的人身安全、正常生活進行維護。法律保護證人的初衷，是透過證人保護措施，使證人勇於作證，可以無畏懼地、自由自在地陳述自身對於犯罪的見聞，並給予檢察官、被告及辯護人交互詰問的機會，讓真相在調查證據程序中，得以發現。

　　然而，現制之下，組織犯罪案件的證人保護，並非全然沒有檢討空間。特別是組織犯罪防制條例第12條，為組織犯罪案件的證人建立防衛高牆，以證人安全作為主要考量，將之守護於法庭之外，並以此拒絕與被告對質詰問；然而此舉卻可能造成被告防禦權的侵害，因為審判外的證人陳述，等於傳聞，若沒有任何檢驗便得作為證據，反而讓被告陷於無法辯駁的危險[19]。簡言之，當有事實足認證人有受強暴、脅迫、恐嚇或其他報復行為之虞，而作為拒絕被告對質詰問的理由時，有無侵害被告質問權，是否適宜作為傳聞禁止的許可例外，又立法上應如何調整，都有討論的必要。

---

[19] 至於質問權與傳聞法則之間的交互關係，可以參見廖正豪，「海峽兩岸共同打擊犯罪及司法互助協議」之實踐——一個實務與務實觀點的考察，刑事法雜誌，第58卷第4期，2014年8月，頁18；林鈺雄，對質詰問例外與傳聞例外之衝突與出路：歐洲人權法院與我國最高法院裁判之比較評析，台灣法學雜誌，第119期，2009年1月，頁91-115；吳巡龍，對質詰問權與傳聞例外：美國與我國裁判發展之比較與評析，台灣法學雜誌，第119期，2009年1月，頁116-133；或可參見張麗卿，刑事訴訟法理論與運用，五南，2013年12版，頁372、373。

一、侵害被告對質詰問權的疑慮

　　兩公約之一的公民權利和政治權利國際公約第14條，昭示人民有接受公正裁判的權利，質問權就是其中之一，除了被告有權質問對自身不利的證人，也必須讓有利於被告的證人，在與其他證人相同的條件下出庭作證[20]。司法院大法官釋字第582號解釋，同樣表示被告質問權的基本人權價值，「憲法第十六條保障人民之訴訟權，就刑事被告而言，包含其在訴訟上應享有充分之防禦權。刑事被告詰問證人之權利，即屬該等權利之一，且屬憲法第八條第一項規定『非由法院依法定程序不得審問處罰』之正當法律程序所保障之權利。為確保被告對證人之詰問權，證人於審判中，應依法定程序，到場具結陳述，並接受被告之詰問，其陳述始得作為認定被告犯罪事實之判斷依據。」

　　刑事訴訟制度，總是試圖在真實發現與人權保障之間取得均衡。我們擔憂國家高舉發現真實的旗幟，而犧牲人民權益；同時，也不願過度吹捧個人權利，而讓罪犯逍遙法外。事實上，被告的對質詰問權，正是刑事訴訟制度中，平衡真實發現與人權保障的橋樑之一。就被告而言，在整個刑事程序中，至少應有一次與對自己提出不利指證的證人進行對質詰問的機會，才有捍衛自身權利的可能，也是被告人權保障的具體表現[21]；就社會而言，在法庭上，每一次檢察官、被告及辯護人，與證人之間的交互詰問，都是更接近案件真相的契機，提高發現真實的可能性。

　　更具體地說，對質詰問對於，檢驗證人供述的信用性具有極重要意義。判斷證人供述證據的信用性，通常著眼點在於，證人與案件之間的利害關係；證人的知覺與記憶條件；證人供述的內容，與其他證據是否符

20　有學者稱，這是「有利不利一律注意」的體現，如此才能達到「武器對等的公平審判目標」。參見林鈺雄，對質詰問之限制與較佳防禦手段優先性原則之運用：以證人保護目的與視訊訊問制度為中心，台大法學論叢，第40卷第4期，2011年12月，頁2329。

21　林鈺雄，對質詰問權的保障內涵——歐洲法發展與我國法走向之評析，最高法院刑事裁判評釋，元照，2013年初版，頁173。

合、是否合理、是否前後反覆；以及證人供述的態度等[22]。對於前述這些檢驗，基本上都必須透過對質詰問達成。也因為如此，刑事訴訟法規定，證人有義務到場、具結，並出庭陳述及接受對質詰問；且證人保護法第3條規定，證人出面作證是接受證人保護的前提[23]。然而，誠如前文所述，證人出庭作證可能有潛在的危險，而組織犯罪案件的證人，其所遭遇的潛在風險可能更較一般案件為大；如若證人遭遇生命、身體、自由或財產侵害，為保護證人而必須限制被告的對質詰問權時，我們應謹慎面對對質詰問權的限制。

　　關於被告對質詰問權的限制，司法院大法官釋字第636號給予我們思考的方向。該號釋字解釋文表示，2009年已廢止的檢肅流氓條例第12條，「未依個案情形考量採取其他限制較輕微之手段，是否仍然不足以保護證人之安全或擔保證人出於自由意志陳述意見，即得限制被移送人對證人之對質、詰問權與閱卷權之規定，顯已對於被移送人訴訟上之防禦權，造成過度之限制，與憲法第二十三條比例原則之意旨不符，有違憲法第八條正當法律程序原則及憲法第十六條訴訟權之保障[24]。」也就是說，縱然以保護證人安全為正當目的，而使被告無法對證人進行完整的對質詰問，亦不應完全剝奪被告的對質詰問權。易言之，雖然對質詰問權並非不得限制，但必須審酌情況，顧及被告防禦方法的維護；最佳的被告防禦是被告面對面證人行使對質詰問，今若無此可能，但存有次佳的防禦機會，不得直接

---

[22] 前田雅英編，青木英憲、藤井俊郎、丸山哲巳、峰ひろみ著，刑事訴訟実務の基礎〈解説篇〉，弘文堂，2013年，頁34、35。

[23] 陳文琪，同註12，頁52。

[24] 參見司法院大法官釋字第636號理由書，「為保護證人不致因接受對質、詰問，而遭受生命、身體、自由或財產之危害，得以具體明確之法律規定，限制被移送人及其選任律師對證人之對質、詰問權利，其限制且須符合憲法第二十三條之要求。……未依個案情形，考量採取其他限制較輕微之手段，例如蒙面、變聲、變像、視訊傳送或其他適當隔離方式為對質、詰問（證人保護法第十一條第四項參照），是否仍然不足以保護證人之安全或擔保證人出於自由意志陳述意見，即驟然剝奪被移送人對證人之對質、詰問權以及對於卷證之閱覽權，顯已對於被移送人訴訟上之防禦權，造成過度之限制，而與憲法第二十三條比例原則之意旨不符，有違憲法第八條正當法律程序原則及憲法第十六條訴訟權之保障。」

剝奪或禁止被告的防禦權[25]。

在組織犯罪案件中，組織犯罪防制條例第12條特別允許證人得不接受對質詰問，也就是當證人有遭遇強暴、脅迫、恐嚇或其他報復行為的危險情況下，法院、檢察官依職權或依證人聲請，得拒絕被告與證人進行對質詰問，並斷絕辯護人詰問證人的可能。為了保護證人，而拒絕提供證人身分資訊給被告，並無違反正當法律程序，亦無侵害被告質問權，且符合公共利益[26]；但若讓未經證據調查程序進行對質詰問的證人證言，得為證據，則幾近於秘密證人，實際上應當屬於「被告以外之人於審判外之言詞或書面陳述」，依刑事訴訟法第159條規定，屬於傳聞證據，除非法律另有規定，否則不得作為證據。司法院大法官釋字第384號解釋亦言，「秘密證人制度，剝奪被移送裁定人與證人對質詰問之權利，並妨礙法院發現真實；……均逾越必要程度，欠缺實質正當」，並宣告當時的檢肅流氓條例秘密證人制度違憲，可見保護證人不可無限上綱，實有其界限。

基此，組織犯罪防制條例第12條第1項中段規定，「訊問證人之筆錄，以在檢察官或法官面前作成，並經踐行刑事訴訟法所定訊問證人之程序者為限，始得採為證據」，司法實務通常認為，這是刑事訴訟證據能力的特別規定，且較刑事訴訟法有關傳聞法則的規定更為嚴謹，自應優先適用[27]。簡單來說，以此作為傳聞禁止例外的規定。事實上，在組織犯罪防制條例的立法之初，原無前開證人的陳述，必須在檢察官或法官面前作成，並經法定訊問證人程序，始得作為證據的限制，所幸有識的立法委員建請修正，以免傳聞例外許可的範圍過大[28]。雖然前開規定，避免組織犯罪防制條例的證人身分保密流於完全的秘密證人制度，但平心而論，仍然剝奪被告的質問權[29]。換言之，為保護證人而進行的身分保密，能否當作

---

[25]　詳細的說明，可以參見林鈺雄，同註20，頁2367-2368。

[26]　林輝煌，論證據排除——美國法之理論與實務，元照，2006年初版，頁237。

[27]　最高法院97年度台上字第1727號、101年度台上字第515號、103年度台上字第2915號、104年度台上字第203號等判決。

[28]　立法院，同註18，頁38、39。

[29]　彭國能，同註5，頁101、102。惟有論者指出，組織犯罪防制條例第12條就是秘密

限制被告質問權的正當理由，尚應審酌。

二、欠缺爲傳聞例外的正當理由

　　刑事訴訟法為保障被告人權，同時兼顧真實發現，應保障被告的質問權，以達到公平審判的目標。值得注意的是，質問證人的場合，與質問鑑定人不同，因為證人是對犯罪有所見聞者，具有不可替代性，若證人發生不接受對質詰問的情形，並無法由他人代替；反之，只要就鑑定事項有特別知識經驗者，均可充任鑑定人，到場接受對質詰問。立法上應貫徹被告質問權的保障，禁止傳聞作為證據的立場；除非證人不接受對質詰問，有其正當性，方才例外得為證據。

　　概念上，證人不接受對質詰問的情形，可分為二：其一是，證人不到場，當然也就無法對質詰問；其二是，證人到場卻不接受對質詰問。如果證人不到場，當然自始無法在審判中接受對質詰問。而證人之所以不能到場，有絕對不能到場的情形，即證人死亡；亦有相對不能到場的情形，也就是證人尚存，但證人不能或不願到場，如證人失蹤、所在不明、滯留海外或罹患重疾住院等。

　　至於證人到場卻不接受對質詰問，可能是法律特許者，用以維護某種公認的社會價值，即拒絕證言權[30]。法律不強人所難，基於人情考量，若自身證言可能造成自己或有特定身分關係者，遭受刑事追訴或處罰，法律上不能、現實上無法強迫作證，即不自證己罪，也就是刑事訴訟法第180、181條的規定。又，某些職業建立在堅實的信賴關係之上，若信賴關係遭受破壞，恐使這些職業的社會功能喪失，甚至危及國家社會的整體利益，所以法律考量特定職業的守密義務，如公務員的職務機密，或如醫師、律師、會計師、宗教人員等，因業務知悉的他人秘密；但若這個職業內容並無守密的必要時，相關人等則不可仗此拒絕證言，如公務員的職務

　　證人的保護措施；但若係用於保護被害人出庭作證，應認爲是「鼓勵被害人參與刑事訴訟之合理必要措施」。參見廖尉均，犯罪被害人刑事訴訟權利之保護，刑事法雜誌，第49卷第4期，2005年8月，頁107。

[30]　林鈺雄，刑事訴訟法（上），元照，2013年7版，頁544。

秘密與國家利益無關，或經本人允許後，業務內容已無保守秘密的必要，刑事訴訟法第179、182條如是。此外，證人到場卻不接受對質詰問，也可能是其他因素，譬如證人到庭之後，自稱忘記或因身心障礙而無法回憶，甚至無理由拒絕陳述。

　　就證據能力的判斷上，只要證人未於審判中接受對質詰問，其在審判外的言詞或書面陳述，均屬傳聞，原則上不得為證據，除非有傳聞例外許可作為證據的情況。傳聞之所以原則不可作為證據的理由是，證人的陳述可能存有瑕疵，或許是知覺、記憶或表達所造成，若無透過詰問驗證，可能會有誤判危險[31]。為保障被告質問權，不可以隨意使傳聞具有證據能力，否則被告質問權相形同虛設，不僅侵害其防禦權利，也妨害真實發現。傳聞得作為證據，意味著不需要藉由證人具結、被告對質詰問的程序擔保，便可確定審判外陳述的真實性，也就是傳聞必須具有「特別可信情況[32]」。

　　所謂的特別可信情況，就是有別於被告對質詰問的擔保，並能彰顯審判外的陳述，已經達到真實發現的程度。比如刑事訴訟法第159條之2，審判外的先前不一致陳述[33]「具有較可信之特別情況，且為證明犯罪事實存否所必要者」；或同法第159條之5，審判外陳述「經當事人於審判程序同意作為證據」等。特別可信情況的判定，必須合理妥適，否則會造成傳聞

---

[31] 王兆鵬、張明偉、李榮耕、刑事訴訟法（下），承法，2013年2版，頁195；黃朝義，刑事訴訟法，新學林，2014年4版，頁573；石井一正，刑事事実認定入門，判例タイムズ社，2006年，頁88-93。

[32] 張麗卿，同註19，頁374；張明偉，先前不一致陳述與傳聞例外，東海大學法學研究，第41期，2013年12月，頁150。

[33] 惟美國聯邦證據規則將之定位為非傳聞證據（Federal Rules of Evidence 801(d)(1)(A)）。美國的立場應該是，傳聞例外是被告未能對質詰問證人，但證人審判外的陳述，仍得為證據的例外情形；可是這類情形的證人仍有到庭接受對質詰問，只是前後不一致，並無侵害被告質問權。不過，先前不一致陳述之所以能夠成為證據，同樣必須經過特別可信性擔保：證人成立偽證罪，因為法院既然認定證人審判外的先前陳述，較之後在庭具結陳述更為可信，意味著證人成立偽證罪，並以此象徵審判外陳述的真實。詳細的說明，可以參見張明偉，同前註，頁138、143；王兆鵬、張明偉、李榮耕，同註31，頁203。

例外過於浮濫，傳聞制度也將失其意義。易言之，若無特別可信情況，則證人到場具結、陳述並接受對質詰問便屬必然，司法院大法官釋字第582號解釋理由書亦言，「除客觀上不能受詰問者外，於審判中，仍應依法踐行詰問程序」。

　　回到組織犯罪防制條例第12條第1項但書，「有事實足認被害人或證人有受強暴、脅迫、恐嚇或其他報復行為之虞者，法院、檢察機關得依被害人或證人之聲請或依職權拒絕被告與之對質、詰問或其選任辯護人檢閱、抄錄、攝影可供指出被害人或證人真實姓名、身分之文書及詰問。」應當檢討的是，有事實足認證人有受強暴、脅迫、恐嚇或其他報復行為之虞時的審判外陳述，是否屬於特別可信情況。若持肯定見解，則按組織犯罪防制條例第12條第1項中段規定，只要在檢察官或法官面前按法定訊問程序作成的筆錄，便得作為證據；反之，則代表現行法可能侵害被告質問權，而有修法必要。

　　本文以為，組織犯罪案件的證人，縱然有事實足認證人有受強暴、脅迫、恐嚇或其他報復行為之虞，亦不可認作得排除被告質問權的情形。理由是，證人的陳述是否特別可信，實與被告是否有報復可能，並無干係；再者，所有案件的被告，都可能對法庭上挺身而出的證人，採取惡意的報復活動，實無理由獨厚組織犯罪案件的證人，認為因為其有受報復之虞，便具有特別可信情況，而排除被告的對質詰問。更何況，因證人可能遭受危險，而排除其到場具結、陳述及接受對質詰問，是對被告防禦權利的完全剝奪，更讓被告承擔被誣告的風險，且不利於真實發現；反之，要求證人到場具結、陳述並接受被告的對質詰問，卻非陷證人於絕境，畢竟證人是否將受危險，僅是假設而已，只要能建構妥適的證人保護措施，使證人無懼於出庭接受被告的對質詰問，便可使人權保障與真實發現，取得適度均衡。

三、證人保護的修法與執行建議

組織犯罪案件的證人保護，必須以不侵害被告質問權為界[34]，也就是說，在制度的設計上，應兼顧證人與被告雙方的人權保障，二者應等量齊觀[35]。在這樣的構想下，對於證人的保護，應讓證人免於恐懼，免於遭受可能的危害；對於被告的保障，應確保其訴訟防禦權，而得向證人進行對質詰問，尤其是不利證人。唯有如此，在追訴組織犯罪案件中，針對證人的證據調查程序，才能在保障人權的同時，達成發現真實的目標。

很顯然地，組織犯罪防制條例第12條第1項的規定，並沒有辦法落實前述的內涵；而且允許證人有遭受報復可能時，得以此拒絕被告的對質詰問，更是完全忽視被告的防禦權。事實上，證人保護法第11條的身分保密規定，已經建構相當的保護機制，即公文書上的身分保密、限制閱覽的身分保密、訴訟活動的身分保密，對於證人身分的保護，已經頗為完整；若有不足，可以依據同法第12、13條要求國家進行人身安全保護與短期生活安置。

組織犯罪防制條例於1996年制定時，證人保護法尚未完成立法；當2000年證人保護法公布施行，組織犯罪防制條例並未配合證人保護法的問世而調整。在保護證人的措施上，證人保護法自較周全，且證人保護法的宗旨，除了保護特定刑事案件的證人，也要「使其勇於出面作證，以利犯罪之偵查、審判」，並同時「維護被告或被移送人之權益」；反觀組織犯罪防制條例，不僅是保護組織犯罪案件證人的措施較為簡陋，且忽略秘密證人所造成的被告權益侵害，以及妨礙真實發現的可能。

在立法上，我們肯定組織犯罪防制條例第12條的貢獻，畢竟在證人保護法完成立法以前，其擔負保護組織犯罪案件證人的重責；但是，隨著證人保護法立法通過且公布施行後，這條規定可能已經沒有留存的必要，應使其功成身退，甚至連同組織犯罪防制條例，關於檢舉人等的保護規定，

---

34 鄧湘全，同註9，頁27。

35 彭國能，同註5，頁103。

皆可一併檢討劃入證人保護法[36]。不過，若立法者認為，組織犯罪案件的
證人保護有其特殊性，需要在組織犯罪防制條例中特別規範，則應限縮證
人保護的範疇，不應將證人保護制度趨同於秘密證人。我們應該在保護證
人安全無虞的同時，兼顧被告質問權，並借助對質詰問發現真實，而非讓
證人於程序中消失，徒留不利於被告的隻字片語，如此非但被告不能防
禦，真實也無法進一步獲得釐清。

又，組織犯罪防制條例針對被告的選任辯護人進行設限，即有事實足
認證人有受報復的可能時，法院、檢察官得禁止被告選任的辯護人檢閱、
抄錄、攝影可供指出證人真實身分資料的文書，亦不許詰問證人。換言
之，按文義解釋，若是被告的公設辯護人或國選的強制辯護人，似乎就不
被禁止檢閱相關資料，又可以詰問證人。此應該是立法的疏漏。同樣的，
若立法者認為，組織犯罪防制條例有保留證人保護特別規定的必要，宜刪
除此規定。因為審判中辯護人的閱卷權，可謂事變護工作的核心，唯有充
分閱卷，使辯護人取得足夠資訊，才能有效地為被告辯護[37]；且依證人保
護法第11條第1項規定，公文書已經進行身分保密，辯護人的閱卷權應無
被限制的必要。

可惜的是，雖然2015年11月，行政院已通過法務部擬具的組織犯罪防
制條例部分條文修正草案，並函請立法院審議，但此次修正草案並未一併
檢討組織犯罪防制條例第12條。此番修正草案的出台[38]，一方面是為了促
使組織犯罪防制條例與時俱進，因為該條例自1996年公布施行後，迄今

36　然而，必須說明的是，現行證人保護法第15條規定：「檢舉人、告發人、告訴人或
　　被害人有保護必要時，準用保護證人之規定。」但是，同法第16條至第19條的處罰
　　規定，僅限於違反證人保護行為的處罰（同法第17條除外），以體系解釋觀之，檢
　　舉人等僅有準用證人保護法的保護措施規定，相關處罰則無準用，依據罪刑法定原
　　則，如公務員洩漏身分保密檢舉人資料的行為，應不會構成證人保護法上的犯罪。
　　是故，為周延保護檢舉人、告發人等，證人保護法應有全盤檢討的必要。

37　吳俊毅，辯護人論，正典，2009年初版，頁46、47。

38　見行政院，行政院會通過「組織犯罪防制條例」部分條文修正草案，http://www.
　　ey.gov.tw/News_Content2.aspx?n=F8BAEBE9491FC830&s=C6C77B5BEA908F64，最
　　後瀏覽日期：2015年12月21日。

未曾修正，部分規定恐怕已有更張必要；另一方面，是為了進行聯合國打擊跨國有組織犯罪公約的國內法化，例如，修正犯罪組織的定義，以符合公約第2條規定，以及因應犯罪組織的犯罪活動多樣化趨勢（修正草案§2）；又如配合公約第10條，增訂法人、法人的代表人、法人或自然人的代理人、受僱人或其他從業人員的刑事處罰規定（修正草案§7-1）等。如此這般，徒留缺憾。

　　另外，在執行上，證人的身分保密，關鍵應該在於訴訟活動上，也就是如何在維持身分保密的情形下，又能顧及被告的對質詰問權利。證人保護法第11條第4項，「對依本法有保密身分必要之證人，於偵查或審理中為訊問時，應以蒙面、變聲、變像、視訊傳送或其他適當隔離方式為之。於其依法接受對質或詰問時，亦同。」已經提供重要的思考平台，即「視訊」。惟應注意的是，對質詰問的實行，應以面對面為原則，只有在證人已經有事實足認不利的現時危險，且屬最後手段的情況，方能運用之[39]。

　　雖然蒙面、變聲、變像等措施，可以遮蔽辨識證人身分的部分特徵，但若是證人與被告面對面的情形下，仍可能透過身高、體型、髮型，哪怕是人的氣息、感覺，都可能讓所有的身分保密工作功虧一簣；所幸視訊科技的進步，藉由視訊可以將證人身分特徵進行全遮蔽，無論是面容、聲音、體態都可以獲得改變，進而達成保護證人的效果。與此同時，被告的質問權不會被犧牲，因為證人的陳述可以透過視訊傳達，交互詰問也可以藉此進行；若法官要「以五聲聽獄訟，求民情」，以當前的技術，應可讓法官另行觀看沒有進行面部特徵屏蔽的影像，這樣的話，法官就可以目視證人陳述時的態度或反應，但又不會造成證人身分洩漏的危險。

---

[39]　彭國能，同註5，頁92。關於視訊訊問的檢討，可以參見林鈺雄，同註20，頁2370-2373。

伍、結論

　　保護證人的目的在於，避免證人及與其有密切利害關係者，遭受因作證而危害的可能；也唯有如此，才能鼓勵證人勇於出面作證，以利犯罪追訴，同時發揮保障被告質問權的效果。在組織犯罪案件中，證人保護更是重要。因為人們面對組織犯罪時，通常畏懼犯罪組織的恐怖，而不敢挺身而出；然若沒有證人作證，恐怕不容易突破組織犯罪的隱蔽性，犯罪組織將隱身於幽暗黑影裡，繼續荼毒人民，危害治安。如果能建構完善的證人保護制度，方能促使組織犯罪案件的證人義不容辭地站出來。

　　組織犯罪案件的證人保護，係由證人保護法、組織犯罪防制條例共同築起長城，透過證人保護的相關措施，讓證人能陳述自身對於犯罪的親身見聞，而無後顧之憂。尤其是組織犯罪防制條例第12條，係專門為組織犯罪案件的證人，量身打造的特別證人保護規範，即當證人有遭遇報復可能時，得依法禁止被告對質詰問。可是，前開條文的規定，恐怕未必契合當代的刑事法思潮，因為其保留著秘密證人的色彩；而秘密證人制度是，侵害被告對質詰問權，且不利於真實發現的制度。又，依前開規定，組織犯罪案件的證人，於審判外的陳述，若是在檢察官或法官面前接受訊問作成，成為傳聞例外，而得採為證據，恐怕並不妥當，因為其並不存在特別可信的情況。

　　組織犯罪防制條例於1996年公布施行，早先於證人保護法；但組織犯罪防制條例並未配合證人保護法的出現，而進行相對應的修正，甚是遺憾。法制上，證人保護法已經足以適當保護組織犯罪案件的證人，組織犯罪防制條例第12條可以功成弗居；若立法者認為，對於組織犯罪案件的證人，有在組織犯罪防制條例中特別規範的必要，亦應避免有任何侵害被告對質詰問權的規定。執行上，要在證人保護與被告質問權之間取得平衡，應強化訴訟活動的證人身分保密，特別是運用視訊技術，可以將證人的身分辨識特徵遮蔽，讓審判中的證據調查程序順暢進行。

10

刑事訴訟法
第159條之1第2項適用之範圍
——最高法院102年度第13次刑事庭
會議評析

石木欽[*]

[*] 台灣高等法院法官兼院長、國立台灣大學國家發展研究所法學碩士。

壹、前言

　　被告以外之人於偵查中向檢察官所為之陳述，除顯有不可信之情況者外，得為證據，為刑事訴訟法（以下稱本法）第159條之1第2項所明定，此為傳聞證據例外之情形之一，被告以外之人於偵查中向檢察官所為之陳述，涉及檢察官本於偵查權之發動，究竟以何種身分傳喚下之陳述，在實務上發生適用上之疑義，如檢察官以證人身分傳喚或以其他身分傳喚但已轉換為證人時，其未經具結之陳述，因違背本法第158條之3之規定，不得作為證據，實務運用上並無不同見解，但在非以證人身分傳喚而未經具結之陳述，其證據能力為何，即生爭議。在最高法院102年度第13次刑事庭會議作成決議前，該院於民國96年6月29日即以96年度台上字第3527號判決闡釋檢察官非以證人身分傳喚到庭為訊問，其身分既非證人，即與第

158條之3「依法應具結」之要件不合，縱未命其具結，純屬檢察官調查證據職權之適法行使，當無違法可言之見解，其後實務上多數判決亦秉此見解為裁判[1]。但上揭決議改變前述見解，提出「被告以外之人於偵查中未經具結所為陳述，如與警詢等陳述同具有『特信性』、『必要性』時，依『舉輕以明重』原則，本於本法第159條之2、第159條之3之同一法理，例外認為有證據能力，以彌補法律規定之不足，俾應實務需要，方符立法本旨。」之論述。然此一決議是否與第159條之1第2項之立法本旨相符？解釋上有無逸出文義解釋之範圍？又提出「舉輕以明重」之原則，適用於本法已有明文規範之條文，是否立基於類推適用之法理而來？凡此均值得提出探討。本文謹就最高法院前揭決議內容加以評析，並論敘第159條之1第2項之適用範圍，以就教於法學先進。

貳、最高法院102年度第13次刑事庭會議決議[2]

該次會議係由最高法院院長提案如下：被告以外之人於偵查中經檢察官非以證人身分傳喚，其未經具結所為之陳述，證據能力如何，有甲、乙、丙、丁四說，決議採丁說，修正文字如下：參酌刑事訴訟法第159條、第159條之1之立法理由，無論共同被告、共犯、被害人、證人等，均屬被告以外之人，並無區分。本此前提，凡與待證事實有重要關係之事項，如欲以被告以外之人本於親身實際體驗之事實所為之陳述，作為被告論罪之依據時，本質上均屬於證人。而被告之對質詰問權，係憲法所保障

---

[1] 台灣高等法院100年法律座談會刑事類提案第24號，就本案提出討論，乙說取得事實審法院法官大多數票之贊同（實到人數八十人，採取甲說〈即本次決議提案之乙說〉者有五十三票，採乙說〈即刑議提案之甲說〉者有十五票。又台灣高等法院舉辦本次法律座談會時，最高法院於100年8月4日始以100年度台上字第4254號刑事判決提出丁說之見解，尚未經事實審法院法官瞭解援引，故本次法律座談會無從將該法律意見列為討論議題。另見蔡憲德，具結效力擴張之辨正，司法周刊，第1629期，2013年1月17日增4版。

[2] 最高法院決議彙編（民國17年至104年），刑事部分，2015年，頁1465-1477。

之基本人權及基本訴訟權，被告以外之人於審判中，已依法定程序，到場具結陳述，並接受被告之詰問者，因其信用性已獲得保障，即得作為認定被告犯罪事實之判斷依據。然被告以外之人於檢察事務官、司法警察官、司法警察調查中（以下簡稱警詢等）或檢察官偵查中所為之陳述，或因被告未在場，或雖在場而未能行使反對詰問，無從擔保其陳述之信用性，即不能與審判中之陳述同視。惟若貫徹僅審判中之陳述始得作為證據，有事實上之困難，且實務上為求發現真實及本於訴訟資料愈豐富愈有助於事實認定之需要，該審判外之陳述，往往攸關證明犯罪存否之重要關鍵，如一概否定其證據能力，亦非所宜。而檢驗該陳述之真實性，除反對詰問外，如有足以取代審判中經反對詰問之信用性保障者，亦容許其得為證據，即可彌補前揭不足，於是乃有傳聞法則例外之規定。偵查中，檢察官通常能遵守法律程序規範，無不正取供之虞，且接受偵訊之該被告以外之人，已依法具結，以擔保其係據實陳述，如有偽證，應負刑事責任，有足以擔保筆錄製作過程可信之外在環境與條件，乃於刑事訴訟法第159條之1第2項規定「被告以外之人於偵查中向檢察官所為之陳述，除顯有不可信之情況者外，得為證據。」另在警詢等所為之陳述，則以「具有較可信之特別情況」（§159-2之相對可信性）或「經證明具有可信之特別情況」（§159-3之絕對可信性），且為證明犯罪事實存否所「必要」者，得為證據。係以具有「特信性」與「必要性」，已足以取代審判中經反對詰問之信用性保障，而例外賦予證據能力。至於被告以外之人於偵查中未經具結所為之陳述，因欠缺「具結」，難認檢察官已恪遵法律程序規範，而與刑事訴訟法第159條之1第2項之規定有間。細繹之，被告以外之人於偵查中，經檢察官非以證人身分傳喚，於取證時，除在法律上有不得令其具結之情形者外，亦應依人證之程序命其具結，方得作為證據，此於本院93年台上字第6578號判例已就「被害人」部分，為原則性闡釋；惟是類被害人、共同被告、共同正犯等被告以外之人，在偵查中未經具結之陳述，依通常情形，其信用性仍遠高於在警詢等所為之陳述，衡諸其等於警詢等所為之陳述，均無須具結，卻於具有「特信性」、「必要性」時，即得為證據，則若謂該偵查中未經具結之陳述，一概無證據能力，無異反而不如警詢等之陳

述，顯然失衡。因此，被告以外之人於偵查中未經具結所為陳述，如與警詢等陳述同具有「特信性」、「必要性」時，依「舉輕以明重」原則，本於刑事訴訟法第159條之2、第159條之3之同一法理，例外認為有證據能力，以彌補法律規定之不足，俾應實務需要，方符立法本旨。本院93年台上字第6578號判例，應予補充。

　　細繹本決議文之內容，有以下五點值得提出討論：一、決議以檢察官訊問被告以外之人，須以依法具結為前提，始有第159條之1第2項之適用，其解釋法律是否合於文義解釋之內涵？有無附加法條所沒有之限制？二、決議是否與檢察官偵查權之特性相符？三、決議與立法意旨是否相契合？四、決議之推論有否合於類推適用之法理？五、決議是否合於論理法則？

參、從文義解釋來看本法第159條之1第2項

　　法學之終極目標，固在窮究法的目的，惟終不能離開法文的字句，一旦離開法文的字句，即無以維持法律之尊嚴及其適用之安定性，故法律解釋之第一步固係「文義解釋」，而其終也，亦不能超過其可能之文義[3]。因此，從文義解釋的角度來檢視第159條之1第2項之規定內涵，被告以外之人於偵查中向檢察官所為之陳述，除顯有不可信之情況者外，得為證據。只要檢察官以合法之偵查手段所取得被告以外之人之陳述筆錄，均屬本條項所謂於偵查中向檢察官所為之陳述，該條文並未限制必須經依法具結之陳述始足當之。換言之，檢察官依本法之規定，非以證人身分傳喚到場，不論以共同被告、被害人或告訴人之身分，所取得之供述證據，均屬本條項之範圍，衹要無顯有不可信之情況要件，均應認為有證據能力，且尋繹其立法理由之內涵，並未論及於檢察官依法傳喚其他被告以外之人之情形，另所載「檢察官係屬與被告相對立之當事人一方（參照本法§3），

---

[3]　楊仁壽，法學方法論，三民書局，2010年5月2版，頁179。

是故偵查中對被告以外之人所為之偵查筆錄，或被告以外之人向檢察官所提之書面陳述，性質上均屬傳聞證據」之立法理由，亦明顯未予限縮此部分須以經具結為前提之範圍，是以立法理由並未具體闡述檢察官於偵查中，對被告以外之人所為之偵查筆錄，如未經具結，即當然與該條項之規定不符之意旨。

本決議最高法院刑十庭所提出採取再研究意見之見解，係引自司法院釋字第582號解釋：「共同被告對其他共同被告之案件而言，為被告以外之第三人，本質上屬於證人」，而推論出證人（含共犯、共同被告、被害人、告訴人或關係人等）於檢察官偵查中作證，均應依法命其具結，其證言始具有證據能力，如未命其具結，因欠缺程序之法定條件，難係合法之證據資料[4]。

但司法院釋字第582號解釋係在闡明憲法第16條保障人民之訴訟權，就刑事被告而言，包含其在訴訟上應享有充分之防禦權。刑事被告詰問證人之權利，即屬該等權利之一，且屬憲法第8條第1項規定「非由法院依法定程序不得審問處罰」之正當法律程序所保障之權利。為確保被告對證人之詰問權，證人於「審判中」，應依法定程序，到場具結陳述，並接受被告之詰問，其陳述始得作為認定被告犯罪事實之判斷依據[5]。此一解釋係指在審判程序中對被告以外之人均屬證人，自應依人證之調查程序，命其具結並接受當事人之詰問，其證言始能作為認定犯罪事實之依據。而檢察官訊問被告以外之第三人，究竟以何種身分傳喚，涉及判斷其證據能力之問題，與法院審判程序中合法調查證據之情形係屬二事，丁說誤解其意，擴張解釋至偵查階段，並據此判斷被告以外之人未經具結之陳述筆錄均無證據能力，與釋字第582號解釋意旨顯相違背。

另外，詰問權係指訴訟上當事人有在審判中輪流盤問經具結之證人，以發現真實，辨明供述證據真偽之權利，屬於人證調查證據程序之一環，與證據能力係指符合法律所規定之證據適格，而得為認定犯罪事實存

---

[4]　最高法院決議彙編，同註2，頁1474。

[5]　司法院釋字第582號解釋參照。

在與否之證據資格,在性質上並不相同,此為最高法院之通說見解[6]。因此,再研究意見關於證人於審判中應具結經交互詰問之說詞,顯係以屬調查證據之一環,提出與判斷證據能力無涉之事項,進而推論在檢察官偵查中未經具詰之訊問,均無證據能力,相關說理殊值商榷。

再研究意見認為「依本條立法理由之說明,已明示被告以外之人於偵查中向檢察官所為之陳述,除顯有不可信之情況者外,得為證據,係指經合法『具結』者而言」[7]等語。然觀以第159條之1第2項之立法理由:「檢察官職司追訴犯罪,必須對於被告之犯罪事實負舉證之責。就審判程序之訴訟構造言,檢察官係屬與被告相對立之當事人一方(參照本法§3),是故偵查中對被告以外之人所為之偵查筆錄,或被告以外之人向檢察官所提之書面陳述,性質上均屬傳聞證據,且常為認定被告有罪之證據,自理論上言,如未予被告反對詰問、適當辯解之機會,一律准其為證據,似與當事人進行主義之精神不無扞格之處,對被告之防禦權亦有所妨礙;然而現階段刑事訴訟法規定檢察官代表國家偵查犯罪、實施公訴,依法其有訊問被告、證人及鑑定人之權,證人、鑑定人且須具結,而實務運作時,偵查中檢察官向被告以外之人所取得之陳述,原則上均能遵守法律規定,不致違法取供,其可信性極高,為兼顧理論與實務,爰於第二項明定被告以外之人於偵查中向檢察官所為陳述,除顯有不可信之情況者外,得為證據。」其文字之內涵,毫無論及檢察官依法傳喚其他被告以外之人之情形,且所載「檢察官係屬與被告相對立之當事人一方(參照本法§3),是故偵查中對被告以外之人所為之偵查筆錄,或被告以外之人向檢察官所提之書面陳述,性質上均屬傳聞證據」,亦未限縮此部分須以經具結為限之範圍。再研究意見主張之丁說,似過度解讀立法理由,導致限縮本條文義解釋之內涵,以須經具結為前提之不當結論。

---

[6] 最高法院100年度台上字第2347、6663號、103年度台上字第2693號、104年度台上字第3651號等判決參照。

[7] 最高法院決議彙編,同註2,再研究意見五、(一),頁1475。

肆、從檢察官偵查權內涵觀察

　　檢察官之偵查，其目的在為公訴之提起、實行之準備，而以犯人之發現、確保以及證據之發現、蒐集、保全為內容之偵查機關之活動。檢察官之訊問證人為蒐集證據之範疇，旨在確認被告犯罪嫌疑之有無及程度，其偵查對象除犯罪嫌疑人外，尚包含證人、告發人、告訴人、被害人、正犯及共犯等，其以該等身分為傳喚調查，屬其偵查權之行使範疇，乃源於偵查方法之任意處分原則。是以，檢察官之偵查作為，僅被要求以合乎刑事訴訟法規定之正當法律程序為必要，有無兼及被告之防禦權，並非所問[8]。

　　刑事訴訟法第219條之6規定：告訴人、犯罪嫌疑人、被告、辯護人或代理人於偵查中，除有妨害證據保全之虞者外，對於其聲請保全之證據，得於實施保全證據時在場。又保全證據之日、時及處所，應通知前項得在場之人。但有急迫情形致不能及時通知，或犯罪嫌疑人、被告受拘禁中者，不在此限。同法第236條之1規定：告訴，得委任代理人行之。但檢察官或司法警察官認為必要時，得命本人到場。同法第248條之1規定：被害人於偵查中受訊問時，得由其法定代理人、配偶、直系或三親等內旁系血親、家長、家屬、醫師或社工人員陪同在場，並得陳述意見。因此，檢察官依刑事訴訟法相關之規定，所傳喚到庭之被告以外之人接受其訊問，彼等所為之陳述，均屬本法第159條之1第2項在偵查中向檢察官所為之陳述，如檢察官據以為起訴犯罪事實之依據，能否以彼等之供述，因未經具結，即認不符合第159條之1第2項之規定，悉認無證據能力？若此，有否侵害檢察官偵查職權之適法行使？非無商榷之餘地。

---

[8]　本法於第二編第一章第一節偵查中，特別規定檢察官訊問證人之程序，第248條第1項前段規定：訊問證人、鑑定人時，如被告在場者，被告得親自詰問；第2項規定：預料證人、鑑定人於審判時不能訊問者，應命被告在場。但恐證人、鑑定人於被告前不能自由陳述者，不在此限。可見檢察官訊問證人非必須傳喚被告到場，給予詰問之權利。

　　再研究意見又認如採取乙說之見解，無異由法院助長檢察官以取巧之方式，逃避應依法定程序訊問證人之規定。倘檢察官於偵查中為方便偵查，均循此模式處理，除可能侵害證人應有之權益外，且將使刑事訴訟法第186條第1項前段，及同法第158條之3之規定形同具文云云[9]。但此應純就理論上為探討而已，從96年6月29日最高法院96年度台上字第3527號判決提出乙說見解，刊登於97年5月第50卷第5期司法院公報（見該公報第192頁）時起，已經過多年，少從各審級之判決書中發現檢察官行使其偵查權，有刻意迴避第186條、第158條之3規定之情形，亦罕見事實審法院有以檢察官刻意規避上開規定，認具有顯不可信之理由，而排除其證據能力之適用，自可印證上揭疑慮純屬理論上之說詞，實務上未必會發生，究其原因，誠如立法理由所言「偵查中檢察官向被告以外之人所取得之陳述，原則上均能遵守法律規定，不致違法取供，其可信性極高」，當不至於產生多數檢察官故意規避其法律上義務之缺失。

伍、本決議與條文之立法目的有違

　　本決議認「被告以外之人於偵查中未經具結所為陳述，如與警詢等陳述同具有『特信性』、『必要性』時，依『舉輕以明重』原則，本於刑事訴訟法第159條之2、第159條之3之同一法理，例外認為有證據能力，以彌補法律規定之不足，俾應實務需要，方符立法本旨。」但依據本條之立法過程，適足以證明決議之結論全然與立法目的相違背。茲將立法過程敘述於下：

　　本條於立法時，司法院會銜行政院所提出之條文，與最後通過立法之條文相同，而於審議過程，立法委員高育仁等35人，接受台灣法學會、台北律師公會及民間司法改革基金會等團體陳情，提出本條之修正條文[10]，

9　最高法院決議彙編，同註2，再研究意見五、（二），頁1476。

10　立法院第五屆第2次會期第8次會議院總字第161號委員提案第4502號。

主張刪除第159條之1第2項條文，由提案說明欄之記載：「二、傳聞證據原則上既為不採，縱於偵查中向檢察官所為之陳述，亦應等同於司法警察人員或第三人面前所為之陳述，除有特別例外情況外，仍不得為證據，不宜過分放寬傳聞證據可採用之空間，故刪除司法院版第159條之1第2項。」不難看出當初立法委員之提案，欲刪除第159條之1第2項，將偵查中向檢察官所為之陳述，降格等同於警詢筆錄之目的。

在審議過程中，法務部則就上開立法委員之提案條文，就刑事訴訟法第159條之1提出不同意見：一、本次刑事訴訟法之修正雖朝向「改良式當事人進行主義」之方向，但並未完全揚棄本法自立法以來所採取之職權進行及真實發現之立法精神。因此本法仍採卷證併送制度，法官仍有為發現真實及實現公平正義之補充性調查義務，無論法官、檢察官依法均有傳喚、訊問證人、鑑定人及命其具結之權利；且檢察官依本法第2條之規定，具有客觀性義務，應於被告有利及不利之情形，一律注意。因此檢察官於案件偵查終結時，認被告犯罪嫌疑不足者，應為不起訴處分；對於被告涉犯微罪者，得參酌刑法第57條各款所列事項及公共利益之維護，為職權不起訴處分或緩起訴處分。上開規定，在在顯示本法對於檢察官職務及行使之設計，與英美所採當事人進行主義之情形完全不同。二、就本法之現行規定而言，檢察官對於供述證據取得之程序，與法官完全相同，且法律對於受訊問人於審判外向法官及檢察官所為陳述之任意性及信用性所設之擔保機制，亦完全相同，在訊問過程既有法定程序加以規範，受訊問人所為之陳述當具有一定程度之可信度及公信力。況且本法第196條本次亦將修正為證人已由法官合法訊問，且於訊問時予以當事人詰問之機會，其陳述明確別無訊問之必要者，始不得再行傳喚。因此，對於直接審理原則之貫徹與交互詰問制度之採行，均屬無礙，自應允許被告以外之人向檢察官、法官所為之陳述具有證據能力。否則共犯或證人在法庭上如無法為真實完全之陳述，而本法又將偵查中筆錄之證據能力原則上予以排除，勢必影響真實之發現。且若檢察官偵查中之訊問筆錄原則上不具證據能力，則檢察官又何能依據上開不具證據能力筆錄所載之內容，為具有一定確定力之不起訴處分、職權不起訴處分或緩起訴處分，故為兼顧現行法制及實

務之運作，自應允許被告以外之人向檢察官、法官所為之陳述具有證據能力。可見法務部不僅反對立法委員修正提案，甚至亦認為應將檢察官之偵查筆錄提升至與法官之訊問筆錄相同具有證據能力之層次[11]。

最後經審查會通過及院會三讀結果，仍維持司法院會銜行政院提案條文版本，即現行第159條之1第2項：「被告以外之人於偵查中向檢察官所為之陳述，除顯有不可信之情況者外，得為證據。」本決議所採取之結論與立法本旨顯然不符。

我國刑事訴訟法之傳聞法則幾乎移植自日本刑事訴訟法，但我國亦有創設部分條文，第159條之1之規定即屬之。顯然我國之立法有別日本刑事訴訟法之立法例，且屬一優越之立法[12]。

日本刑事訴訟法第321條第1項第2款規定：「被告以外之人所寫成之供述書或記錄該人供述之書面材料，而由供述人簽名或蓋章之紀錄書，以下列情形為限，得作為證據：2.關於記錄在檢察官面前所為供述之書面材料，由於供述人死亡、精神或身體之障礙、所在不明或現在國外而不能在公判準備或公審期日供述時，或在公判準備或公判期日做出與以前供述相反或實質上不同之供述時。但以存在著以前之供述比在公判準備或公判期日之供述更可信賴之特別情形為限。[13]」日本檢察官之訊問並無命證人具結之問題，依該條款規定之內容觀之，檢察官之訊問要取得證據能力，幾乎是本法第159條之2及第159條之3兩條規定之綜合體。但我國第159條之1第2項既已明文規定檢察官之訊問筆錄，其傳聞例外之要件，為除顯有不可信之例外情況，原則上有證據能力，與日本刑事訴訟法之規定不同，應無援引日本立法例作為判斷證據能力有無之必要。況我國就該條之立法理由謂：「檢察官職司追訴犯罪，必須對於被告之犯罪事實負舉證之責。就審判程序之訴訟構造言，檢察官係屬與被告相對立之當事人一方（參照本法§3），是故偵查中對被告以外之人所為之偵查筆錄，或被告以外之人向

---

11 立法院第五屆第2次會期第8次會議第15次全體委員會議紀錄。

12 從本條之立法過程及立法目的，雖為學者詬病，但在未修廢之前，基於法律適用原則，仍應從解釋法律之原則加以適用。

13 蔡墩銘譯，德日刑事訴訟法，五南，1993年7月，頁79、80。

檢察官所提之書面陳述，性質上均屬傳聞證據，且常為認定被告有罪之證據，自理論上言，如未予被告反對詰問、適當辯解之機會，一律准其為證據，似與當事人進行主義之精神不無扞格之處，對被告之防禦權亦有所妨礙；然而現階段刑事訴訟法規定檢察官代表國家偵查犯罪、實施公訴，依法其有訊問被告、證人及鑑定人之權，證人、鑑定人且須具結，而實務運作時，偵查中檢察官向被告以外之人所取得之陳述，原則上均能遵守法律規定，不致違法取供，其可信性極高，為兼顧理論與實務，爰於第2項明定被告以外之人於偵查中向檢察官所為陳述，除顯有不可信之情況者外，得為證據。」其前段意旨，似指未經被告反對詰問之檢察官之訊問筆錄，自理論上言，如未予被告反對詰問、適當辯解之機會，一律准其為證據，似與當事人進行主義之精神不無扞格之處，對被告之防禦權亦有所妨礙，後段基於偵查中檢察官向被告以外之人所取得之陳述，原則上均能遵守法律規定，不致違法取供，其可信性極高，為兼顧理論與實務，而採取較寬鬆之傳聞例外條件，除顯有不可信之情況者外，得為證據。此一立法例係對檢察官訊問筆錄所採取之優越立法，乃我國獨創，目的為使其筆錄能儘可能取得證據能力，以進入審判程序檢驗其證明力，自無採取日本之法例作為解釋之方法。

陸、刑事訴訟法類推適用之原則

　　本決議依「『舉輕以明重』原則，本於刑事訴訟法第159條之2、第159條之3之同一法理，例外認為有證據能力，以彌補法律規定之不足，俾應實務需要，方符立法本旨」之論述，本文認為實係依法律類推適用之解釋方法下之產物。但法律之類推適用有其基本原則，應係就法律未規定之事項，比附援引與其性質相類似之規定，以為適用，又基於平等原則之理念，而普遍為法院所使用，「相類似之案件，應為相同之處理」之法理，

則為類推適用之基本原理[14]。可見類推適用之前提係法律未明文規定始有其適用。本決議既已認定偵查中未經具結之陳述為傳聞證據，卻以類推第159條之2、第159條之3之規定，藉以判斷其是否合乎傳聞例外為適用之基礎。但第159條之1第2項就偵查中向檢察官所為之陳述，其證據能力已有明文規定，自無所謂類推適用之餘地。

柒、本決議違背論理法則

　　本決議先說明「被告以外之人於偵查中未經具結所為之陳述，因欠缺『具結』，難認檢察官已恪遵法律程序規範，而與刑事訴訟法第159條之1第2項之規定有間」、「被告以外之人於偵查中，經檢察官非以證人身分傳喚，於取證時，除在法律上有不得令其具結之情形者外，亦應依人證之程序命其具結，方得作為證據」等情。似指凡屬檢察官訊問被告以外之人所取得之供述筆錄，如未經依法具結，依第158條之3之規定，均不具證據能力，且不論檢察官依何種身分傳喚訊問之情形均有其適用。但實務上多數見解均認第158條之3屬於證據絕對排除之規定，一經排除即不得作為證據，縱依第159條之5之明示或擬制同意得為證據，亦無從使被排除之證據復活[15]。然決議又謂：「被告以外之人於偵查中未經具結所為陳述，如與警詢等陳述同具有『特信性』、『必要性』時，依『舉輕以明重』原則，本於刑事訴訟法第159條之2、第159條之3之同一法理，例外認為有證據能力，以彌補法律規定之不足，俾應實務需要，方符立法本旨。」則該被告以外之人於偵查中既未經依法具結，依第158條之3之規定，即不得作為證據，該證據已然絕對被排除在外，之後豈能以為發現真實以及舉輕明重原則等理由，而令其復活？決議此部分之論述違背論理法則至為顯明。

　　檢察官依法偵查之行為，乃係依本法所賦予之權限，自屬合法有

---

[14]　楊仁壽，同註3，頁266。

[15]　最高法院94年度台上字第3277號、97年度台上字第2882、4096號等判決參照。

據，而第158條之3明文規定「依法應具結而未具結」，檢察官既非以證人之身分訊問被告以外之人，當無依法應具結而未具結之違法可言，自不能該當本條之規定而被絕對排除，此種法條文義之解釋並未溢出其文義之範圍，故此等供述證據依第159條之1第2項規定，自屬傳聞證據，原則上賦予證據能力，例外在有顯有不可信之情況始無證據能力。基此，乙說之見解，並不會產生對於已被排除之證據資料，以基於特殊目的而使其復活，致法理上悖離絕對排除法則規定之危險情形。

捌、本法第159條之1第2項適用之範圍

檢察官之偵查，目的在為公訴之提起、實行之準備，而以犯人之發現、確保以及證據之發現、蒐集、保全為內容之偵查機關之活動。而檢察官之訊問證人為蒐集證據之範疇，旨在確認被告犯罪嫌疑有無及程度，其偵查對象除犯罪嫌疑人外，尚包括證人、告發人、告訴人、被害人、正犯及共犯等人。因此，檢察官以上列不同身分關係而傳喚到庭為訊問時，所製成之訊問筆錄，即因其偵查調查對象之不同而異。分述如下：

一、被告、共同被告之訊問筆錄

（一）當檢察官訊問之對象為被告或共同被告（含正犯、共犯）本人，實務上即依本法第71條之規定，以被告之身分發出傳票，通知到庭接受調查，此時其身分為被告。

（二）檢察官向法院聲請羈押被告或共同被告時，彼等在法官面前之陳述，其身分為被告。

以上在檢察官面前以被告身分所為之陳述，檢察官並無命其具結之問題。

二、證人之訊問筆錄

（一）當檢察官依本法第175條之規定，以證人身分傳喚證人到庭調

查時，其身分為證人，檢察官於訊問時，應依本法第186條之規定，命證人供前或供後具結而為陳述。

（二）檢察官雖以共同被告、被害人或告訴人身分傳喚到庭，但經轉換為證人身分訊問時，此時該共同被告、被害人或告訴人之身分為證人，亦應依本法第186條之規定為調查。

三、告發人、告訴人、被害人之訊問筆錄

（一）檢察官如以告發人、告訴人或被害人身分傳喚到庭，而非以證人身分為訊問時，其身分並非證人，檢察官於供前或供後未令具結，其調查程序並未違法。例如，檢察官依本法第248條之1規定：「被害人於偵查中受訊問時，得由其法定代理人、配偶、直系或三親等內旁系血親、家長、家屬、醫師或社工人員陪同在場，並得陳述意見。」此時傳喚對象為被害人，亦非以證人身分為調查，即無供前或供後具結陳述之問題，且陪同在場之人並得陳述意見，惟該意見之陳述係屬陪同人自己之意思，不得視為具證言作用之被害人之陳述[16]，亦無令其具結之問題。

（二）如以證人身分訊問告發人、告訴人或被害人時，情形同「二」所述，其身分為證人，應依本法第186條之規定為之。

（三）檢察官依本法第236條之規定指定代行告訴人，經訊問代行告訴人之告訴事實，或依第236條之1第1項規定訊問告訴代理人時，其陳述亦無應命具結之問題。

基此，不論檢察官係以告發人、告訴人或被害人身分傳喚到庭，或以證人身分傳喚到庭等情形，均係檢察官本於偵查權發動之行為，乃偵查之任意處分原則[17]，不能漫指檢察官所踐行之偵查程序違法。

---

[16] 林永謀，刑事訴訟法釋論（中冊），自版，2006年初版，頁327。

[17] 「固然現行法規定檢察官依法傳喚證人到場訊問，依法應命具結，惟由於偵查活動之實施往往直接涉及人民自由權利的干預，當偵查之目的可藉由數種不同手段均可達成時，偵查機關優先考量以偵查對象出於自願或不侵害其實質權益的方式進行證據的蒐集及保全，此乃偵查之任意處分原則。是以，檢察官指揮司法警察人員依刑事訴訟法第196條之1之規定以通知詢問證人固無不可，即便檢察官親自實施偵查，不採用傳喚證人之方式，而通知證人自行到場，且以不令具結之情形下進行訊問，

　　因此，檢察官依刑事訴訟法第175條之規定，以證人身分傳喚被告以外之人（證人、告發人、告訴人、被害人或共同被告）到庭作證，或雖非以證人身分傳喚到庭，而於訊問調查過程中，轉換為證人為調查時，此時其等既基於證人身分為陳述之人，檢察官自應依本法第186條有關具結之規定，命證人供前或供後具結，其陳述始符合第158條之3之規定，而有證據能力。若檢察官依本法第71條、第219條之6第2項、第236條之1第1項、第248條之1等規定，以被告或其代理人、告發人、告訴人或其代理人、被害人或陪同在場之人及共同被告（正犯、共犯）身分傳喚到庭為訊問或陳述意見時，其身分既非證人，即與「依法應具結」之要件不合，縱未命其具結，不能遽認該陳述筆錄無證據能力。然被告以外之第三人，本質上為證人，依司法院釋字第582、592號解釋意旨，及本法第166條至第167條之6規定，除有本法第159條之3所列詰問權不能行使或被告放棄其詰問權之情形外，嗣後於審判程序上均應經被告及其選任辯護人之詰問，其陳述始能作為判斷之依據[18]。因此，在偵查中，非以證人身分，不論係於本案或他案在檢察官面前作成未經具結之陳述筆錄，係屬被告以外之人於偵查中向檢察官所為之陳述，本質上屬於傳聞證據，除顯有不可信之情況者外，均有證據能力。

　　以上本條適用之見解，是否牴觸最高法院93年台上字第6578號判例？該判例以「被害人乃被告以外之人，本質上屬於證人，其陳述被害經過，亦應依人證之法定偵查、審判程序具結，方得作為證據。」其重點在

實符合任意處分原則，並無違法情事可言。充其量，此種偵查中檢察官的任意性的訊問，其未經具結所得之證人陳述，為審判外之陳述，在判斷是否合於第159條之1第2項傳聞法則的例外時，會受到不同的考量而已。」見陳運財，偵查中證人之具結與傳聞例外之適用——評最高法院94年度台上字第3277號刑事判決，輯於學術與實務之對話——94、95年度刑事判決評釋，2006年11月18日，頁119。

[18] 雖最高法院部分判決認為在檢察官訊問時，被告及其選任辯護人在場並經交互詰問，又無顯不可信之情況，在檢察官之前作成之陳述筆錄始有證據能力。但證人於檢察官訊問時雖經被告或其選任之辯護人之詰問，仍不能取代審判中詰問權之行使，此種情形仍須在審判中踐行交互詰問程序或有不能詰問及放棄詰問之情形，始得作為證據。見石木欽，改良式當事人進行主義之證據法則：以審判實務為中心，元照，2008年10月，頁155-157。

說明被害人本質上亦屬證人,如經人證之法定調查程序為調查時,應命具結,其陳述方得作為證據。本文之見解與此判例意旨並無不同。惟該判例就被害人或其他被告以外之第三人,非以證人之身分未經具結之陳述,是否有證據能力,並未加以闡述。本文基此,乃就審判實務上,被告以外之第三人,以不同身分及於不同之案件中作成之陳述筆錄之證據取捨問題,依據本法既有之規定,本於法理之推演,獲致不能以被告以外之第三人在偵查程序中未經具結之陳述,均無證據能力之結論,所持之見解與該判例並不牴觸,且有補充其論述之效用。

本件決議所列乙說案例發生之情形,或係檢察官原非以證人身分傳喚被告以外之人而取得其陳述筆錄,該人經轉換為證人時,卻不再為相同之供述,或原以告訴人、被害人身分傳喚而取得其陳述筆錄,嗣後檢察官再以證人身分傳喚時,因該告訴人或被害人已與被告和解或其他原因之考量,致使以證人身分所為之陳述與先前之供述不相一致時,檢察官以其先前之陳述筆錄作為認定被告之犯罪證據,並列載於起訴書之證據清單中,法院應如何判斷其證據能力,乙說提供一較寬廣之立論基準,俾利於解決此一問題,實務上既不會發生檢察官逃避法定偵查程序之弊端,又能提供解決此例外之情形,立論基礎亦與法理相合,適用上並無窒礙難行之處,至少在共同被告、正犯或共犯在同案審判或先後到案之案例中,採用乙說之見解,即能便利解決此一法律適用上之爭議[19]。

玖、結論

由於檢察官於偵查中,依法傳喚被告以外之人到庭接受訊問,如非依

---

[19] 最早提出此一見解之最高法院96年度台上字第3527號判決,其判決本文中即明載:「上訴意旨略以:原判決採取共同被告曾亮瑋在檢察官訊問時未經具結之供述,為論處上訴人之犯罪依據,違背刑事訴訟法第158條之3之規定,有適用法則不當之違法;……」此為共同被告於同一案件審判時,其以共同被告身分在檢察官訊問時,未經具結之陳述筆錄,原審判決採為論處其犯罪證據,最高法院對於上訴意旨所指摘之事項,提出新論述,即本決議之乙說。

證人身分為傳喚時，該陳述人既非證人，檢察官未依法命其具結，所踐行之訴訟程序並未違法，仍應屬於本法第159條之1第2項之傳聞證據，除顯有不可信之情況外，原則上有證據能力，得以進入審判庭。則嗣後法院採取此部分未經具結之陳述筆錄，基於保障被告憲法上之詰問權，於審判期日以證人身分傳喚上揭陳述人到庭具結接受被告之反對詰問，或該陳述人因死亡、身心障礙致記憶喪失或無法陳述、滯留國外或所在不明而無法傳喚或傳喚不到、或到庭後拒絕陳述等情形外，上揭被告以外之人於檢察官偵查中未經具結之陳述筆錄，得依傳聞法則及其例外之規定，經合法調查後採為論處被告之犯罪依據。

　　因此，本決議對於被告以外之第三人，檢察官非以證人身分傳喚取得之陳述筆錄，不直接適用本法第159條之1第2項之規定以判斷其有無證據能力，卻違背立法本旨、法律適用原則，捨本逐末類推適用第159條之2、第159條之3規定，以判斷其證據能力之有無，實值得商榷。惟最高法院本有解釋法律適用之終審決定權，審判實務之運作，仍不得不受其拘束，就此而言，最高法院在統一法律見解方面，實應更為慎重。

11

2012年大陸地區
刑事訴訟法修正評析
——以舉證責任相關條文爲中心

張明偉[*]

[*] 輔仁大學法律系副教授。

壹、立法沿革

提出證據責任（Burden of Producing Evidence）及說服責任（Burden of Persuasion）之概念，係源自於英美法。某造當事人負有「提出證據責任」時，即有義務向法院提出相當證據，證明待證事實。若無法提出相當的證據，則法院無待審核證據的真實性及證明力，亦無須經實體審理，即得作出對其不利的判決。而所謂的「說服責任」，乃負此責任者，必須說服裁判者相信其所提出的證據，並相信其主張為真實的責任。若不能說服裁判者其主張為真實，則裁判者必須就該待證事實作出其敗訴的判決。就說服責任而言，裁判者有時會被說服至確信無疑的程度，有時僅被說服至「半信半疑」的程度，裁判者也可能被說服至介於二者之間「大致相信」的程度。就裁判者被說服的「確信」程度而分，說服責任又可分為「毋庸置疑」（Beyond a Reasonable Doubt）、「證據明確」（Clear and Convincing Evidence）、「證據優勢」（Preponderance of Evidence）等三種不同程度[1]。

---

[1] 所謂「毋庸置疑」，乃負此舉證責任者，必須說服裁判者至確信、無合理的懷疑其主張可能為不實的程度。而「證據優勢」之說服責任指負此舉證責任者，就待證事實所提出的證據，僅需較對造更具說服力，即為優勢，即已盡其舉證責任，至於是否能使裁判者達到確信無疑則非所問。「證據優勢」所表彰者為對於待證事實的「存在」，較「不存在」更為可能。而所謂的「證據明確」，屬較「證據優勢」程

1996年制定之舊法刑事訴訟法對於舉證責任原無規定，惟依舊法第43條：「審判人員、檢察人員、偵查人員必須依照法定程式，收集能夠證實犯罪嫌疑人、被告人有罪或者無罪、犯罪情節輕重的各種證據。嚴禁刑訊逼供和以威脅、引誘、欺騙以及其他非法的方法收集證據。必須保證一切與案件有關或者瞭解案情的公民，有客觀地充分地提供證據的條件，除特殊情況外，並且可以吸收他們協助調查。」與第45條：「人民法院、人民檢察院和公安機關有權向有關單位和個人收集、調取證據（第1款）。有關單位和個人應當如實提供證據。對於涉及國家秘密的證據，應當保密（第2款）。凡是偽造證據、隱匿證據或者毀滅證據的，無論屬於何方，必須受法律追究（第3款）。」等規定，包括審判人員、檢察人員、偵查人員在內之所有司法人員，均必須依照法定程式，收集能夠證實犯罪嫌疑人、被告人有罪或者無罪、犯罪情節輕重的各種證據。換言之，所有司法人員均負有舉證責任。而依第44條：「公安機關提請批准逮捕書、人民檢察院起訴書、人民法院判決書，必須忠實於事實真象。故意隱瞞事實真象的，應當追究責任。」規定，所有司法人員均應據實製作或記載相關書類之客觀義務[2]，不得隱匿真相，否則將受法律制裁。雖然第46條：「對一切案件的判處都要重證據，重調查研究，不輕信口供。只有被告人供述，沒有其他證據的，不能認定被告人有罪和處以刑罰；沒有被告人供述，證據充分確實的，可以認定被告人有罪和處以刑罰。」明文限制自白之證據能力，在2012年修法前，雖然司法實踐上多是由人民檢察院承擔證明被告

度高，較「毋庸置疑」程度低，係介於二者間的一種證明程度，即如其文字所述，必須明確且有說服力的證據證明。若以具體的例子說明上述的差異，如甲負「證據優勢」的舉證責任，必須提出證據證明待證事實，對造乙提出證據反駁，裁判者綜合雙方證據，認爲甲所提出的證據較乙更具些微說服力，甲即盡其「證據優勢」的舉證責任，裁判者應爲甲勝訴判決。若甲所負爲「毋庸置疑」的說服責任，而所提出的證據雖較乙更具說服力，但仍使裁判者懷疑（必須爲合理的懷疑，不得爲無理的懷疑）待證事實可能非眞實，則甲雖已達到「證據優勢」或「證據明確」的責任，但未盡「毋庸置疑」的責任，裁判者必須爲甲敗訴判決。王兆鵬、張明偉、李榮耕，刑事訴訟法（下），承法，2012年9月初版，頁213-214。

2   李昌林主編，最新中華人民共和國刑事訴訟法釋義，中國法制出版社，2012年5月第1版，頁111。

有罪之責任[3]，不過，仍存在審判人員共同承擔舉證責任之現象。

貳、現制介紹

　　為明確舉證責任，並落實第12條：「未經人民法院依法判決，對任何人都不得確定有罪。」之保障[4]，2012年修正刑事訴訟法乃增訂第49條：「公訴案件中被告人有罪的舉證責任由人民檢察院承擔，自訴案件中被告人有罪的舉證責任由自訴人承擔。」規定，依此規定，人民檢察院與自訴人對於被告有罪之事時應負據證責任，如其不能履行證明之責任，理論上即應承擔其認定或主張事實不能成立之敗訴風險[5]。就此而言，亦明確了被告僅有反駁控方指控之權利，而不負自證無罪之義務[6]。

　　不過，由於本次修法將舊法第43條移至第50條：「審判人員、檢察人員、偵查人員必須依照法定程式，收集能夠證實犯罪嫌疑人、被告人有罪或者無罪、犯罪情節輕重的各種證據。嚴禁刑訊逼供和以威脅、引誘、欺以及其他非法方法收集證據，不得強迫任何人證實自己有罪。必須保證一切與案件有關或者瞭解案情的公民，有客觀地充分地提供證據的條件，除特殊情況外，並且可以吸收他們協助調查。」過程中，除新增被告不自證己罪權利之規定，體現現代訴訟理念外，並將第44條移列為第51條：「公

3　全國人大常委會法制工作委員會刑法室編，關於修改中華人民共和國刑事訴訟法的決定——條文說明、立法理由及相關規定，北京大學出版社，2012年3月第1版，頁45。

4　全國人大常委會法制工作委員會刑法室編，關於修改中華人民共和國刑事訴訟法的決定——條文說明、立法理由及相關規定，北京大學出版社，2012年3月第1版，頁45。

5　李昌林主編，最新中華人民共和國刑事訴訟法釋義，中國法制出版社，2012年5月第1版，頁105。

6　全國人大常委會法制工作委員會刑法室編，關於修改中華人民共和國刑事訴訟法的決定——條文說明、立法理由及相關規定，北京大學出版社，2012年3月第1版，頁45。

安機關提請批准逮捕書、人民檢察院起訴書、人民法院判決書，必須忠實於事實真象。故意隱瞞事實真象的，應當追究責任。」而在舊法第45條之基礎上，修正之第52條：「人民法院、人民檢察院和公安機關有權向有關單位和個人收集、調取證據。有關單位和個人應當如實提供證據（第1款）。行政機關在行政執法和查辦案件過程中收集的物證、書證、視聽資料、電子資料等證據材料，在刑事訴訟中可以作為證據使用（第2款）。對於涉及國家秘密、商業秘密、個人隱私的證據，應當保密（第3款）。凡是偽造證據、隱匿證據或者毀滅證據的，無論屬於何方，必須受法律追究（第4款）。」乃肯認行政機關依法收集證據於刑事訴訟程式之證據能力。從而，縱然偵查人員未善盡其舉證責任，審判人員仍負有依法定程式收集證明被告有罪證據之義務[7]。此規定是否與第49條有所矛盾，就法條文亦而言，並非無疑。另在舊法第46條之基礎上，新法第53條：「對一切案件的判處都要重證據，重調查研究，不輕信口供。只有被告人供述，沒有其他證據的，不能認定被告人有罪和處以刑罰；沒有被告人供述，證據確實、充分的，可以認定被告人有罪和處以刑罰（第1款）。證據確實、充分，應當符合以下條件：（一）定罪量刑的事實都有證據證明；（二）據以定案的證據均經法定程式查證屬實；（三）綜合全案證據，對所認定事實已排除合理懷疑（第2款）。」乃明文證據確實充分之有罪判斷標準，應以排除合理懷疑為依歸。

參、法制比較

一、美國法制

檢察官對被告犯罪事實，負有提出證據責任及說服責任，一般均無爭

---

[7] 全國人大常委會法制工作委員會刑法室編，關於修改中華人民共和國刑事訴訟法的決定——條文說明、立法理由及相關規定，北京大學出版社，2012年3月第1版，頁46。

執，蓋基於「無罪推定」原則，被告被推定為無罪，故毋庸舉證證明自己為無罪，應由檢察官舉證證明被告為有罪，以落實憲法第六修正案中有關公平審判之要求。如法院於一般情形下負有調查與收集證據之義務，則審判程式即會呈現出由檢察官與法院共同將被告定罪之現象，此情形不僅將大大地損及法院之中立性，並否定無罪推定原則在訴訟程式中之功能。而檢察官之舉證責任主要包括提出證據責任，及說服裁判者被告為有罪的責任。美國法上有關舉證責任一般的分配原則，約有以下幾種觀點：有由希望改變現狀者負舉證責任，[8]或本於經驗法則，由主張之人負舉證責任。如請求侵權行為的損害賠償者，應就侵權行為事實負舉證責任。[9]有以對相關事實最容易得到證據或知識者，負舉證責任，[10]或事實如屬於一造當事人之特殊知識，該造有舉證責任。[11]又有依法律、經驗、政策、公平、正義的考慮，而要求某造當事人負舉證責任。[12]

　　然而檢察官除對被告有罪事實負舉證責任外，何以說服責任必須達到最高的毋庸置疑程度？其理論基礎主要在降低被告被誤判為有罪的機會。按要求檢察官證明犯罪事實到毋庸置疑的程度，意義為：除非裁判者確信無懷疑被告可能為無辜者，否則不能作出被告有罪判決，故被告被誤判為有罪的機會極小。反之，若僅要求檢察官以「證據優勢」證明被告犯罪事實，則被告可能因檢察官具證據之優勢而被判決有罪，但被告是否實質有罪則不確定，此舉證程度使被告被誤判為有罪的機會相對增加。所以自防止無罪者被誤判為有罪的角度而言，要求檢察官證明犯罪到最高的程

---

[8]　Yale Kamisar, Wayne R. Lafave & Jerold H. Israel, *Modern Criminal Procedure* 853 (West Publishing, 8th ed. 1994); John W. Strong, *McCormick* on Evidence 571 (West Publishing, 4th ed. 1992).

[9]　李學燈，證據法比較研究，五南，1992年，頁368-371。

[10]　Yale Kamisar, Wayne R. Lafave & Jerold H. Israel, *Modern Criminal Procedure* 853 (West Publishing, 8th ed. 1994); John W. Strong, *McCormick on Evidence* 571 (West Publishing, 4th ed. 1992).

[11]　李學燈，證據法比較研究，五南，1992年，頁368-371。

[12]　John W. Strong, *McCormick on Evidence* 571 (West Publishing, 4th ed. 1992)；李學燈，證據法比較研究，五南，1992年，頁368-371。

度，有其正當理由。[13]但自另一方面而言，要求檢察官負毋庸置疑的說服責任，會讓某些實質有罪者逍遙法外。當檢察官已幾乎完全證明被告的犯罪事實，甚至達90%可信被告爲有罪者，若有一合理的懷疑被告可能爲無罪者，依「毋庸置疑」的說服責任標準，裁判者仍應宣告被告無罪。在此情形，固然被告有可能爲無辜者，但依已證明的90%部分，被告更可能是有罪之人。此「毋庸置疑」的說服責任，會使「幾乎確信」爲有罪者，或事實上有罪者逍遙法外。若稍微降低檢察官的舉證責任，則實質有罪者逍遙法外的機會就會降低。換言之，要檢察官負高度的舉證責任，會增加有罪者逍遙法外的機會。故自防止有罪者逍遙法外的角度而言，不應要求檢察官肩負程度最高的舉證責任。關於檢察官負毋庸置疑證明程度之法理基礎，主要在於刑事訴訟係以寧可選擇讓有罪者逍遙法外，也不要讓無罪者被誤判爲有罪爲基本思考。避免冤獄爲刑事訴訟法的重要目的之一，冤獄對被告生命、自由、名譽的剝奪皆屬不正。降低檢察官的舉證責任固可防止有罪者逍遙法外，但亦會造成冤獄的增加。反之提高檢察官的證明責任程度，固然會增加有罪者逍遙法外的機會，卻能減低冤獄的機率。就此而言，要求檢察官證明被告犯罪到毋庸置疑的程度，實爲刑事訴訟理論在利益衡量下，刻意所作的選擇——「與其殺不辜，寧失不經」[14]。

二、台灣地區法制

依舊法第163條第1項規定：「法院因發現真實之必要，應依職權調查證據。」若檢察官未盡舉證責任，法院仍有義務蒐集及調查一切相關證據，以證明事實真相。因爲法院有接續查明事實之責任，故檢察官雖明知證據不充分，有時仍強行起訴，期待法官爲其補充蒐集及調查證據。然依此實務，有以下二大缺點：（一）證據滅失，真相扭曲。無證據，即不能證明事實真相，而蒐集證據最關鍵的時點在偵查之初，遲至審判中始行爲之，常爲時晚矣。若檢察官存有「只要有嫌疑即可起訴、法院將來會接

---

[13] Note, *Winship on Rough Waters: The Erosion of the Reasonable Doubt Standard*, 106 Harv. L. Rev. 1094, 1095 (1993).

[14] 王兆鵬、張明偉、李榮耕，刑事訴訟法（下），承法，2012年9月初版，頁226。

續蒐集證據」之心理，極易在偵查時疏於或怠於蒐證，導致證據流失或湮滅，待數月或數年後的審判中，要法官再蒐集證據，幾不可能。證據滅失致真相不明，所傷害者不僅為被告，更包括被害人、司法之可信性及整體社會。（二）法院喪失中立性及可信性。假設檢察官證明被告有罪之證據強度只有50%，在職權主義制度下，法院為查明事實、為補充證據不足之部分，必須主動積極蒐集不利被告之其餘50%證據。受無罪推定之被告，在遭檢察官控訴後，原期待一中立、超然之法院解決其與檢察官間之歧異，但法官卻與檢察官同等積極，甚至更為積極地去蒐集對被告不利之證據，已非中立超然之裁判者，喪失中立性，其判決結果之可信性，勢必遭被告質疑[15]。

依第161條第1項規定：「檢察官就被告犯罪事實，應負舉證責任，並指出證明之方法。」其立法理由指出：「為確實促使檢察官負舉證責任及防止其濫行起訴……檢察官對於被告之犯罪事實，自應負提出證據及說服之實質責任。」如未盡提出證據的責任，應依舉證責任法理，對其為不利之判斷。至於說服責任，檢察官仍應負毋庸置疑的高度說服責任，法院始能為被告有罪判決。依最高法院92年台上字第128號判例：「刑事訴訟法第一百六十一條已於九十一年二月八日修正公布，其第一項規定：檢察官就被告犯罪事實，應負舉證責任，並指出證明之方法。因此，檢察官對於起訴之犯罪事實，應負提出證據及說服之實質舉證責任。倘其所提出之證據，不足為被告有罪之積極證明，或其指出之證明方法，無從說服法官以形成被告有罪之心證，基於無罪推定之原則，自應為被告無罪判決之諭知。」說明，台灣地區刑事訴訟法治之舉證責任具有以下內涵：（一）舉證責任分為提出證據之責任、說服責任（破除我國學說對舉證責任名稱之混亂）。（二）檢察官對於犯罪事實，同時負有提出證據及說服之責任。（三）就提出證據責任而言，只要檢察官所提出之證據，不足為被告有罪之積極證明，法院即應為被告無罪判決，原則上無須再為調查。[16]（四）就

---

15 王兆鵬、張明偉、李榮耕，刑事訴訟法（下），承法，2012年9月初版，頁219。

16 例如最高法院93年度台上字第1228號判決：「末查檢察官就被告犯罪事實，應負舉證責任，並指出證明之方法，刑事訴訟法第一百六十一條第一項定有明文。原審於

說服責任而言，檢察官必須說服法院形成被告有罪之心證，否則法院必須為無罪判決。（五）上述判例雖未說明檢察官說服責任之程度為何，然依法理及最高法院76年台上字第4986號判例，檢察官仍必須說服法院至「毋庸置疑」的心證程度。此外，除司法院大法官釋字第556號解釋宣示：「組織犯罪防制條例第三條第一項及第三項所稱之參與犯罪組織，指加入犯罪組織成為組織之成員，而不問參加組織活動與否，犯罪即屬成立，至其行為是否仍在繼續中，則以其有無持續參加組織活動或保持聯絡為斷，此項犯罪行為依法應由代表國家追訴犯罪之檢察官負舉證責任。……本院釋字第六十八號解釋……併同與該號解釋相同之本院其他解釋（院字第六六七號、釋字第一二九號解釋），關於參加犯罪組織是否繼續及對舉證責任分擔之釋示，與本件解釋意旨不符部分，應予變更。」亦宣告檢察官對構成犯罪事實有舉證責任，而2010年5月19日公布之刑事妥速審判法第6條：「檢察官對於起訴之犯罪事實，應負提出證據及說服之實質舉證責任。倘其所提出之證據，不足為被告有罪之積極證明，或其指出證明之方法，無法說服法院以形成被告有罪之心證者，應貫徹無罪推定原則。」亦重申、強調上判例意旨[17]。

雖91年修法採「改良式當事人進行主義」，將第163條第1項規定改為第2項：「法院為發現真實，得依職權調查證據。但於公平正義之維護或對被告之利益有重大關係事項，法院應依職權調查之。」有爭議者，此條文之但書規定，使許多檢察官、法官認為法院仍有依職權蒐集、調查對被告不利證據之義務，致修法前後之舉證責任實務，並無顯著與實質之差異，證據不足而仍起訴之案件，時有所聞。惟最高法院100年度台上字第

九十二年十月三日裁定：『……黃○○與陳○○究如何謀議共同運輸第一級毒品？如何謀議共同意圖販賣而持有第一級毒品？黃○○共同運輸及意圖販賣而持有第一級毒品所得利益是否相當？又黃○○就上開犯行有何行為分擔？均尚有未明，應由檢察官負舉證責任。』等語，檢察官於九十二年十月十三日收受裁定，就上開各節，迄未為任何具體舉證，更未指出證明之方法。此外，復查無其他積極證據足證……犯行，即屬不能證明。」

[17] 王兆鵬、張明偉、李榮耕，刑事訴訟法（下），承法，2012年9月初版，頁216-217。

6259號判決依世界人權宣言、我國已簽定且具有內國效力之公民與政治權利公約、大法官多次之解釋,首先確立「無罪推定」乃憲法原則,被告無證明自己無罪之義務;若檢察官未盡舉證責任,法院貫徹無罪推定原則,應判決被告無罪。秉此,再基於公平法院之原則,法官「僅立於客觀、公正、超然之地位而為審判,不負擔推翻被告無罪推定之責任,自無接續依職權調查證據之義務」。最高法院因此結論,法院不應接續檢察官而調查對被告不利之證據,以證明被告有罪。至於第163條第2項但書規定,應作嚴格解釋,且依法規範目的解釋,應限縮至以利益被告之事項為限。此一判決,挑動了法院與檢察官間最敏感的法律神經,促成了革命性的最高法院101年度第2次刑事庭會議決議,該決議之提案問題為:刑事訴訟法第163條第2項但書之「公平正義之維護」所指範圍為何?甲說認為「非專指有利被告之事項」,即不利於被告之證據,法院亦應職權調查;乙說則認為「專指對被告有利之事項」,其理由即照錄前述最高法院100年度台上字第6259號判決。最高法院最後決議採乙說,理由及理論基礎與前述判決大致相同,但更增加了一項極具說服力的理由:十年前修改的第163條之立法理由中載明,「如何衡量公平正義之維護及其具體範圍則委諸司法實務運作和判例累積形成」,而在此之後,我國陸續通過「公民與政治權利國際公約及經濟社會文化權利國際公約施行法」,其中第8條明示各級政府機關應於二年內依公約內容檢討、改進相關法令;刑事妥速審判法為刑事訴訟法之特別法,該法第6、8、9條揭示無罪推定之整體法律秩序理念。最高法院即據此「新事證」,作出結論:所謂「公平正義之維護」事項,依目的性限縮之解釋,應以利益被告之事項為限,否則即與檢察官應負實質舉證責任之規定及無罪推定原則相牴觸,無異回復糾問制度,而悖離整體法律秩序理念。就政策上解釋,實應肯定最高法院此一決議,理由有二:(一)此一問題糾纏實務十年之久,最高法院過去未明確表態,造成下級法院無所適從,實務操作至為分歧,有消極聽審之法官,亦有勇猛積極甚於檢察官者,對人民權益傷害甚深。最終審法院應扮演定紛止息之功能,就此最為敏感、最有爭議、最難解決之問題,最高法院展現罕有之魄力與智慧,應予肯定。(二)偵查之初若未保全證據,審判中再為蒐

證，常為時已晚，將造成正義不彰，真相扭曲，受害者包括被告（受訴訟糾纏）、被害人（未能緝拿真兇）、司法資源、全體社會。我國貪汙罪之起訴定罪率，長期以來約略只有60%，檢察官實難卸免濫行起訴之批判，最高法院此一決議，乃對治我國檢察實務弊病之良藥。歐陸國家檢察官善盡其責，或許無須此藥，但我國起訴草率之積弊甚久，亟需此藥，不可不知。最高法院此一決議，將大幅改變未來實務操作，保障被告不受濫行起訴之基本人權，促進偵查之精密，節省寶貴之司法資源。往昔，事實審法官不確定其職權調查證據之範圍究竟為何，為恐上級審以「應調查而未調查」撤銷發回，不得不蒐集一切證據，包括對被告有利、不利之證據，造成修法後，審判中職權主義之色彩仍極為濃厚。在知悉此最高法院決議後，事實審法院即毋須蒐集對被告不利之證據，職權主義色彩將轉趨淡薄；檢察官亦必須在起訴時，備齊得證明被告有罪之一切證據，否則即可能遭無罪之判決，故偵查將更趨縝密，起訴將更為審慎，被告人權庶幾得保，審判資源亦得節省[18]。

三、比較分析

　　此次大陸刑事訴訟法雖增訂有關舉證責任之規定，惟如與美國或台灣之相關法制做一比較，不難發現其第49至52條之規定，存在混淆舉證責任概念之疑義。蓋於公平法院之思考下，法院原則上並不負有收集不利被告證據之義務，以免有害無罪推定原則之落實。然而依大陸刑事訴訟法第49至52條之規定，人民法院卻仍負有收集不利被告證據之義務。在此種規範下，如何確保法院之中立性，難免有疑。蓋依台灣地區過去之法制經驗，一旦法院仍應收集不利被告之證據，整體訴訟將呈現出院檢接力將被告定罪之過度糾問現象，法院於某程度上仍將扮演檢察官之角色，致力於探求有罪證據，以達所謂實體發現真實之目標。然而，若法院執著於有罪證據之收集，不但存在有罪偏見之不當，亦將導致檢察官草率起訴。雖說台灣

---

[18] 王兆鵬、張明偉、李榮耕，刑事訴訟法（下），承法，2012年9月初版，頁221-223。

與大陸皆採職業法官審判之制，法院基於過去訓練與經驗較易察覺檢察官舉證不足或是被告供述與其他證據相互矛盾之處，然而課予法院收集有罪證據之義務，事實上將對法院之審判產生極大之心理壓力，蓋其必須時刻不忘其義務所在，並研求所有不利被告證據之可能。果如此，法官之中立性即受影響，而審判之公正性亦不免遭致質疑。則於將來之司法實務上，究應如何在新修正之法律條文上，定位法院收集有罪證據之義務，值得進一步觀察。

至於此次修法新增被告不自證己罪之權利，固為法制上之一大進步，然而在欠缺類似米蘭達告示義務之前提下，一般人民未必知悉其於新法下所享有之權利，在法制或權利意識普遍有限之社會環境中，該如何落實此一新增之權利，亦為將來司法實務發展所應注意之課題。

肆、評析

此次大陸刑事訴訟法之修正，除新增舉證責任之規定外，亦明文被告不自證己罪之權利。惟因舊法有關法院收集有罪證據之義務仍然存在，將來之司法實務是否會朝向限縮法院義務之方向發展，尚未可知。固然法院本其經驗與職責負有伸張正義之義務，然而此一義務是否必須由其自身實現，或是交由檢察官來履行，事涉公平與正義，雖其間如何取得平衡，本身並非沒有討論的空間，不過在法制上一方面採檢察官或自訴人負舉證責任之制度，另一方面又維持法院調查所有證據傳統，該如何處理二者間所存在之本質上衝突，值得進一步思考。惟若強調公平法院之概念具有較高的價值，似應緩和法院依職權調查有罪證據之義務，否則將令人有過度偏向檢察官或是忽略無罪推定原則之疑慮。當然，在檢察官普遍草率起訴之法制現實下，由法院肩負起正義維護之責任，恐怕是不得不然的妥協措施。而該如何調整院檢間之功能定位，並兼顧被害者保護之需求，避免真正有罪之人逍遙法外，在相關制度之設計上，本應全盤考量。就此而言，大陸地區之檢察機關是否足以擔當維護社會正義之功能，或許才是此一疑

義應該深入觀察之問題所在。

而就被告不自證己罪權利之落實部分，是否進一步要求偵查機關負有告知此一權利之義務，亦爲將來觀察之重點所在，畢竟只是寫在法典中的法律條文，未必能在實際運作上發揮應有的功效。因此，究竟將來司法實務會如何處理未爲此權利告知時所衍生之問題，亦即未爲權利告知之自白是否亦具有證據能力，似乎才是不自證己罪權利是否能發揮作用之關鍵所在。將來之發展爲何，是否在實務上會採取有利於被告之解釋方法，亦值得進一步觀察。

12

人民參與刑事審判之新趨勢
——德國參審制度之借鑑

張麗卿[*]

祝壽文

「胸懷寬闊而博大，性格開朗而儒雅，克己奉公而平易」，是我對廖教授的印象。最早與廖教授相識是在我的恩師蔡墩銘教授的研究室，1986年間，我任蔡教授的研究助理，經常看到廖教授至研究室向蔡教授請益，當時就感覺到他的溫文儒雅以及對長者的謙恭。

就讀台大博士班期間，我們都以他的傑出優秀為榮，並津津樂道。廖教授公務繁忙，竟能堅持再一次考博士班，多一倍的時間，完成博士學位，這種努力不懈的精神與毅力，不是常人所能比擬。難怪他無論擔任調查局長或法務部長任內接連破獲許多大案，掃除黑金不遺餘力，成為台灣史上民意支持度達到96%的法務部部長。

最讓人敬佩的是，他退而不休，對學術的熱誠，比我們這些後學還更加炙熱，不但經常著述擲地有聲的文章，還積極開拓兩岸刑事法學的交流。他在刑法、刑事訴訟法、刑事政策犯罪學等領域，都有很深的造詣，在海內外享有很高的學術聲譽。

杜甫雖說：「人生七十古來稀」，七十載的生活滄桑，常人可能已經是白髮蒼蒼，但廖教授精神煥發，笑口常開，童顏鶴髮，給人感覺像是五、六十歲的中年長者。祝福：廖教授在未來日子裡，一帆風順，「福如東海長流水，壽比南山不老松」！

---

[*] 德國慕尼黑大學法學博士、台灣大學法學博士、高雄大學法學院教授、東海大學法律學院合聘教授、台灣刑事法學會理事長。

目 次

壹、前言

　　對於刑事訴訟案件的審理，由法官本於自由心證[1]，依其法律知識，以及豐富的審判經驗，取捨證據、發現真實，以實現公平正義；但是，台灣近年的刑事司法，卻陷入判決與民眾法感情相差甚遠的困境，特別是部分社會矚目案件與人民預期迥異，也因為如此，造成人民對司法產生懷疑，且法官被媒體冠上「恐龍法官」的稱號[2]。法院與人民之間認知差距

---

[1] 關於自由心證的詳細內容，可參閱張麗卿，刑事訴訟法理論與運用，五南書局，2013年12版，頁364；張麗卿，鑑定證據之研究，台大法學論叢，第23卷第2期，1995年6月，頁305-329。

[2] 例如，最高法院99年度台上字第4894號判決（俗稱三歲女童案），被告涉嫌對三歲女童性侵害，最高法院的判決以「對於未滿十四歲之女子以強暴、脅迫、恐嚇、催

的重要原因之一，可能在於人民無法親身參與審判程序，而使意見無法反應在法庭之上。

關於法院與人民之間的認知鴻溝，是司法制度必須調整與克服的。因此，推動人民參與刑事審判，如果能讓人民參與審理，除了能讓參與刑事審判的人民有更多接觸法院、瞭解法律的機會之外，更重要的是，讓法官接受多元的社會價值觀，拓展其人生歷練，確保認事用法的適宜。換言之，即便有公民參與所作出的判決，與職業法官的判決無異，也因公民參與審判，而有使人民瞭解並信賴司法判決的可能。

事實上，為了搭建法院與民間的橋樑，司法院在公民參與刑事審判的立法上已有諸多思考，諸如「刑事參審試行條例草案」、「國民參審試行條例草案」及「專家參審試行條例草案」等，皆曾作為引進公民參與審判的可能方案。然而，上述立法並不順遂，除了司法體系內的疑慮外，立法機構的質疑也層出不窮，此也導致公民參與刑事審判的發展產生停滯。

為了降低疑慮，司法院於2011年克服諸多困難完成「人民觀審試行條例草案」，並於同年6月開始試行「人民觀審制度」；2014年7月，司法院將草案名稱修正為「人民參與審判試行條例草案」（以下簡稱草案）。該草案的特點是，敞開法院大門，讓公民參與刑事審判，但公民的意見不能拘束法院判決；此即有別於他國，「只觀不決」的特殊立法模式。有關台灣推行觀審制的人民參與審判制度是否妥適，本文希望參考德國已擁有悠久歷史的刑事參審制，以該制度的內容及實施狀況，探討德國司法制度實施的優劣情形，進而評估台灣的觀審草案，並提出具體建議，希冀建構符合台灣民情的人民參與審判制度。

眠術或其他違反其意願之方法而為性交者，固成立強制性交罪；惟所實施強暴、脅迫、恐嚇、催眠術或其他違反被害人意願之方法，必以見諸客觀事實者為限，若僅利用未滿十四歲之幼女懵懂不解人事，可以聽任擺佈之機會予以性交，實際上並未有上揭任何違反被害人意願之行為者，則仍祇能成立對幼女為性交罪，而與強制性交罪之構成要件不合……」為由，認為需再釐清被告的性交行為是否違反被害人意願。本判決固然是依罪刑法定的精神論證而來，但「三歲女童如何有能力同意性交」，這是外界的主要質疑，社會輿論也不斷出現「司法縱放嫌犯」的批判聲浪，進而引發白玫瑰運動。

貳、觀審制度的緣起與內涵

一、觀審制的理念緣起

刑事訴訟的審判，主要可分為認定事實與適用法律等兩大部分。目前台灣完全交由職業法官負責進行。但從國外的審判經驗可知，純粹以職業法官主導審判程序的制度並非絕對，如以人民負責事實認定工作的陪審員制，在英美法國家已經擁有悠久歷史；若進一步賦予人民與職業法官等同的權限，共同認事用法者，則稱為參審制，其中代表為歐陸的德國為主。從2009年開始，日本採行的裁判員制度，亦是以參審制為主要精神的人民參與審判制度。

由此可知，允許非具法律專業的「素人」參與刑事審判，是世界各法制先進國家的共同趨勢。制度的基本思考是，攸關訴訟被告重大權益的刑事訴訟審判，若完全交由少數職業法官主導，不僅不易受到人們信服，其結果更可能會因職業法官跨領域專業知識的不足或意識型態等偏見，面對個案處理可能會產生不合理的審判結果，因此借重人民參與審判制度，一直都是許多國家避免法官恣意，並讓判決結果貼近民意的重要手段。

長久以來，台灣的刑事審判工作不曾出現人民參與審判的身影，雖然全權交由職業法官職司審判的做法，尚能維持法規範的安定與法律解釋的和諧感；但隨著民主法治的深根落實，人民對於司法權的運作，也逐漸形成高度的期待。換言之，由於人民主權意識的提升與社會價值觀趨於多元，不少涉及重大社會觀感的司法審判，屢屢成為輿論關注與批判的焦點。故為提升人民對於司法審判工作的觀感，希望能借助人民參與審判的理念，建構一套受到人民信賴的司法審判制度。

不過，任何審判制度，除了借助外國比較法的經驗外，亦須審慎評估法律實施地區的在地文化、民情體制等，故基於此等考量，司法院研擬的人民參與審判試行條例草案（即原先的人民觀審試行條例草案），不同於英美法系的陪審制或歐陸法系的參審制，初步只是規劃先將人民納入審判

體系的一環，透過表達意見的方式，參與訴訟審判的進行。

二、觀審制的試行目的

如同前述，台灣試行人民觀審的主要理念，是希望將來能思考如何進一步尋求符合台灣民情的人民參與審判制度。因此，期望透過觀審制度的導入，希冀提升司法審判之透明度，同時反映社會普遍的法意識，增進民眾對司法的理解與信賴。簡言之，司法院的立場[3]，認為人民觀審制度能達到的目的主要有三：「(一) 提高司法的透明度，提升人民對司法的信賴；(二) 審判庭多元的組成，使判決結果能貼近民意；(三) 發揮法治教育功能，增進人民對司法的瞭解。」

大體而言，依目前人民觀審試行條例的主要架構，觀審制度的運作，是從一般民眾中，經由特定程序選認出的「觀審員」，針對特定案件，全程參與第一審法院的刑事審判程序。值得注意的是，由於強調「觀審」的制度精神，觀審員雖能參與審理程序的進行，但在法官最終判決評議過程中，從對事實的法律涵攝到量刑之決定，僅能表達意見，提供法官作為判決結論時的參考。而此種「表意不表決」的制度，雖恰如其分的體現觀審制度的精神，但也相對受到不少質疑，一般認為僅有表意權的觀審員，無法真正達到參與審判，制衡職業法官的效果[4]。

其實，台灣司法院自1983年起，陸續研議有關人民參與刑事審判的相

---

[3] 廖正豪，以人爲本的司法——中華法系的傳承與發揚，台灣刑事法雜誌，第57卷第6期，2013年12月，頁21；司法院網站：http://www.judicial.gov.tw/Guan-Shen/intro04.asp，最後瀏覽日期：2015年12月26日。

[4] 反對的意見主要是從「專業」的角度出發，認爲不具有司法專業的公民，可能無法正確的認事用法而導致誤判的風險。或者，公民可能受到媒體或輿論的影響，將動搖公平心證的作成。若從經濟面觀察，使公民加入審判勢必耗費大量成本，訴訟的延滯在所難免，此也加深有限司法資源的負擔。有學者進一步認爲，正反面的意見都無法提出足以說服的理由。例如，反對者多以「國情論」、「人民素質」作爲依據，但卻產生說理不盡的窘態。至於贊成者雖以「國民主權」、「防止司法擅斷」甚至提出外國立法例的比較介紹，但仍須制定相關的配套。參照陳運財，國民參與刑事審判之研究——兼評日本裁判員制度，月旦法學雜誌，第180期，2010年5月，頁133。

關法制，但最終遭到擱置的最重大的爭議在於人民參與審判，如對審判結果具有表決權，可能將產生違反憲法所定「法官依據法律獨立審判」的疑慮。詳言之，依據憲法第80條規定，「法官須超出黨派以外，依據法律獨立審判，不受任何干涉。」同法第81條規定：「法官為終身職，非受刑事或懲戒處分，或禁治產之宣告，不得免職。非依法律，不得停職、轉任或減俸。」前者係指法官應超出黨派以外，依據法律獨立審判，後者係為了保障法官獨立性，而給予身分上的保障，綜合兩者觀察，憲法似僅將審判權限交由法官，而無公民參與審判的餘地，故若賦予參與審判的平民表決之權利，將有生違憲之可能[5]。是故，若要在避免此項爭議的同時，研議一套既能讓人民參與審判，又與憲政體制無違的制度，司法院認為，正在推動的人民觀審制度，應當是目前最為可行的政策方向[6]。

三、人民參與審判試行條例草案的重要說明

依據人民參與審判試行條例草案第1條規定，「為提升司法之透明度，反映人民正當法律感情，增進人民對於司法之瞭解及信賴，特制定

---

[5] 陳新民，憲法學釋論，三民，2015年5月修訂8版，頁328；林裕順，國民參審「法官職權」變革研究——兼論「最高法院一○一年度第二次刑庭決議」司改契機，月旦法學雜誌，第217期，2013年6月，頁143；尤伯祥，論國民參與審判——以歷史與比較法的考察為基礎，檢察新論，第11期，2012年1月，頁270-272。另外，有學者從德國歷史發展的過程，認為德國從未發生違憲的疑慮，參照鄭文中，德國法制中人民參與刑事審判之歷史觀察，國家發展研究，第12卷第1期，2012年12月，頁84。關於違憲的與否討論，亦可參考蘇永欽，從憲法及司法政策角度看參審及其試行，憲政時代，第20卷第3期，1995年1月，頁29-33。參照陳運財，同前註4，頁6-9；張永宏，論國民參與刑事審判制度的合憲性爭議，政大法學評論，第134卷，2013年9月，頁259-278；許揚成，國民參與刑事審判違憲疑義——日本平成23年11月16日最高法院大法庭判決，台灣刑事法雜誌，第58卷第2期，2014年4月，頁62-64；楊雲驊，從德國刑事參審制度看司法院「人民觀審試行條例草案」的基本問題，日新司法年刊，第10卷，2014年1月，頁51-55。

[6] 司法院蘇永欽副院長受訪時對違憲的問題，其認為若強行通過參審制度，可能隨時都要面對機關、法官及人民的挑戰，故司法院採取比較務實的作法。蓋觀審制度讓觀審員的意見有一定拘束力，但法官有最終把觀的權力，縱使觀審有違憲的可能，其已降至最低。參照司法改革新紀元——司法院蘇永欽副院長談「人民觀審制」，軍法專刊，第57卷第4期，2011年8月，頁7-8。

本條例。」揭明之立法目的是讓人民與法官同一視角，全程參與刑事審理程序，並於評議時就事實認定、法律適用及量刑陳述意見。本文以下就本草案的重要內容，即觀審法庭的組成、觀審案件適用的類型、觀審員的選用，以及觀審程序的進行等內容，分別說明如下。

(一) 觀審法庭的組成

觀審法庭的組成，由職業法官三人及觀審員五人共同進行審判，並視需要選任備位觀審員，其中審判長原則為庭長任之，若無庭長或庭長有事故，則以年長資深者為之。另外，為能正確反映人民正當法律感情，使觀審員、備位觀審員所生負擔得以公平分配，凡是公民者，皆有擔任觀審員的權利與義務（草案§2①、②、③）。

觀審員審判中，能參與證據調查、言詞辯論等程序而形成心證。故觀審員的職權，自應包括不中斷地全程參與審判期日的訴訟程序，參與中間討論以釐清程序、實體所生疑惑，另亦應參與終局評議，與法官就事實之認定、法律之適用及量刑進行討論，並陳述其意見（草案§8）。

由於觀審員的多數意見可能對判決結論有所影響，故草案第9條規定，觀審員有依法律獨立行使其職權，不受任何干涉。同條第2項規定，觀審員應依法公平誠實執行其職務，不得為有害司法公正信譽之行為。其旨在課予觀審員應公平誠實執行其職務，不得為有害司法公正信譽的行為。另為確保觀審員均能無所顧忌的討論及陳述意見，觀審員因執行職務知悉的評議秘密、涉及個人隱私事項及其他依法應秘密等事項，均應予保密，避免因評議事項外洩，造成觀審員之不利益。

(二) 觀審案件適用類型

適用觀審審判案件的訴訟案件，已事先排除少年刑事案件及犯毒品危害防制條例之罪等案件。主要理由在於，少年刑事案件是另由少年法院管轄；毒品犯罪雖與社會治安有密切關係，然多屬隱密性、組織性、牽涉特定社會群體的犯罪，難以期待觀審員參與藉由審判期日的觀察，就對案情能有充分的認識與理解。

依草案第5條規定,觀審的適用案件僅有兩類:1.被告所犯最輕本刑為七年以上有期徒刑的公訴案件;2.為故意犯罪因而致人於死的公訴案件。另外,對於是否為觀審制訴訟範圍的判斷,是以檢察官於準備程序終結前主張的起訴法條為準。因此檢察官以應行觀審審判的罪名起訴,嗣於準備程序終結前更正為非應行觀審審判之罪者,自不得行觀審程序[7]。目前,觀審案件一律施行強制律師辯護。蓋行觀審審判的案件,應以徹底的直接審理、言詞審理為必要,從而審判時被告受辯護人扶助的權利亦更形重要。總之,觀審案件應以試行觀審之地方法院為第一審,進行觀審訴訟程序[8]。

值得注意,在符合本草案第5條所列得行觀審制的案件,若於行觀審審判有難期公正之虞、觀審員等有受危害之虞、案情高度繁雜專業、被告認罪及有事實足認行觀審審判顯不適當時,法院於踐行聽取當事人、辯護人、輔佐人、觀審員及備位觀審員之意見後,在審酌公共利益、觀審員與備位觀審員的負擔,及當事人訴訟權益之均衡維護等等考量,裁定不行觀審審判(草案§6)。

(三) 觀審員的選用

觀審員的選任,主要由試行的地方法院管轄區域內的縣市政府,依規定製作候選觀審員初選名冊,試行地方法院據以造具候選觀審員複選名冊,受訴法院自複選名冊中抽選個案所需候選觀審員,於選任期日經檢、辯雙方參與,剔除不適格者及各不附理由拒卻一定人數後,再隨機抽籤以完成選任。經選任後發現不符資格、違背法定義務、或不適宜執行職務者,法院得再裁定解任之(草案§17~§30)。

---

[7] 另外,對於刑事訴訟法第265條追加起訴之規定,亦不得行觀審審判,其主要理由在於,可能額外造成觀審員過重之負擔,且追加起訴之罪既未經準備程序之爭點、證據整理,恐亦難達集中、連續審理之目標,故將追加起訴適用排除於觀審制度外。

[8] 為使組織法上意義之法院與訴訟法上意義之法院得以明確區分,是本條例就組織法上意義之法院,爰定名為「試行地方法院」。

觀審員的選任資格，原則必須年滿二十三歲、在試行地院區域內繼續居住四個月以上，凡高中職畢業以上學歷的國民，均具有擔任觀審員、備位觀審員之積極資格；但為確保審判公正性，實現人民觀審制度之旨趣，凡欠缺職務遂行能力、信用，一定職業或與個案有一定利害關係之人，均不得擔任之。另為避免造成人民過重負擔，因年齡、教育、身體、家庭、曾任觀審員等因素者，得聲請辭退擔任觀審員或備位觀審員（草案§12～§16）。

(四) 觀審程序的進行

為擬定縝密、充實的審理計畫，同時達成妥速審判的要求，行觀審審判的案件，法院同樣必須先行準備程序。於準備程序中，應確認起訴效力所及的範圍與有無應變更檢察官所引應適用法條之情形、訊問被告及辯護人對檢察官起訴事實是否為認罪答辯、案件及證據的重要爭點、有關證據能力的意見、曉諭為證據調查的聲請、依職權調查的證據，給予當事人、辯護人等陳述意見機會、證據調查的範圍、次序及方法、命提出證物或可為證據的文書、得命為鑑定或為勘驗以及其他與審判有關的事項（草案§39）。

值得一提的是，關於準備程序的規定，司法院和行政院的態度有些不同。第一，準備程序中，受命法官對於無證據能力的證據能否加以排除的問題。司法院認為，受命法官不僅能對於證據能力的有無進行必要調查之外，更得以裁定排除無證據能力的證據，且明確規定證據未經法院裁定認有證據能力或經裁定認不必要者，不得於審判期日主張或調查之（草案§43）。但是，對於行政院版的草案則希望將該條刪除，行政院應該是認為，受命法官仍不得於準備程序逕行排除無證據能力證據。第二，為了貫徹實質舉證、直接審理、言詞審理原則等，草案有限制事前接觸卷證的思考。也就是於第一次審判期日前，除非法官有另為程序處理需要，觀審法庭全體成員均不得預先接觸起訴書以外的卷宗及證物（草案§45）。但是，行政院版的草案則規定，觀審員、備位觀審員得請求閱覽卷宗及證物，但不得抄錄、攝影、複製或攜出指定的閱覽處所。

　　至於審判期日，除有特別情形外，應連日接續開庭；如審判期日發生觀審員缺額的情形，不得審判。為了讓不具法律專業與審判經驗的觀審員得以實質、主體性的參與審判程序，除了應於準備程序應進行詳盡的爭點整理，審判期日的訴訟程序，更應進行集中、迅速的調查證據及辯論；當有必要時，應隨時進行中間討論，進行足使觀審員能夠釐清其疑惑的說明，並使其完整陳述意見。

　　因此在審判期日之前，審判長應向觀審員、備位觀審員說明觀審訴訟程序、權限、義務、違背義務的處罰、刑事審判等基本原則、被告被訴罪名的構成要件及法令解釋、本案事實與法律的重要爭點、審判期日預計進行證據調查的範圍、次序、方法及預估所需時間、其他應注意事項。訴訟程序進行中，審判長認有向觀審員、備位觀審員說明前項所定事項的必要時，應行中間討論。同時，為了避免觀審員產生預斷或偏見，審判長指揮訴訟，應注意法庭上的言詞或書面陳述有無偏頗之事項，並隨時為必要的釐清或闡明。

　　最後，關於觀審案件的終局評議，依據草案第55條規定，除有特別情形外，應於辯論終結後立刻為之，以確保法官及觀審員的新鮮心證。當法官評議認被告有罪時，觀審法庭再就量刑討論，並聆聽觀審員的量刑意見。評議的結果，係以法官過半數之意見決定之，不受觀審員陳述意見拘束；當應給予觀審員充分表達意見的機會。不過，如法官之評議結果與觀審員之多數意見不一致者，應簡要說明其理由。再者，基於評議秘密原則，法官與觀審員評議時所為的個別意見陳述等評議內容，都應遵守保密為原則（草案§59、§61）。

參、德國參審制度的沿革與內涵

　　在台灣準備走向人民參與審判的今日，無論是採取陪審、參審或觀審，德國的人民參與審判制度都有值得我們參考的地方。德國的刑事訴訟程序，在人民參與審的制度，選擇採用參審制，且有相當悠久的歷史。以

下，先介紹德國參審制度的理念與沿革，再針對德國參審法制比較重要的立法規範，進行說明。

一、參審制度的理念與沿革

（一）參審制度的理念

德國刑事訴訟參審制度的理念，在於由職業法官與平民法官（參審員Schöffen）混合組成審判庭，從事法院特定案件的審判工作[9]。例如，德國區法院中的參審法院，係由一或二個職業法官及二個參審員組成；地方法院的小刑事庭，則由一個職業法官和二個參審員組成；地方法院的大刑事庭，由三個職業法官和二個參審員組成。職業法官與參審員各具有同等之權利，共同參與認定被告是否有罪之評決。換言之，參審員與職業法官一同為案件之評議，行使與職業法官相同之評決權，其評決範圍不限於案件的事實，並及於認定被告是否有罪，刑罰與保安處分的宣告[10]。

與參審制不同，陪審制度的認罪程序，是由陪審員認定事實，職業法官不能參與評決；科刑的部分，職業法官決定刑罰，人民意見無法導入。相較之下，由職業法官與參審員共同審理事實與法律問題，應當更能發揮合議制審理的功能。因為，在參審制度下，職業法官與參審員共同作成裁判，職業法官可依其辦案經驗及法律素養，引導辦案，提供正確資料給參審員參考，防止誤判[11]。另外，參審員參與裁判，將有助於抑制官僚體系的膨脹，發揮制衡功效[12]。因為，職業法官是國家的公務員，既是公務員，那麼職司法官之任用、升遷、獎懲的人事行政，必會影響法官的獨立審判，故參審員之參與審判，可防止法官從屬於國家官僚體系的弊害。

---

[9] Beulke, Strafprozessrecht, 12. Aufl., 2012, Rn. 40. 有關德國參審制度的部分內容，曾於1995年8月以「德國刑事訴訟法參審之研究」一文，發表於刑事法雜誌，第39卷第44期，頁18-64。迄今有些內容已經更動或修改，本文藉此機會均加以檢視修正，特此說明。

[10] Volk/Engländer, Grundkurs StPO, 8. Aufl., 2013, §5 Rn. 15.

[11] Roxin/Schümann, Strafverfahrensrecht, 28. Aufl., 2014, §6 Rn. 16.

[12] Ebd.

　　參審員來自於一般平民，可增加人民對司法的信賴感，此種由國民進入審判的理念，其實是民主思想的具體展現，直接貫徹主權在民的原理精神[13]。因為職業法官判斷案情，皆從法律的點出發，以致於過分僵化。但參審員來自社會各職業與階層，可憑其豐富的正義感，修正職業法官過於教條化的思維缺失；參審員選自民間，與具備高等教養的職業法官，對於社會變遷及生活方式的改變，比較敏感，較更能反映社會環境的法律價值觀，其所下的判斷當然更能獲得當事人的信服。如此，不但增加司法公信力，也使裁判品質更為提升。

(二) 參審制度的沿革

　　德國民眾參與審判，有其悠久的歷史。古老時期沒有區分民事程序與刑事程序，人民團體的聚會（Thing）就是法院。訴訟是以人民團體的首長充當審判者，但該審判者並無自行判決之權，必須向集會和具有勢力的男人徵詢意見，此等被詢問參與者之意見，經其他參加集會者的同意後，審判者即為判決宣告。故訊問的審判者與判決發現者不同。此即早期日耳曼人民的民眾審判型態[14]。

　　此等「民眾審判」持續至法蘭克時代（fränkishe Zeit）都沒有太大的轉變。直到卡爾大帝（Karl dem Großen）改革審判程序，確立國王主權後，人民集會才被部分常任者集會所取代，審判程序也逐漸糾問化，民眾參與審判地位被專門的法律家所取代，由此也確立職業法官的制度。

　　後來因為民主自由主義的影響，訴訟制度也隨之改革，人民參與審判的制度再被考慮援用，尤其是拿破崙占領德國後，於1789年實施所謂的法國式陪審。法國式的陪審僅限於重罪，一般輕微的案件並無從審判[15]。

---

[13] Kern/Wolf, Gerichtsverfassungsrecht, 6.Aufl., 1987, S.115; Nowakowski, Reform der Laiengerichtsbarkeit in Strafsachen, Verhandlungen des vierten österreichischen Juristentags, 1970, Bd.1, 5. Teil, S.19.

[14] 關於德國最早期到19世紀時，民眾參與刑事審判的詳細歷史內容，可參照Benz, Zur Rolle der Laienrichter im Strafprozeß, 1982, S.15-44.

[15] Ebd., S.45.

後來，1879年德國實施的法院組織法[16]，才又把國民參與審判的參審法院和陪審法院一併列入規定，由參審法院負責審理中等嚴重程度的犯罪，陪審法院則負責決定重大程度的犯罪。這種由法律門外漢參與刑事訴訟的情形，到威瑪共和時期仍然採用。所謂「陪審法院」是一種大的參審法院，早先由十二個陪審員和三個職業法官所組成，直到1924年威瑪共和時期改為六個陪審員及三個職業法官繼續運作，成為今日德國參審員制度的前身。這種民眾參與審判的情形，在納粹時期仍有民眾參與，但進入二次世界大戰，因審判制度趨於強權化與簡易，參審員就消失了[17]。

　　二戰結束後，在自由民主的潮流發展下，由於參審法院制度已根深蒂固，民眾又重新參加審判，德國各邦則繼續使用參審制度。1945年頒布控制諮詢法[18]（Kontrollratsgesetz），在該法中規定民刑訴訟的管轄和法院組織，而法院組織主要是依威瑪共和時期的法律狀態[19]，亦即，區法院、地方法院、高等法院重新被採用。1946年聯軍授權，德國各邦可以由參審員參與刑法的審判實務，因而形成許多參審法院[20]。其後，1975年德國修正公布法院組織法，將參審法院的專章規定刪除，目前參審法院，只是一個特別的刑事庭，而參審員的數目，被減少成為二名而已[21]（德國法院組織法§29 I 第1句）。

二、德國參審法制的重要規範

　　從前述德國參審法制的沿革與回顧，讓我們明瞭平民法官在刑事司法

---

[16] 該法院組織法是在1877年所制定，但遲至1879年才開始生效實施。Benz, a.a.O. (Fn. 14.), S.52.

[17] Benz, a.a.O. (Fn. 14.), S.52.

[18] Benz, a.a.O. (Fn. 14.), S.59.

[19] Schönke, Einige Fragen der Verfassung der Strafgericht, SJZ, 1946, S.63ff.

[20] 該陪審法院實施至1950年新的統一法律誕生時便廢止。Vgl, Benz, a.a.O. (Fn. 14.), S.59.

[21] Benz, a.a.O. (Fn. 14.), S.60.

審判上的意義及其影響，是和一個國家的政治社會現狀息息相關[22]。以下探討德國現行法院組織法中的參審法制的一些重要規定。

(一) 參審法院的組織管轄

德國的參審法院，可以區分為區法院的參審法院，以及地方法院的參審法院。二者在組織與管轄上，有所不同。區法院的參審法院，分為普通參審法院（Schöffengericht）與少年參審法院（Jugendschöffengericht）；地方法院的參審法院，則分為小刑事庭（Kleine Strafkammer）、大刑事庭（Große Strafkammer; Schwurgericht）以及少年庭（Jugendkammer）。

區法院的參審法院，由區法院法官一人及參審員二人組成，管轄非獨任法官審判之輕罪案件及非屬高等法院管轄之重罪案件，且區法院不得宣告四年以上有期徒刑，也不得宣告科處或併科留置於精神醫院，或者宣告保安監禁（德國法院組織法§24II）。參審法院依案件的範圍，認顯有必要請求協助，得依檢察官聲請，裁定增加一位區法院職業法官，構成「擴大參審法院」（德國法院組織法§29II參照）[23]。

少年參審法院，係由一位少年法院法官及二名少年法院參審員所組成，其中一名為男性一名為女性，並且必須具備教育的能力與經驗（德國少年法院法§33aI、§35II參照）[24]。少年參審法院管轄應科刑罰的少年非行事件；又傷害或直接危害兒童或少年的成年人犯罪案件，及成年人違反少年保護及教育規定的案件，檢察官得於較符合保護少年的目的情況下，選擇向少年法院起訴，若是如此，本屬普通參審法院管轄的案件，將轉為少年參審法院審理（德國法院組織法§26I）。

至於地方法院的參審法院：在地方法院的小刑事庭，是由一位擔任審判長的職業法官和二位參審員所組成，主要是受理區法院獨任法官或是區

---

[22] Roxin/Schuemann, a.a.O. (Fn. 11.), §6. Rn. 17; Joachimski, Strafverfahrensrecht, 2. Aufl., 1911, S.31ff.

[23] Beulke, a.a.O. (Fn. 9.), Rn. 40.

[24] Vgl, Meyer/Schmitt, Strafprozessordnung: Gerichtsverfassungsgesetz, Nebengesetze und ergänzende Bestimmungen, 57. Aufl., 2014, A8 JGG, §33.35.41.

參審法院所判決的第二審上訴案件（法院組織法§76）。值得注意的是，如果小刑事庭所審理的對象，屬於區法院擴大參審法院的案件時，則需再增加一名職業法官，總共由二位職業法官與二位參審員共同審理（德國法院組織法§74III、§76Ⅰ、III）[25]。

地方法院的大刑事庭，其前身是1924年廢止前的陪審法院，廢止前的陪審法院，係類似真正英美式的陪審法院[26]。管轄可處死刑的較重之罪，非經常設，視有需要時於地方法院組成之。1924年改革時，使其成為大參審法院，是由三位職業法官和六位陪審員所組成，陪審員與三位職業法官共同評決罪責與量刑，故此之陪審法院，實際上也只是規模較大的參審法院。1975年德國的法院組織法修正時，更進一步將第六章第79至92條關於陪審法院的專章刪除。

現行的德國法院組織法第76條重罪案件的管轄法院，雖仍名為陪審法院（Schwurgericht），但其構成員已由從前的三名職業法官與六名陪審員，改為三名職業法官與二名參審員所組成，且適用一般參審的規定，故「陪審法院」僅是稱呼而已，實際上是適用參審制度的法庭[27]。

其所管轄的重大犯罪如：1.故意殺人罪、某些特定致死案件（如傷害致死、強盜致死等）、情節特別嚴重之公共危險犯罪（如放火或引起核能爆炸案件等）；2.經濟犯罪（經濟刑庭，法院組織法§74a、§74c參照）；3.國事保護（輕微國家犯罪案件）；4.由區法院參審法庭上訴之案件；5.其他，如由區法院移轉案件（因區法不能宣告超過四年之審判，科或並科監護或保安監禁之處分）[28]。

除了上述大刑事庭依法取得管轄權的情況外，如特別重大的犯罪或具有廣泛性特徵的犯罪，依法也可由兩名職業法官與兩名參審法官組成的參審法院進行審判[29]。另外，設立於地方法院的少年庭，是由三位職業法

25　鄭文中，同前註5，頁76。

26　Roxin/Schümann, a.a.O. (Fn. 11.), §6 Rn. 16.

27　Roxin/Schümann, a.a.O. (Fn. 11.), §6 Rn. 16.

28　Beulke, a.a.O. (Fn. 9.), Rn. 42.

29　鄭文中，同前註25，頁76。

官與二為參審員所組成，參審員應為男女各一名。受理原屬陪審法院（大刑事庭）管轄之非行事件、和管轄少年參審法院所為判決之第二審上訴，並得審理少年與成年人相牽連之案件，而該成年人原應由大刑事庭管轄者（德國少年法院法§41Ⅰ③）。

(二) 參審員的選任與編冊

人民法官的選任，應當是所有人民參與司法審判的重要關鍵之一，德國參審制度亦是如此，故有相當嚴謹的參審員選任程序。德國參審員制度主要規定於法院組織法中，包括參審員的選任、組成，以及造具參審員名冊的相關規定。對此分別說明如後。

1. 參審員的選任資格

依據德國法院組織法第31條以下的規定，能夠被任命為參審法院的參審員的一般條件[30]，必須是「德國人」（德國人的定義，見德國基本法§116），且年滿二十五歲。參審員是榮譽職，任何德國國民都有參加審判的權利與義務。除非有法律明文排除條件，如已滿七十歲或參審員任期開始時將滿七十歲；或造具參審員推薦名冊時，未在該區居住者，不應加以任命[31]。此外，德國法院組織法另外針對不應任命的理由，或特定的德國國民得主動申請拒絕擔任參審員的權利，也有詳細的規範。

不應任命的理由是指，被選任的參審員，具有德國法院組織法的不適格情形或符合消極事由[32]。所謂不適格擔任參審員的事由，依照德國法院組織法第33、34條，諸如：因精神或身體耗弱的原因而不適合擔任參審職務[33]；或未能充分運用德文者[34]；聯邦總統、聯邦或各邦內閣閣員、隨

---

[30] Meyer/Schmitt, a.a.O. (Fn. 24.), §31 Rn. 2.

[31] Benz, a.a.O. (Fn. 14.), S.66-68.

[32] Barthe, in: Hannich (Hrsg.), Karlsruher Kommentar zur Strafprozessordnung, 7. Aufl., 2013, GVG §33 Rn. 1.

[33] Güntge, in: Satzger/Schluckebier/Widmaier (Hrsg.), StPO-Kommentar, 1. Aufl., 2013, GVG §33, Rn. 4.

[34] 王士帆，德國刑事訴訟之參審員，法學叢刊，第224期，2011年10月，頁132。

時得暫令其待命或退休之公務員、法官、檢察官、公證人、律師，法院或警察局之執行人員、刑事執行人員、專職觀護人、法院助理人員、神職人員以及類似以維繫人類共同生活為職責的宗教團體成員、曾任名譽刑事法官連任兩屆，且其第二屆職務於參審員建議名單編製時仍未結束者、依邦法律規定不應委以參審職務之高級行政人員等，均為不適合擔任參審員之人。

　　除了不適格情形之外，德國法院組織法第32條規定的消極事由，如參審員依法被褫奪公職（德國刑法§45～§45b參照）的就任權；或因故意犯罪受六個月以上有期徒刑宣告；或因犯罪進入偵查程序，該犯罪刑罰效果讓被告可能受褫奪公職就任權者等，即絕對無擔任參審員之能力。必須說明的是，以上情形是絕對消極性要件，如果誤被任命為參審員，又參與審判，則該法院組織不合法（德國刑事訴訟法§338），是上訴第三審的理由之一，應將原判決撤銷[35]。

　　此外，立法者考慮部分人民可能因為就任參審職務，將增加公共性職務或生活上的負擔，所以德國法院組織法第35條准許下列人員有主動申請拒絕擔任參審員的權利：(1)聯邦眾議院或參議院議員、歐洲議會、各邦眾議院或各邦議會的議員；(2)甫卸任的刑事參審員，其任期中已服滿四十日之工作義務；已就任名譽法官之職務者；(3)醫師、牙醫師、護士、兒童護士、護理人員、助產士；(4)無助手之藥房負責人；(5)需直接或親自照顧家庭，執行職務顯有不能者；(6)已滿六十五歲，或於任期屆滿時將滿六十五歲者；(7)因執行職務，對自己或他人造成維持經濟生活地位有危害或嚴重影響者[36]。

2. 參審員名冊的選任程序

　　在瞭解參審員的資格後，我們應進一步探求德國法制下，是如何選出參審員。簡單來說，是基層行政單位先予推薦，經公開程序排除有問題的人員後，再由法院進行篩選，最後完成參審員名冊；參審個案發生時，再

---

[35]　Güntge, a.a.O. (Fn. 33.), GVG §32, Rn. 11.

[36]　該款是係1990年新增之拒卻事由（BGBl I 2847, 2853），Meyer/Schmitt, a.a.O. (Fn. 24.), §35. Rn. 2.

從中進行選擇。對於參審員名冊的造具，配合德國區法院的參審員、地方法院參審員及少年法庭的參審員而有所些不同。

(1) 區法院參審員

有關區法院參審員推薦名冊之製作[37]，是由各鄉鎮每五年應編製參審員推薦名冊，參審員推薦名冊的製作機關是鄉鎮代表會（Gemeindevertretung），且需經鄉鎮代表會法定人數三分之二的同意。對於推薦之人選必須能對全部居民有代表性，故應對所有居民團體，依其性別、年齡職業及社會地位，作適當的考慮。名冊中必須記載推薦人選的姓名、出生日、出生地、住址、職業等。參審員推薦名冊的提名比例，原則上是各鄉鎮居民的千分之三。依現行德國法院組織法第36條第4項規定，名冊人數至少是所需參審員人數的兩倍以上。當參審員名冊完成後，應在各鄉鎮公開陳列一個星期，供人閱覽，陳列閱覽日期並應事前公布，俾利於異議權人得對此名冊提出異議。

對於參審員推薦名冊異議的程序，主要是在參審員推薦名冊中，有第32至34條之不應列入的人員時，得於參審員推薦名冊陳列閱覽終結後一週內，以書面或列入的方式，提出異議。異議權人不限於鄉鎮居民，惟以限於區法院管轄區域內的居民較妥。對於存有異議的推薦名冊，鄉鎮長應將名冊連同異議書送交管轄區域的區法院法官，由參審員選舉委員會以過半數的決議為之，票數相等時由主席做最後決定，該決議應列入記錄，不得撤銷（德國法院組織法§37、§38、§41）。至於，參審員推薦名冊送出後，有更正的必要時，鄉鎮長應向區法院法官申告，更正之原因，不限於第37條情形，更正的機關亦為參審員選舉委員會（德國法院組織法§38）。

比較值得注意的是，有關參審員的選任，主要是先從參審員推薦名冊依上述程序製作後，由鄉鎮長送交管轄區域之區法官，再依下列程序選出參審員[38]：

---

[37] Meyer/Schmitt, a.a.O. (Fn. 24.), §36. Rn. 2; Joachimski, a.a.O. (Fn. 22.), S. 31.

[38] Meyer/Schmitt, a.a.O. (Fn. 24.), §39. Rn. 1.; Kathlnigg/ Bierstedt, Sind bei den Schöffen alle Gruppen der Bevölkerung angemessen berüsichtigt? , ZRP, 1982, S. 267.

①區法院法官彙集管轄區內各鄉鎮提出之參審員推薦名冊，造具該管轄區域之推薦名冊，對參審員推薦名冊的異議裁定進行準備，並對所有被推薦名冊人的資格，進行為期一週的公開陳列，與事前閱覽日期的公布事項一同加以審察，並訂正偶發錯誤（德國法院組織法§39）。

②爾後，組成「參審員選舉委員會」，用於最後選任參審員。該委員會是由區法院法官擔任主席、邦政府指派之行政人員一人、居民代表七人所組成的團體。居民代表，由區法院管轄區相當的下級行政區域代表會代表，以其法定人數三分之二的多數，自區法院管轄區域中的居民選出。委員會與主席、行政官員、居民代表三人以上出席時，有決議之能力。居民代表的權利義務，與參審員同，依德國名譽法官補償法的規定，取得補償，且無正當理由未出席開會，或以其他方法逃避義務者，科以罰鍰，並命其負擔所引起的費用（德國法院組織法§40、§55、§56）。

③參審員選舉委員會每五年召開一次，委員會首先對於參審員推薦名冊的異議加以裁決，以過半數的評議為之；同票時，由主席投票決之，該項裁判應列入記錄並不得撤銷。接著，就訂正後的參審員推薦名冊，以三分之二多數的選票選出，法院所需的參審員人數、參審員有事故時的代理人、及後補參審員的人數。選舉時應對各居民團體，依其性別、年齡、職業、社會地位做適當的衡量（德國法院組織法§40、§41、§42）。

④經過上述程序所選出的正式參審員、後補參審員，應分別製作名冊，即「參審員名冊」、「候補參審員名冊」，用於登錄於各區法院的參審員名冊，再決定開庭期日。每個區法院所需要的正式參審員及後補參審員人數，由邦法院院長（區法院院長）決定之。總計每一參審員每年應邀出席正式開庭的日數，不超過十二日。至於參加正式開庭日的順序，則於區法院開會時以抽籤決之（德國法院組織法§43、§44、§45）。

(2) 地方法院參審員

地方法院刑事庭參審員的選任，原則準用有關區法院參審法院參審員的選任規定。亦即，由同一「參審員選舉委員會」就相同「參審員推薦名冊」中，選出地方法院刑事庭之參審員。其中當然有一些不同，如刑事庭參審員的人數，由地方法院院長決定之；地方法院院長應匯集參審員姓

名，作成地方法院參審員名冊。一人不得同時擔任區法院的參審員和刑事庭的參審員，在同一司法年度內，僅能被任命為區法院參審法院或地方法院刑事庭參審員。同一司法年度內，於一區域內或數區域內受命數位參審員職務者，該受命人應接受最先任命之職務（德國法院組織法§77）。

(3) 少年法庭參審員

少年法庭參審員的選任，與區法院參審員的選任大致相同。只是依少年法院法規定，少年參審員的資格有特別的限制，亦即，必須具備教育的能力與經驗，且男女各占一名。此外，在選任的程序上也有稍些不同，如「少年參審員推薦名冊」，並不是由鄉鎮代表會製作，而是由「少年福祉委員會」製作。至於「參審員選舉委員會」的成員，與前述區法院的參審委員會相同，只是以少年法院法官為主席所組成。最後，不論區法院的少年參審法院參審員，或地方法院的少年庭參審員，都是二名，故參審員名冊應分男女分別製作[39]。

(三) 參審員的職務與權限

在德國，經選任的參審員，在參審程序上有何種職務權限的相關規定，也同樣被規範在德國的法院組織法中。先予說明的是，參審員雖被解釋為不是德國憲法上的法官[40]；但參審員在刑事案件審理中，原則上與職業法官享有相同的投票權，並得參加與無關判決及不經言詞辯論程序的裁定。關於其行使職務的任務及權限，可分述如下：

1. 聽審的義務

聽審義務是指，準時出庭及合乎公務員規定的聽審，依法院組織法第56條的規定參審員有準時出庭義務，亦即，參審員必須準時出席開庭，如無充分之理由未適時出庭，或以其他方法（如缺席或遲到）來逃避其義務時，應科以秩序金（Ordnungsgeld）[41]。比較有疑問的是以秩序金作為

---

[39] Meyer/ Schmitt, a.a.O. (Fn. 24.), A9 JGG §35. Rn. 1.

[40] 有關參參審員參與審判，是否有違背憲法之虞，詳細情形可參閱蘇永欽，同前註5，頁30-31。

[41] 類似台灣行政罰手段中的罰鍰概念。

罰則的規定。亦即，如果參審員違反德國法院組織法第56條行為義務的
規定，將會被科處秩序金[42]，這種秩序金處罰的決定，由審判長以裁定為
之，參審員只能依照刑事訴訟法第304條第2項提出抗告，而且依德國法院
組織法第56條第1項規定，假如參審員未出席，還要命其負擔繳交所引起
的費用[43]。但是，本規定也遭致學者批評，可能違反法官平等原則[44]。

　　依照德國法院組織法第30條規定，於審判期間，參審員與職業法官
有相同權限。參審員必須以自我負責的態度進行審判工作。尤其是在小刑
事庭的情況更為明顯。因在小刑事庭中，參審法官可以違反職業法官的意
見，堅持己見作成判決。但依法院組織法第56條規定，卻有意限制這種
平等地位，這看不出有任何實質上的理由，可以讓平等原則的廢棄合理化
（例如對詢問權的限制）。很明顯的，目前參審法庭的職業法官仍然得到
比較多的權限[45]。

2. 調查審理時的權限

　　在職權調查主義之下[46]，指揮訴訟是審判長的權限。但為了符合直
接及口頭辯論主義的原則，也有訊問的權利，所以在訴訟程序進行中，
參審員有直接訊問權，能夠訊問被告、證人、鑑定人（德國刑事訴訟法

---

[42] 這種秩序金處罰的額度，從最低5馬克到最高1000馬克。Benz, a.a.O. (Fn. 14.), S.74.
不過，現在上限爲500歐元，參照https://www.justiz.nrw.de/Gerichte_Behoerden/
ordentliche_gerichte/ Strafgericht/verfahren/Verfahrensbeteiligte/schoeffe/index.php#6,
Letzter Abruf 27/12/2014.

[43] 這些費用包括：該期日的律師、鑑定人、證人、及法院執行秩序金的一些費用。
Vgl, Güntge, a.a.O. (Fn. 33.), GVG §56, Rn. 2.

[44] Kühne, Die Zusamenarbeit zwischen Berufsrichtern und ehrenamtlichen Richtern, DriZ,
1975, S. 393ff ; Rüping, Funktionen der Laienrichter im Strafverfahren, JR, 1976, S.272.

[45] Kühne認爲，這是一種權限上的大落差。Kühne, a.a.O. (Fn. 44.), S.394.

[46] 德國刑事訴訟制度與我們的制度一樣，同樣都是採以職權調查主義爲本的訴訟制
度，而且有個有趣的現象是，我國刑事訴訟法雖然有規定交互訊問的制度（刑事訴
訟法第166條參照），但是，在2003年以前，幾乎是形同具文；德國也有交互訊問
的規定（德國刑事訴訟法第239條），只是不謀而合的是：在彼邦和我們相同，幾
乎也是不曾使用。Roxin/Schuemann, a.a.O. (Fn. 11.), §15. Rn. 6.

§240 I），當然審判長能制止參審員不適當或與案件無關的訊問[47]（德國刑事訴訟法§241 II）。此外，審判程序進行中，對於與判決無直接關係的裁定，如被告無正當理由不到庭或羈押等（德國刑事訴訟法§230 II）、證人拒絕證言（德國刑事訴訟法§52、§53）等事項之裁定，參審員與職業法官均享有同等決定權[48]。

3. 判決時的權限

調查證據完畢後，參審制的合議法庭，由擔任職業法官的審判長，主持評議，提出問題與收集投票（德國法院組織法§194 I）。關於問題爭點、意見及順序或投票的結果意見分歧時、由法院裁判之（德國法院組織法§194 II）。裁判，除法律另有規定外，法院的評議，以絕對的多數為之。因此，刑事案件，除罪責問題外，意見超過二說，如意見各不達必要的過半數時，由最不利被告意見之得票，順次算入次不利被告意見，至達必要之過半數為止（德國法院組織法§196）。關於罪責問題及犯罪法律效果的任何不利被告的裁判，均須達三分之二多數票的決定。罪責問題，包括刑法所規定的特別情況，如阻卻或加減刑罰（德國刑事訴訟法§263）。

在自由心證主義之下，關於事實的認定，法院依調查證據的結果，總合全部審理所得的確信，以自由心證裁判之，故法官或參審員，不得因前一問題表決時為少數意見而拒絕對後一問題投票。表決順序，以法官年資定之，年資相同時，以年齡為準。榮譽法官與參審員依年齡定之，年少者先於年長者，參審員先於法官投票。有指定報告人時，由報告人最先投票，審判長最後投票（德國法院組織法§197）[49]。

4. 補償報酬

參審員雖屬榮譽職，但是根據「司法報酬補償法」的規定，有旅費、支出費用、收入減損和時間上的補償等權利可以請求（德國法院組織

---

[47] 但是，刑事訴訟法第240條第2項的規定，被德國學術界批評爲違反法官平等原則，Vgl, Kühne, a.a.O. (Fn. 44.), S.393ff; Rüping, a.a.O. (Fn. 44.), S.272.

[48] Benz, a.a.O. (Fn. 14.), S.80ff.; Meyer/Schmitt, a.a.O. (Fn. 24.), §52.53.230.

[49] Benz, a.a.O. (Fn. 14.), S.84-85; Meyer/Schmitt, a.a.O. (Fn. 24.), StPO §263 Rn. 1.; GVG 197. Rn. 1.

法§55；司法報酬補償法§15）。雖然參審員的工作並不困難，但是，從1913年的榮譽法官參與法院審判補償法規定，參審員是可以得到補償的。這裡主要考慮到參審員要承擔重大的時間損失。因為，參審員可能要經過很長的車程，才能到達法院所在地，而且，在當天已經無法從事本來的行業，所以參審員不只是因為時間的損失，或者是旅費的支出得到補償，甚至也可能因為有其他的支出而得到補償[50]。

三、德國參審制度的評估與檢討

事實上，德國採行參審制後，人民參與審判之事，並非從此一帆風順，於此過程中也遭遇到很多挑戰，甚至有論者認為應該要廢除參審制。

(一) 參審制存廢的爭議

1. 不支持參審制的理由

德國自從重新讓民眾參與刑法實務審判工作後，一直都有反對的意見[51]。對於人民法官的意義、任務與本質也一直存在著爭論，這些反對意見主要是參審員可能由於他們的專業知識不足，對於裁判根本沒有任何幫助，而且在現代民主國家，也沒有必要讓人民去監督職業法官，因為，職業法官的專業與人格，都必須從國家獨立出來[52]，這些反對者的意見，最終的要求是，希望完全由職業法官，組成合議庭，並且廢除業餘法官[53]。

(1) 受專業法官審判的請求

業餘法官參與審判的缺點，就是被告應當有權利接受專業法官的審判，而不是由業餘法官審判。因為，法官必須要有能力，依照刑事訴訟法

50　Barthe, a.a.O. (Fn. 32.), GVG §55. Rn. 1.

51　從1848年民眾再度參與審判工作後，對於參審制度的問題，一直都有批評的意見。Vgl, Benz, a.a.O. (Fn. 14.), S.199.

52　Nowakowski, a.a.O. (Fn. 13.), S.22ff.

53　像Volk對於參審制度的功能就非常質疑。筆者依稀記得，當我仍在慕尼黑大學修習他所授刑事訴訟法的專題課程時，有學生曾詢問到參審制度的功能，當時他僅以聳肩及一付無奈的表情應之。更詳細的內容可參閱Volk, Der Laie als Strafrichter, in: Hanack u.a. (Hrsg.), FS Dünnebier, 1982, S.373ff.

的原則，去引導訴訟的進行，讓實體刑法的要求可以實現，依照法律的規定為基礎，作成最正當的價值判斷。業餘法官基本上不是專業人士，尤其，法律專業人士必須被排除擔任參審員[54]，這樣的規定會使得被告產生一種感覺，那就是，他們面對的並不是法律的專業法官。

　　參審員只能非常有限的，在訴訟進行當中有一些知識，這些法律知識是他們參與審判，或從其他的來源如電視、文學作品所獲得的法律知識[55]。由於刑事訴訟的裁判結果，對於被告有非常深遠的影響，所以，反對參審的人認為，裁判本身只能由受過良好訓練，而且有經驗的職業法官才能做好。也唯有如此，被告才最有可能免除錯誤的裁判或錯誤的國家制裁，這樣合乎法律秩序的正當裁判，也才能夠形成。

　　附帶要提的是，參審員可能會有一些錯誤的例子，如要求宣告法律所未規定的刑罰，像要求對被告宣判死刑，或要求超越法定刑的裁判，或是要求對不應受刑罰制裁的人加以制裁[56]，而這些錯誤演出的情形，在訴訟程序中是經常可見的。

(2) 欠缺專業知識及生活經驗

　　毫無疑問的，參審制度的另一個負面評價是，參審員欠缺專業知識及司法經驗，欠缺專業知識及司法經驗就有可能會導致錯誤的裁判，例如，參審員對於法律所要求的構成要件涵攝不瞭解時，他如何能作成判決？像是對於鑑定報告的專業術語的不瞭解，或是如何掌握經濟犯罪基礎中的財物報表，或是不明白司法精神醫學上的知識等[57]。

　　或許對於某些刑事案件，參審員剛好有自己的專業知識，而可以幫助職業法官，不過絕大部分的訴訟程序，例如，比較重大的犯罪，參審員在他的生活經驗中，是從未面對過的。但是，職業法官就不相同，他們可以經由日常的工作，經由時間的累積，可以認識到陌生的狀況，對於犯罪行

---

[54] 依照德國法院組織法第34條第4項及第5項的規定，法官、檢察官、律師、公證人，法院或警察局之相關執行人員，均為不應任命為參審員的專業人士。

[55] Nowakowski, a.a.O. (Fn. 13.), S.58.

[56] Nowakowski, a.a.O. (Fn. 13.), S.60.

[57] Benz, a.a.O. (Fn. 14.), S.201.

為的特殊性，也可以藉由專業的經驗而有相當程度的理解[58]。因此，職業法官可以經由較多的職業上的經驗，形成對人的理解比較透徹，進而對於應加刑罰制裁的不法要件有比較正確的判斷。

根據Gasper/Zeisel的研究，參審員如果會有相當程度的生活經驗，都必須在四十歲以上[59]，比較年輕的參審員，對於專業知識及司法經驗的缺乏，尤其嚴重[60]。對於業餘法官缺乏專業知識的缺陷，也許可以成立特別的法院，由具有專業能力及有經驗的參審員來幫助判斷，不過，要引用具有專業知識的參審員，首先在組織上就遭到困難，此外，這樣的規定與作法，也是非常不經濟的，因為，有一些案件即使是職業法官的專業知識，也聽不懂鑑定專家的報告。而且鑑定人的意見只能當作是鑑定資料，鑑定人不能是合議庭的一員，這種參審員欠缺專業知識的情形，也無法經由專業訓練課程來加以改變，因為，法律上的半調子訓練，只會傷害訴訟程序[61]，所以，只有職業法官才能對法律問題負責，參審員的任務因此就受到限制，參審員自己的生活經驗與對人的理解在訴訟程序上有時是無法發揮的。

(3) 人民代表性的問題

反對法律門外漢參與訴訟的人，主要的批評是認為，無疑地，在19世紀時，由民眾來參與司法審判，是民主國家所不可避免的情形[62]。可是，在今天這種想法已經過時了，因為，雖然有些人認為，業餘法官可能也有民眾代表性，但是是否真正有民眾代表性？在德國與瑞士並不相同[63]，因

---

[58] Liekefett, Die ehrenamtlichen Richter an den deutschen Gerichten, Diss, 1965, S.115; Benz, a.a.O. (Fn. 14.), S.202.

[59] Casper/Zeisel, Der Laienrichter im Strafprozeβ, 1979, S.78.

[60] Jescheck, Das Laienrichtertum in der strafrechtspflege der BRD und der Schweiz, Schweizerische Zeitschrift für strafrecht, 1977, S.242.

[61] Kühne, a.a.O. (Fn. 44.), S.393.

[62] Jescheck, a.a.O. (Fn. 60.), S.237ff.

[63] 根據Jescheck的看法，在瑞士參審員的選任方法是較有代表性，而不具政治色彩的。Jescheck, a.a.O. (Fn. 60.), S.237ff.

為，在瑞士是從居民直接選出來的經常性或非經常性的業餘法官。但是，在德國參選員挑選會議，是有其政治上觀點的，而且只有特定適格的人才會被列入，如此便會導致，沒有代表性的勞工階級，及家庭主婦，很少有被選出的機會[64]。

因此，如果在實務上不能做到對民眾直接選擇，那麼，代表性的問題就會出現，因為民眾沒有機會去應徵參審員，也就是民眾沒有要求被列入參審員推薦名單的權利。另一方面，可能有些人因為參與政黨工作，就有機會成為參審員，而且截至目前為止，根本也沒有研究指出，德國民眾對參審員有何正面的評價[65]。

(4) 違背直接審理與言詞辯論主義的精神

由於直接審理主義與言詞辯論主義係德國刑事訴訟的大原則。這兩種主義必須在言詞辯論集中審理時，才得以具體化。故起訴前所作成的卷宗及證物，在審理當中對參審員開示的話，就不符合直接及言詞審理主義的原則[66]。因為，起訴前作成的卷宗及證物，是由檢查機關單方面所作成的書類，並沒有經過言詞辯論程序，不符合直接言詞辯論主義的精神[67]。換言之，如在審理時，參審員反覆不斷地參閱這些卷宗及證物所形成的心證，便違反了直接及言詞審理的原則。所以，就曾經有案件因為違反了上述原則，而被廢棄原判決的案例。

例如，1958年11月17日的聯邦最高法院的判決（BGHSt. 13,73）。由於審判該案的陪席法官手腕受傷，手不能自由活動，由隔鄰的參審員幫忙翻閱起訴書，就在幫忙翻閱的同時，也數次看到起訴書的內容。雖然，參

---

[64] 依照Casper/Zeisel的研究，勞工階級只占所有陪審員的12%，家庭主婦則僅占13%而已。vgl, Casper/Zeisel, a.a.O. (Fn. 59.), S.77.

[65] Nowakowski, a.a.O. (Fn. 13.), S.81.

[66] 關於參審員在審判前，是否就有調查的權限，如：得到起訴書的複本、檔案的檢視等，是很有爭議的。有些人還是認為，如果參審員能夠事先知道卷宗的內容，一方面，他能對審判比較瞭解而積極參與；另一方面，他也應當儘可能沒有偏見地調查證據，不受調查結果的影響，形成自己對裁判的意見。Vgl, Benz, a.a.O.(Fn. 14.), S.77; Kühne, a.a.O. (Fn. 44.), S.393ff.

[67] Terhorst, Information und Aktenkenntnis der Schffen im Strafprozeβ, MDR, 1988, S.810ff.

審員辯解並未注意看起訴書的內容，只是想要瞭解一下，被告的供述是否與證人的證言相一致而已，並沒有妨害言詞辯論主義。

但是，聯邦最高法院認為：起訴書所記載的內容，是偵查機關的偵查結果，基此結果所下的判斷，恐怕無法排除先入為主的偏見。換言之，參審員從比較審判中調查證據的結果，和起訴書所記載的偵查結果，所做的評價與判斷，其實也一併考慮了偵查的結果。尤其，在事實還不清楚的情況下，更有可能只是從起訴書所得的知識來下判斷。在這種情形下，是無法貫徹言詞辯論主義的精神，因而為了遵守上述原則，當然應該儘量排除，可能造成先入為主的一切危險，聯邦最高法院因而決定廢棄該案的原判決[68]。

不過，近年來德國訴訟實務對於參審員閱卷權有了較為開放的看法。主要是基於法院組織法第30條第1項規定，參審員與職業法官的職權地位應當相同。而從本條的精神，正好說明了參審員不僅僅只需在訴訟程序中「聽審」，更重要的是，參審員須與職業法官共同進行實質審判，調查證據，並同樣對案情疑點負有澄清事實的義務。換言之，在擁有完整訴訟指揮權限下的基本思考下，參審員必須與職業法官享有共同的資訊，才能就審判結果確實表達自身主見，如此才能與參審制的理念相互契合。因此，目前德國實務已有的作法是，對於較為複雜冗長的案件，得在審判期日宣讀起訴書後，將該書狀影本交給參審員[69]。

2. 支持參審制的理由

儘管對於參審制度的運作在實務上有那麼多的疑慮，但是，支持參審制度的人卻以為，參審不宜驟然廢除，因為參審制還有下述優點：

(1) 參審法院是民主制度的結果及符合民意

支持參審制度的人認為，參審工作是民主憲政的一個要素[70]，讓民眾

---

[68] Ebd.該裁判更早的先例是帝國法院時期的案例（RGSt 69,120），該案例也是因為考慮到參審員是由起訴書的內容形成心證，由於可能有違反直接及言詞辯論主義的原則而加以廢棄。

[69] 王士帆，同前註34，頁138-140。

[70] Kern/Wolf, a.a.O. (Fn. 13.), S.115; Nowakowski, a.a.O. (Fn. 13.), S.19.

可以參加司法的裁判，這樣不但可以確保不只是經由立法者來樹立價值判斷，人民也可以經由審查法律的運用，成為司法的主體，而不只是訴訟的客體而已[71]。

由於參審法官是間接的經由政黨代表所選出，參審員對於司法的共同作用，可以當作是民主的要素，經由參審員參加立法者所樹立的價值判斷的實踐，是人民自主權利的部分。此外，也給人民一種機會，把法律當作是自己的事情來做[72]。

德國的判決書經常要寫：依人民的意見，本法官做如下的判決。在判決書是如此記載的情形下，唯有讓人民參加審判，才有可能使得判決正當化，被告也因此才能接受經由民眾參與的判決，整個法律的行為規範由人民規定，人民的行為是否有違反，亦應由民眾來決定[73]。

(2) 社會大眾對司法的信賴與瞭解

支持參審制度的人一再強調，只有藉由參審制度才能喚醒社會大眾對司法的信賴與瞭解。在啟蒙時期，參審員被認為是控制司法的唯一保證，可以協助直接的與公開的審判程序，對於祕密的訴訟與法官的專斷，可藉由參審員的不可收買及不受影響的情況下，加以控制讓人民對司法的信賴重新獲得[74]。從那時開始，刑事訴訟就與人民非常接近，所以，必須對這樣的原則好好加以保存[75]。因為，每個人對自己的行為規範必須加以瞭解，然後才能接受行為規範的要求。對於一個錯誤的行為，也必須讓一般市民可以辨認，並且讓民眾感受到可能的制裁是一種自然的反應。

有鑑於此，刑事訴訟原則上應公開，每個人應該都能夠共同體會

---

[71] 不過，參審制度不見得就最符合民主的原則，因為立法者透過立法的選擇，其實已充分符合民主的原則，而且法律經由司法與行政的實踐，也未必一定要民眾來參與，尤其職業法官的選擇，是經由法官遴選委員會選出，這個委員會其實也建立在民主的基礎之上。Vgl, Nowakowski, a.a.O. (Fn. 13.), S.19ff.

[72] Peters, Strafprozeß, 4. Aufl., 1985, S.111.

[73] Liekefett, a.a.O. (Fn. 58.), S.109.

[74] Nowakowski, a.a.O. (Fn. 13.), S.81.

[75] Böttges, Die Laienbeteiligung an der Strafrechtspflege. Ihre Geschichte und heutige Beudeutung, Diss, 1979, S.125.

到，國家對錯誤行為的反應，這種對司法正義的信賴[76]，可經由參審法官的參加審判而加以強化，因為，參審法官來自於一般的市民，如同黑箱作業般的祕密審判就成為不可能。一般人對法律問題的理解，可以經由承擔參審工作而擴大，至少對一般性的法律問題會比較清楚，那就是對於命令規範及禁止規範更加熟知。對於再社會的功能也是非常重要的，也就是民眾對刑法制裁的實務更加清楚，因此，一般市民也能知道，不是受過處罰的人都是犯罪人，自由刑也可以用緩刑來替代[77]。

(3) 程序上的可透視性

藉由參審員參與司法實務，可讓訴訟程序的可透視性更加提高，在這種程序下，人民可以特別地瞭解審判的過程及判決的理由。由於參審員是以這種方式來參與訴訟，而且對於所出席的刑案有評決的權利，基此職業法官就必須注意訴訟程序，能讓社會大眾所瞭解，也因此必須要使用簡單清楚的法律用語，及儘可能對專業術語加以解釋[78]，讓民眾參與司法是有辦法讓人理解的訴訟程序，同時也可以保護被告，因為，如果被告對裁判不能理解，那麼，對所宣告的裁判就會抗拒[79]，所以，讓民眾參與司法，同時也防止被告在觀念上對訴訟程序不瞭解，兼具保護被告的作用。

有參審員在場，職業法官在問案時，就被迫更加小心，換言之，職業法官不敢輕易的缺乏耐心，打斷當事人的陳述，或用諷刺的口吻，職業法官在審理時的一些行為，就會因為有參審員的出現，而受到一些修正，例如，開庭準時、不任意耽擱庭期、個人情緒上的好惡也受到適度的壓抑[80]。所以參審員的作用，可以當作是一種司法上概括的控制，促使法律人對自己的裁判做充分的準備，裁判再也不會隱藏在法律的文字內，成為更容易被民眾所接受理解[81]。

---

[76] Nowakowski, a.a.O. (Fn. 13.), S.84; Böttges, a.a.O. (Fn. 75.), S.125.

[77] Benz, a.a.O. (Fn. 14.), S.207.

[78] Nowakowski, a.a.O. (Fn. 13.), S.74ff.

[79] Böttges, a.a.O. (Fn. 75.), S.127.

[80] Böttges, a.a.O. (Fn. 75.), S.127; Nowakowski, a.a.O. (Fn. 13.), S.47.

[81] Böttges, a.a.O. (Fn. 75.), S.127.

(二) 參審制度的實務疑慮

對於參審制度的批評，主要是本應與職業法官處於相同地位的參審員，因許多細節規定導致其地位反而被削弱，而無法有如職業法官一樣進行審理活動，以致無法達成參審制度的目標。此外，因德國於1993年制定的「司法負擔減輕法案」以及在社會法庭審判中引進了「法院裁決」機制，也使參審員參與審判程序的數量大幅減少了75%；據統計，目前刑事審判中也僅約有13%的案件有參審員加入審判[82]。這個現象，是否代表德國已不再重視人民參與審判機制的運作，值得持續關注。以下說明德國現行參審實務的一些疑慮。

1. 參審員選任過程的疑慮

依照德國現行法制，並不是被選為參審員的人都是最合格的。這當中有一部分應該加以改正，因為，參審名冊實務上都是經由地方政黨代表所選出，這種情形自然會有危險發生，也就是合乎政黨意見及有特殊社會背景的人，才會被列入推薦名單，而這些人大部分都是參與公共事務的人[83]。有學者即指出，德國的國家民主黨（極右派），明顯地持續使自己的成員申請成為法院的參審員。德國憲法保護署已經確認了這項新聞。右派激進份子的目的就是依照國家民主黨的意志，在判決中加入「健康的公民感覺」，為了使外國犯罪者或是極左派之罪犯遭受較高的刑罰[84]。

此外，根據Klausa的研究，有些參審原是從一般居民的名單內，為了要填補參審員的名單而被盲目挑選出來，這當中也有一些參審員的精神狀況，並不適合去參與訴訟的進行[85]，因此，有興趣及適合的參審員的選

---

[82] Bundesverband ehrenamtlicher Richterinnen und Richter (Hrsg.), Das Ehrenamt Ehrenamt in der Rechtsprechung Rechtsprechung, 2001, S.5.

[83] Casper/Zeisel, a.a.O. (Fn. 59.), S.77.

[84] Radke, Rechtsextremisten als Laienrichter,Vgl, http://blog.zeit.de/stoerungsmelder/2009/08/12/rechtsextremisten -als-laienrichter_1280, Letzter Abruf 22/12/2015.

[85] Klausa, Ehrenamtliche Richter Ihre Auswahl und Funktion, empirisch untersucht -Sozialwissenschaften und Recht, Band 1, 1972, S.24 ff.

擇，就目前而言，還有很大的成分是偶然的因素所促成的，最重要的是個別的市民並沒有機會，自己提議被列入參審員的名冊。這種選擇方法並不符合法院組織法第36條第2項的規定，依據該項規定，所有市民團體都必須具有代表性的被考慮到，但根據研究婦女、勞工、還有一般的手工從業者，就很少被列入考慮[86]。

另外，對一般市民做有代表性的選擇，也不一定就能找到適格的參審員，比較好的方法應該是，對於受過特定教育或有特定資格的人加以選擇，就如同少年參審員一般[87]。對適格參審員的選擇，最高年齡的限制為七十歲。因為高層年齡者，常常會有老年的僵化現象，根據Casper/Zeisel的研究清楚地指出，參審員大都很容易原諒違法的人，六十五歲以上的參審員，雖然可以拒絕擔任參審員，但是他們往往沒有辨識能力，瞭解自己的判斷能力是否降低。另外，對於最低年齡的限制，從1974年的刑事訴訟法修正案即規定為二十五歲，這種規定是蠻合理的，因為，二十五歲國民當中的大部分，有固定的職業，而且也累積了自己的生活經驗，只是，在實務上所看到的參審員，通常大都是四十歲以上的人[88]。

關於拒絕擔任參審員的理由，也顯示出對於有一些職業團體被拒卻是很隨意的，換言之，是不是國民當中有醫療經驗的人，真的會危害到參審制度？如醫生或藥劑師參加參審工作有什麼不好[89]？另外，對於一般的市民是否也該考慮，有拒絕擔任參審員的權利，或是要採用強制規定，要有重大的理由時才能拒絕擔任參審，這些都是現行法所付之闕如的。

2. 參審員權限範圍的疑慮

在審判程序當中，參審員在審判長的指揮下是有限制的享有發問

---

[86] 依照Klausa的研究，勞工及婦女被選為參審員的比例，僅占12%至13%而已。Vgl, Ebd., S.77.

[87] 對於具有特定資格的人加以選任，在少年法庭的參審員有特別的規定（依照德國少年法院法第35條的規定，被推薦為少年參審員的人，必須有教育能力，且對少年教育，富有經驗）。

[88] 根據Casper/Zeisel的研究，從30到39歲年齡層當中的參審員，僅占9%而已。Vgl, Casper/Zeisel, a.a.O. (Fn. 59.), S.78.

[89] Liekefett, a.a.O. (Fn. 58.), S.122.

權，並且對裁判有完全的表決權。與職業法官不同的是，參審員開庭前，沒有權力準備審判工作，沒有機會瞭解刑事案件的內容。換言之，對於參審員的資訊請求權（查閱卷宗的權；Informationsrechte），尤其針對起訴罪狀以及偵查的重要結果，目前仍未受到德國各邦司法實務的廣泛承認[90]。

　　因此，在很多情況下參審員根本不知道，他們在審判程序中會面對什麼樣的案件及面對何種陳述。所以，是否應該讓參審員獲得更多的審前消息，能讓參審員有更充分的準備。例如，不起訴處分或羈押的裁定，對參審員而言是過分的要求，因為，他們對這些訴訟行為的意義並不瞭解，所以，只能對於職業法官的決定，沒有保留的點頭表示同意而已[91]。

3. 參審制有無實效的疑慮

　　如前所述，實務上參審員的行為，可能有年齡太大、宗教的偏見、社會地位的影響、國籍和種族的偏見、大眾傳播的錯誤資訊、受到法官或檢察官或鑑定人的影響等因素，使得參審員常有脫軌的演出[92]；亦即，參審員只有在很少的案件中，真正有發問權或做比較有意義的發問。這主要肇因於參審員對具體的審判情況不認識，以及參審員對自己的任務並無充分的被信賴，並未得到參審工作的充分資訊所致[93]。基此，為了要挽救這樣的缺點，必須對新選任的參審員稍加訓練。舉例而言，在國民學校開設夜間課程，簡單的講授刑事訴訟程序，分析個別訴訟當事人的功能，同時也應該講一些簡單的法律概念，這樣才能節省職業法官的時間及避免造成誤會。

　　目前法律的規定的確讓參審員在實務上呈現，但在訴訟程序中，參審員可能只會說沒有問題，不然就是在個案上與職業法官互相對立，形成參

---

[90] Bundesverband ehrenamtlicher Richterinnen und Richter (Hrsg.), a.a.O. (Fn. 82.) , S.1.

[91] Kühne認為這不但違反了法官平等的原則，也是一中權限上的落差。Vgl, Kühne, a.a.O. (Fn. 44.), S.394.

[92] Benz, a.a.O. (Fn. 14.), S.125-157.

[93] 依照Casper/Zeisel的研究指出，職業法官認為參審員的發問，能算有意義的發問的，大約只有15%到20%左右。Vgl, Casper/Zeisel, a.a.O. (Fn. 59.), S.37.

審員在參審程序中，有僅憑自己的好惡裁判的情形；所以，必須創造出一個恰當的法院組織，讓參審員清楚的認知自己的任務，同時也兼顧職業法官與業餘法官的協力關係，如此，才可以讓法律的規定與法律的實務沒有差距[94]。

肆、德國參審對台灣觀審的借鑑

在人民參與審判制度上，台灣好比嬰兒學步，才正準備邁向第一步；反觀德國，人民參與審判制度，即參審制，已經行之有年，雖不敢說盡善盡美，但遠比台灣來得成熟。雖然台德二國的國情不同，人民的法感情也相異，但是德國的參審制度仍有許多值得台灣借鏡學習之處。以下分別討論，德國的參審制或可給台灣啟發之處，舉凡人民參與審判組成方式、參與審判的人數與資格、人民法官審前閱卷的必要性、人民法官的表決權，以及如何為人民法官建構審前教育體系等問題。

一、人民參與審判組成方式

德國參審員的選任，係以五年任期為主的參審制度。此外，在決定參審員的名單時，同時將正式與候補參審員分流，據以區分兩者性質的不同，而發揮不同的功用。最後，經由參審委員會選任之正式與候補參審員，將依序被編入正式與候補參審員的名冊，以供正式審判之用。亦即，當有需要組成參審法庭時，法院會從該名單中依序選任，但會限制參審員整年的開庭日數，以不超過十二日為原則，且五年會更新參審員名冊。

相較於德國參審員的選任，台灣採行的係以「逐一」且「個案」的選任模式為主，不具有任期制的特性。換言之，台灣雖有制定觀審員名冊，但各案觀審員的選任是隨機從名冊中選任，復於準備程序前設置「觀審員選任程序」，用以確定個案正式與候補觀審員的名單。惟觀察台灣試行觀

---

[94] Benz, a.a.O. (Fn. 14.), S.215.

審的程序後可以得知，其係於正式審判程序前一日特設選任期日，在該期日中除了確認候選民眾的身分外，亦會由檢辯雙方決定排除的人選，故整體程序相當漫長，對於參與的民眾實為不小的負擔。

據此，為了簡化參審員的選任程序，同時降低民眾參與審判的負擔，台灣觀審員的選任模式似可考慮德國參審員「任期制」的模式，藉由委員會的選任與編制，確認五年內可供法院選任參與審判的民眾。當有需要進行觀審程序時，再從該名冊中逐一排入，如此一來將有如現行司法審判中「法官法定原則」的模式，更能弭平公民參與審判的違憲爭議。此外，對於參與的民眾而言，任期制相較於隨機的個案選任將更有參與感，可促使民眾更熱烈地參與審判，對與公民參與審判制度的建立將更有成效。

二、參與審判的人數與資格

除了人民參與審判的組成模式外，參與審判的人數與得拒絕參與審判之事由，亦是我們需要再行考量之處。就人數而言，受到拿破崙占領的影響，德國早先採取「法國式」的陪審制度，其參與的人數頗多，共由十二名的民眾與三名法官組成；1924年的威瑪共和時期，改制為六名民眾與三名法官；演變至今，通常由二名參審員與法官共同審判。由於公民參與審判的成本耗損相當巨大，在國家財政吃緊的當下，如何掌握成本效益，實為一大課題。因此，若能改採如前述的德國任期制公民參與審判模式，民眾與法官在分配案件上皆依循順序為之，在人數上應可再行降低，以減輕各方的負擔。從台灣審判實務而言，除了獨任審判外，皆係由三名職業法官為之，為了讓表決能順利完成同時兼顧人民的參與，觀審員人數似可降低為與德國參審員的人數相同，以二名為限。

至於觀審員的資格，台灣與德國大抵上要求相同，惟有兩點值供參考。第一，依據德國法院組織法第35條第2項規定「甫卸任之刑事參審員，其任期中已服滿四十日之工作義務」，准許民眾得拒絕擔任。其立法精神是為避免單一民眾反覆多次參與審判，影響其日常的生活與工作。但是，就人民觀審試行條例草案第16條「得拒絕擔任觀審員」的事由，並

無此項規定，僅有同條第6款「因工作上、家庭上之重大需要致執行觀審員、備位觀審員職務顯有困難」較為接近，但仍有不同。據此，基於不妨礙民眾平日的生活與工作，若採取德國有任期制度的公民參與審判制度，當民眾在其任期中已執行超過一定數量之日（如德國的四十日），可擁有主動表達拒絕擔任的權利。

第二，台灣人民觀審試行條例草案第16條第2、3款規定，「公、私立學校教師與學生」即便無重大事由，亦得主動拒絕擔任觀審員。對此，立法理由僅簡單以「係參考日本裁判員法第16條的相關規定」說明。有學者認為，教師若參與審判而中斷教學，將影響學生受教權而不利學習；至於學生，其學習並非以通過考試取得文憑為標準，而應在修業期間內致力完成課業，且學習不能假他人之手，故應給予主動拒絕的機會[95]。然而，有關於此，德國法上並無相關規定。本文認為，基於憲法第7條平等原則的精神，應需視事件性質，給予不同的處理方式，此即實質平等的概念。本此思考，教師與學生應無特許得任意拒絕擔任觀審員的理由，故是否宜刪除此兩款規定，亦值得關注。

三、觀審員審前閱卷的必要性

觀審員能否於審前接觸本案的證據與書類，根據司法院的觀審試行條例草案第45條第1項規定，法官及觀審員於第一次審判期日前，不得接觸起訴書以外的卷宗及證物，主要的理由是，對行觀審程序的審判者，限制其審前的閱覽卷宗權。不過，於同法第2項又接著設有例外規定，法官如行準備程序或基於審判期日訴訟指揮等原因，則不受第1項之限制，仍得於審判期日前閱覽卷。

目前台灣司法實務經驗可知，法官基於訴訟指揮與準備程序審酌證據能力之有無時，若再配合檢察官案件起訴後卷證併送的程序，很難期待觀審庭的法官不會以行指揮訴訟之理由，透過例外規定於審前閱覽卷證；

---

[95]　參照林俊益、林信旭，人民觀審制之建構（三），軍法專刊，第58卷第5期，2012年10月，頁10。

同時行準備程序的過程中,若要排除證據能力,亦無法避免法官接觸案件卷宗。換言之,本條第2項為法官審前閱卷所開設的例外規定,某程度已架空了原則禁止的要求。姑且不論這項例外規定是否合理,就觀審員的部分,由於該條第2項規定主體並無適用於觀審員,故觀審員自始就無審前閱卷權的權限。

對於限制審前接觸卷證的思考,主要目的是考量到直接審理與言詞辯論的精神,若允許觀審員審前閱覽卷宗,恐會在接觸檢方未經合法證據調查或交互詰問的片面證據時,提前形成不利於被告的偏頗心證。這樣的結果,在審判期日踐行正式的證據調查程序時,將很難期待觀審員會專心聽訟,作出正確的建議。

不過,從上述德國的參審法院的運作經驗可知,由於參審員與觀審員同樣都是選自民間,自然不具法律專業,故對於較為複雜或冗長的案件,若於實質審判前,沒有給予適當的準備時間與機會,對於同樣對案件肩負澄清義務的參審員來說,要求其積極參與審理,恐怕並不容易。是故,近期德國實務對於參審員的閱卷權限逐漸採取較為開放的態度,基於實然面的考量,於審判期日宣讀起訴書後,允許法官將相關書狀影本交給參審員,給予其閱覽卷宗的機會。

本文認為,雖按目前台灣觀審的制度設計,觀審員僅能於參與審判後,對於審理結果表達意見。雖是如此,基於本制度的核心價值,是希望能透過平民的觀點,協助法官判決的作成,除須符合法律專業的要求外,更能貼近社會民眾的法意識。故觀審員自然須在實質參與審判後,才能提出具有參考價值的確切意見。在制度設計上,或許能效法德國目前司法實務的作法,在開啟審判程序後,於實質證據調查程序前,給予觀審員閱覽卷宗的機會;同時考量觀審員心證易受影響的問題,可要求法官從旁進行必要的提醒與解說。

另外,允許的時點規定於審判期日時,由於證據能力已在準備程序時調查完成,亦能避免觀審員事先接觸到可能欠缺證據能力的相關證據[96]。

---

[96] 類似看法,是草案中法務部提出的不同版本:「觀審員、備位觀審員得請求閱覽卷宗及證物,但不得抄錄、攝影、複製或攜出指定之閱覽處所。」其立法理由亦是參

總之，本文認為應有必要提供觀審員閱覽卷宗的權利，讓觀審員在能夠充分理解案情全貌，才能落實直接審理的精神，也唯有如此，觀審員才能在實質聽審後，給予法院具有價值的參考意見。

四、觀審員之表決權──觀與決的併重

　　人民觀審試行條例於制定、試行後，所面對的最大質疑與責難，就是是否應賦予參與審判的人民有如法官論罪科刑的權利。由於刑事司法審判涉及國家公權力的行使，在維護正義上具有舉足輕重的地位，也是法治國家相當重要的機制。不具有法律專業的公民，在認定犯罪事實與量刑上有其困難性，尤其現行刑事訴訟強調證據裁判主義，不具有證據能力者不可作為犯罪判斷的依據，而具體個案上證據能力的判斷又相當複雜，如何讓不具法律專業的公民熟稔並作出適切判斷，將是非常大的挑戰。

　　另外，若從憲法的角度出發，憲法第80條規定：「法官須超出黨派以外，依據法律獨立審判，不受任何干涉。」第81條規定：「法官為終身職，非受刑事或懲戒處分，或禁治產之宣告，不得免職。非依法律，不得停職、轉任或減俸。」前者係指法官應超出黨派以外，依據法律獨立審判；後者係為了保障法官的獨立性，而給予身分上的保障，綜合兩者觀察，憲法似乎僅將審判交由法官，而無公民參與審判的涵義，若讓參與審判的公民擁有論罪科刑的權力，將生違憲的可能[97]。是故，為了減低違憲

　　考德國參審制的運作精神所提出的說明：「……但徵諸德國、法國等國之前例，欲解決觀審員與合議庭法官間之資訊落差及促進訴訟效率，其解決之道非在禁止法官或觀審員事先接觸卷證，而其採取之解決方式厥有兩端：其一為讓受有專業訓練並熟習法律之合議庭法官，於詳閱全部卷宗及審視相關證物而對全案有充分瞭解後，對觀審員是否理解審判之內容，負起照顧義務；其二為應使觀審員有於第一次審判期日前接觸卷證資料之權利，以幫助觀審員瞭解案情，加速審理速度。透過上述兩個方式，自然能達到觀審制度欲藉由一般國民參與審判程序，增進其對於司法之瞭解及信賴，並表達符合社會正當法律感情之意見供法官參考，以促進妥適審判之目的。」

[97] 不過，亦有指出，釋字第601號解釋宣示不受憲法第81條終身職保障之大法官，亦屬憲法第80條所定之法官，而與第81條所定的法官同視的解釋觀察。在此邏輯下，非職業的素人參與刑事審判不違憲的理由進一步得到支持。參照黃國昌，美國陪審

的疑慮，同時考慮人民法律專業上的落差，於第59條第1項規定「法官就事實之認定、法律之適用及量刑之評議，以過半數之意見決定之，不受觀審員陳述意見之拘束」，而呈現「觀而不決」的特徵。

　　鑑於上述疑慮，同時為了促使司法院考慮試行具有表決權的人民參與審判制度，2012年立法院凍結觀審制度的部分經費，為了回應立法院的要求，同時尋求預算解凍的方法，依循預算的決議內容「落實國民參與審判制度的精神，司法院要在所指定試行之地方法院，秉持起訴狀一本主義之精神及觀審員具表決權之模式進行模擬審判一年」，已於各地的試行法院逐一展開具有表決制度的觀審程序[98]。甚至在士林與嘉義地方法院採取「影子陪審團」（shadow jury）的方式，於正式審判的觀審員外，另選五位人民全程觀察審判的進行並作出判決，以試驗當人民具有表決權時，其審判結果是否與職業法官有所差異[99]。

　　其實，從德國參審的角度觀察，台灣採行觀而不決的關鍵點就是「信任感不足」。觀審案件皆為刑度較重之罪，如何讓從未有審判經驗的人民斷人生死，已是難事，若判決後結果不符外界預期，是否引發更大的社會騷動，亦是司法院當初所擔憂的[100]。因此，人民觀審試行條例第59條才會以「法官就事實之認定、法律之適用及量刑之評議，以過半數之意見決定之，不受觀審員陳述意見之拘束（I）。審判長於前項評議後，應即向觀審員說明之。如法官之評議與觀審員之多數意見不一致者，並應簡要說明其理由（II）。」作為不拘束法官的明文規定，惟依第64條「法官之

　　制度之規範與實證，月旦法學雜誌，第194期，2011年7月，頁85。亦有學者認為，憲法第81條無法直接作為禁止無法官身分保障的國民參與審判之依據，其並指出參與審判之國民亦係與職業法官各自獨立行使審判權，並無違反審判獨立。參照陳運財，同前註4，頁8。

98　司法院秘台廳刑二字第1020003673號函。

99　司法週刊，第1686期，2014年3月6日，頁1。

100　另有學者認為，觀審制度之案件類型不必限於刑度較重之案件，而主張應加入中等刑度之案件，以避免觀審員承受莫大的內外壓力，同時也不至於因刑度較大的案件牽涉複雜之事實及法律關係而使觀審員不利於理解及掌握。參照何賴傑，從德國參審制談司法院人民觀審制，台大法學論叢，第14卷特刊，2012年11月，頁1226。

評議，與觀審員終局評議之多數意見不一致者，應於判決內記載不採納之理由」，故仍應於判決中說明不採納的理由。

　　探究德國參審制度的施行，相當相信參審員的決定，固然參審員是否有具水準的專業能力，仍有待檢驗。不過，經過法官與參審員的配合，尚無大疑難。從實質參與的角度言，僅允許人民參與審判，但其審判權力與法官有相當程度的落差，將可能降低人民的參與感，亦會使人民產生被作為判決橡皮圖章的感受，將難以達成觀審制度強調的目標。其實，「法官與人民的互助」本是人民參與審判相當重要的精神，司法院原先憂慮人民專業性不足的問題，實可透過審判時法官的說明適時解決。至於賦予人民判決權力，是否必然與專業法官的判決相左而產生極大落差，在實證上亦少有研究能夠佐證。是故，人民參與審判的主軸本係透過人民的「實質」參與，讓判決不在藏身於專業法官中，觀審制度中「觀而不決」的作法，應可參考德國參審制的作法，使參與審判的人民的擁有與法官相同的審判權限[101]。

五、觀審員在職教育體系的建立

　　觀審員並無法律專業，尤其人民觀審制度中特地著重在專業排除，舉凡具備法律專業背景者將有很大機率被排除，故如何讓不具專業能力的人民，在短期間內能有論罪科刑的建議能力，將是人民參與審判面臨的最大難題，也是是否賦予觀審員表決權的爭議所在。

　　由於觀審試行程序，對於參與審判民眾的教育付之闕如，僅於選任程序完畢後，藉由審判長進行程序與審判基本原則的簡介，加上每個試行法院作法不同，程序解說與法律知能的講述內容亦有所出入。即便透過選任程序後的空檔來進行立即性的集體法治教育，是否有具體成效以供人民參與審判之用，似乎可以檢討。

　　事實上，德國亦有相同的問題，參審員僅在極少數的個案會主動進

---

[101] 其實，從人民觀審試行條例草案中，有很大的篇幅在規範人民表決的順序與方式（第55至64條），某種程度似乎也顯示立法者其實希望人民不僅是觀，更要有決的權力。

行發問，或是提出對於審判有意義的提問，畢竟參審員對自己職務內容的不熟悉，同時又欠缺法律專業。目前德國實務並非所有參審法院都會舉辦介紹、引導活動。有些情形是經由檢察官而非司法機構人員舉辦，有些情況甚至是僅僅發給介紹傳單。雖然，已開設相關的訓練課程，如社區學校或其他的教育機構。但大部分的訓練都不是接近開始任職參審員的時間點[102]。

　　回到台灣，從觀審員的選任資格可知，希望排除「法律專業」人士，亦即在人民參與審判制度中，「素人」是台灣所重視的。在此基礎下，若欠缺完善的在職教育計畫，欠缺法律專業的素人，於法庭上的功能將無法發揮，在不瞭解職務內容或程序法規時，所提之問題更可能只會拖延訴訟，影響審判的進行。是故，以德國參審訓練不足的問題為借鏡，除了平日應對受選任的民眾稍加訓練，例如於各大專院校開設進修或夜間課程（例如講授刑法、刑事訴訟法等法律課程），協助法律素人學習基本審判與法律知能外，更重要的是，如何接近審判期日的時點，設計密集有關代審案件的研習與介紹課程，這將有助於人民參與審判於個案上的專業程度。

　　當然，德國在職訓練的機制係建立在具任期的參審制度，被選入參審員名冊之民眾，由於已有心理準備在五年內會被選為參審員，當可在平日進行進修，但目前台灣的觀審並非任期制，民眾是否有意願犧牲時間前往研習，僅為參與一次未有決定權限的審判程序，是在職訓練制度建立的困難點。因此，除了可考慮採取有任期制的參審制度外，主管機關亦須配合社區資源來輔助民眾，培養其主動參與審判的積極意願與能力。

---

[102] Ehrenamtlicher Richter, Vgl, http://de.wikipedia.org/wiki/Ehrenamtlicher_Richter, Letzter Abruf 22/12/2015.

伍、結論

　　人民參與審判，是國民主權的展現，除了讓司法審判透明化外，更可藉由人民的實質參與，來提升法制教育的成效，讓人民瞭解司法審判的過程，對於社會發展而言，是相當重要的方案。目前台灣試行的人民觀審制度就是基於「提升司法之透明」、「反映人民正當法律感情」及「增進人民對於司法之瞭解及信賴」而設，雖然其非「非職業法官審判」的先例，但卻是「普通民眾」參與司法審判的契機。現在，司法院在基隆、士林、嘉義及高雄四所地方法院進行試行，並已有相當成效。

　　在比較法上，德國參審制已運行多年，相關經驗可供台灣試行參考。從歷史發展而言，德國從早期的大參審法庭演變至今，現在基本上是以二位參審員為主的審判模式，其參審員的人數規模已大幅降低，對於財政負擔與民眾的壓力已有明顯的疏解。不過，在實際運作上，仍有許多問題。例如，參審員必須經過鄉鎮市議會的推薦，可能受到政黨代表影響，個別民眾並沒有機會提議被列入參審員的名冊。此外，在審判的過程中，如何讓參審員預先做好準備，同時勇於在審判過程中與具法律專業的法官進行討論，而不喪失其主體性，都是德國參審制度面臨的問題。

　　至於台灣的觀審制度，最受關注的問題在於，觀審員「只觀不決」，也就是說，是否應使人民法官具有真正參與判決評議的權能，是爭議最大之處。在目前的制度設計之下，觀審員並無實際參與判決作成的權限，僅能將自身意見提供職業法官判決時參考，與德國的參審制有很大的差異。對此，為了讓人民參與審判發揮最大效用，是否應放棄「只觀不決」的想法，賦予人民參與審判時有論罪科刑的實質權力，值得深思。

　　同時，為了減低違憲的疑慮，同時簡化參審員的選任程序、降低民眾參與審判的負擔，台灣觀審員的選任模式可考慮德國參審員「任期制」的模式，藉由委員會的選任與編制，確認五年內可供法院選任參與審判的民眾。如此，當民眾知悉自己被選入名冊中，必然會願意花時間去學習相關的法律知識，也可提升在職教育訓練成效，對於目前僅於選任程序後進行

的簡單說明，能有大幅度的改良。至於正式審判中，應開放參與審判民眾進行閱覽卷宗；若是怕心證受到汙染，可要求法官從旁解說。當然，更重要的是，應強化準備程序的進行，預先調查證據能力有無，此可避免參與審判者事先接觸欠缺證據能力的證據，而形成偏頗心證的風險，也能進一步使人民參與審判制度更具成效。

參考文獻

一、中文

1. 尤伯祥，論國民參與審判──以歷史與比較法的考察為基礎，檢察新論，第 11 期，2012 年 1 月。

2. 王士帆，德國刑事訴訟之參審員，法學叢刊，第 224 期，2011 年 10 月。

3. 何賴傑，從德國參審制談司法院人民觀審制，台大法學論叢，第 14 卷特刊，2012 年 11 月。

4. 林俊益、林信旭，人民觀審制之建構（三），軍法專刊，第 58 卷第 5 期，2012 年 10 月。

5. 林裕順，國民參審「法官職權」變革研究──兼論「最高法院一〇一年度第二次刑庭決議」司改契機，月旦法學雜誌，第 217 期，2013 年 6 月。

6. 張永宏，論國民參與刑事審判制度的合憲性爭議，政大法學評論，第 134 卷，2013 年 9 月。

7. 張麗卿，鑑定證據之研究，台大法學論叢，第 23 卷第 2 期，1995 年 6 月。

8. 張麗卿，刑事訴訟法理論與運用，五南，12 版，2013 年 9 月。

9. 許揚成，國民參與刑事審判違憲疑義──日本平成 23 年 11 月 16 日最高法院大法庭判決，台灣刑事法雜誌，第 58 卷第 2 期，2014 年 4 月。

10. 陳新民，憲法學釋論，三民，修訂 8 版，2015 年 5 月。

11. 陳運財，國民參與刑事審判之研究──兼評日本裁判員制度，月旦法學雜誌，第 180 期，2010 年 5 月。

12. 黃國昌，美國陪審制度之規範與實證，月旦法學雜誌，第 194 期，2011 年 7 月。

13. 楊雲驊，從德國刑事參審制度看司法院「人民觀審試行條例草案」的基本問題，日新司法年刊，第 10 卷，2014 年 1 月。

14. 鄭文中，德國法制中人民參與刑事審判之歷史觀察，國家發展研究，第 12 卷第 1 期，2012 年 12 月。

15. 蘇永欽，從憲法及司法政策角度看參審及其試行，憲政時代，第 20 卷第 3

期，1995 年 1 月。

16.蘇永欽，司法改革新紀元──司法院蘇永欽副院長談「人民觀審制」，軍法專刊，第 57 卷第 4 期，2011 年 8 月。

17.廖正豪，以人為本的司法──中華法系的傳承與發揚，台灣刑事法雜誌，第 57 卷第 6 期，2013 年 12 月。

二、外文

1. Barthe, in:Hannich (Hrsg.), Karlsruher Kommentar zur Strafprozessordnung, 7. Aufl., 2013, GVG §33 Rn. 1.

2. Benz, Zur Rolle der Laienrichter im Strafprozeß, 1982.

3. Beulke, Strafprozessrecht, 12. Aufl., 2012, Rn. 40.

4. Böttges, Die Laienbeteiligung an der Strafrechtspflege. Ihre Geschichte und heutige Beudeutung, Diss, 1979.

5. Bundesverband ehrenamtlicher Richterinnen und Richter (Hrsg.), Das Ehrenamt Ehrenamt in der Rechtsprechung Rechtsprechung, 2001.

6. Casper/Zeisel, Der Laienrichter im Strafprozeß, 1979.

7. Güntge, in: Satzger/Schluckebier/Widmaier (Hrsg.), StPO-Kommentar, 1. Aufl., 2013, GVG §33 , Rn. 4.

8. Joachimski, Strafverfahrensrecht, 2. Aufl., 1911.

9. Kathlnigg/Bierstedt, Sind bei den Schöffen alle Gruppen der Bevölkerung angemessen berüsichtigt?, ZRP, 1982.

10.Kern/Wolf,Gerichtsverfassungsrecht,6.Aufl.,1987.

11.Nowakowski, Reform der Laiengerichtsbarkeit in Strafsachen, Verhandlungen des vierten österreichischen Juristentags, 1970, Bd.1, 5. Teil.

12.Klausa, Ehrenamtliche Richter Ihre Auswahl und Funktion, empirisch untersucht-Sozialwissenschaften und Recht, Band 1, 1972.

13.Kühne, Die Zusamenarbeit zwischen Berufsrichtern und ehrenamtlichen Richtern, DriZ, 1975.

14.Liekefett, Die ehrenamtlichen Richter an den deutschen Gerichten, Diss, 1965.

15.Meyer/Schmitt, Strafprozessordnung:Gerichtsverfassungsgesetz, Nebengesetze und ergänzende Bestimmungen, 57. Aufl., 2014, A8 JGG, §33.35.41.

16. Peters, Strafprozeß, 4. Aufl., 1985.

17. Radke, Rechtsextremisten alsLaienrichter,Vgl, http://blog.zeit.de/ stoerungsmelder/2009/08/12/ rechtsextremisten-als-laienrichter_1280, Letzter Abruf 22/12/2015.

18. Roxin/Schümann, Strafverfahrensrecht, 28. Aufl., 2014, §6 Rn. 16.

19. Rüping, Funktionen der Laienrichter im Strafverfahren, JR, 1976.

20. Schönke, Einige Fragen der Verfassung der Strafgericht, SJZ, 1946.

21. Terhorst, Information und Aktenkenntnis der Schöffen im Strafprozeß, MDR, 1988.

22. Volk, Der Laie als Strafrichter, in: Hanack u.a. (Hrsg.), FS Dünnebier, 1982.

23. Volk/Engländer, Grundkurs StPO, 8. Aufl., 2013, §5 Rn. 15.

13

論刑事被告之特定

吳冠霆[*]

對廖正豪老師的感謝

2003年間，當時已在實務界工作了一小陣子的我，有感於本身對學說理論之深度、廣度之不足，興起再回學校研究的念頭。

因緣際會之下，考入了台北大學法學研究所博士班。在博士班中，承蒙　廖老師不嫌棄，得以成為老師門下的一員。那些年，在課堂上，聽取老師的諄諄教誨，還有許多為人處事的道理，對我之後的人生，起了非常大且正面的影響。

雖然因為我生性怠惰，最後終未能順利畢業，但老師仍始終記得並持續關心我，實在令我受寵若驚。不論是我結婚時，老師不辭辛勞地來致詞；或是帶我前往中國大陸地區，與對岸法學菁英參與兩岸刑事訴訟制度的交流、中國大陸地區刑事訴訟法的研討，均讓我得到極大的收穫，也見識到老師虛懷若谷的一面。

欣逢老師大壽，無以為報，僅以拙文一篇，表達對老師的推崇與感謝。也祝福老師福如東海，壽比南山。

[*] 台灣台北地方法院法官兼庭長。

目 次

壹、前言

被告特定的問題

在不告不理原則的要求下，刑事訴訟法於第266條至第268條間（下稱刑訴法），分別規範了起訴對人、對事及對法院的效力。本文所欲探討者，主要涉及第266條：「起訴之效力，不及於檢察官所指被告以外之人。」的問題。

檢察官提起公訴（含依刑訴法§451Ⅲ與起訴有同一效力之「聲請簡易判決處刑」）時，原則上起訴書（或聲請簡易判決處刑書）所載的被告，與警詢、偵查、審理中出庭的被告應該是一致的。但是，不容否認，實務運作上，冒名或頂替他人應訊之情，並非罕見。例如，曾有強盜犯冒用弟弟姓名、年籍，一路騙過警察、檢察官、法官，甚至監所，直至執行完畢

多年後，因另有事證，檢警始發覺原先之人係冒名應訊之情[1]。從而，如何特定檢察官起訴（或聲請簡易判決處刑）所指被告之人為何？長久以來，確實是一個困擾實務的大問題。本文試圖由我國及日本學說、實務等見解出發，討論該如何特定被告，以求能有較一致且有效解決實務問題的方法。

另外，廣義的被告特定，包含了三種情形。分別是「冒名」（冒名者某B冒用被冒名者某A之名應訊）、「頂替」（某B頂替檢察官真正所指被告某A出庭）、「單純的人別錯誤」（檢察官起訴的是住在台北二十歲的某B，但法院卻誤以為是住在台中四十歲同名的某B1）[2]。但因為在「頂替」及「單純的人別錯誤」此二部分，不論採行何種見解，均不會有認為訴訟繫屬及裁判效力會及於頂替或人別錯誤之人，故問題較小。為集中焦點，本文以下專就「冒名」部分討論，合先敘明。

貳、被告特定之學說

一、學說之狀況

關於如何特定被告一事，學說上大致有幾種看法[3]：

(一) 表示說（起訴書記載說）

此說以起訴書上所表示之「被告」，為法院所應認定之被告。例如，檢察官起訴書上被告姓名為某A時，即是以某A為被告。在此說下，如果訴訟進行中，法院發現某B冒某A之姓名出庭應訊者，因為某B並非

1　網路新聞見http://www.nownews.com/n/2014/08/13/1368223，最後瀏覽日期：2015年12月24日。

2　寺崎嘉博，刑事訴訟法，成文堂，2007年7月補訂版，頁39。

3　關於學說之介紹，可見黃朝義，刑事訴訟法，一品，2006年初版，頁336-338；水谷規男，被告人の確定，收錄於刑事訴訟法判例百選，有斐閣，2011年3月9版，頁112-113。

起訴書上所表示的被告，所以法院不能對某B為判決。

(二) 意思說（檢察官意思說）

此說認為應該以檢察官偵查後，就其認知所預定要起訴的對象，為法院所應認定之「被告」。舉例而言，某B於偵查中冒用某A之姓名，並經檢察官訊問。檢察官偵查後，認某A（實際上係某B冒名）犯罪嫌疑重大，已達起訴門檻，而將某A提起公訴。此時，因為檢察官偵查的對象，是冒名的某B而非被冒名的某A，所以法院應該要以更名的方式對某B加以審判；至於某A，因為不是檢察官認知起訴的對象，故不得對某A審判。

(三) 行動說（實際審判對象說）

此說認為應以實際上本於被告身分出庭應訊之人，為法院所應認定之被告[4]。舉例而言，檢察官起訴書上所載明被告為某A，但審理中，實際到庭者均係某B，則訴訟繫屬對某B發生效力。

(四) 併用說（實質表示說）

此說認為上開各說並不一定具有排斥的關係。認定「被告」究竟為何，須綜合起訴書所示的被告姓名、檢察官偵查後的主觀意思、以被告身分為訴訟行為等基準，參酌具體個案訴訟程序之型態及進行之程度，為合理的判斷。

二、本文之立場

就上開各種學說以觀，在沒有冒名應訊之情形下（偵查中到庭的被

---

[4] 日本學者對「行動說」的說明非常精準，也就是此說認為所謂「被告」，是指「外觀上是以被告身分行動之人」或「法院以其為被告身分對待之人」。見光藤景皎，〈刑事訴訟法16〉他人の氏名を冒用して受けた略式命令の效力（判例サブノート），收錄於法学セミナーベストセレクション第244號，日本評論社，1975年10月，頁143。

告＝檢察官起訴書所指的被告＝法院審判中到庭的被告），無論採取上開何種學說，結論均屬一致。較成問題者，通常是在冒名應訊之情形。本文認為，以冒名應訊之類型甚多，檢察官與法官也不是僅為單一之處理方式（詳後述）觀之，想單從某一說的立場解釋所有被告特定之問題，事實上並不可能。而併用說雖然無法劃一解釋被告特定之問題，但同時也誠實面對此問題的多樣性與困難性，是一種較折衷的解決方式。從而，採取併用說的立場，是不得不然的選擇，此亦為我國學者之通說[5]。

在日本實務上，同樣因冒名應訊之類型不一，故對於如何特定被告，亦非採取單一學說的立場。例如，在某B冒名某A的案件中，日本最高裁判所先後作成認為被告是被冒名的某A，所以判決的效力並不及於冒名者的某B的見解（最決昭50.5.30刑集第29卷第5號，頁360）；以及認為被告是冒名的某B，所以裁判的效力不及於冒名的某A等歧異判例（最決昭60.11.29刑集第39卷第7號，頁532）。

就日本最高裁判所上開不同見解的判例，日本學者明確表示此二判例間，並無任何違背之處。蓋在認為被告是被冒名者某A，所以判決的效力並不及於冒名者的某B的判例中（即最決昭50.5.30），檢察官是以聲請簡易判決處刑而非提起公訴之方式起訴，所以認為應採表示說的立場，以求明確特定被告。而在認為被告是冒名的某B，所以裁判的效力不及於被冒名的某A的判例中（即最決昭60.11.29），因為該案是通常程序案件，冒名者某B有實際到庭應訊，所以將冒名者某B當作檢察官起訴的被告，並無不當之處[6]。從而，日本學者同認，以起訴狀所示的被告名字為基本（即表示說），考量檢察官的意思（意思說）及實際以被告身分到庭人的行動（行動說），採取併用說的立場，依具體個案做合理的認定，而不為

---

5 黃朝義，刑事訴訟法，一品，2006年初版，頁336-338；陳運財，被告之特定，台灣法學雜誌，第43期，2003年2月，頁143-144；林俊益，刑事被告之認定，月旦法學雜誌，第30期，1997年11月，頁16。學者陳樸生亦認應以表示說與行動說併用，見陳樸生，刑事訴訟法實務，自版，1999年2版，頁368-369。

6 田淵浩二，刑事訴訟法：公判，收錄於法学セミナーベストセレクション第609號，日本評論社，2005年9月，頁43-44。

劃一的處理與認定,是屬妥當的見解[7]。

參、通常程序中被告特定問題

　　如前所述,確立了有關被告特定之問題,必須採併用說的立場,依個案合理認定,而不為劃一的處理與認定此一基本理念後,在具體案件中,該如何妥適認定,為本文所欲探討之重點。

　　本文認為,在適用上,因刑訴法第266條已限定法院不得就檢察官所指被告以外之人加以裁判,故原則上應先視得否確定「檢察官起訴所指之被告」究竟何人。在難以確定檢察官起訴所指之被告為何人時,則應以「法院判決效力究竟應該及於何人」為思考方向。換言之,就被告特定之問題,主要應考量「檢察官究竟起訴誰?」以及「判決究竟對誰發生效力?」二大關鍵[8]。

　　為便利說明各種不同情形,將先討論檢察官以通常程序起訴之被告特定問題。至於檢察官聲請簡易判決處刑時之被告特定問題,則於「肆」說明,合先敘明。

一、冒名者在押之情形

　　〈設例1〉:某B涉犯竊盜罪,警詢、檢察官偵查中均冒某A之名應訊。檢察官認其有逃亡之虞,故向法院聲請羈押獲准。檢察官偵查後,將在押的某B(起訴書上載明被告為某A)提起公訴。

(一)檢察官起訴所指被告及判決效力之問題

　　前已說明,在被告特定此一問題,應先考量「檢察官究竟起訴誰?」此一關鍵。在被告在押之情形下,因為被告已經刑訴法唯一偵查主

---

[7]　田淵浩二,刑事訴訟法:公判,收錄於法学セミナーベストセレクション第609號,日本評論社,2005年9月,頁44。

[8]　長沼範良、田中開、寺崎嘉博,刑事訴訟法,有斐閣,2006年2月2版,頁163。

體的檢察官訊問，故很明確地，偵查的對象當係在押中之人，以〈設例1〉而言，即係冒名應訊的某B。是在併用說的立場下，應以冒名的某B而非被冒名的某A為被告，判決也應對某B而非某A發生效力[9]。

　　至於法院在判決前發現冒名之情時，得以檢察官誤載被告姓名、年籍為由，逕行更正起訴書上之被告姓名、年籍資料。縱使判決後始發現冒名一情，同得由原法院裁定更正被告姓名、年籍資料，並重新送達即可[10]。

　　在我國及日本實務見解部分，對此等被告在押之案件，亦採前述論點，認為檢察官起訴之被告，是指在押中冒名者某B，而非被冒名者某A。例如我國最高法院70年台上字第101號判例中，即認為「起訴書所記載之被告姓名，一般固與審判中審理對象之被告姓名一致，惟如以偽名起訴，既係檢察官所指為被告之人，縱在審判中始發現其真名，法院亦得對之加以審判，非未經起訴。」[11]前述日本最高裁判所最決昭60.11.29判例中，同認為「關於被告的特定，並非僅由起訴書或判決書的表示為本，仍應考量公訴提起時的檢察官意思，還有現實中以被告身分為行動者的狀況。……本件起訴書或判決書，雖具有以被冒名者某A為對象的外觀；但現實中經逮捕、羈押（之後經交保）、審理，收受判決者，均是冒名者某B。從而，判決的效力，當然及於冒名者某B，此等看法，也未危害法律的安定性。」[12]。

　　此外，檢察官起訴的對象與法院判決效力既然均是冒名的某B，則有上訴權者當然只有冒名的某B而非被冒名者的某A。從而，若被冒名者某

---

[9]　同說，陳樸生，刑事訴訟法實務，自版，1999年2版，頁369；寺崎嘉博，刑事訴訟法，成文堂，2007年7月補訂版，頁39。

[10]　日本實務也認為，只要無礙被告同一性的認定，無論在訴訟的何階段，均得予以更正。見福岡高宮崎支判昭25.4.21判決，引自水谷規男，被告人の確定，收錄於刑事訴訟法判例百選，有斐閣，2011年3月9版，頁112-113。

[11]　在台灣高等法院暨所屬法院90年法律座談會第42號研討時，已確認最高法院70年台上字第101號判例中，因檢察官起訴書載明被告在押，故起訴時，冒名者某B確實在押。

[12]　引自三井誠，判例教材刑事訴訟法，東京大學出版社，2011年2月4版，頁363-364。

A收受判決後，驚覺遭冒名之情而提起上訴時，因非當事人，自無上訴之權，其上訴並不合法。一審法院或二審法院，應分別依刑訴法第362條或第367條，為裁定或判決駁回被冒名者某A的上訴[13]。

（二）量刑的問題

在〈設例1〉中，若在判決確定前發覺冒名之情時，固如前述得更正被告年籍為冒名的某B，檢察官亦應本此提起上訴，使上訴審法院得就正確的被告（即冒名的某B），量處適當刑罰。

成問題者，乃判決確定後始發覺冒名時，有關量刑的相關問題。此部分牽涉的問題有三，即：1.法院的量刑資料錯誤問題（法院量刑的資料是被冒名者某A而非某B的資料）；2.未諭知累犯之錯誤問題（冒名者某B係累犯，但被冒名者某A非累犯）；及3.諭知緩刑之錯誤問題（冒名者某B不得諭知緩刑，但法院不知冒名一事，因被冒名者某A得諭知緩刑，故法院為緩刑之宣告）。茲分述如下：

1. 法院的量刑資料錯誤問題

法院在為刑之量定時，主要是依據刑法第57條的量刑標準而決定。但，在冒名應訊的情形，法院量刑時，所憑據刑法第57條的科刑事項均是被冒名者某A的資料，而非冒名者某B的資料，則科刑所審酌的內容已有變動，如此是否仍屬妥當？舉例而言，冒名的某B素行甚差，又前科累累；而被冒名的某A則無前科，素行良好。是法官在量刑時，若是以冒名的某B為本，所量處的刑度定高於被冒名的某A即是。

就此，本文認為，目前各審級法院間，對下級審量刑的諭知均高度尊重，除非刑之量定有逾越法定刑或濫用之情，否則上級審不常以量刑不當為唯一撤銷理由；最高法院更明確表示尊重事實審法院量刑之意見[14]。從

---

[13] 當然，因此時前科表上仍會記載係被冒名的某A犯罪，故法院在駁回某A的上訴前，為維護某A之名譽及利益，應先由原法院裁定更正被告之姓名為某B，並發函通知前科記載機關更正某A及某B的前科紀錄，較屬妥適。

[14] 最高法院75年台上字第7033號判例即認：「關於刑之量定及緩刑之宣告，係實體法上賦予法院得為自由裁量之事項，倘其未有逾越法律所規定之範圍，或濫用其權限，即不得任意指摘為違法，以為第三審上訴之理由。」

而，除非解釋刑訴法第422條第2款中對被告的不利益再審之範圍，以冒名屬於「確實之新證據」，否則並無推翻原確定判決刑度之可能。不過，如果僅為了量刑輕重，而認為得對冒名的某B為不利益再審，對於判決的實質確定力，實在影響過大；且在一般非冒名應訊之案件中，法院亦常見遭被告矇騙而量處較輕刑罰（例如，被告事實上未對其父母扶養，法院卻遭被告欺騙，認其須扶養父母而予較輕判決）。從而，不得不認為在冒名應訊之情形下，縱使冒名的某B因法院誤信其為素行良好的某A而予輕判並確定時，仍應予以維持而無加重刑度的空間。

2. 未諭知累犯之錯誤問題

就累犯部分，在冒名的某B本是累犯，被冒名的某A非屬累犯的情形下，縱使判決確定，只要如前所述認定判決的效力，及於冒名的某B，自得依刑法第48條之規定，更定其刑。但上開更定其刑的適用，在冒名的某B已經刑之執行完畢或赦免後才發覺者，並無適用機會（刑法§48但書）。

3. 諭知緩刑之錯誤問題

就諭知緩刑錯誤問題，我國早期實務對於不應諭知緩刑而仍諭知緩刑的情形，固然認為得撤銷原確定判決[15]，但該等撤銷結果，依刑訴法第448條之規定，效力並不及於被告。晚近實務更認為非常上訴是對審判違背法令之確定判決所設之非常救濟程式，以統一法令之適用為主要目的，而不得宣告緩刑，竟予宣告緩刑者，判決雖屬違背法令，但此違誤，非對法律見解有原則上重要性之爭議，縱使提起非常上訴，亦不予撤銷原確定判決[16]。所以，除非立法論上，可以考慮增列若因被告冒名使法院誤為緩刑宣告得撤銷緩刑外；解釋論上，仍無從撤銷該冒名者某B的錯誤緩刑。當然，雖然解釋論上無從撤銷該冒名者某B的錯誤緩刑，但此時該錯誤的緩刑效力既及於冒名的某B，則若某B於該緩刑期內有刑法第75條或第75條之1撤銷緩刑事由時（例如冒名的某B於緩刑期間，另外故意犯他罪，

---

[15] 最高法院54年台非字第148號判例參照。

[16] 最高法院104年度台非字第154號判決參照。

而在該緩刑期內受逾六月有期徒刑之宣告確定者），自仍得撤銷某B之緩刑[17]。

二、冒名者未在押，檢察官有對冒名者實施偵查之情形

〈設例2-1〉：罪態駕車（刑法§185-3）之某B，經警酒測後予以逮捕。其於警詢中冒某A之名應訊，警察未查知此事，詢問後將某B移送地檢署。內勤檢察官訊問後未發覺冒名之情，並即對冒名的某B諭知交保。迨某B交保後，檢察官於翌日以被告為某A之名，將某A提起公訴。

〈設例2-2〉：承〈設例2-1〉，起訴後，法院傳喚某A，然實際到庭者，為冒名的某B，某B續稱自己為某A。法院不查，仍以被告為某A為名，為有罪判決。

〈設例2-3〉：承〈設例2-1〉，起訴後，法院傳喚某A，某A並實際到庭，且主張有遭冒名應訊之情。法院以某B經警查獲時所留存之指紋卡送請比對，發現確與某A不符。

在冒名者起訴時未在押的情形下，判斷被告為何人，是比較困難的狀況。就此，如前所述，因刑訴法第266條已限定法院不得就檢察官所指被告以外之人加以裁判，故原則上應先視得否確定「檢察官起訴所指之被告」究竟何人。只有在難以確定檢察官起訴所指之被告為何人時，方應以「法院判決效力究竟應該及於何人」為思考方向。

從而，在前開〈設例2-1〉至〈設例2-3〉之情況，檢察官既已實際對冒名的某B實施偵查，並為交保之強制處分，則很明確地，檢察官起訴的對象當然是冒名的某B。

既然已確定檢察官起訴的對象是冒名的某B而非被冒名的某A，則若在判決前已經發現者（設例2-3的情形），法院得以檢察官誤載被告姓名、年籍為由，逕行更正起訴書上之被告姓名、年籍資料[18]。縱使判決

---

17 前述日本最高裁判所最決昭60.11.29判決，即採此等見解。

18 當然，此時若不知冒名的某B真實姓名年籍資料，法院應先依刑訴法第273條第6項，裁定命檢察官補正某B之真實姓名年籍資料；檢察官若不補正則應依刑訴法第303條第1款為不受理判決。

後始發現冒名一情（設例2-2），同得由原法院裁定更正被告姓名、年籍資料，並重新送達即可。且因判決效力僅對冒名者某B生效而非對被冒名的某A生效，故如前述，被冒名的某A並無上訴權，僅冒名者某B有上訴權。若被冒名的某A提起上訴，仍應認上訴不合法而駁回之。

我國實務亦採此等見解。例如，在台灣高等法院台南分院89年度上易字第109號判決中，撤銷了原審認定起訴書被告為被冒名的某A的判決（原審認定被告為被冒名的某A，並判決某A無罪），並自行對冒名的某B為實體判決。理由則略謂警局及偵查中到庭應訊者，均為冒名的某B，則檢察官偵查起訴之對象實為冒名的某B而非被冒名的某A；縱在審理中始發現此事，法院亦得對冒名的某B加以審判。最高法院在91年度台上字第2221號判決中，同採此等見解，認為起訴的對象是冒名的某B，法院審理中僅須將被告姓名，由被冒名的某A更正為冒名的某B即可[19]。

至於相關量刑問題（包含緩刑、累犯等），則如前述，茲不贅述（以下均同）。

三、冒名者未在押，檢察官亦未對冒名者實施偵查之情形

〈設例3-1〉：某B涉犯竊盜罪（非現行犯），警察通知其接受詢問時，其持某A之證件，並自稱為某A且承認犯罪。警察未察覺此事，詢問後，將全案函送地檢署。檢察官經多次傳喚某A未到，然認事證明確，遂以被告為某A為名，將某A提起公訴。

〈設例3-2〉：承〈設例3-1〉，一審法院審理中，被冒名的某A到庭並稱遭人冒名之情，法院並查明在警局中，某B確實冒用某A之姓名。

〈設例3-3〉：承〈設例3-1〉，法院審理中，某B到庭應訊，但仍冒稱係某A，法院未予查明，仍判決某A有罪。

---

[19] 在最高法院94年度台非字第41號判決中，更認為無論冒名者某B有無在押，起訴書所指之人，非在於其姓名，而重於被偵查起訴並請求法院行使審判權的犯罪嫌疑人，故當然以檢察官實施偵查對象之冒名者某B，為刑罰權所指對象之被告。

(一)檢察官起訴書所指被告之問題

在日本刑訴法中，檢察官及司法警察均為偵查主體，亦即，司法警察是第一次的偵查機關，檢察官則是第二次的偵查機關[20]。但在我國法上，檢察官是唯一的偵查機關（刑訴法§228Ⅰ、Ⅱ），故判斷檢察官起訴書所指被告部分，原則上仍應以檢察官是對何人直接為偵查行為以為斷，而非以偵查輔助機關（司法警察、檢察事務官等）究竟對何人為偵查輔助行為。

確立原則上應以檢察官是對何人直接為偵查行為此一前提，在實務運作上，檢察官通常不會在未見過被告的情形下，將被告提起公訴。比較常見的作法，乃是先通緝被告，並俟其到案偵查後，再行提起公訴。但某些案件，可能因案情明確等因素，檢察官在傳喚被告不到之情形下，仍依刑訴法第251條第2項之規定，將被告提起公訴。從而，實務上確偶見檢察官在未曾對被告本人實施偵查的情形下，將被告提起公訴。

在被告冒名應訊，檢察官又未曾對之直接實施偵查，即將之提起公訴時，事實上，單從檢察官的意思（意思說）很難判斷其起訴的對象究竟是何人。舉例而言，在〈設例3-1〉中，若冒名的某B與被害人毫無關係，而被冒名的某A是被害人的同辦公室的同事，檢察官雖多次傳喚被冒名的某A而未見某A到庭，但檢察官可能是認為被冒名的某A既然是被害人的同事，警詢中又承認犯罪，則某A確實可能犯罪而將某A提起公訴。從而，檢察官起訴的意思並不一定是警詢中到場的冒名的某B，而確有可能是被冒名的某A。

從而，檢討此一問題時，須由前述，從併用說的看法，既然起訴書所示被告姓名及檢察官偵查後的主觀意思不明，則只能從「誰以被告身分來參與訴訟進行」的角度，為合理判斷。

(二)設例檢討

在〈設例3-2〉中，雖由檢察官之偵查作為，無法特定是起訴被冒名

---

[20] 三井誠、酒卷匡，刑事訴訟法，有斐閣，2005年10月3版，頁11-12。

的某A或冒名的某B，但實際到庭為訴訟行為之人既為被冒名的某A，則以被冒名的某A為被告，並認其為判決發生效力的對象，應屬妥適。從而，法院審判後，若確認某A係遭他人冒名，除不應准許檢察官將被告由被冒名的某A更名為冒名的某B外；若卷內證據尚不足為被冒名的某A有罪之認定，自應對被冒名的某A為無罪判決。

同樣的道理，在〈設例3-3〉中，雖由檢察官之偵查作為，無法特定是起訴的對象是被冒名的某A或冒名的某B。但實際到庭為訴訟行為之人既為冒名的某B，法院亦實際對到庭冒名的某B為訴訟行為，則基於程序安定性，當認為判決的效力只對冒名的某B生效，將來判決也僅能對某B執行。縱使一審判決後，被冒名的某A收到判決書始驚覺遭某B冒名，而提起上訴；法院亦不得認判決對被冒名的某A發生效力，而應駁回某A之上訴，並如前述更正判決書上之姓名年籍後，重新送達判決書予某B即可。

肆、簡易程序中之被告特定問題

在被告特定此一問題中，簡易程序是最棘手的一塊。究其原因，在通常程序的一審中，被告以到庭為原則（刑訴法§281Ⅰ），從而，一審法院不論到庭的被告究竟是冒名的某B或被冒名的某A，至少還有見到「被告」（不論是前述某A或某B）的機會，也較能因應各種狀況，為前述各種處理。但簡易程序以不開庭的書面審理為原則（刑訴法§449Ⅰ），冒名之情，很難在簡易程序的一審中被發現。縱使發現冒名之情，往往也都是被冒名的某A收到一審簡易判決後，始驚覺遭人冒名。從而，在簡易程序中如何妥適處理被告特定的問題，難度也較通常程序為高。茲說明如下：

一、冒名者在押之情形

〈設例4〉：某B涉犯竊盜罪，警詢、檢察官偵查中均冒某A之名應訊，檢察官因認有逃亡之虞，故向法院聲請羈押獲准。檢察官偵查後，

並將在押之某B聲請簡易判決處刑（聲請簡易判決處刑書上載明被告為某A）。

　　簡易程序中，被告於檢察官聲請簡易判決處刑時通常固未在押，然少數案件（如被告為慣竊、居無定所之遊民、在我國無固定住居所之外國人……等等）中，仍見檢察官將在押之被告聲請簡易判決處刑。

　　在被告在押的情形下，如〈設例4〉所述，已經可以很明確特定檢察官聲請簡易判決處刑的對象，是在押中的被告（即冒名者某B）。從而，應認為冒名的某B為被告，法院判決亦對冒名的某B發生效力[21]。而同前述，法院在判決前（不論一、二審）發現此情時，得以檢察官誤載被告姓名、年籍為由，逕行更正聲請簡易判決處刑書上之被告姓名、年籍資料。縱使判決後始發現冒名一情，同得由原法院裁定更正被告姓名、年籍資料，並重新送達即可。

　　日本實務上，大阪高等裁判所的判決，也認為在被告經檢察官聲請簡易判決處刑[22]其人身自由仍受限制之情形下，因為客觀上檢察官的意思是針對該人身自由受限制之冒名者某B聲請簡易判決處刑，所以聲請簡易判決處刑的效力，當及於冒名者某B而非被冒名者之某A[23]。日本學者同認，在簡易程序中，冒名之被告（即設例中之某B）在押者，應以冒名之被告某B為檢察官聲請簡易判決處刑之被告[24]。

---

[21] 桃園地院97年度交簡上字第21號判決，同採此見解。

[22] 日本法上與我國簡易程序相當者，是日本刑訴法中第461至470條之「略式手續」，在該程序中，法官得以「略式命令」處被告100萬日圓以下罰金或科料（指1千日圓以上，未滿1萬日圓刑罰，與罰金相似，但罰金是1萬日圓以上）或緩刑。為便利說明起見，以下仍稱為簡易程序。

[23] 大阪高決昭52.3.17，刑裁日報9卷3＝4號，頁212；引自三井誠，判例教材刑事訴訟法，東京大學出版社，2011年2月4版，頁364-366。

[24] 水谷規男，被告人の確定，收錄於刑事訴訟法判例百選，有斐閣，2011年3月9版，頁113；寺崎嘉博，刑事訴訟法，成文堂，2007年7月補訂版，頁39；小林充，刑事訴訟法，立花書局，2006年4月3版，頁30-31。

二、簡易庭法官有傳喚被告到庭之情形

〈設例5-1〉：某B涉犯竊盜罪（非現行犯），其於警詢、偵查中到場接受詢問、訊問時，均自稱為某A且承認犯罪。檢察官偵查後，認事證明確，且案情輕微，遂以被告為某A為名，將某A聲請簡易判決處刑。

〈設例5-2〉：承〈設例5-1〉，簡易庭法官收案後，為確認被告認罪情形及和解意願，遂傳喚某A到庭。某A到庭後，聲稱其係遭他人冒名。

〈設例5-3〉：承〈設例5-1〉，簡易庭法官收案後，為確認被告認罪情形及和解意願，遂傳喚某A到庭。但實際到庭者仍係冒名應訊的某B，某B仍自稱己為某A。

（一）無庸與通常程序爲相同處理

簡易程序以不開庭為原則，但法院在認為有必要者，依刑訴法第449條第1項後段，於處刑前得訊問被告。從而，在簡易庭法官有在處刑前訊問被告的情形下，當如何特定被告？

應先說明者，乃本文在檢察官是以通常程序起訴被告的情形下，認為應區分檢察官是否有對冒名者的某B直接實施偵查，而從併用說的角度，分別判斷起訴書所指的被告為何人。則在檢察官是以聲請簡易判決程序處刑的情形下，是否仍須區分檢察官有無對冒名的某B直接實施偵查，而異其處理？

就此問題，本文基於以下理由，認為並無區分檢察官有無對冒名的某B直接實施偵查，而異其處理：

1. 在通常程序案件，如前所述，一審法院原則上必須在被告及（公訴蒞庭）檢察官有到庭的情形下，本直接審理主義，進行案件的審理。是以，在案件進行之始，特定被告為不得不面對的首要問題，自應由檢察官偵查之真意予以確定。此與以書面審理為原則的簡易程序，縱認有開庭必要，法律上並未賦予法官須在訴訟何階段開庭確認被告為何人不同[25]。換

---

[25] 法官可能為確認被告有無承認犯罪開庭、在撰寫判決過程中，認有決定量刑情形而開庭、甚至因確認被告有無與告訴人和解之意而開庭……等等。

言之，簡易程序中法院開庭審理既非法定程式之一環，即與通常程序中，在案件進行之始，即有特定被告之必要不同。

2. 案件經檢察官偵查後，認已達起訴門檻時，法律並未要求檢察官須以「提起公訴」或「聲請簡易判決處刑」之哪種方式，向法院起訴。檢察官之所以捨「提起公訴」而選擇「聲請簡易判決處刑」，除了案件情形較輕微外；極大的因素，仍繫於認為行為人有教化或不需重懲的可能，故請求法院給予易科罰金或緩刑等輕判的機會。以實務上簡易程序大宗之刑法第185條之3的醉態駕車案件為例，通常涉犯該條之案件，檢察官係以「聲請簡易判決處刑」方式處理；然在行為人已三次以上醉態駕車的情形時，檢察官多會改提起公訴，而不選擇「聲請簡易判決處刑」[26]。足認檢察官聲請簡易判決處刑，是以「犯罪事實輕微」併同「被告素行良好」，為綜合考量。

被告素行是否良好，既然是檢察官聲請簡易判決處刑時的主要斟酌點之一，在冒名應訊的情形下，縱使檢察官有對冒名者某B直接為偵查作為並聲請簡易判決處刑（被告為被冒名的某A），也難認為檢察官主觀意思，不是因為某A的素行良好才對某A（事實上到庭應訊的是冒名的某B）聲請簡易判決處刑[27]。從而，倘因檢察官有對冒名的某B直接實施偵查作為，即認為聲請簡易判決處刑書上的（被冒名的）被告某A，實際上應為冒名的某B，似乎過度解讀檢察官的偵查作為[28]。

(二) 聲請簡易判決處刑書所指被告之問題

在確立簡易程序中不須以檢察官有無對被冒名者某B直接為偵查作

---

[26] 可參考台灣台北地方法院104年度審交易字第948、950、960、……號等判決。

[27] 學者亦有認為，檢察官實際上是以被冒名者的職業、學經歷，甚至有無前科素行，作為審酌標準而決定是否聲請簡易判決處刑，故不能直接認為檢察官聲請時所指被告，即係冒名者。見陳運財，被告之特定，台灣法學雜誌，第43期，頁146。

[28] 不過，最高法院97年度台非字第537號判決，仍認為在警詢中冒用他人姓名應訊，且檢察官未實施偵查訊問時，僅得依聲請書所載，認被冒用之人（而非真正行為人）為請求確定刑罰權範圍之被告。

為，以為認定聲請簡易判決處刑書所指被告為何人此一前提後，次所應考量者，即在〈設例5-1〉至〈設例5-3〉等案例，有無標準可為判斷。

就此，本文認為，從併用說的立場來看，既然無從以檢察官聲請簡易判決處刑書上的記載特定被告為何人，則在簡易庭法官已有傳喚「被告」到庭的前提下，當以實際以被告身分出庭之人，為聲請簡易判決處刑書所指之被告。

從而，在〈設例5-2〉的情形，簡易庭法官已傳喚被冒名的某A到庭，某A亦以被告身分應訊，並自稱遭冒名之情。若簡易庭法官查明確實如此，即應以被告仍為被冒名的某A為由，依刑訴法第451條之1第4項第3款的規定，簽請將全案改分通常程序辦理。縱使之後訴訟進行中，冒名的某B到場並坦承冒名一事，為維被告恆定原則及程序安定性，既然已特定到場的被冒名者某A為被告，縱使查明為某B冒名，仍不應允許檢察官更正被告為冒名的某B，並應於判決被冒名的某A無罪後，移送冒名的某B予檢察官偵辦[29]。

同理，在〈設例5-3〉的情形，實際到庭之人既為冒名的某B，即應認為檢察官聲請簡易判決處刑書所指被告為冒名的某B。簡易庭法官若在訊問程序中發覺此一冒名之情，應依刑訴法第451條之1第4項第4款的規定，簽請將全案改分通常程序辦理。若未予察覺仍依簡易程序判決，為維被告恆定原則及程序安定性，如前所述，應認法院的判決效力，僅及於冒名者的某B，是僅冒名者某B有上訴權。當然，法院不論於何階段（甚至判決確定、執行完畢後）發覺冒名之情，均如前述應予裁定更正被告姓名。

三、簡易庭法官未傳喚被告到庭之情形

〈設例6-1〉：某B涉犯竊盜罪（非現行犯），其於警詢、偵查中到場接受詢問、訊問時，均自稱為某A且承認犯罪。檢察官偵查後，認事證明確，且案情輕微，遂以被告為某A為名，將某A聲請簡易判決處刑。簡易

---

[29] 惟有認為冒名的某B方是檢察官所指被告之人，故法院應對冒名的某B裁判，而非對被冒名的某A裁判。見林俊益，刑事被告之認定，月旦法學雜誌，第30期，1997年11月，頁16-17。

庭法官認事證明確，未為訊問，即判處被冒名的某A有罪。

〈設例6-2〉：承〈設例6-1〉，簡易庭法官判決被冒名的某A有罪後，某A收受判決時，始驚覺遭人冒名，遂提起上訴。二審法院該如何處理此一上訴案件？

〈設例6-3〉：承〈設例6-1〉，簡易庭法官判決被冒名的某A有罪確定後，冒名者某B仍冒被冒名者某A之名入監執行。

(一) 日本實務及學者之見解

關於簡易程序案件，被告並未在押，也未經簡易庭法官訊問即為判決的情形下，究竟應認定何人為被告？

如前所述，日本最高裁判所在最決昭50.5.30的判決中，認為在此等情形下，從併用說的角度，應採取表示說，以檢察官聲請書所載之被冒名者某A為被告。其主要的理由，略以在簡易程序中，並沒有如同通常程序一般確定被告的慎重手續，而是專以書面資料上所特定的被告為裁判。裁判形成過程中，原則上也不會有被告出庭，從外觀上很難說冒名的某B有以被告身分行動。此外，檢察官雖然因為相信聲請簡易判決處刑書上所載的被告某A，與真實的被告（即冒名者某B）是同一人。但，「某A」此一姓名，並非只是單純某B的別稱或實際上不存在的人，且冒名的某B也未在押，所以無從認為聲請書與法院判決書上的「某A」就是冒名的某B；也不應允許更正檢察官聲請簡易判決處刑書上所指的被告姓名[30]。

至於日本學者，則多贊同日本最高裁判所之見解，認為在簡易判決程序中，既未有被告出庭，則應以檢察官聲請簡易判決處刑書上所載之人（即被冒名的某A），為檢察官起訴及法院判決之對象[31、32]。至於被冒名

---

[30]　日本最高裁判所最決昭50.5.30刑集29卷5號，頁360。引自三井誠，判例教材刑事訴訟法，東京大學出版社，2011年2月4版，頁363-364。

[31]　水谷規男，被告人の確定，收錄於刑事訴訟法判例百選，有斐閣，2011年3月9版，頁113。長沼範良、田中開、寺崎嘉博，刑事訴訟法，有斐閣，2006年2月2版，頁163-165。

[32]　不過，也有認為冒名者某B既然從偵查到收受判決均有參與，最後卻貫徹表示說的

的某A，其所受的裁判效力，應由檢察官透過再審程序，予以救濟[33]。

(二) 我國實務見解部分

關此問題，我國實務理由見解不一，擇其要者分述如下：

1. 最高法院部分

該院前於91年度台非字第139號判決中，採取行動說的立場，認為檢察官聲請簡易判決處刑書的效力，主要仍是針對冒名的某B，所以冒名的某B才是法院審理的對象，法院也應對冒名的某B而非被冒名的某A審判（此案中，偵查中檢察官有傳喚冒名的某B到庭應訊，見台灣新竹地方法院檢察署90年度偵字第3593號聲請簡易判決處刑書）。

更特別的是，該院91年度台非字第76號案件中，冒名者某B是少年，被冒名者某A為成年人，該院仍採取行動說的立場，認為檢察官聲請簡易判決處刑書的效力，是針對冒名的某B，而冒名者某B是少年，未經少年事件處理法的先議程序，檢察官即將之聲請簡易判決處刑（年籍載為被冒名的某A），程序不合法，故撤銷原確定判決，並諭知「本件不受理」[34]。

該院後在97年度台非字第537號判決中，則改採表示說，認為行為人持他人身分證，在警詢中冒名應訊，而檢察官未實施偵查訊問即聲請簡易判決處刑之情形，因卷內無任何客觀上足資分辨其他犯罪嫌疑人的人別資料，所以法院所受請求確定刑罰權的被告，自應認為是被冒名的某A，而非真正行為人（即冒名的某B）。該院98年度台非字第67號判決，亦採同

見解，認為冒名的某B不是被告，未免過於形式主義。見光藤景皎，〈刑事訴訟法16〉他人の氏名を冒用して受けた略式命令の效力（判例サブノート），收錄於法学セミナーベストセレクション第244號，日本評論社，1975年10月，頁143。

[33] 水谷規男，被告人の確定，收錄於刑事訴訟法判例百選，有斐閣，2011年3月9版，頁113。

[34] 一般情形，上級審若撤銷下級審判決，並改諭知不受理時，當會區分為公訴或自訴程序，而分為「本件公訴不受理」或「本件自訴不受理」，鮮少會如本件僅諭知「本件不受理」。足見最高法院在為本件非常上訴判決時，當有一番思考（或許是因為本件冒名的某B是少年），方為此等諭知。

等見解。

2. 下級審部分

在桃園地院97年度交簡上第21號案件中，認為在偵查中，被冒名的某A未曾到庭，則在被告未在押的情形下，法院只能以表現在具有對外公示作用的聲請簡易判決處刑書上的記載為準繩。故認為檢察官聲請簡易判決處刑書上所載之被冒名被告某A，即為真正被告。

3. 高院座談會部分

高院座談會曾多次討論此一議題，分述如下：

在90年度法律座談會第42號中，多數研討意見從行動說的立場，認為實際上警詢、偵查中到庭應訊之人，既為冒名的某B，則法院審判的對象當然僅及於某B。從而，一審簡易庭判決後，被冒名的某A並無上訴權，其上訴不合法，應予駁回。至於原簡易庭，則應裁定更正判決書上被告姓名，由被冒名的某A，更正為冒名的某B。

在92年度法律座談會第26號中，多數研討意見改採表示說，認為偵查階段檢察官對對偵查對象的認知，僅存於檢察官內心，故法院應該以具有公示效力的聲請簡易判決處刑書為準繩，據以認定起訴及審理的對象。從而，認為檢察官起訴的對象，即為被冒名的某A而非冒名的某B。不過，本件是因為檢察官偵查中未曾傳喚被冒名的某A到場，且是一審簡易判決後，被冒名的某A於收受判決後，具狀提起上訴，並在簡上程序的二審出庭應訊，因此，該座談會結論，是否是為了解決現實上簡上案件（即二審案件）時，有實際出庭應訊的被冒名的某A，方為此等結論，仍有思考空間。

在97年度法律座談會第32號中，採取行動說的立場，認為冒名的某B既然是檢察官依照警詢資料，認為涉有重嫌而聲請簡易判決處刑，則應認冒名的某B方為檢察官聲請簡易判決處刑的對象。至於聲請簡易判決處刑書上的被告欄載為被冒名的某A，則僅須由法院更名即可。此例中，檢察官偵查中未曾傳喚冒名的某B應訊。

由前開我國實務見解可知，在此問題上，實務見解未見統一，且不僅上下級審間未統一見解；即便為同審級間，也常見歧異。而其不同見解

間，究竟是以何標準（檢察官有無偵查、是否是二審案件）為區別依據，亦未見一致性的立場。

(三) 我國學者部分

我國學者對此見解亦不一致，有採取行動說的立場，認為簡易程序中，法官是依照被告在偵查中的自白或其他現存證據而對被告處刑。法院雖在聲請簡易判決處刑書上載明被告為被冒名的某A，但全部卷證中，僅有冒名的某B的自白，而無被冒名的某A的自白，足認審判權的對象實際上為冒名的某B，自然應以冒名的某B為被告[35]。

亦有學者從併用說的立場，認為簡易程序中，是針對犯罪事實明確及科刑妥當的輕微案件，且原則上採用書面審查，故檢察官聲請簡易判決處刑書上的記載，更具有訴訟行為的表徵意義。冒名的誤植，在未經人別訊問的簡易程序中，往往無從獲得更正，縱使檢察官真的原意在追訴冒名的某B，然聲請簡易判決處刑書上，既載明被告是被冒名的某A，仍應認為實質上為被告之人，是被冒名的某A而非冒名的某B[36]。

(四) 本文之立場

刑事案件中，被告特定此一問題，在簡易程序，特別是簡易庭法官未曾開庭即終結程序此部分，最見棘手。其原因除了簡易庭法官是以書面審理為主外，簡易庭判決後被冒名的某A提起上訴，甚至判決確定執行後才發現冒名一事，均是影響法官決定被告特定此一問題的重要因素。

就此部分，誠如本文一再所述，有關被告特定之問題，必須採併用說的立場，依個案合理認定，而不為劃一的處理與認定；且應先考量「檢察官起訴所指之被告」究竟何人及「法院判決效力究竟應該及於何人」二大關鍵。

在「檢察官起訴所指之被告」究竟為何人部分。檢察官聲請簡易判

35　林俊益，刑事被告之認定，月旦法學雜誌，第30期，1997年11月，頁17。

36　陳運財，被告之特定，台灣法學雜誌，第43期，2003年2月，頁148-149。

決處刑時，如本文前述，形式上看起來雖然是以冒名的某B為對象，但案件經檢察官偵查後，認已達起訴門檻時，檢察官之所以選擇聲請簡易判決處刑而非起訴，主要是綜合了「犯罪事實輕微」（冒名者某B的行為）及「被告素行良好」（被冒名者某A的素行）等兩大因素，並非僅以「犯罪事實輕微」為唯一考量。從而，前開從行動說的角度，認為檢察官聲請簡易判決處刑書的對象，一定是警詢及（或）偵查中到庭的冒名者某B的見解，似乎仍有檢討的空間。

本文認為，簡易程序既然法官以不開庭之書面審理為原則，且檢察官是對被冒名者某A或冒名者某B聲請簡易判決處刑，也不是如此明確。從而，原則上應該以檢察官表徵於外的聲請簡易判決處刑書上的記載，認定為檢察官所起訴的對象。也就是認為檢察官是起訴被冒名的某A，而非冒名的某B。

從而，在〈設例6-1〉中，檢察官並不知道冒名者某B是冒用某A之名，而在偵查後，認為犯罪情節輕微，且某A素行良好，無嚴懲必要，遂以被告為某A為名，將某A聲請簡易判決處刑。此時，當認為檢察官起訴的對象確為聲請簡易判決處刑書上所載被冒名的某A，判決也應該對某A發生效力。且，若被冒名的某A收受一審簡易判決後，發覺有遭冒名之情，因判決效力仍對被冒名的某A發生效力，所以被冒名的某A提起上訴（設例6-2），其上訴為合法。二審法院審理後，應對被冒名的某A為實體判決；至於冒名者某B部分，則應另由檢察官依法偵查。

上開解釋，在冒名的某B未入監執行前，均無問題。判決確定前，得透過審級制度救濟；確定後，亦得透過利益於被告之再審程序救濟，以正確適用法律，使受法院判決效力所及的被冒名的某A，可以獲得無罪判決，並追訴冒名者某B的刑事責任。

成問題者，前開判決確定後，冒名的某B亦冒某A之名入監執行（即設例6-3），倘仍持前開見解，認為判決的效力僅及於被冒名的某A，豈不表示應先釋放冒名的某B，並對某B已執行部分為刑事補償，然後再由檢察官起訴冒名的某B，並待確定後，再對冒名的某B重新執行？

就此，本文認為，在未執行前，將訴訟程序及判決效力認為均僅及

於被冒名的某A，如前所述，並無不當之處。然在該案已經執行，冒名的某B仍續冒某A之名入監執行時，為維護程序安定，此時例外將判決的效力，解釋成只對冒名的某B發生效力（當然，此時仍應裁定更正判決書、聲請簡易判決處刑書上姓名的記載為冒名的某B），不使冒名的某B先就已執行的部分刑事補償，然後再追訴某B的刑責，當屬妥適的見解。此也正是本文一再說明有關被告特定之問題，必須採併用說的立場，依個案合理認定，而不為劃一的處理與認定的原因。

伍、結論

刑事程序中，本於不告不理的要求，特定被告是訴訟上必為的程序。

本文認為，有關被告特定之問題，必須採併用說的立場，依個案合理認定，而不為劃一的處理與認定；且應考量「檢察官起訴所指之被告」究竟何人，及「法院判決效力究竟應該及於何人」二大關鍵。

基此，在檢察官以通常程序起訴時：

一、如果冒名的某B起訴時在押，則縱使其冒名為冒A，檢察官起訴所指的被告，及法院判決效力，均僅及於冒名的某B而不及於被冒名的某A。

二、如果冒名的某B未在押，檢察官有對冒名者某B實施偵查，因為檢察官起訴的對象，很明顯地是其有實施偵查作為的冒名者某B，所以檢察官起訴所指的被告，及法院判決效力，同樣均僅及於冒名的某B而不及於被冒名的某A。

三、如果冒名者某B未在押，檢察官亦未對冒名者某B實施偵查，只能從「誰以被告身分來參與訴訟進行」的角度，為合理判斷。亦即，若實際到庭為訴訟行為之人為被冒名的某A，則以被冒名的某A為被告，並認其為判決發生效力的對象，應屬妥適。若實際到庭為訴訟行為之人為冒名的某B，法院亦實際對到庭冒名的某B為訴訟行為，則基於程序安定性，

當認為判決的效力只對某B生效,將來判決也僅能對某B執行;縱使一審判決後,被冒名的某A收到判決書始驚覺遭某B冒名,而提起上訴,法院亦不得認判決對被冒名的某A發生效力,而應駁回被冒名的某A之上訴,並如前述更正判決書上之姓名年籍後,重新送達判決書予冒名的某B即可。

在檢察官聲請簡易判決處刑時:

一、如果冒名的某B經檢察官聲請簡易判決處刑時在押,則同通常程序,檢察官聲請簡易判決處刑時所指的被告,及法院判決效力,均僅及於冒名的某B而不及於被冒名的某A。

二、如果冒名的某B經檢察官聲請簡易判決處刑時未在押,但簡易庭法官有傳喚被告到場時,當以實際以被告身分出庭之人,為所指之被告。亦即,若實際到場以被告身分應訊者為被冒名的某A,當以某A為檢察官聲請簡易判決處刑時所指的被告;若實際到場以被告身分應訊者為冒名的某B,則當以冒名的某B為檢察官聲請簡易判決處刑時所指的被告。

三、如果冒名的某B經檢察官聲請簡易判決處刑時未在押,簡易庭法官也未傳喚被告到場時,因簡易程序既然法官以不開庭之書面審理為原則,且本來檢察官是對被冒名者某A或冒名者某B聲請簡易判決處刑,也不是如此明確。從而,應以檢察官表徵於外的聲請簡易判決處刑書上的記載,認定為檢察官所起訴的對象。也就是認為檢察官是起訴被冒名的某A,而非冒名的某B。然在該案已經執行,冒名的某B仍續冒某A之名入監執行時,為維護程序安定,此時例外將判決的效力,解釋成只對冒名的某B發生效力。

參考文獻

一、中文

1. 林俊益，刑事被告之認定，月旦法學雜誌，第 30 期，1997 年 11 月。

2. 陳運財，被告之特定，台灣法學雜誌，第 43 期，2003 年 2 月。

3. 陳樸生，刑事訴訟法實務，自版，1999 年 2 版。

4. 黃朝義，刑事訴訟法，一品，2006 年初版。

二、日文

1. 三井誠，判例教材刑事訴訟法，東京大學出版社，2011 年 2 月 4 版。

2. 三井誠、酒卷匡，刑事訴訟法，有斐閣，2005 年 10 月 3 版。

3. 小林充，刑事訴訟法，立花書局，2006 年 4 月 3 版。

4. 水谷規男，被告人の確定，收錄於刑事訴訟法判例百選，有斐閣，2011 年 3 月 9 版。

5. 田淵浩二，刑事訴訟法：公判，收錄於法学セミナーベストセレクション第 609 號，日本評論社，2005 年 9 月。

6. 寺崎嘉博，刑事訴訟法，成文堂，2007 年 7 月補訂版。

7. 光藤景皎，〈刑事訴訟法 16〉他人の氏名を冒用して受けた略式命令の効力（判例サブノート），收錄於法学セミナーベストセレクション第 244 號，日本評論社，1975 年 10 月。

8. 長沼範良、田中開、寺崎嘉博，刑事訴訟法，有斐閣，2006 年 2 月 2 版。

14
判決確定與確定判決之探討

劉秉鈞[*]

祝壽文

壽星廖老師在台大求學時期即通過法律人夢寐以求的司法官特考，傑出的成就，傳頌到筆者求學的木柵。廖老師於主持調查局、擔任法務部長時，剛正不阿的堅毅風格，更為法律人立下不朽的典範。廖老師卸任公職之後，任教於文化大學，目前更是文大與銘傳兩校共聘的講座級教授，筆者有幸在兩校與廖老師一同任教，學生們對於廖老師學識、經驗的傳授、解惑，咸感獲益良多。廖老師擔任兩個基金會的理事長，除致於兩岸法學、宗教與文化的交流外，協助大陸法治建設的貢獻至大，2011年底大陸刑事訴訟法重大修正，廖老師帶領台灣學界及實務界專家約十名，前往北京與中國政法大學合辦該次修法草案的研討會，對於兩岸和平發展貢獻厥偉。欣逢廖老師古稀大壽，特撰本文共襄祝賀之意。祝願　老師萬壽無疆！

[*] 政治大學法學博士、銘傳大學財金法律學系教授兼系主任。

目　次

壹、前言

　　裁判係法院的訴訟行為，各國刑事訴訟設置審級救濟制度之目的，不外為救濟裁判錯誤，確保司法裁判之正確性，以追求真實發現之目標。另外，從抑制司法之專擅，保障人民之訴訟權而言，亦可達成公平法院與保障基本人權之憲法使命。

　　刑事訴訟本於控訴原則，無訴即無裁判，法院基於不告不理原則，不得就未經起訴之犯罪審判，且對於曾經判決確定者，依一事不再理原則，亦不得再行起訴。但嚴謹而言，裁定係法院對應「聲請」所為之意思

表示，而判決則是對應「訴」之意思表示，在司法形式性之要求下，因為「訴」是提起人（公訴人或自訴人）請求法院對被告實施刑罰權之意思表示，實施結果，被告之基本人權可能遭受嚴重的剝奪或限制。為擔保刑罰權實施之公平、公正，先進法治國家，無不在憲法中明定正當法律程序原則，透過在程序的形式上，要求以直接、言詞、辯論、公開的方式進行，建構嚴格的「司法形式」，以擔保刑事訴訟程序能真正保障基本人權與真實發現。

　　要求司法機關對於「訴的請求」，採取判決的程序即嚴格的形式。反之，對於一般的聲請，則不要求嚴格的形式，以裁定為之。主要乃因一般的聲請，對當事人權益之影響，較為輕微，基於比例原則，法律並未要求法院依嚴格的程序實施。判決確定之後，雖然通常救濟程序已窮，惟對於錯誤或違法的判決，縱於通常救濟程序已窮之後，仍設置非常救濟的管道。在我國容許依非常程序救濟的客體，有基於「審判違背法令者」、有基於「認定事實與真實不符者」、有基於「所適用之法律違憲者」。非常救濟程序之管道分成非常上訴、再審與請求大法官會議解釋，無論何者，聲請救濟都必須在案件經司法裁判確定之後。在實務上，經常發生將「判決確定」與「確定判決」觀念混淆的現象。本文為免探討客體過於廣泛，將問題聚焦於「確定判決」與「判決確定」兩個觀念的澄清。至於偵查終結不為起訴（含不起訴與緩起訴）處分，其確定之效力問題，因制度追求之目的與裁判不同，不在本文探討範圍。

貳、判決確定與確定判決之判斷

　　在我國刑法與刑事訴訟法中，不乏使用到「裁判確定」（例如刑法§51）、「判決確定」（例如刑訴§302①、§420、§441）、「確定判決」（例如刑訴§254、§447）等之用語，但意義為何並非一目了然，有待闡釋。一般而言，裁判確定指的是當事人對於爭執的事項，於下級法院裁判之後，已無通常的救濟管道而言。著重在該案件當事人依法定審級制度，

請求司法審判機關救濟的途徑已窮盡，當事人任何一方或利害關係人，都必須接受此一審判結果。而確定裁判則指，該案件在歷經不同審級法院審理判決，最後具有實質拘束力的裁判而言。前者係指案件的程序已確定終了；後者則指該案件具有實質法律效果的判決。依蔡墩銘教授所言：「裁判內容達於不可變更之狀態時，謂之裁判之確定，倘法院尚可變更自己所為之裁判，或案件已經上訴或抗告者，均不得謂為裁判確定。裁判之確定為裁判發生其應有效力之前提，故裁判之確定與裁判之確定力（Rechtskraft）有異，不可混為一談。」[1]

一、判決確定之判斷

判決確定指案件經法院以裁判之方式作成終局裁判之後，對該判決已無法以通常救濟程序予以撤銷或變更而言。一般說來，裁判確定從廣義而言，指案件之程序確定的終結，而導致案件程序確定終結的原因有兩種類別，即裁判與非裁判。裁判包括裁定、判決在內；非裁判包括撤回（起訴、自訴、上訴）、未上訴等。以下僅就與本文主題相關之部分討論。

(一) 得上訴之案件

1. 未經上訴

上訴制度之設計，一則為保障人民之訴訟權，一則為監督司法權行使之正確、正當、適當，故限制得上訴案件之範圍、上訴權人之範圍與上訴之法定程式。對於得上訴之案件，所有上訴權人均未聲請上訴之情形，除法律規定職權送上訴案件（刑訴§344Ⅴ），刑事訴訟法擬制成被告為自己之利益提起上訴（§344Ⅵ）外，案件於上訴期間屆滿時即告確定。該得聲明不服而未聲請上訴之判決，即為確定判決。

2. 上訴不合法

刑事訴訟法基於保障人民訴訟權、制衡救濟司法權行使之錯誤、維護私法家庭倫理等目的之考量，設置上訴制度，除保障當事人之訴訟權外，並賦予與當事人有法律上特殊權利義務關係之當事人以外之人上訴權，此

---

[1]　蔡墩銘，刑事訴訟法概要，三民，1998年4月修訂初版，頁149-150。

等權利之核心與訴訟權無涉，無論何種上訴權，其權利之行使均非毫無限制。刑事訴訟法基於上訴權行使目的正當性、手段必要性與限制妥當性之考量，於第362條定有上訴合法性規定，違反合法性之規定者，除得可補正事項，於限期內補正完善者外，該上訴即非適法，其上訴將由原審法院以裁定（刑訴§362、§384），或由上訴審法院以判決（刑訴§367、§395）駁回，於駁回之裁判確定之後，案件之程序即告確定終結。此種情形之確定判決，指原審法院（即下級法院）之判決而言。例如上訴期滿，當事人逾期上訴，乃無法補正之事項，原審法院無庸命補正，應以裁定駁回上訴，終結上訴之聲請，此項裁定雖尚得救濟，但此乃普通「聲請」案件之救濟，屬抗告程序，非原來「訴」之判決的上訴救濟程序。迨上訴駁回裁定之救濟程序結束之後，全案即告判決確定，原審法院之判決即為確定判決。

　　上訴不合法之情形有上訴不合法律上程式、上訴為法律所不應准許、上訴權喪失三種，其中上訴為法律所不應准許、上訴權喪失二種，皆屬無從補正之事由，而不合法律上程式類型，則有得否補正之別。對於不合法上訴，無論無從命補正或得補正而未遵期補正之情形，原審法院應以裁定駁回上訴之聲請，上級法院則應以判決駁回上訴。對於上述情形，原審法院之判決何時確定？申言之，不合法之上訴有無阻斷判決確定之效力，涉及何時應將確定判決移送執行機關之合法性問題，實務上各法院對此問題處理之方式不一，應從立法解決。本文認為應分別觀之，以數罪併罰案件而言，一部不得上訴，上訴人就得上訴部分已合法上訴，並爭執不得上訴部分與得上訴部分有審判不可分關係時，其上訴有無理由，既屬上訴審審判範圍，則應依上訴審法院審理結果為準，上訴審法院審理結果，就不得上訴部分以上訴不合法駁回上訴，則該不得上訴部分，理論上應於原審法院判決宣示時即告確定。反之，如果上訴審法院認為上訴有理由，則應將原審判決諭知不得上訴部分一併撤銷發回更審。故對於上訴是否合法，應待上級審法院審理結果，始能判斷之情形，實不宜視為已判決確定，否則有侵害上訴權人上訴權之嫌，亦使先執行之確定判決，一旦被上級法院撤銷，將造成不可回復之侵害。

3. 捨棄上訴

刑事訴訟法第353條規定：「當事人得捨棄其上訴權。」其法律效果依同法第359條規定，捨棄上訴者喪失上訴權。此種情形，其他上訴權人之權利，如屬於固有權者，仍得上訴本不受影響，如屬於代理權性質者，其上訴權即無從依附而告喪失。案件經當事人及其他屬固有權性質之上訴權人皆捨棄上訴權時，因已無上訴權人，則案件即告確定，原審法院之終局判決即為確定判決。反之，其他上訴權人已聲請上訴者，則案件仍未確定。

4. 撤回上訴

刑事訴訟法第354條規定：「上訴於判決前，得撤回之。案件經第三審法院發回原審法院，或發交與原審法院同級之他法院者，亦同。」其法律效果依同法第359條規定，撤回上訴者，喪失上訴權。因撤回上訴，限於提起上訴之人始得為之，其他屬固有權性質之上訴權人之上訴，並不受影響。案件經提起上訴之人撤回上訴時，對該撤回人而言，其上訴權即告喪失，即使仍在上訴之法定期間之內，亦不得再行上訴，此乃禁反言法理之當然解釋，此時，若無其他上訴權人提起上訴，原審法院即無將案件移審之義務，案件之程序即告確定終結。由於撤回上訴在上級審法院判決前，均得為之，故在案卷移審前撤回上訴，原審法院即毋庸移審，如果已經移審，上級審法院因上訴人之撤回上訴，若無其他上訴人，則訴訟關係消滅，上級審法院毋庸為任何的裁判，案件之程序於撤回上訴時終了，下級審法院之判決，即為確定判決。

最高法院84年度第9次刑事庭會議，對於「被告經第一審為有罪判決後，於上訴期間內提起第二審上訴（檢察官或自訴人未於上訴期間內提起上訴），嗣於上訴期間屆滿後第二審判決前撤回上訴，則第一審判決何時確定？」之法律問題，提出二說，撤回上訴時說認為，被告上訴後，第一審判決即處於不確定狀況，至其撤回上訴時，因喪失其上訴權，始告確定，故應以撤回上訴日為判決確定之日。另原審上訴期滿時說認為，撤回上訴之效力，依刑事訴訟法第359條規定，僅喪失其上訴權，即不得再提起上訴而已。而被告於上訴期間屆滿後第二判決前撤回上訴者，與未上訴

同，業經司法院23年院字第1049號解釋有案。檢察官或自訴人既未於上訴期間內提起上訴，即應溯及第一審判決上訴期間屆滿日為確定之日。決議結論採取撤回上訴時說之見解。

從「上訴」此一訴訟行為之意義觀之，其本質係當事人（或其他上訴權人）對原判決聲請不服之意思表示，其合法與否，應由原審法院審查裁定，申言之，上訴聲請包含在案件審級制度之內，係基於正當法律程序之理念而設計，與本案之訴訟程序不可分，故一旦有上訴聲請之提出，在原審法院對於上訴聲請合法性之審查駁回確定之前，或認為合法而移審，於上級法院就上訴審之訴訟終結之前，本案之程序即不能認為確定。前開決議之見解當屬可採。

(二) 不得上訴之案件

依刑事訴訟法規定，刑事判決不得上訴之情形，包括：第376條、第437條第3項、第455條之1第2項、第455條之10。

1. 「訴」字案件，經最高法院駁回上訴

刑事訴訟在三級三審之制度設計下，最高法院係終審法院，案件經終審法院駁回上訴，全案之通常救濟程序已窮盡，雖尚有非常救濟程序，但在案件之通常救濟程序而言，案件經最高法院判決駁回上訴經對外公告時，即告確定。惟確定判決為何，應視最高法院以上訴不合法或上訴無理由駁回而定。以上訴無理由駁回者，確定判決固為最高法院之判決，但以上訴不合法駁回上訴之情形，意即最高法院未對於案件之實體為審理，故確定判決乃下級法院之實體判決。

2. 「易」字案件，經高等法院撤銷改判或駁回上訴

「易」字案件指刑事訴訟法第376條規定不得上訴第三審之案件而言，此等案件，除與得上訴第三審案件合併審理，第三審法院對於得上訴第三審且已上訴之案件部分，認為上訴合法且有理由，如認為原審判決不得上訴第三審案件部分，與撤銷發回部分有審判不可分關係時，一併撤銷發回之外。不得上訴第三審案件，於第二審法院判決宣示（不經言詞辯論之判決於送達）時，判決確定，其第二審之判決即為確定判決，當事人縱

對之提起第三審上訴，仍屬對於確定之判決提起上訴，原審法院應就上訴
人之上訴，以裁定駁回，不因其提起不合法之上訴，而改變判決確定時點
之認定，此與得上訴之案件，上訴不合法經駁回上訴之情形有所不同，主
要乃因不得上訴案件判決確定之原因是法定的確定程序終結。原審或上級
審法院以裁判駁回上訴，屬確認性質之故。

3. 協商判決，經提起第二審上訴，高等法院駁回上訴

　　最高法院於103年度第11次刑事庭會議，就「（97年度刑議字第4號法
律問題提案）依刑事訴訟法第七編之一協商程序所為之科刑判決，在以同
法第455條之4第1項第1款、第2款、第4款、第6款、第7款所定情形之一，
或違反同條第2項之規定者，提起第二審上訴經判決後，是否得上訴於第
三審？」所提二說：甲說採肯定說；乙說採否定說。決議：採乙說。理
由謂：「協商判決之上訴，依第455條之11第1項規定，除本編有特別規定
外，準用第三編第一章及第二章之規定。既未準用第三編第三章關於第三
審之規定，依明示其一，排斥其他原則，協商判決應不得上訴於第三審。
況須有第455條之4第1項第1款、第2款、第4款、第6款、第7款情形之一，
或協商判決違反同條第2項之規定者，方許提起第二審上訴。其中第455條
之4第1項第3款、第5款所定協商之合意顯有不當或失公平，及法院認定之
事實顯與協商合意之事實不符者，即涉及事實認定與量刑之職權裁量，為
絕對不得上訴事項，無非在求裁判之迅速確定，而第二審則不涉此認定。
加以同條第2項規定，協商判決例外可以上訴者，第二審法院之調查以上
訴理由所指摘之事項為限，為事後審，非一般之覆審制，亦非續審制，第
二審縱認上訴為有理由，依同條第3項規定，亦僅能撤銷發回，不自為審
判，其功能及構造幾與第三審同，自無再許提起第三審上訴之必要。蓋現
行法增訂協商程序，立法目的乃因採改良式當事人進行主義制度後，第一
審原則上採合議制，並行交互詰問，對有限之司法資源造成重大負荷，則
對無爭執之非重罪案件，宜明案速判，以資配合，故原則上限制上訴，並
在上訴審之第二審定為事後審，排除第三審上訴程序之適用甚明。」質言
之：第一審為協商判決，經提起第二審上訴，如果上訴有理由，協商判決
經撤銷則回到原來之程序繼續進行，案件尚未確定。如果上訴經駁回，依

上開最高法院決議，第二審上訴駁回之判決，不得再上訴第三審法院，則第一審之協商判決即成為確定判決。

上開決議雖說明了何者為確定判決，但並未說明該協商案件何時判決確定，本文認為，協商程序之設計，仍保留了上訴制度，只是限制了上訴理由，其性質如同提起第三審上訴採上訴理由制一般。第三審法院以上訴不合法駁回上訴，確定判決乃高等法院之實體判決，第三法院以上訴無理由駁回上訴，則確定判決為第三審法院之判決。事實上，在制度的設計上第三審法院係法律審，不涉及事實之調查審認，故提起第三審上訴，非以原判決違背法令為由不得為之（刑訴§377），而所謂判決違背法令，刑事訴訟法復定有法律解釋，專指判決不適用法則或適用不當為限（刑訴§378），是以上訴權人提起第三審上訴，已具體指摘原判決有不適用法則或適用不當之情形時，其提起第三審上訴已符合形式要件，第二審法院無權審查實質內容，而有移審義務，第三審法院對於合法移審之上訴案件，對於上訴人之上訴理由，即應為實質審認，縱認其不符合刑事訴訟法第378條之違背法令情形，亦僅能以上訴無理由駁回，惟目前實務絕大多數之第三審上訴，於審理上訴理由時，審理結果仍以上訴不合法之方式，駁回上訴，使第二審判決作為確定判決，如此一來，非常上訴的客體即為第二審判決，第三審法院之判決將可免於受到檢察總長非常上訴之監督，讓人民感覺第三審法院沒有擔當，而有規避責任之感。總之，本文認為協商判決並非絕對不得上訴，故對於第一審法院以協商判決之案件，第二審法院以上訴無理由駁回上訴時，對於該第二審法院之判決不得再上訴，該協商判決之案件，當以第二審法院駁回上訴（宣示或送達）時，程序確定終了。

4. 「簡」字案件，經簡易庭於檢察官求刑且被告同意範圍內所為之判決

刑事訴訟法第455條之1第2項規定：「依第451條之1之請求所為之科刑判決，不得上訴。」解釋上本條之適用範圍，包括由檢察官依職權主動提出，即檢察官審酌案件情節，認為宜以簡易判決處刑，而聲請簡易處刑之案件（§449Ⅰ、§451Ⅰ），簡易庭對於被告在偵查中自白者，並向檢

察官表示願受科刑之範圍或願意接受緩刑之宣告，經檢察官同意，而記明
筆錄時，檢察官得以被告之表示為基礎，向法院求刑或為緩刑宣告請求之
情形；並包括簡易程序之啟動，係被告於偵查中自白者，而聲請檢察官向
法院聲請以簡易判決處刑（§450Ⅳ）；以及由法院於檢察官依通常程序起
訴，經被告自白犯罪，法院認為宜以簡易判決處刑者，得不經通常審判程
序，逕以簡易判決處刑之案件（§449Ⅱ），與被告在偵查中未向檢察官表
示願受科刑之範圍或願意接受緩刑之宣告，在審判中始向法院為之，檢察
官依被告之表示向法院求刑或請求為緩刑宣告（§451-1Ⅲ）之情形。只要
簡易庭在檢察官求刑且被告同意之範圍內所為之簡易判決，均不得上訴。
此種情形，案件於判決宣示時或未宣示者於判決送達時確定，該第一審法
院簡易庭依簡易程序所為之簡易判決即為確定判決。

5. 「簡上」案件，地方法院合議庭依簡易程序所為第二審判決

　　刑事訴訟法對於第二審上訴、第三審上訴分別設有事務管轄之明
文。其中第455條之1第1項規定：「對於簡易判決有不服者，得上訴於管
轄之第二審地方法院合議庭。」同條第3項並明定：「第1項之上訴，準用
第三編第一章及第二章除第361條外之規定。」亦即排除第361條：「不服
地方法院之第一審判決而上訴者，應向管轄第二審之高等法院為之。」之
準用。第375條規定：「不服高等法院之第二審或第一審判決而上訴者，
應向最高法院為之。」[2]申言之，簡易程序之審級救濟制度，係採取由地

2　民國92年11月26日台灣高等法院暨所屬法院92年法律座談會刑事類提案第30號：
　　法律問題：民國90年1月12日刑法第41條修正後，最重本刑為五年以下有期徒刑以
　　下之刑之罪，如判處六月以下有期徒刑，得以簡易處刑為之。某甲犯刑法第210條
　　偽造私文書罪（屬刑法第41條第1項規定之罪，為刑事訴訟法第376條以外之罪，得
　　上訴第三審之罪），經法院以簡易判決處刑，上訴第二審地方法院合議庭，判決上
　　訴駁回，試問：某甲是否得上訴第三審？
　　審查意見：採甲說不得上訴第三審。
　　一、刑事訴訟法第455條之1第3項規定，關於簡易判決之上訴，僅規定準用第三編
　　第一章及第二章第二審上訴之規定，未有準用第三審之相關規定，解釋上似乎係
　　以第二審之地方法院合議庭為終審法院。二、刑事訴訟法第375條第1項規定，不服
　　「高等法院」之第二審或第一審判決而上訴者，應向最高法院為之。而簡易判決處
　　刑之第二審法院係「地方法院合議庭」，非「高等法院」之判決，技術上無法上訴
　　最高法院。

方法院一級兩審制，由簡易庭管轄第一審程序，由合議庭管轄簡易程序之第二審上訴，對於經地方法院依審理之簡易案件之第二審判決，即不得再上訴第三審而告確定。因此，地方法院合議庭係以上訴不合法駁回上訴時，應以第一審之簡易判決為確定判決。地方法院合議庭依第二審程序所為之判決，除因第一審法院不得行簡易程序而撤銷第一審判決，回復通常審判程序自為第一審判決之情形外，無論是駁回上訴，維持原判決，或撤銷第一審判決，依簡易程序為第二審判決，該第二審判決是為確定判決。

　　地方法院合議庭所管轄簡易程序第二審上訴案件，其上訴不合法而確定者，應以第一審之簡易判決為確定判決。如果案件依法不得依簡易程序行簡易判決，管轄第二審之地方法院合議庭應撤銷簡易判決，回復通常審判程序，自為第一審判決，此種情形，簡易程序既經撤銷，即應回復通常審判程序，則案件是否判決確定，應依通常審判程序規定判斷。地方法院合議庭依簡易程序為第二審之審理結果，無論駁回上訴，維持第一審之簡易判決，或撤銷改判，案件均告確定，因地方法院合議庭係進行事實審之審理，故地方法院合議庭之第二審判決為確定判決。只是第二審係駁回上訴之情形，其確定判決係將第一審之簡易判決作為其判決內容，故第一審判決仍構成確定判決的一部分，自不待言。

　　6. 刑事訴訟法第437條第3項規定，對於為受判決人利益聲請再審之案件，無論是受判決人死亡後為其利益而聲請，或受判決人於再審判決前死亡之情形，對該再審案件之判決，均不得上訴，意即該判決於宣示時，全案即告確定，同時該判決即為確定判決。

　　7. 依妥速審判法第8條規定：「案件自第一審繫屬日起已逾六年且經最高法院第三次以上發回後，第二審法院更審維持第一審所為無罪判決，或其所為無罪之更審判決，如於更審前曾經同審級法院為二次以上無罪判決者，不得上訴於最高法院。」申言之，案件符合(1)第一審繫屬日起已逾六年；(2)經最高法院第三次以上發回；(3)第二審法院更審（含再審[3]）維持第一審所為無罪判決三項要件者，對於該案件之無罪判決不得上訴。

3　台灣高等法院104年度再字第3號判決。

該判決於宣示時確定,該無罪判決即為確定判決。

二、確定判決之判斷

案件於判決確定時,因判決之種類不同,將發生何者始為確定判決之疑義問題。判斷確定判決之實益,在於何者為執行之依據,以及非常救濟程序(再審、非常上訴)之客體為何?甚至主張判決所適用之法律違憲聲請大法官會議解釋,標的為何?申言之,案件經上級審法院判決駁回上訴,駁回之理由,有因上訴不合法者;有因上訴無理由者。即使上級法院撤銷原判決,亦有自為判決、發回、發交者;甚至因屬無效判決(例如無訴而為裁判),單純將下級法院之判決撤銷之情形。為集中焦點,以下僅探討作為執行之依據,以及非常救濟程序客體之確定判決,並以實體判決為主。

(一)一審法院之判決未經上訴

在審級制度設計下,第一審法院之判決,在未經上訴之前,乃唯一之判決,既屬國家司法權之行使,自有其效力。其屬一審定讞之判決,因不得上訴,該判決即為確定判決,固毋論;得上訴之判決若未經上訴,則案件之程序於第一審即告確定終了,第一審判決即成為確定判決,亦屬當然。

(二)一審法院判決經上訴後,上級法院駁回上訴

對於下級審法院之判決不服提起上訴,移審後,經上級法院駁回上訴者,部分原因係因上訴不合法,部分係上訴無理由。前者因案件雖經移審,但實質上並未進入案件之實體審理,換言之,上級審法院於案件繫屬後,本於先程序後實體原則,程序部分優先審理之事項,為上訴人提起上訴之程序,如果聲請不合法,自無庸進行第二審之本案的審理程序,只需於程序上終結第二審之繫屬即可,第二審之判決僅屬程序判決。此種情形,無論第一審判決為形式判決或實體判決,確定判決均為第一審判決。如果上訴合法,上級法院即進入上訴理由之審認,此時若第一審之判決

為程序判決，第二審法院審理結果，認為上訴人之上訴無理由，當駁回上訴，此種情形結論係維持第一審判決，即以第一審之形式判決，作為其判決之內容，故確定判決為第二審判決。

如果第一審法院為實體的有罪或無罪之判決，上訴人提起上訴之後，第二審法院進行本案的實體審理，審理結果與第一審相同，且第一審審判並無任何違背法令之處，即應駁回上訴，此種情形，確定判決本屬第二審判決，但因其主文係上訴駁回，故確定判決之主文，仍應求諸於第一審判決所載，造成確定判決須由第一審判決與第二審判決共同組成之現象。形成此種現象，主要原因在於我國刑事訴訟之第二審上訴，並非「純覆審制」之故，此固可減弱輕視第一審之現象，但對於確定判決效力範圍判斷之疑義，滋生困擾。

(三)下級法院判決經上訴後，上級法院撤銷改判

審級制度設置目的之一，乃在於救濟下級法院裁判之錯誤，故上級審法院審理結果，若認為上訴有理由，或即使上訴無理由，但上級審法院得依職權調查審理事項，審理結果認下級審法院有判決違背法令或審判違背法令之處，其違誤程度達應撤銷原判決之情形，即應撤銷原判決，至於撤銷之後，得自為判決之情形（刑訴§369Ⅰ前段、Ⅱ），一旦自為判決，該判決即取代了下級法院之判決，成為代表司法審理結果唯一的判決，案件程序如確定終了，則該判決即成為確定判決。

參、兩者法律效果之探討

裁判因宣示或送達而生效力，所稱效力究何所指？學者解釋方法不一。一般區分拘束力、確定力、執行力與證明力。黃東熊教授則區分實體面效力與程序面效力，實體面效力指執行力與拘束力，程序面效力指形式

確定力與既判力。[4]德國學者Roxin教授則將判決之效力區分為形式確定力（formelle Rechtskraft）、實質確定力（materielle Rechtskraft）與兩者皆無的不重要裁判（Weder formelle noch materielle Rechtskraft unbeachtlicher Entscheidungen）。並以形式確定力指一裁判在同一訴訟程序中，具終結的效力，不得再聲明不服而言[5]。實質的確定力指「一事不兩罰」（ne bis in dem）而言，此又等同於「一案不兩訴」（bis de eadem re ne sit actio）[6]。

判決確定與確定判決，兩者並非一事，其概念各有所指。由於案件之通常審級救濟程序已窮，不得再聲明不服時，該案件之法定程序即告終結，稱為判決確定。但因程序終結之情形、原因多樣，導致該案具有實質內容之裁判與造成判決確定之原因未必一致，以及該裁判效力之範圍，不得不予辨明釐清。對於兩者在法律效果上之差異，從判決確定力之分析上，得予辨明，從而進行後續之法律程序。本文就裁判效力之探討，拋開傳統上分類之方法，而就判決確定之概念著重於判決形式的確定力，亦即判決確定所產生拘束力之探討，並將確定判決之效力著眼於實質的確定力。

一、判決確定之形式效力——形式的確定力

刑事訴訟採彈劾式的結構，基於不告不理原則，法院處於被動的地位，於訴訟繫屬於法院之後，產生訴訟法律關係，法院始有審理之權利義務，需至裁判之後，此項訴訟狀態方告解除。法院對於訴訟案件欲為有罪、無罪之實體判決，在正當法律程序之制度設計下，設有諸多為實體裁判之前提要件，稱之為訴訟條件，此項條件在法院為實體裁判之前，必須始終具備，不僅於起訴之時必須滿足，即使起訴時具備，但在訴訟進行中，產生變化成為不具備時，法院仍不得為實體裁判，此種程序事項，法

---

[4] 黃朝義，刑事訴訟法，新學林，2013年4月3版，頁591。

[5] Roxin/Schünemann, Strafverfahrensrecht, 27. Auflage, Verlag C. H. Beck München 2012, S.436.

[6] a.a.O., S.437.

院必須隨時注意，且不待當事人主張，應依職權而為調查。一旦發現有欠缺，即應視其是否可補正，如屬可補正事項，應限期命補正之外，其未遵期補正或無從命補正事項，即應適時為裁判，終止訴訟。此類單純因程序事由，訴訟無從繼續進行所作的終止程序之裁判，因不涉及刑罰權實施之具體事實之確認，學理上對於此等不涉及犯罪事實，亦即與刑罰權實施對象之裁判，稱之為形式裁判，自不生實質的確定力。此類判決包括管轄錯誤（刑訴§304）、不受理（§303、§334、§161Ⅳ）兩種，至於免訴判決（§302）是否屬形式判決，學說上有單純形式裁判說、實體關係之形式判決說、實體判決說，以及實體判決與形式判決二元說之爭。陳樸生大法官拋開主張，「一般以免訴判決各款所列情形，係欠缺實體的訴訟條件，雖無從為實體判決，但其效力與實體判決同，亦即具有實質的確定力。……免訴判決之本質，具有實體性，與實體判決同其效力，乃稱不受理或管轄錯誤之形式判決為非本案判決。稱實體判決（有罪、無罪）及免訴之形式裁判，為本案判決，以資區別。」[7]

刑罰權之實施透過程序的進展，逐步形成，而程序的進展，訴訟行為又有形成程序的行為與形成實體的行為之別。得上訴之案件，原審法院之判決，並非於宣示或送達時即告確定，上訴程序係該案正當法律程序之一部分，上訴聲請一旦提出，即使原審判決是否確定，處於懸而未定的狀態，原審法院認上訴聲請不合法，以裁定駁回上訴，亦需待聲請案救濟程序用盡而未被撤銷，原審判決始成為確定判決。申言之，就原審法院而言，原來之判決係對於訴的意思表示，判決對外生效之後，繫屬於原審法院之「訴的」訴訟關係消滅，上訴係審級制度下，制衡法院司法權與保障人民訴訟權而設置，係「訴」的正當法律程序的構成部分。

判決作成一經對外生效，無論形式判決或實體判決，均發生拘束力，只是此項拘束力，在判決確定之前，仍有透過審級救濟程序變動的可能，待判決確定始告安定。裁判確定力一般區分為形式確定力與實質確定

---

[7] 陳樸生，刑事訴訟實務，自版，1999年6月2版，頁276。另參黃東熊，刑事訴訟法研究（第二冊），三民，1999年4月，頁28-42。

力,形式確定力指裁判的自縛力,或稱為不可變力,指刑事裁判一經宣示,即對外發生效力,法院不得自行撤銷。其次為拘束力,指在公訴事實同一性或單一性之範圍,裁判法院、當事人同受拘束。惟裁定與判決不同,裁定不經嚴格的程序,故法律上容許法院對於自己所為之裁定,事後認為不妥時,得自行撤銷,是為例外。至於判決之實質確定力,則指執行力與既判力而言,其內容較為複雜,容後敘述。至於檢察官偵查終結,為不起訴或緩起訴處分確定,亦非毫無法律效果,但是否與確定判決具有相同之實質確定力,雖值得研究,惟此非本文探討主題,不予贅述。

所謂形式確定力(formelle Rechtskraft),乃指當事人不得依通常救濟方法聲明不服而使浮動之訴訟就此確定之謂,於判決確定之時點同時產生確定判決之形式確定力。案件本身程序上繫屬於法院的關係終了,該案即告判決確定,最終的裁判效力發生。申言之,形式確定力不特本案判決所獨有,非本案判決及程序判決均具形式確定力。有疑義者乃無效判決是否亦具此效力?實務見解向認,無效判決乃訴訟關係尚未發生或業已消滅之判決,本於無訴即無裁判之基本原則,應認該判決具重大且明顯之瑕疵,絕對不生其本來效力,無待上訴或以其他方法而為救濟(92年度台非字第305號判決參照)。

以下以上訴聲請,上訴審法院處理錯誤,所產生之違法判決為例,探討無效判決之效力問題。實務就上開違法判決,一向以之作為無效判決之範例,區分誤合法上訴為不合法及誤不合法上訴為合法兩種情形加以處理,以下分述之:

(一)誤合法上訴爲不合法之情形

上級審法院誤合法上訴為不合法而於程序上誤予駁回之情形,就該無效之程序判決應如何處理,實務見解曾有爭議,民國21年9月8日司法院院字第790號解釋稱:「對於初判不服在法定期間內已有合法提起上訴,第二審法院誤為上訴逾期判決駁回,並進行覆判審之裁判,此種覆判裁判應歸於無效,其駁回上訴之確定判決,既屬違法,於依非常上訴程序撤銷後,仍由第二審進行上訴審審判。」明示有合法上訴誤為不合法,經駁回

上訴確定者，應以非常上訴作為途徑救濟。

　　惟最高法院25年上字第3231號判例謂：「被告因傷害致人於死，經地方法院判決後，原辦檢察官於2月13日接收判決書，同月15日已具聲明上訴片，到達該院，其上訴本未逾越法定期間，第二審法院審理時，因第一審漏將該片附卷呈送，致檢察官之合法上訴，無從發現，並以其所補具上訴理由書係在同年3月4日，遂認為上訴逾期，判決駁回，此種程序上之判決，本不發生實質的確定力，原檢察官之上訴並不因而失效，既據第一審法院首席檢察官於判決後發現，聲明上訴片係呈送卷宗時漏未附卷，將原片檢出呈報，則第二審法院自應仍就第一審檢察官之合法上訴進而為實體上之裁判。」依本判例意旨，該第二審法院駁回上訴之判決屬程序判決，不生實質確定力，檢察官原來合法之上訴仍屬有效，第二審法院仍有為實體審理之權利義務。申言之，對於被告不利益之合法上訴，原審法院誤認為不合法予以駁回之情形，依判例見解，無須就第二審法院駁回上訴之判決為任何救濟，即可繼續進行第二審上訴審的審理程序。

　　惟民國79年12月20日釋字第271號解釋，變更前開判例見解認為：「刑事訴訟程序中不利益於被告之合法上訴，上訴法院誤為不合法，而從程序上為駁回上訴之判決確定者，其判決固屬重大違背法令，惟既具有判決之形式，仍應先依非常上訴程序將該確定判決撤銷後，始得回復原訴訟程序，就合法上訴部分進行審判。否則即與憲法第8條第1項規定人民非依法定程序不得審問處罰之意旨不符。最高法院25年上字第3231號判例，於上開解釋範圍內，應不再援用。」認為不利於被告之合法上訴，上級審法院誤認為不合法，判決駁回上訴之程序判決仍有形式效力，判決確定後產生之形式確定力，應先予撤銷後，始得回復原來之程序進續進行。

　　上開解釋出爐之後，最高法院80年度第5次刑事庭會議提出討論，關於司法院大法官會議釋字第271號解釋，將25年上字第3231號判例變更後，本院審判上應如何適用？討論意見提出甲、乙二說：

甲說：

　　1. 刑事訴訟程序中上訴審法院，將合法之上訴，誤為不合法，而從程序上為駁回上訴之判決確定者，此種確定判決，既屬違法，應先依非常

上訴程序撤銷後，再就合法上訴進行審判，早經司法院院字第790號解釋在案；而所謂合法上訴，當與是否利益於被告無關，亦即不問是否利益於被告之合法上訴（利益於被告之上訴，例如被告本人、其法定代理人、配偶、原審代理人、辯護人及檢察官為被告利益之上訴等是，不利益於被告之上訴，如自訴人及檢察官對被告不利益之上訴是）均包括在內。

2. 司法院大法官會議釋字第271號解釋則明示刑事訴訟程序中不利益於被告之合法上訴，上訴法院誤為不合法，而從程序上為駁回上訴之判決確定者，其判決固屬重大違背法令，惟既具判決之形式，仍應先依非常上訴程序將該確定判決撤銷後，始得回復原訴訟程序，就合法上訴部分進行審判。足見此所謂之合法上訴，係指明為不利益於被告之合法上訴，與上述院字第790號解釋不問此項合法上訴是否利益於被告者，自不相同；否則，既有院字第790號解釋，又何待於釋字第271號解釋。

3. 因此，利益於被告之合法上訴，上訴法院誤為不合法而從程序上為駁回上訴之判決確定者，當不屬於釋字第271號解釋之範圍，仍應援用本院25年上字第3231號判例，亦即此種程序上判決，不發生實質上之確定力，毋庸先依非常上訴程序撤銷，可逕依合法之上訴，進行審判，徵諸釋字第271號解釋文末僅謂：「最高法院25年上字第3231號判例於上開解釋範圍內，應不再援用」，益覺明顯。

4. 若謂釋字第271號解釋文中所謂不利益於被告之合法上訴，似應包括利益於被告之合法上訴在內，則本解釋之不同意見書中，原即有：「以有利益或不利益於被告，而異其處理方式及效果，使判例仍得使用，不免自相矛盾」等語之記載，故釋字第271號解釋何以不包括利益於被告之合法上訴在內，要屬另一問題。

乙說：

1. 本院25年上字第3231號判例意旨，所謂檢察官上訴本未逾期，祇因第一審漏送原先檢察官聲明上訴書狀致第二審法院誤認上訴逾期而判決駁回，本院以此種程序上判決，本不發生實質的確定力，第二審法院自應仍就檢察官之合法上訴，再逕行為實體上之裁判云云。此判例在訴訟程序上之運用，本合乎訴訟經濟原則，保障檢察官訴訟權之合法行使，對被告

權益亦無利與不利之可言。

2. 茲大法官會議作成上開解釋，則以此種程序上判決既有重大違背法令之情形，雖不生效力，惟仍具有判決之形式，足使被告信賴其羈束力，依司法院院字第790號解釋在未經法定程序撤銷其判決前，自不得回復原訴訟程序，亦即應先依非常上訴程序將該確定判決撤銷後，始得就合法上訴部分進行審判。揆其意旨，足可避免有兩個判決（程序判決與實體判決）同時存在之情形，有一案雙重判決之嫌，損害被告對法院判決之信賴。

3. 經大法官會議此號解釋，爾後本院送達此種程序判決正本於當事人後，發見上訴本未逾期之上訴書狀（嗣後發現補具第三審上訴理由書情形亦同）。即應檢同該案卷通知原審檢察官依刑事訴訟法第442條之規定聲請檢察總長對上開程序判決提起非常上訴經撤銷後，本院始能進行，第三審實體之審判。

4. 非常上訴判決祇將違法之程序判決撤銷為已足，不發生不利於被告之改判問題，本院再就檢察官不利益於被告之合法上訴所為實體之判決，其結果縱或不利於被告，其效力仍及於被告。

5. 上開解釋因係就該判例對檢察官不利益於被告之合法上訴，誤為程序上上訴駁回之判決而為之解釋，基於該解釋之同一法理，設如對於被告為其利益之合法上訴，誤為駁回之程序上判決，亦應依非常上訴程序撤銷後，始得進行上訴審之實體判決，應無疑義。

6. 按之民事訴訟因誤以上訴逾期或未繳納裁判費所為駁回上訴之程序上裁定，現民事實務上對於此違法之裁定亦須由當事人依民事訴訟法第507條聲請再審經廢棄後，始另行分案進行第三審本案實體之審判。此後遇此情形，民刑事訴訟將可採取同一之處理程序。

最高法院採取甲說為結論，亦即採取區分該合法上訴是否利於被告而異其處理方式之立場，認為於不利益被告之合法上訴之情形，應循非常上訴途徑撤銷該無效之程序判決，反之於利益被告之合法上訴之情形，則仍依25年上字第3231號判例處理。此種區分方式，從保護被告訴訟權之角度觀之，固屬無可厚非，惟將司法裁判之形式效力作區分，將動搖法院裁

判效力的一致性，恐與法治國追求法的安定性之原則有違。將為被告利益提起之合法上訴，誤認為不合法予以駁回，如果尚未確定，本可依通常上訴程序救濟，如果已經判決確定，則下級審法院不利被告之判決成為確定判決，執行檢察官發現後，本得聲請檢察總長提起非常上訴救濟，使案件回復第二審上訴狀態，於非常上訴聲請案終結前，暫時停止執行，對於被告不至於產生不利益，實毋庸藉保護被告利益之名，將形式上已經確定終結之程序，在尚有非常上訴可資救濟的情況下，不依非常上訴程序救濟，視違法的確定判決為無物，犧牲掉司法確定判決之安定性，且是否應以非常上訴救濟，應視該判決是否已不得依通常程序聲明不服而定，亦即判決之拘束力是否已產生形式確定力為斷，不應以該上訴是否為被告利益提起而有別，上開決議以上訴是否利益被告為區別標準，異其處理方式並不妥適。況25年上字第3231號判例認為，程序判決不具實質確定力，毋須以非常上訴救濟之見解，更誤解非常上訴的適用範圍與制度設置之本旨。

本文主張，對於合法的上訴誤予駁回，在判決確定之前發現，既因判決之自縛力無法自行撤銷改判，但只要尚可依上訴程序救濟，自無容任其確定之理，不因該合法的上訴係為被告利益提起或為被告不利益提起而有別。該違法之確定的程序判決，雖無實體內容而不生實質確定力，但仍具宣示通常救濟途徑用罄確定的形式效力，是該確定程序判決自應透過非常上訴而為處理。否則依甲說之見解，誤合法上訴為不合法予以駁回之判決，即使在判決確定之前發現，亦毋須救濟，容任其至判決確定，亦屬無妨，殊非妥適。

(二)誤不合法上訴為合法之情形

案件經原審法院判決之後，雖經上訴人聲請上訴，其上訴不合法之型態不一，無論何種情形，本應由原審法院以裁定駁回上訴，原審法院誤予移審，上級審法院不察，未以上訴不合法駁回上訴，從程序上終結訴訟繫屬，其進入上訴審之審理所為之判決，自屬違法判決。以案件不得上訴之情形而言，案件於原審法院判決宣示或送達之後即告確定，原審法院之判決本為確定判決，惟因上級審法院誤將不合法之上訴，誤為合法，從而撤

銷原判決，使原判決形式上不復存在，而為撤銷後之新判決所取代，此種違法的新判決效力為何，如何救濟，實務亦有探討。

民國55年6月28日最高法院第4次民刑庭總會提案(7)，就「不得上訴於第三審之案件，如被告聲明上訴，本院誤將第二審法院之判決撤銷，發回更審，在法律上應發生何種效果？」討論意見有甲、乙二說：

甲說：不得上訴第三審之案件，經第二審法院判決後，即告確定，雖經最高法院誤為撤銷，仍不影響原判決確定之效力。

乙說：按違法判決，並非當然無效，最高法院既以判決將第二審法院判決撤銷，即足阻止確定，第二審法院應受其拘束，就原案更為審理。

決議：不得上訴第三審之案件，經第二審法院判決後，即告確定。被告聲明上訴，本院雖誤將第二審法院之判決撤銷，發回更審，仍不影響原判決確定之效力。（同甲說）

民國62年6月22日大法官會議，就上級法院就當事人不得聲明不服而提出不服之聲明，或未提出不服聲明之下級法院判決，誤予廢棄或發回問題，應如何救濟？作成釋字第135號解釋謂：「民刑事訴訟案件下級法院之判決，當事人不得聲明不服而提出不服之聲明或未提出不服之聲明而上級法院誤予廢棄或撤銷發回更審者，該項上級法院之判決及發回更審後之判決，均屬重大違背法令，固不生效力，惟既具有判決之形式，得分別依上訴、再審、非常上訴及其他法定程序辦理。」

本文認為，對於業已判決確定之案件，本應有確定判決存在，上級審法院誤認為尚未判決確定，未以程序判決終結訴訟關係，以致再作出新判決，此一新判決在未經撤銷之前，原來正當的確定判決，遭違法新判決撤銷而不生效力。上開最高法院決議，以後來之違法判決係無效判決，原確定判決之效力自不受影響，然何謂無效判決，學理上固與肯認，但無效判決之法律效果為何，是否必須救濟？如何救濟？未予救濟有何後果？不應毫無理由的以「仍不影響原判決」，一語帶過。本文贊同釋字第135號解釋，即使是無效判決，既具有判決之形式，即具有形式效力，換言之，該無效判決仍有是否判決確定之問題，亦即具有形式確定力之問題產生，在未判決確定之前，應依上訴救濟，如果已經判決確定，亦應依非常上訴途

徑予以撤銷，使司法裁判具體法的安定性得穩定。不宜遽認無效判決無任何之效力，蓋在無效判決尚未確定之前，非不得依上訴程序救濟，即使判決確定，亦仍有判決之形式存在，在未經撤銷之前，正當的確定判決，即受違法判決的無效判決形式效力之拘束，自應先將違法判決除去，使原審法院之判決顯現其當有確定判決之地位。

二、判決確定的實質效力——指確定判決之實質確定力

按大陸法系之刑法，係「行為刑法」，行為一旦經實體刑法評價為一罪，則在刑事訴訟法上僅得為一次訴追，即使在事後發現新事實、新證據，得為被告不利益啟動再審程序之法制，亦僅能以「再審」之名義，將已判決確定之程序「復活」，而不得「重行起訴」。惟所謂一行為僅受一次處罰事實上乃自實體刑法角度觀察，行為人主觀上之一個行為決意，原則上僅為一個行為，基於刑法禁止雙重評價、禁止過度評價之原則，遂認一行為該當多數構成要件應為最適切選擇之法條競合，或一行為觸犯數罪名之想像競合，或評價上僅該當一個構成要件行為而成立包括一罪之情形，均僅得為一次的非難處罰，依此建立法律上一罪僅得為一個處罰的基礎。本於刑罰之實施必須經由正當法律程序之憲法原則，一罪範圍內之犯罪事實，其刑罰權一旦被實施，則刑罰權即告消滅，則未在實施範圍內之犯罪，如再予訴追，將產生一罪兩罰之結果，從而刑法上之「一罪一罰」，在刑事訴訟上即產生「一罪不得為重複訴追」之效果。

然而，「一行為一罰」在單純一罪之情形，固無疑義，然而在「實質上一罪」、「裁判上一罪」之情形，對於「一行為」之法律判斷，即產生諸多爭議，特別是在「接續犯」、「集合犯」、「想像競合犯」之態樣，此類犯罪型態，在外觀上均有獨立之構成要件該當「行為」，在刑罰權單一之前提下，此類犯罪係由「數次」或「數個」行為所構成，在法律評價其為一罪，是以就此類犯罪之一部事實起訴，即受案件單一性原則之支配。申言之，其犯罪事實之一部經起訴者，效力及於全部。若犯罪事實之一部漏未被起訴，甚至發生在起訴之後，而法院僅就起訴書所載之「顯在性犯罪事實」為判決，對於未記載於判決書事實欄內之「潛在性犯罪事

實」，在何種情況下，受原確定判決效力之拘束。對於未受原確定判決調查審理，但實體上屬刑法刑罰權單一概念範圍之犯罪事實，一旦被重複起訴，即產生同一案件重行起訴之問題，如再受一次刑罰之宣告，無異於一罪兩罰。為免侵害人民自由權利，損及司法威信，應從程序上以「免訴」或「不受理」判決，終結訴訟關係。此涉及確定判決實質效力之探討，以下從「既判力之延展」與「既判力之擴張」，兩方面加以說明。

(一) 既判力的延展

犯罪事實具有接續性、繼續性或集合性（包括一罪）者，在實體上為一罪，在訴訟法上為同一訴訟客體，具有不可分性，故檢察官雖就其他犯罪事實之一部起訴，依刑事訴訟法第267條之規定，其效力及於全部，但效力及於全部之何一時點，自應予以界定，此即刑事既判力時之範圍，亦稱「既判力時的基準點」，或稱「既判力之延展」。關於「既判力時的基準點」見解，有下三說：

1. 判決確定說

既判力及於最後事實審判確定前之全部事實，此說重在實體關係，認為訴訟客體，應因判決確定始歸予消滅，實質上或裁判上之一罪其既判力及於判決確定時之全部事實。惟事實審法院自言詞辯論終結迄至宣示判決及文書送達並扣除在途期間與假日，判決之確定耗時費日，予犯罪者在判決確定前恣意續行其犯罪，而受一事不再理原則之庇護，有違社會正義。

2. 最後事實審理可能說

此說重在程序關係，即應以其全部事實是否有審理之可能為準，既有審理之可能雖未予審理，亦其判決效力之所及，此說又分為下列兩說：

(1) 辯論終結日

既判力及於最後事實審言詞辯論終結前所發生之事實，均在原事實審法院調查審判之範圍。故在言詞辯論終結後所發生之事實既非原事實審法院所能調查審判之範圍，自非原判決既判力所及。

(2) 宣示判決日

既判力及於最後審理事實法院宣示判決前所發生之事實，此說為實務

界所肯定，並以32年上字第2578號判例為標竿，該判例要旨：「刑事訴訟法第294條第1款規定，案件曾經判決確定者，應為免訴之判決，係以同一案件，已經法院為實體上之確定判決，該被告應否受刑事制裁，即因前次判決而確定，不能更為其他有罪或無罪之實體上裁判。此項原則，關於實質上一罪或裁判上一罪（如刑法§55、§56之犯罪），其一部事實已經判決確定者，對於構成一罪之其他部分，固亦均應適用，但此種情形，係因審判不可分之關係，在審理事實之法院，對於全部犯罪事實，按照刑事訴訟法第246條規定本應予以審判，故其確定判決之既判力，亦自應及於全部之犯罪事實，若在最後審理事實法院宣示判決後，始行發生，檢察官或自訴人如就此部發生之事實依法起訴，既不在曾經確定判決之範圍以內，即係另一犯罪問題，受訴法院仍應分別為有罪或無罪之實體上裁判，縱令檢察官或自訴人，係就前案事實與其後新發生之事實，誤認為實質上一罪或裁判上一罪，一併起訴，受訴法院除應將前確定判決既判力所及部分諭知免訴外，關於其後新發生之事實，並不在刑事訴訟法第294條第1款所載情形之列，非可一併免訴。」

　　以上各說，最高法院82年度第4次刑事庭會議決議採取宣示判決日說。理由謂：按刑事訴訟法第302條第1款規定，案件曾經判決確定者，應為免訴之判決，係以同一案件，已經法院為實體上之確定判決，該被告應否受刑事制裁，既因前次判決而確定，不能更為其他有罪或無罪之實體上裁判，此項原則，關於實質上一罪或裁判上一罪，其一部事實已經判決確定者，對於構成一罪之其他部分，固亦均應適用，但此種事實係因審判不可分之關係在審理事實之法院，就全部犯罪事實，依刑事訴訟法第267條規定，本應予以審判，故其確定判決之既判力自應及於全部之犯罪事實，惟若在最後審理事實法院宣示判決後始行發生之事實，既非該法院所得審判，即為該案判決之既判力所不能及（最高法院32年上字第2578號判例參照），是既判力對於時間效力之範圍應以最後審理事實法院之宣示判決日為判斷之標準，而上開判例稱「最後審理事實法院」而非謂「最後事實審」，顯然不限於二審判決，因而在未經上訴於二審法院之判決，亦屬相同，否則，如認判決在一審確定者，其既判力延伸至確定之時則於第一審

法院宣示判決後因被告逃匿無法送達延宕確定日期，在此期間，被告恣意以概括之犯意連續為同一罪名之犯行，而受免訴判決，其有違公平正義原則，實非確當（82年5月11日決議（一））。

96年度台非字第143號判決延續上開見解，認為：「本院按法律上一罪之案件，無論其為實質上一罪（接續犯、繼續犯、集合犯、結合犯、吸收犯、加重結果犯）或裁判上一罪（想像競合犯及刑法修正前之牽連犯、連續犯），在訴訟上均屬單一性案件，其刑罰權既僅一個，自不能分割為數個訴訟客體，縱僅就其一部分犯罪事實提起公訴或自訴，如構成犯罪，即與未起訴之其餘犯罪事實發生一部與全部之關係（即公訴不可分），法院對此單一不可分之整個犯罪事實，即應全部審判（即審判不可分）。而單一案件之一部犯罪事實曾經有罪判決確定者，其既判力自及於全部，其餘犯罪事實不受雙重追訴處罰（即一事不再理），否則應受免訴之判決。惟此公訴不可分、審判不可分及一事不再理等原則，皆以起訴部分之顯在事實構成犯罪，且與未起訴之其餘潛在事實間有判決之一部效力及於全部之關係為其前提，倘若被訴部分不構成犯罪，或雖構成犯罪，但與未起訴部分不發生一部效力及於全部之關係，法院即不得就未起訴部分之犯罪事實併予審究，該未經起訴之其餘犯罪事實自得另行追訴處罰，並無重行起訴之可言，法院即不得為不受理之諭知。再按判決應宣示之，但不經言詞辯論之判決，不在此限，刑事訴訟法第224條第1項定有明文。又裁判製作裁判書者，除有特別規定外，應以正本送達於當事人、代理人、辯護人及其受裁判之人，同法第227條第1項亦有明定。是裁判如經宣示者，於宣示時對外發生效力；如未經宣示、公告時，則於該裁判送達於當事人、代理人、辯護人或其他受裁判之人時，始對外發生裁判之效力。而經宣示之判決，於最後審理事實法院宣示判決後始行發生之事實，既非該法院所得審判，即為該案判決之既判力所不及，其既判力對於時間效力之範圍，應以最後審理事實法院之宣示判決日為判斷之標準，因而得上訴於高等法院之第一審刑事判決經宣示者，如未據上訴，其既判力之時點，固應至宣判之日；惟若第一審之確定判決，因未經言詞辯論，而未宣示及對外公告，即應以其正本最先送達於當事人之時，對外發生效力，而以之為該確定判決

既判力範圍之時點。」

(二)既判力的擴張

1. 實質上或裁判上一罪，在實體法上是一個罪，在訴訟法上是一個
   訴訟客體，無從分割，故此類犯罪，檢察官雖僅就犯罪事實之一
   部起訴，其效力及於全部（刑訴§267），視同全部經起訴，法院
   自得就全部犯罪為審判（§268）。依此，法院若漏未就潛在的未
   記載於起訴書之犯罪事實予以判決，將構成判決當然違背法令之
   事由（§379⑫）。若法院僅就顯在的起訴之犯罪事實為有罪判
   決，一旦判決確定，其效力將擴張及於潛在的未經起訴的全部犯
   罪事實，此即所謂既判力之擴張。

2. 實質上一罪或裁判上一罪，如犯罪事實之一部經無罪或免訴判決
   確定，其既判力是否及於其他未經起訴之犯罪事實？此可分為三
   種情形：

   (1)其行為為一個且為一罪者，例如，接續犯、繼續犯或加重結果
      犯，則基於一個行為之原理，一部無罪判決確定，其效力及於
      其他未經起訴之犯罪事實。民國30年12月30日院字第2271號解
      釋（三）：「自訴人自訴傷害，經判決被告無罪，確定後自訴
      人死亡，屍親復以自訴人係傷害致死，訴經檢察官偵查起訴，
      又判決被告無罪，二審檢察官對於第二次判決上訴，第二審自
      應依刑事訴訟法第361條第1項、第294條第1款改判免訴。」
      可參。即使傷害致死罪加重結果犯，因傷害與傷害致死係實質
      上一罪之犯罪類型，如傷害部經有罪判決確定，即不得再就傷
      害致死予以訴究，院字1513號解釋：「甲傷害乙之犯罪既經判
      決確定。嗣後乙雖因傷致病身死。仍為同一事實。應依刑事訴
      訟法第231條第1款。予以不起訴之處分。」可參（30年上字第
      2747號判例同旨）。

   (2)其行為為一個但滿足數個犯罪之構成要件，成立數罪之情形，
      例如，想像競合犯。關於此一問題，目前實務上採肯定說。最

高法院67年度第10次刑事庭庭推總會議決議：「某甲駕駛卡車不慎，撞倒由某乙駕駛後座搭載某丙之機車，致某乙與某丙均受輕傷。某乙告訴某甲過失傷害，經起訴並判決某甲無罪確定後，某丙又向同一法院告訴某甲過失傷害再經起訴，某甲撞倒機車致某乙與某丙受傷，係以一行為觸犯數罪名，其觸犯之數罪名之犯罪構成要件均屬相同，且係以一行為犯之，依據一行為僅應受一次審判之原則，其有無刑事責任，已因前一確定判決所為無罪之諭知而確定……。此後一起訴，參照28年滬上字第43號判例及院字第2271號解釋，應為免訴之判決，如仍為有罪之判決確定者，其判決顯屬違法」。惟陳樸生大法官持不同見解謂：「想像競合犯（刑法§55前段），雖係一行為，而其所犯者，本係數罪，其效力之所以及於全部，乃由於從一重處斷之結果，亦裁判上一罪之一種，……，其侵害法益各別（20年上字第1535號判例），其一部雖經諭知無罪，對於其他部分既不生審判不可分之關係，則其效力自不及於未經判決之其他部分。」[8]

(3)其行為為數個者，既與其他部分，並無結合、吸收等關係，即無審判不可分之關係，自非其既判力之所及，仍得對其他未經起訴之犯罪事實另行起訴。[9]例如，偽造有價證券進而行使之情形，如果兩者均成立犯罪，依行為高低度吸收關係，一部起訴效力及於全部，惟依吸收關係，只論以偽造有價證券罪。惟檢察官僅就偽造有價證券之犯罪事實起訴，法院就偽造有價證券罪諭知無罪之判決時，效力並不擴張及於行使偽造有價證券罪。

8　陳樸生，前揭書，頁282。

9　陳樸生，前揭書，頁283。

肆、疑義問題之探討

一、對於不合法繫屬之訴訟案件誤予判決

　　刑事訴訟本於不告不理原則，對於未受請求事項而予判決，構成判決當然違背法令之事由，一般稱「無訴而為裁判」，但對於不合法繫屬之訴訟，其形式外觀上存在著「訴」，本應區分其原因，於發現時，其因行政上原因誤予分案者，以行政簽結方式結案即可。如不符合行政簽結條件，則應為視其訴訟條件欠缺之事由，分別情形予以形式判決終結訴訟繫屬關係，如果誤為本案判決，如何救濟，即生困擾。釋字第135號解釋針對「當事人不得聲明不服而提出不服之聲明或未提出不服之聲明而上級法院誤予廢棄或撤銷發回更審者，該項上級法院之判決及發回更審後之判決」如何救濟，作出解謂：「民刑事訴訟案件下級法院之判決，當事人不得聲明不服而提出不服之聲明或未提出不服之聲明而上級法院誤予廢棄或撤銷發回更審者，該項上級法院之判決及發回更審後之判決，均屬重大違背法令，固不生效力，惟既具有判決之形式，得分別依上訴、再審、非常上訴及其他法定程序辦理。」申言之，具有判決形式之判決，在未確定之前，得依通常救濟程序提起上訴，已判決確定者，得提起非常上訴救濟（按本解釋所稱得提起再審，係指對民事判決而言）。

二、單一案件起訴之犯罪事實，判決主文如何記載

　　實質上一罪之刑罰權為單一，故其犯罪事實之一部如經判決有罪確定，其既判力自及於全部，其他部分如經起訴，僅應從程序上諭知免訴之判決，毋庸再從實體上為有罪或無罪之判決，此為刑事訴訟法第302條第1款所定一事不再理原則所當然。又依同法第267條、第268條之規定，刑事裁判採訴訟主義，法院應就已經起訴及起訴效力所及之犯罪事實全部加以審判，將審理結果之裁判主旨記載於判決書之主文欄，以回應起訴之請求。故檢察官以實質上一罪起訴者，法院審理結果，如認其中一部有罪，

他部無罪、免訴或不受理，其判決主文固僅須記載有罪部分，以為單一刑罰權之宣示，而就其餘部分於理由欄敘明毋庸於主文另行諭知之理由，即為已足；但如認為一部應免訴或不受理，他部無罪，則應全部於主文內加以記載，始足以表示已就起訴事實全部加以裁判，以符訴訟主義之本旨（最高法院55年度第4次民、刑庭總會決議（九）、96年度台非字第129號判決）。

三、訴外裁判之救濟

非起訴效力所及或移送併辦之犯罪事實，法院併予諭知有罪判決，構成未受請求事項予以判決之違誤，如果判決尚未確定，應循上訴途徑救濟，如果已經判決確定，則應循非常上訴程序，將該訴外裁判有罪部分撤銷。起訴及移送併案審理部分均不及於前揭之施用第二級毒品犯行，是以本件就該部分並未經起訴，原審不察，竟併為有罪之實體判決，顯係就未受請求（起訴）之事項予以判決，此部分判決當然為違背法令。案經確定，並不利於被告，非常上訴意旨，執以指摘，洵有理由。應由本院將原判決此部分撤銷，以資糾正及救濟（96年度台非字第83號判決）。

四、非常上訴判決違背法令不利被告之救濟

我國刑事訴訟之非常上訴制度，於民國97年9月2日最高法院第4次刑事庭會議作成決議之後，產生更大變革。以非常上訴，乃對於審判違背法令之確定判決所設之非常救濟程序，以統一法令之適用為主要目的。必原判決不利於被告，經另行判決；或撤銷後由原審法院更為審判者，其效力始及於被告。此與通常上訴程序旨在糾正錯誤之違法判決，使臻合法妥適，其目的係針對個案為救濟者不同。兩者之間，應有明確之區隔。刑事訴訟法第441條對於非常上訴係採便宜主義，規定「得」提起，非「應」提起。故是否提起，自應依據非常上訴制度之本旨，衡酌人權之保障、判決違法之情形及訴訟制度之功能等因素，而為正當合理之考量。除與統一適用法令有關；或該判決不利於被告，非予救濟，不足以保障人權者外，倘原判決尚非不利於被告，且不涉及統一適用法令；或縱屬不利於被告，

但另有其他救濟之道，並無礙於被告之利益者，即無提起非常上訴之必要性。亦即，縱有在通常程序得上訴於第三審之判決違背法令情形，並非均得提起非常上訴。所謂與統一適用法令有關，係指涉及法律見解具有原則上之重要性者而言。詳言之，即所涉及之法律問題意義重大而有加以闡釋之必要，或對法之續造有重要意義者，始克相當。倘該違背法令情形，尚非不利於被告，且法律已有明確規定，向無疑義，因疏失致未遵守者，對於法律見解並無原則上之重要性或爭議性，即不屬與統一適用法令有關之範圍，殊無反覆提起非常上訴之必要性。基於刑事訴訟法第441條係採便宜主義之法理，檢察總長既得不予提起，如予提起，本院自可不予准許。

　　對於刑法第51條之數罪併罰，應以合於同法第50條之規定為前提，而第50條之併合處罰，則以裁判確定前犯數罪為條件，若於一罪之裁判確定後又犯他罪者，自應於他罪之科刑裁判確定後，與前罪應執行之刑併予執行（按一般稱接續執行或「累罰」，以與「併罰」區隔），不得適用刑法第51條所列各款，定其應執行刑（釋字第98號、32年非字第63號判例參照）。原定合併執行刑裁定誤予重定合併執行刑，固屬違誤，惟對於被告並無不利益，且違背法令之情形，不符提起非常上訴之本旨。原非常上訴判決未將聲請駁回，誤將原裁定撤銷，另諭知應執行之刑，其判決結果不利於被告，自屬判決違背法令。檢察總長就原非常上訴判決聲請非常上訴，為有理由，應將原非常上訴判決撤銷，另為原非常上訴駁回之判決，以資救濟（104年度台非字第128號判決）。

五、再審標的以實體判決為限，程序駁回上訴之判決，不得為再審標的

　　依刑事訴訟法第420條第1項第6款規定，因發現確實之新證據而為受判決人之利益，聲請再審者，以該判決係實體上為有罪且已確定者為限。本件抗告人因偽造文書案件，不服原法院所為有罪之判決，提起上訴，經本院以其上訴顯不合法，從程序上判決駁回其上訴，是上述原法院之實體上判決，始為抗告人之有罪確定判決，乃抗告人在原法院竟對本院之上述程序判決聲請再審，自難認為合法（72年台抗字第270號判例）。

六、非常上訴判決不涉及事實，不得爲再審對象

非常上訴旨在糾正法律上之錯誤，並不涉及事實問題，其經非常上訴審認為有理由，依法應撤銷原確定判決另行改判時，僅依代替原審，依據原所認定之事實，就其裁判時應適用之法律而為裁判，使違法者成為合法，核與再審係對確定判決之事實錯誤而為之救濟方法，迴不相侔，因之對於非常上訴判決殊無聲請再審之餘地，再抗告人竟對非常上訴判決聲請再審，自屬於法不合（43年台抗第26號判例）。

七、違法的實體確定判決有無執行力

違法判決不等於無效判決，對於無效判決，我國學說通說以及實務見解，固均認為「無效判決並無任何效力」，當然並無執行力。惟除此之外的違法的實體確定判決，並非當然無執行力。此觀刑事訴訟法第430條規定：「聲請再審，無停止刑罰執行之效力。但管轄法院之檢察官於再審之裁定前，得命停止。」第461條規定：「死刑，應經司法行政最高機關令准，於令到三日內執行之。但執行檢察官發見案情確有合於再審或非常上訴之理由者，得於三日內電請司法行政最高機關，再加審核。」非常上訴編並無類似第430條之規定，解釋上，除死刑的確定判決之執行外，其他判決是否執行，取決執行檢察官或再審法官裁量。本文認為即使實體的確定判決，當事人聲請再審或請求檢察總長提起非常上訴期間，原確定判決之執行力應不受影響，蓋確定判決，係「抽象的法正義」的「具體的形成」，同樣具有法安定性之需求，當事人之聲請再審或聲請檢察總長提起非常上訴，並未直接啟動再審或非常上訴程序，原確定判決並未有動搖的可能，自不應影響執行力。惟一旦法院裁定開始再審，或檢察總長已提出非常上訴，則原確定判決即處於有動搖之可能，實與確定判決尚未確定相同，自以停止執行較為合理，對此仍以法律明文規定為妥。

伍、結論

聯合國公民與政治權利國際公約第14條第7項規定：「任何人依一國法律及刑事程序經終局判決判定有罪或無罪開釋者，不得就同一罪名再予審判或科刑。（No one shall be liable to be tried or punished again for an offence for which he has already been finally convicted or acquitted in accordance with the law and penal procedure of each country.）」我國已批准聯合國公民與政治權利國際公約，立法院並制定「公民與政治權利國際公約及經濟社會文化權利國際公約施行法」，經總統於民國98年4月22日施行。依該法第9條規定，本法施行日期由行政院定之；同法第2條及第8條並規定，「兩公約所揭示保障人權之規定，具有國內法律之效力」、「各級政府機關應依兩公約規定之內容，檢討所主管之法令及行政措施，有不符兩公約規定者，應於本法施行後二年內，完成法令之制（訂）定、修訂或廢止及行政措施之改進」。行政院業於98年10月29日院台外字第0980067638B號函，定自98年12月10日施行。

「一罪不兩罰」及與之同義的「禁止雙重危險」之原則，雖未明訂於我國憲法，但我國刑事訴訟法於兩公約施行法之前，早已將違反此原則之法律效果明文化。惟對於是否為「同一犯罪」，由於我國刑事訴訟追訴、審判制度，以及審級救濟制度之關係，案件是否屬「同一案件」？是否已「判決確定」？以及何者為「確定判決」？「確定判決之效力範圍如何」？辨別不易，若未予釐清，常造成程序上之困擾。本文就傳統上所稱「判決確定」指案件之訴訟程序確定終結而言，分析其原因有基於裁判（裁定、判決）、非裁判之原因而確定之情形。「確定判決」則應視執行、非常救濟程序之目的而判斷，有以最後判決為準者，有需結合下級審之判決始能執行者，主張兩者均不能一概而論，並認確定判決有違背法令情形，未必是無效判決，無效判決固不能逕予執行，但在未撤銷之前，將影響有效確定判決之安定性，不能以無效為「自始無效、絕對無效、當然無效」之法理，置之不理。審級救濟制度是憲法基於權力制衡與保障人權

之考量所設計，下級審法院之判決，一旦經提起上訴，不論上訴聲請是否合法，均使原判決處於不確定之狀態，應待上訴聲請案件審理最終結果，始能判斷原判決是否為確定判決，供目前實務改進之參考。

15

日本犯罪所得沒收與保全法制
——以程序規範爲中心

林宗志[*]

祝壽文

筆者於中興大學法律系大三及研究所求學期間，有幸受教於時任法務部調查局局長、法務部長之廖老師，廖老師開授刑事訴訟法課程，授課內容往往結合時事，理論與實務兼具，並從犯罪學及刑事政策的角度思考問題，培養學生宏觀的思維，引發個人對刑事法學濃厚的興趣，對於筆者多年來從事刑事司法實務工作及法學研究，有著重大的啟發與影響。在廖老師七秩華誕前夕，撰文祝壽，祝福老師：福如東海長流水，壽比南山不老松。

* 輔仁大學法學博士、最高法院檢察署特偵組檢察官。

目　次

壹、前言

　　觀察聯合國國際公約及國際防制洗錢組織相關發展趨勢，剝奪犯罪所得已成為防制犯罪之重要手段，除著重於犯罪所得之沒收與保全程序，防止犯罪人移轉或隱匿犯罪所得同時，也特別強調對犯罪人以外之第三人不法資產的沒收，但仍必須兼顧善意第三人正當權利保護。

　　我國過往由於特殊的國際地位與外交處境，而未重視聯合國相關公約的立法政策建議，剝奪犯罪所得相關法制的發展，與國際刑事思潮脫節，直至近來因食品安全等重大矚目刑事案件判決結果，嚴重凸顯沒收法制的不合理性，因而促成刑事部分條文（沒收）之修正，於2015年12月30日修正公布，並訂於2016年7月1日施行。此次刑法修正，可謂與國際刑事思潮

接軌，修正重點包括(一)重新定位沒收本質，沒收非屬刑法，而係刑罰與保安處分以外之法律效果；(二)擴大犯罪所得沒收範圍，並及於第三人；(三)於被告死亡、逃匿經通緝等情形，亦可單獨宣告沒收。[1]

因應上開刑法修正，以及國際刑事發展潮流，我國未來刑事訴訟程序之發展，勢應積極充實有關「犯罪所得保全程序」、「第三人正當權利保障」及「非以定罪爲基礎之沒收程序」等三大面向，以落實新修正刑法之精神。前開有關犯罪所得保全程序及第三人正當權利保障等內容，日本法制已有長足之發展，值得我國借鏡。

貳、日本犯罪所得沒收與保全法制發展概述

日本近代有關犯罪所得剝奪法制之發展，不論實體法或程序法，皆因應國際公約與國際組織之要求而開展。原本日本刑法規範沒收標的僅以有體物爲限，而無金錢債權等無體財產權之沒收，且得沒收之物依刑事訴訟法規定扣押後，法院或偵查機關僅能取得對該物之占有，尚無對無體財產權設有禁止處分相關規範。[2]

日本於1988年簽署「聯合國禁止非法販運麻醉藥品及精神藥物公約」（United Nations Convention against Illicit Traffic in Narcotic Drugs and Psychotropic Substance）（下稱維也納反毒公約），隨即於平成3年（1991年）立法通過「有關爲國際合作防止規範藥物有關之不正行爲及助長行爲之麻藥及精神藥物取締法等法律的特別法（国際的な協力の下に規制薬物に係る不正行爲を助長する行爲等の防止を図るための麻薬及び向精神薬取締法等の特例等に関する法律）」（下稱麻藥特例法），參考維也納反

---

[1]　http://www.moj.gov.tw/ct.asp?xItem=416047&ctNode=27518&mp=001，最後瀏覽日期：2016年1月25日。

[2]　此與我國現行刑法與刑事訴訟法之規範現狀類似。參照吳天雲，日本麻藥特別法——控制下交付、洗錢罪及沒收追徵制度，刑事法雜誌，第48卷第2期，2004年4月，頁94。

毒公約所揭示之內容而訂定有關沒收、凍結、扣押及收益等定義，除大幅擴大沒收標的範圍至無體物外，並訂定沒收保全與追徵保全相關程序機制，沒收保全內容則包括債權、動產、不動產、船舶等。換言之，日本犯罪所得剝奪法制係受1988年維也納反毒公約之影響，基於剝奪犯罪所得以防制毒品犯罪之觀點，而導入過去所沒有的沒收保全程序與追徵保全程序等相關制度。[3]但適用對象，仍僅以毒品相關犯罪為限。

嗣後，日本鑑於暴力團對於毒品犯罪、槍枝買賣等不法行為獲取鉅額不法利益，而用於維持犯罪組織、投資事業活動或再次用於實行犯罪，但對於藉由沒收、追徵以防止組織犯罪利用犯罪所得之刑事措施尚有不足[4]；再加上FATF於1996年修正的四十項建議，將適用範圍從毒品犯罪擴大至所有重大犯罪，因而於平成11年（1999年）立法通過「組織犯罪處罰及犯罪收益規範法（組織的な犯罪の處罰及び犯罪收益の規制等に関する法律）」[5]，用以防制暴力團之不法活動，截斷金錢來源，承襲麻藥特例法之精神，擴大對犯罪收益、藥物犯罪收益、沒收與追徵保全命令及國際司法互助等規定，並增訂二百餘項罪名[6]適用該法所列洗錢罪之前置重大犯罪，以及沒收保全與追徵保全程序之適用範圍。復於同年12月制定「犯罪收益保全程序規則（犯罪收益に係る保全手続等に関する規則）」，使犯罪收益之保全程序更加完整。[7]

此外，日本沒收法制有關「第三人所有物沒收程序」的開展，係昭和37年（1962年）日本最高法院認為沒收第三人所有物之程序，違反該國憲

---

[3]　參照山口厚，わが国における沒收・追徵制度の現狀，現代社会における沒收・追徵，信山社，1996年，頁22。

[4]　松並孝二，組織的犯罪対策三法の概要，現代刑事法，第7号，1999年11月，頁41。

[5]　三浦守、松並孝二、八澤健三郎、加藤俊治，組織的犯罪対策関連三法の解説，法曹会，2001年，頁2-5。

[6]　http://law.e-gov.go.jp/cgi-bin/strsearch.cgi，最後瀏覽日期：2016年1月25日。

[7]　參照曾淑瑜，犯罪收益之沒收與保全——從日本法之觀點探論，月旦法學雜誌，第144期，2007年5月，頁68；魏武群，洗錢防制法有關禁止處分制度之研究——以沒收保全為中心，中原大學財經法律系碩士論文，2008年1月，頁33、45。

法第29條財產權不可侵害及第31條正當法律程序之規定，應賦予第三人告知、辯解及防禦之機會[8]，變更長期以來存在之判例見解。據此，日本隨即於昭和38年（1963年）制定「刑事案件第三人所有物沒收程序應急措施法（刑事事件における第三者所有物沒収手続応急措置法）」，以補足第三人所有物沒收程序之缺漏。嗣後，日本順應1988年維也納反毒公約等相關規定，亦先後於麻藥特例法、組織犯罪處罰及犯罪收益規範法定有第三人財產沒收程序相關規範。

參、日本刑法與刑事訴訟法沒收與追徵相關規範

一、刑法規範之犯罪所得沒收與追徵要件

　　日本刑法於第9條規定沒收為從刑，並於第19條及第19條之2分別規範沒收與追徵之要件。該法第19條規定：「下列之物，得沒收之：一、構成犯罪行為之物。二、供犯罪所用或犯罪預備之物。三、因犯罪所生、所得之物或作為犯罪行為報酬取得之物。四、作為前款所列之物對價取得之物（I）。沒收，以物屬於犯人者為限。但犯罪後，犯人以外之人知情而取得者，亦得沒收之（II）。」第19條之2規定：「前條第1項第3款、第4款所列之物，全部或一部不能沒收時，得追徵其價額。」

　　可知，日本刑法，將沒收定位為從刑，存有主刑與從刑不可分原則，因而有關被告死亡、通緝之情形，因無主刑之判決，所以犯罪所得亦無從宣告沒收。又該法將犯罪所得與其他犯罪工具等物，並列為沒收標的，且沒收客體以「物」為限，係指有體物，包含動產與不動產，至於債權、其他無體財產權及非有體物之利益，均非沒收對象。沒收標的以犯人所有者為限，但第三人於犯罪後知情而取得者，也在沒收之列。學說上於第19條第2項但書有關屬於犯人以外第三人之物的沒收，無法說明沒收的

8　野中俊彥、中村睦男、高橋和之、高見勝利，憲法 I，有斐閣，2012年第5版，頁408-410。

本質為刑罰,而開始討論沒收存有保安處分之性格。[9]

　　此外,追徵屬沒收之易刑處分,基於徹底剝奪犯罪利得,特別針對犯罪之生成物件、取得物件與報酬物件於沒收不能時,追徵其價額;至於,不正利益因非屬無體物,不能成為沒收之對象,則無追徵之餘地。[10]應特別留意的是,日本刑法將追徵明文規範於總則之中,因而一體適用於各類型犯罪,對於犯罪所得之剝奪,比我國修正前刑法更為徹底。[11]

二、刑事訴訟法規範犯罪所得扣押與追徵判決保全機制

　　相應於日本刑法之規範,日本刑事訴訟法並未針對沒收犯罪所得而專設沒收保全與追徵保全相關規範,但透過扣押相關規範,可達犯罪所得沒收保全之目的,至於追徵保全,則設有追徵判決宣告後假執行及預納追徵金額之機制。

　　按法院於必要時,就可為證據之物或得沒收之物,得為扣押(差押);檢察官、檢察事務官或司法警察職員於犯罪搜查必要時,得依法院核發之令狀為扣押(差押)、搜索。日本刑事訴訟法第99條第1項本文及第218條第1項分別定有明文。從而,依日本刑法第19條第1項第3款(因犯罪所生、所得之物或作為犯罪行為報酬取得之物)與第4款(作為前款所

9　山口厚,同註3,頁22。值得注意的是,日本法務省於二次大戰後開始著手進行,並於昭和49年(1974年)公布「法制審議會改正刑法草案」(下稱刑法改正草案)。有關沒收部分,刑法改正草案於第十章設有「沒收」獨立專章,將沒收由從刑改為刑罰以外的特別處分,分別規定保安處分之沒收(為犯罪行為組成之物、供犯罪行為之用或預備供犯罪所用之物及犯罪行為所生之物,第74條)、刑罰之沒收(為犯罪行為所得之物或作為犯罪報酬所得之物及作為前款對價所得之物,第75條);行為者因無責任能力而不處罰,或者存在沒收之要件,對行為者不能追訴或宣告有罪判決時,仍得沒收(第76、78條);因沒收而使第三人受損害時,新設補償之規定(第80條)。參照出田孝一,§19(沒收),大コンメンタール刑法第1卷,青林書院,2004年第2版,頁399。

10　山口厚,同註3,頁22。

11　蓋我國修正前刑法第40條之1雖然也規範追徵相關規定,但係以法律有規定追徵者,於裁判時並宣告之,並非一體適用於各類型犯罪,因而對於許多非屬重大犯罪之罪名,但犯罪所得利益龐大之案件,產生追徵限制與盲點。

列之物對價取得之物）規範之沒收客體，係屬日本刑事訴訟法第99條第1項與第218條第1項扣押（差押）之範圍，而達沒收保全之目的。然扣押之客體仍僅限於「物」，而不包含無體財產，無從對無體財產爲禁止處分。

由於日本刑事訴訟法「扣押（押收）」[12]，包括強制處分之「扣押（差押）」、非強制處分之「留存（領置）」[13]與「命令提出」[14]（該法§99Ⅲ）。然命令提出，係專屬法院始得爲之。因此，偵查機關所爲之扣押（押收），也就是對可爲證據之物或得沒收之物取得暫時占有之處分，包括屬強制性占有取得之扣押（差押），以及對遺留物或任意提出物之占有取得之留存（領置），不包括「命令提出」。[15]前者之扣押（差押），採令狀主義，檢察官、檢察事務官或司法警察官員於犯罪偵查必要時，依法院所核發之令狀得爲扣押或搜索。[16]

因此，依日本刑事訴訟法之規定，有關犯罪所得之沒收保全，因偵查、審判階段而異其方式。偵查階段，檢察官、檢察事務官與司法警察職員得以強制處分之扣押（差押）及非強制處分之留存（領置）爲之；於審

---

[12] 此處所指之扣押（押收）應屬名詞；後述之扣押（差押）、留存（領置）及命令提出，應屬動詞。扣押（差押）、留存（領置）及命令提出均應移轉由國家占有，國家占有之狀態即爲前述之扣押（押收）。

[13] 所謂「領置」，係指檢察官、檢察事務官或司法警察職員就犯罪嫌疑人或其他人遺留於犯罪現場之遺留物，或要求所有人、持有人或是保管人任意提出之物，予以留存之意。因占有取得之過程無強制力之行使，故不以令狀爲必要。參照日本刑事訴訟法第221條。該規定類似我國刑事訴訟法第143條「留存物」之概念。另參照川端博，刑事訴訟法講義，成文堂，2012年，頁135。

[14] 所謂命令提出，係指「法院」指定應扣押之物，得命令所有人、持有人或保管人提出之。

[15] 參照日本刑事訴訟法第218條、第220條及第221條之規定。另參照池田修、前田雅英，刑事訴訟法講義，東京大學出版會，2012年第4版，頁172。

[16] 搜索是發現扣押物品之手段而非目的。日本刑事訴訟法扣押規定在前，搜索規定在後，係將搜索當做扣押之附隨行爲，但從搜查官之行爲順序來看，先是進入處所、其次搜索對象物，最後才實施扣押。因此，憲法第35條規定之先後順序係侵入、搜索及扣押。在刑事程序實務中，一般習慣使用搜索、扣押之語序，令狀一般也是稱爲「搜索扣押許可狀」。另「搜索扣押許可狀」書面格式，詳川端博，同註13，頁174。

理階段，法院得依職權以強制處分之扣押（差押）或非強制處分之「命令提出」為之。

有關追徵保全，日本刑事訴訟法第348條設有假執行及預納追徵金額之機制。亦即，法院宣告追徵時，若認於判決確定之日後將無法執行或難以執行時，得依檢察官之請求或依職權，命被告預納追徵金額。預納之裁判，應於刑之宣告同時，以判決宣告之，且可立即執行。[17]此等規範除符合追徵為易刑處分之性質外，也充分達成追徵保全之目的，頗值得我國借鏡。

肆、刑事案件第三人所有物沒收程序應急措施法

一、沒收第三人所有物程序保障之開展

日本沒收法制有關「沒收第三人所有物程序保障」之開展，係導因於日本實務對於沒收屬於第三人所有物作成違背憲法正當法律程序的判決。[18]日本於明治32年（1899年）公布的舊關稅法第83條第1項明定：「與犯罪有關之貨物或供犯罪所用之船舶，為犯罪行為人『所有』或『占有』者，沒收之。」往昔日本判例長期確立第三人所有物沒收適法有效。其後，日本於昭和29年（1954年）制定新關稅法，增訂第118條第1項但書關於善意例外之規定，亦即沒收第三人所有物時，限於第三人即所有人惡意時，始得為之。[19]日本司法實務長期以來均認為依舊關稅法第83條第1項或新關稅法第118條第1項沒收第三人之物，程序上並無適法性之問題，

---

[17] 參照日本刑事訴訟法第348條；川端博，同註13，頁428。

[18] 野坂泰司，適正手続の保障と第三者の権利の主張，法学教室，第297号，2005年6月，頁58；田宮裕，第三者沒收，刑法判例百選Ⅰ總論，別冊ジュリスト，第57号，1978年2月，頁232；松井茂記，第三者所有物之沒收とデュー・プロセス，憲法判例百選Ⅰ，別冊ジュリスト，第95号，1988年1月，頁192。

[19] 參閱康樹正，沒收第三人所有物之程序規範——日本最高法院1962年11月28日大法庭判決評釋，法令月刊，第60卷第1期，2009年1月，頁90。

直至昭和37年（1962年）11月28日最高法院針對走私案例[20]作出判決，於判決要旨指出：「依關稅法第118條第1項規定宣告沒收，係與同項所定之犯罪有關之船舶、貨物等，且不該當於同項但書（即善意例外規定）之規定，不問是否屬於被告所有，剝奪其所有權，使之歸屬於國庫之處分。即使所有人爲被告以外之第三人，亦因沒收之宣告，係對被告宣告之從刑，而發生剝奪該第三人所有權之效果，解釋上雖符合該條項之規定，但沒收第三人所有物，未賦予該物所有人任何告知、辯解及防禦之機會，即剝奪其所有權，顯不合理，爲憲法所不容。蓋憲法第29條第1項財產權不可侵害，以及憲法第31條非依法律所定之程序，不得對任何人剝奪生命、自由及科處刑罰之規定。前開第三人所有物之沒收，係對被告所宣告之從刑，其刑事處分之效力及於第三人。因此，必須對於沒收物之所有人及第三人賦予告知、辯解及防禦之機會。又刑事訴訟法及其相關法令也未設有相關程序規定，從而違反憲法第29條財產權不可侵害及第31條正當法律程序之規定。」[21]因此，有關對第三人所有物之沒收，應賦予其告知、辯解及防禦之機會，變更長期以來存在之判例見解。[22]據此，日本隨即於昭和38年（1963年）制定「刑事案件第三人所有物沒收程序應急措施法」，以補足第三人所有物沒收程序之缺漏。[23]

---

[20] 本件事實（昭和30年（あ）第2961號關稅法違反未遂被告事件）概要略以：被告等意圖向韓國走私輸出貨物，因走私未遂，被以走私輸出貨物罪嫌起訴，第一審判處被告有期徒刑六個月，並依關稅法第118條第1項宣告沒收供犯罪所用之船舶及與犯罪有關之貨物，第二審維持第一審之判決。被告以宣告沒收之貨物中，含有被告以外之人之物，完全未賦予物之所有人保護財產之機會，即宣告沒收，主張違反憲法第29條第1項而上訴最高法院。松井茂記，同註18，頁192。

[21] 藤木英雄，第三者の所有物に対する没収をめぐる問題点——第三者没収その法理的檢討と判決，法律のひろば，第16卷2号，1963年2月，頁4；田宮裕，同註18，頁232；松井茂記，第三者所有物の没収と告知、聽聞——第三者所有物没収事件，憲法判例百選Ⅱ，別冊ジュリスト，第187号，2007年3月，頁251。

[22] 野中俊彦、中村睦男、高橋和之、高見勝利，同註8，頁408-410。

[23] 白木豐，沒收・追徵と第三者保護を巡る諸問題，現代社會における沒收・追徵，信山社，1996年，頁78。

二、第三人訴訟參加之機制

「刑事案件第三人所有物沒收程序應急措施法」採行訴訟參加制度，藉由第三人參加本案訴訟之模式，以達保護第三人之正當權利。該法歷經數次修正，最新修正為平成23年（2011年）6月24日，規定要點如下。

(一) 第三人訴訟主體地位

該法採行訴訟參加制度，賦予第三人主動提出訴訟參加之聲請權（§3Ⅰ）、檢察官於起訴前應通知第三人（§2Ⅰ）、第三人於本案被告訴訟程序中與被告有相同之在場、陳述意見、聲請調查證據、閱卷、詢問證人、獨立上訴之權限（§4Ⅰ）、得選任律師為代理人（§10）及判決確定後之特殊救濟（§11）等權限。足見，該法充分賦予第三人告知、辯解及防禦之機會，第三人取得訴訟主體之地位，而非僅是單純的訴訟客體。

(二) 第三人受通知及聲請訴訟參加

訴訟參加以第三人知悉為前提，該法係以檢察官為通知（公告）義務人，以提起公訴之時為通知時點，第三人於受通知或其他管道知悉時，具有主動聲請訴訟參加之權限。

有關第三人受通知之權限，該法第2條規定：檢察官提起公訴時，認應沒收被告以外之人即第三人之所有物者（包含是否屬被告所有或第三人所有不明之物），應以書面通知該第三人得聲請參加被告案件程序；第三人所在不明或因其他理由無法為前開訴訟參加之通知時，檢察官應依所定之方法通知；檢察官依前開規定而為通知或公告，應向法院提出證明之書面。

有關第三人聲請訴訟參加之權限，該法第3條第1項、第3項規定：第三人所有之物有被沒收之虞者，得於第一審判決前，以書面向本案繫屬法院聲請參加訴訟。但已依該法第2條第1項、第2項之規定為通知或公告時，以通知或公告日起十四日內為限；法院除聲請違背法定程序、逾越聲

請期間及應沒收之物顯非屬聲請人所有時，應予准許。

又訴訟參加固屬第三人之權限，但仍應徵詢相關訴訟當事人之意見，且若有情事變更時，仍應保留一定之彈性。故該法同條第5項、第6項規定：法院准許訴訟參加後，應沒收之物顯非屬參加人所有者，應撤銷准許參加之裁定；檢察官主張不能沒收或無沒收必要，法院認為適當時，得撤銷准許參加之裁定；訴訟參加之裁定，應徵詢聲請人、參加人、檢察官及被告或辯護人之意見；檢察官、聲請人或參加人對於駁回訴訟參加聲請之裁定或撤銷准許訴訟參加之裁定，得即時抗告。

易言之，訴訟之參加，除檢察官依法通知（公告）外，第三人認為其所有之物有被沒收之虞者，亦得於第一審判決前，以書面向本案繫屬法院聲請參加訴訟。第三人聲請訴訟參加後由法院為准駁之裁定，若法院裁定准予訴訟參加後，法院發現應沒收物顯非屬參加人或檢察官主張不能沒收或無沒收必要時，法院得撤銷准許之裁定；對於法院前開裁定，均得即時抗告。參加人亦得隨時撤回訴訟參加。

同時，該法為保障第三人之訴訟參加權，固於該法第7條規定：屬於第三人所有之物，未准許該第三人參加訴訟時，不得為沒收之裁判。然仍存有許多例外情事，因此同條但書規定：有下列各款情形之一時，不在此限：一、依第2條第1項或第2項為通知或公告之情形，已逾第3條第1項但書規定之期間者；二、參加之聲請，違反法令上之程序而被駁回者；三、撤回訴訟參加者。

(三) 參加人與被告有同一訴訟權利

該法於第4條規定：參加人除法律另有規定外，關於沒收，與被告有同一訴訟權利；前項規定，不妨礙以參加人為證人而調查。該等規範係確立參加人之程序地位，亦即沒收第三人所有物，使受到實質不利益之第三人作為當事人參加沒收程序，是最自然的方法；然該法係以沒收為從刑而對被告諭知為前提，故第三人所有之應沒收物，限於以「參加人」資格參與被告案件，但實質上給予近似當事人地位保障，故原則上肯認第三人與

被告有同一訴訟上權利。[24] 又所謂「與被告有同一訴訟上權利」，並非代理行使被告權利，從而被告放棄權利或無行使意思時，參加人亦得獨立行使。[25]

此處所指之「權利」，不限於刑事訴訟法明示之被告權利，法院、檢察官或其他訴訟關係人義務之規定，作反射效果而使被告具有的利益地位，亦包含在內。因而參加人具有之權利包括：審判期日出席陳述意見（刑事訴訟法§291 II、§293 II）、請求調查證據與詢問證人（刑事訴訟法§298 I、§304）、上訴及不利益變更禁止（刑事訴訟法§351 I、§402）等被告權利，參加人均得適用。此外，聲請迴避及閱覽審判筆錄（刑事訴訟法§21、§49～§51）等權利亦被肯定。然再審請求權（刑事訴訟法§439）並非被告權利，而是受刑之宣告者的權利，故參加人不得聲請再審。[26]

由於該法第4條第2項明確規定參加人之證人適格，故被告緘默權不適用於參加人。蓋日本憲法第38條第1項規定：「任何人不得被強迫不利益自己的陳述。」所謂「不利益陳述」係指導致刑罰之虞的某種事實陳述，僅僅是受到財產、名譽、地位、職業不利益處分之虞的陳述，不包含在內。從而，肯定參加人的證人適格。當然，參加人作為證人陳述時，因而有受刑事訴追或有罪判決之虞時，得拒絕陳述。[27]

(四) 參加人於審理期日之到庭與陳述意見

該法並未規定參加人審理期日之到庭義務，但仍賦予陳述意見之機會。故該法第5條規定：參加人於公判期日得不到庭（I）。法院不知參加人所在時，無須送達公判期日通知或其他文書（II）。法院對於公判期日到庭之參加人，應告以構成沒收理由之事實要旨、其參加前在公判期日有關審理之重要事項，或其他為保護參加人之權利認為必要之事項，並給以

24　藤木英雄，同註21，頁7；渡辺咲子，第三者所有物沒收手続応急措置法，大コンメンタール刑事訴訟法第8卷，青林書院，1999年，頁216-217。

25　渡辺咲子，同註24，頁216-217。

26　渡辺咲子，同註24，頁217。

27　渡辺咲子，同註24，頁218。

陳述關於沒收意見之機會(III)。

(五)證據法則之適用與證據調查權限

　　該法有關證據法則之適用與證據調查權限，於第6條規定：參加人之參加，不影響刑事訴訟法第320條至第328條規定之適用(I)。法院調查依刑事訴訟法第320條第2項本文、第326條或第327條規定得為證據之文書或供述的場合，參加人聲請以作成該文書或為供述內容之供述者為證人，而聲請調查時，以其權利之保護認為必要者為限，應調查之。於參加人參加前已調查之證人，參加人復請求調查時，亦同(II)。

　　本條主要規範參加人之訴訟參加與本案訴訟有關證據能力之關係，主要關鍵在於有無傳聞法則之適用。該法所定的訴訟參加程序，參加人並非刑事訴訟法上之當事人，若參加人與被告適用相同的證據法則，允許非當事人之參加人與被告分別為不同的事實認定，違反訴訟參加程序的基本構造。從而，參加人與被告，應肯認渠等有證據共通原則之適用。於被告有關本案訴訟之證據，若對於認定被告犯罪事實不具證據能力，而對於參加人之參加訴訟卻肯認其證據能力時，則因參加人的存在，而對認定被告犯罪事實之證據加以限制，係屬不當。蓋原本參加人本不該當憲法第37條第2項之刑事被告，參加人應無憲法上保障刑事被告詰問證人之全部權利，故對於參加人應無適用傳聞法則的必要。[28]

(六)獨立救濟權

　　該法為確保參加人之獨立救濟權，於第8條規定：原審之參加人，於上訴審，其參加人之地位，不因而喪失(I)。參加人提起上訴時，雖檢察官及被告未提起上訴、捨棄上訴或撤回上訴，原審裁判中關於沒收部分，並不因而確定(II)。前項情形，被告於上訴審及其後之審級之公判期日，無須到庭。不適用刑事訴訟法第36條、第37條、第289條及第290條之規定(III)。

---

[28]　渡辺咲子，同註24，頁221-222。

　　值得注意的是，該條第2項係僅有參加人上訴時，有關上訴效果的規定。因參加人並非當事人，而且被告案件的裁判，主刑與從刑之沒收性質上並非不得分離。從而，參加人與被告有同一之訴訟上權利而允許獨立上訴，其上訴效果理論上及於被告刑事案件之全部，然儘管檢察官與被告對原裁判核心部分之主刑不上訴，附隨之沒收部分因參加人不服，刑事案件全部置於未確定的狀態，與接受迅速裁判之被告利益完全不能相容。故成為被告案件不可分的例外。[29]

(七)訴訟能力

　　常見第三人非屬自然人或不具意思能力時，則應如何為訴訟參加呢？該法為因應該等問題而於第9條明文規範第三人之訴訟能力。針對非屬自然人之第三人，由其代表人代為訴訟行為；如係非法人之社團或財團而設有代表人或管理人者，則由其代表人或管理人代為訴訟行為(I)。第三人如係自然人但不具意思能力者，則由其法定代理人為代理人，代表進行訴訟(II)。

(八)選任代理人

　　該法為使第三人有充分的防禦機會，賦予第三人選任代理人之權限，採行律師強制代理制度，於第10條規定：第三人依本法規定參與被告案件之程序，得選任辯護人為代理人，代理訴訟行為(I)。代理人之選任，應於每審級提出委任狀(II)。代理人非依參加人之書面同意，不得撤回參加、撤回正式裁判之聲請，或捨棄上訴與撤回上訴(III)。刑事訴訟法第33條至第35條及第40條之規定，於代理人準用之(IV)。

(九)特別救濟程序

　　為賦予第三人事後特別救濟的機會，該法第13條規定：法律上不得沒收之物，於沒收裁判確定時，其物之所有人，因不可歸責於己之事由，

29　渡辺咲子，同註24，頁227-228。

致不能於被告案件之程序上主張權利者，自知有沒收裁判確定之日起十四日內，得向裁判沒收之法院請求撤銷該裁判。但自沒收之裁判確定之日起滿五年者，不得請求（I）。前項請求，應提出明確記載形成撤銷理由之事實（II）。第1項之請求，違反法定程序，或請求人於同項規定之期間經過後，主張因不可歸責於己之事由，致不能於被告案件之程序上主張權利者，為無理由，或沒收之物顯非聲請人所有者，於聽取請求人及檢察官之意見後，應以裁定駁回其請求。請求人對該裁定，得提起即時抗告（III）。除前項情形外，請求無理由時，應以判決駁回之。請求有理由時，應以判決撤銷沒收之裁判。請求人或檢察官，對該判決得提起上訴（IV）。法院應使請求人及檢察官陳述包含意見書之事項，並依請求人或檢察官之聲請或依職權調查必要之證據。請求人無正當理由，而不出席公判期日時，法院得進行該期日之公判程序或宣示判決（V）。

伍、組織犯罪處罰及犯罪收益規範法

一、立法架構

日本於平成11年（1999年）制定組織犯罪處罰及犯罪收益規範法，規範重點包括加重組織犯罪之處罰、明定洗錢犯罪類型、擴大犯罪收益之沒收與追徵、規範沒收保全與追徵保全程序、規範可疑交易的申報，以及規範沒收、追徵之執行與保全之國際司法互助程序。

觀諸該法法規名稱，雖係以「處罰組織犯罪」與「規範犯罪收益」雙主軸，然細究該法第1條明文揭示之立法目的[30]及其規範重點，該法之立

---

[30] 組織犯罪處罰及犯罪收益規範法第1條：「鑑於組織性犯罪嚴重影響到平穩及健全之社會生活，及同時犯罪收益助長此種犯罪，並用於介入企業活動造成經濟活動健全重大的不良影響，本法乃強化處罰以組織性型態殺人等行為，同時處罰隱匿、收受犯罪收益及使用犯罪收益支配法人等企業經營為目的之行為，並就犯罪收益之沒收、追徵特別規定及訂定申報可疑交易等事項為目的。」參照李傑清，日本組織の犯罪対策における不法利益剝奪規定の研究，育達研究叢刊，第5、6期合刊，2003年11月，頁133。

法架構，除加重組織犯罪之處罰外，其餘均係以犯罪收益為主軸所開展的沒收保全與追徵保全程序、洗錢防制及國際合作。[31]

其中，擴大沒收、沒收保全及追徵保全程序等規範重點，主要承襲平成3年（1991年）所制定的麻藥特例法而來。因麻藥特例法所規範之對象僅限於毒品犯罪，有關犯罪收益之沒收、追徵及其保全程序亦均僅適用於毒品犯罪，因受到1996年FATF四十項建議修正的影響，將洗錢罪之前置犯罪擴大及於毒品以外之其他重大犯罪，因而於組織犯罪處罰及犯罪收益規範法制定時，犯罪收益並不以組織犯罪之收益為限。[32]立法技術上，則以附表臚列罪名，結合獲取不法利益之主觀犯意，定義該法之犯罪收益，而附表所列之罪名即成為適用該法沒收保全、追徵保全程序之主要範圍，因而大幅擴大適用範圍，同時也以之為洗錢犯罪之前置犯罪類型。附表所列刑事法律及罪名亦與時俱進而為修正，以該法平成25年（2013年）11月27日之最新修正，附表所列之刑事法律已由最初的六十七類增加達八十四類，罪名更高達二百餘項。

二、沒收第三人財產之程序保障機制

1988年維也納公約第5條第8項：有關犯罪資產之沒收，不得損害善意第三人之權益。如本文前述，日本早於昭和38年（1963年）因舊關稅法被宣告違憲後，隨即制定「刑事案件第三人所有物沒收程序應急措施法」，因當時不論舊關稅法或刑法有關沒收標的，均僅限於物，而未擴張及於無體物或其他無體財產權。因此，有關第三人財產沒收程序，麻藥特例法於制定當時，除準用「刑事案件第三人所有物沒收程序應急措施法」相關規定外，復因擴大沒收標的之範圍而特別規範有關第三人財產沒收程序，後由組織犯罪處罰及犯罪收益規範法承襲之。

該法為強化第三人財產沒收之程序保障，於第18條規定：不法財產係債權等（即不動產及動產以外的財產）而屬於被告以外之人（下稱「第三

31　參照松並孝二，同註4，頁42。

32　三浦守、松並孝二、八澤健三郎、加藤俊治，同註5，頁64。

人」），該第三人不被允許參加被告案件程序時，不得對之為沒收之判決
（I）。依該法第13條規定，沒收設定有地上權、抵押權及其他存在第三人
權利之財產，該第三人不被允許參加被告案件程序時，不得對之為沒收之
判決（II）。沒收設定有地上權、抵押權及其他存在第三人權利之財產，
而依第15條第1項規定其權利仍存續時，法院於諭知沒收之同時，應同時
宣告前開權利仍然存續（III）。若法院未為前項宣告而沒收裁判已確定，
該權利之所有人因不可歸責於己之事由不能於被告案件程序中主張其權利
時，得請求該權利仍存續之裁判[33]（IV）。依前項規定裁判後，準用刑事補
償法規定有關沒收物被處分之補償規定（V）。有關第1項及第2項規定之
財產沒收程序，除本法另有規定外，準用刑事案件沒收第三人所有物應急
措施法之規定（VI）。

三、犯罪所得保全機制

　　組織犯罪處罰及犯罪收益規範法第四章所規範的保全程序，包括
「沒收保全程序」與「追徵保全程序」。前者，係指為了沒收依組織犯罪
處罰及犯罪收益規範法或其他法令規定應沒收之財產，由法院或法官核發
暫時禁止處分財產之命令；後者，係指為了確保追徵裁判之執行，法院或
法官對被告或犯罪嫌疑人，核發暫時性禁止處分財產之命令。[34]二者，不
論起訴前或起訴後，皆有適用；均採令狀主義，由法院核發令狀為之；適
用範圍，除以該法第2條所稱之犯罪收益為核心之相關犯罪，同時包含第9
條以不法收益等支配法人等事業經營罪，以及第10條與第11條洗錢罪等不
法財產。

（一）沒收保全

1. 沒收保全之意義與法律效果

　　為了沒收依組織犯罪處罰及犯罪收益規範法或其他法令規定應沒收之

---

[33]　參照曾淑瑜，同註7，頁72。

[34]　三浦守、松並孝二、八澤健三郎、加藤俊治，同註5，頁176-177。

財產（沒收對象財產），法院得依檢察官之聲請或依職權，核發暫時禁止處分財產之命令（§21Ⅰ），本質係屬刑事程序強制處分之一種，採行令狀主義，以法院核發令狀為必要。沒收保全命令之法律效果，係禁止處分沒收對象財產；而「處分」意指形成權利變動之法律上處分，包含財產之讓渡或租賃、地上權或抵押權等權利設定或成立債權等。[35]

又法院對於設定有地上權、抵押權或其他權利之沒收對象財產，核發沒收保全命令時，有相當理由足認前開權利會因沒收而消滅，或有相當理由足認該權利係屬虛偽者，得依檢察官之聲請或依職權核發「附帶保全命令」，禁止處分該權利。前開地上權、抵押權或其他權利之處分，唯恐使該等權利繼續存續，將使沒收對象財產無法沒收，或使被告事件之應參加訴訟人範圍擴大而延滯訴訟（§21Ⅱ）。例如，犯罪所得為不動產之情形，該不動產設定有共犯之抵押權時，法院即使對該不動產核發沒收保全命令，共犯亦可藉由抵押權之轉讓，使善意第三人取得抵押權，第三人實行抵押權而予以拍賣時，致沒收無法執行；又若未允許善意第三人參加被告之訴訟，依該法第18條之規定，即無法宣告沒收。此外，對沒收對象財產核發沒收保全命令時，該等財產存有虛偽的地上權、抵押權等權利外型，若有移轉處分時，將會擴大應參加被告訴訟之參加人範圍，而生延滯訴訟之情事。因此，該法創設附帶保全命令之機制。[36]

沒收保全命令或附帶保全命令，應記載被告人的姓名、罪名、起訴事實要旨、沒收依據之法令條項、禁止處分財產或權利之表示、財產或權利所有人（名義人不同時含名義人）之姓名、核發年月日或其他最高裁判所規則規定之事項，由審判長或受命法官簽名蓋章。須緊急為處分時，得由審判長或其他合議庭成員為之。有關沒收保全之處分，於第一次審判期日前由法官為之。法官關於該處分，與法院或審判長有同一之權限。被保全之不動產或動產，不妨礙依刑事訴訟法規定所為之扣押（§22Ⅲ～Ⅵ）。

---

35 三浦守、松並孝二、八澤健三郎、加藤俊治，同註5，頁186。

36 三浦守、松並孝二、八澤健三郎、加藤俊治，同註5，頁187。

2. 沒收保全程序之啓動

　　該法以起訴與否之時間點區別為起訴後之沒收保全程序（§22）與起訴前之沒收保全程序（§23）。沒收保全之啟動，依起訴前與起訴後而異其規定。

　　起訴後沒收保全程序之啟動，係依檢察官之請求或法院依職權核發沒收保全命令（包含附帶保全命令）。沒收保全之請求，應以書面記載所定事項[37]，並應提出認定有沒收保全之理由與必要之相關資料。[38]

　　起訴前沒收保全之啟動，係依檢察官或司法警察（限於國家公安委員會或都道府縣公安委員會所指定之警部以上之司法警察）之請求。偵查實務上，犯罪嫌疑人知悉犯罪偵查相關作為開始，除湮滅證據外，進行處分財產之可能性甚高。[39]故基於偵查中為掌握時效及避免濫用，其沒收保全之請求，不限於檢察官，亦包括相關層級以上之司法警察官。[40]同時，法院依司法警察官請求核發沒收保全命令或附帶保全命令時，應儘速送交相關書類予檢察官，所謂相關書類除沒收保全命令或附帶保全命令之謄本外，尚包含沒收保全或附帶保全之聲請書、聲請之釋明資料等書類謄本。[41]

3. 沒收保全之效力期間限制

　　起訴後沒收保全命令之效力，無期間限制；但起訴前沒收保全命令之效力期間為三十日。換言之，起訴前沒收保全案件未於沒收保全命令核發三十日內起訴者，失其效力。但已對其他共犯起訴，關於其他共犯，該財產有該法第22條第1項之理由時，不在此限。法官依檢察官之請求，認為

---

[37]　包括1.犯罪嫌疑事實與罪名；2.沒收依據之法令；3.沒收對象之不法收益；4.應禁止處分之財產；5.沒收保全之理由；6.沒收保全之必要性。井上弘通、西田時弘，沒收保全及び追徵保全に關する實務上の諸問題，法曹会，2004年，頁122。

[38]　參照日本犯罪收益保全程序規則第3條第1項、第2項。

[39]　參照李傑清，同註30，頁138。

[40]　三浦守、松並孝二、八澤健三郎、加藤俊治，同註5，頁99。

[41]　三浦守、松並孝二、八澤健三郎、加藤俊治，同註5，頁197。

有不得已之事由[42]時，得於前項期間屆滿前每三十日更新之；更新裁判於通知檢察官時生效。起訴前沒收保全因檢察官起訴而未失效時，應將其意旨通知受沒收保全命令者（被告除外）。若所在不明或因其他理由無法通知時，應於檢察署公布欄公告七日以代通知（§23III、IV、VI）。

4. 沒收保全之理由與必要性

有相當理由足認為得依本法或其他法令之規定沒收犯罪收益，所謂相當理由，必須有客觀、合理之根據始足當之，如同刑事訴訟法第60條第1項有關羈押要件之相當理由，係指犯罪嫌疑，而沒收保全之相當理由，應係涉犯該當於沒收對象財產之犯罪嫌疑，且沒收對象財產不包含犯罪被害財產。[43]

有沒收該當財產之必要性，包括沒收該當財產係屬相當，且該當財產有被處分之可能性，且因處分的結果而無法沒收，或應參加被告刑事案件程序之人的範圍擴大而有延滯訴訟情事，即認為有禁止處分之必要。[44]

5. 沒收保全之執行、效力與代替金之繳納

(1) 沒收保全之執行

沒收保全係由法院以令狀核發沒收保全命令，如同刑事訴訟程序其他令狀之情形相同，如搜索、扣押及鑑定留置等，係由檢察官指揮執行。因此，該法第24條第1項規定，沒收保全之裁判有執行必要者，由檢察官指揮執行之。[45]

因沒收保全係為禁止對沒收財產之處分，如果沒收保全命令必須於執行前送達被禁止處分財產所有人，將無法達到執行前禁止處分之沒收保全

---

[42] 此處所指不得已之事由，係指案件於期間內無法提起公訴之情事，除因犯罪嫌疑人逃匿而程序上起訴困難外，亦包括案件的複雜度、證據蒐集狀況，以及決定起訴或不起訴有相當之困難度等等。三浦守、松並孝二、八澤健三郎、加藤俊治，同註5，頁202頁；井上弘通、西田時弘，同註37，頁123-124。

[43] 三浦守、松並孝二、八澤健三郎、加藤俊治，同註5，頁184；井上弘通、西田時弘，同註37，頁184。

[44] 三浦守、松並孝二、八澤健三郎、加藤俊治，同註5，頁184。

[45] 三浦守、松並孝二、八澤健三郎、加藤俊治，同註5，頁184；井上弘通、西田時弘，同註37，頁207。

的目的。因此，該法第24條第2項規定，執行沒收保全命令，得於謄本送達被禁止處分財產所有人前為之。

(2) 沒收保全之效力

有關沒收保全之效力，法院核發沒收保全命令後始處分被沒收保全之財產（下稱「沒收保全財產」），該等處分行為，對於沒收不生效力。但依該法第37條第1項規定不得為沒收裁判[46]，以及尚未沒收判決前實行擔保物權拍賣程序者，不在此限（§25）。

(3) 沒收保全代替金之繳納

有關沒收保全設有代替金繳納制度。亦即法院依沒收保全財產所有人之請求且認為適當時，得定相當於沒收保全財產價額之金額，許其繳納後以代沒收保全財產。法院為裁定前，應聽取檢察官之意見，對於前開裁定得即時抗告。代替金繳納時，該代替金視同沒收保全（§26）。

沒收，本應對特定財產宣告，但於沒收犯罪收益之情形，剝奪犯罪行為人相當於犯罪收益價額之其他財產，亦可達成沒收目的；復因沒收對象財產有作為生活之其他正當目的利用之必要性，故法院認為「適當」時，得定相當之價額，以繳納代替金取代沒收保全。從而設置「繳納代替金」制度。

前開「適當」與否之判斷，法院應考量代替金繳納制度之意旨、沒收之目的、沒收保全財產之性質、參照受保全沒收財產之人的必要性等等。又有關沒收保全價額認定之基準時點，基於追徵係沒收之易刑處分，追徵價額認定，係以沒收物取得為基準時點，故代替金之認定，應可為相同解釋。[47]

6. 沒收保全之類型

沒收保全之方法，依財產種類而異其規定。[48]該法分別針對不動產、船舶等、動產、債權等特性而規範沒收保全之方法，並就可能因社會變遷

46　不得爲沒收裁判之情形，係指沒收保全財產於被沒收保全前已開始強制拍賣之裁定或已依強制執行被查封者。

47　三浦守、松並孝二、八澤健三郎、加藤俊治，同註5，頁215。

48　井上弘通、西田時弘，同註37，頁5。

而產生相關新的財產權內容而訂定概括規定。

(1) 不動產與船舶等之沒收保全

不動產之沒收保全，應核發禁止處分之沒收保全命令，並應送達不動產之所有權人，如該不動產或權利所有人與名義人相異時，則應對名義人送達。不動產沒收保全命令之執行，以登記為之；於登記時發生效力。沒收保全命令生效時，檢察官應於該不動產所在之場所揭示公示書或採其他方式，以執行公告主旨之措施。為保全不動產登記請求權，聲請禁止處分之假處分後，始為沒收保全之登記者，應保障假處分債權人之登記請求權，沒收保全限制處分之登記，不得與假處分登記權利之取得或消滅相牴觸；但債權人不得以假處分對抗沒收保全登記（§27）[49]。

登記之船舶、依航空法規定登錄之飛行器或直昇機、依道路運送車輛法規定登錄之車輛、依建設機械抵押法規定登記之建設機械或小型船舶登錄法之沒收保全，準用不動產沒收保全之規定（§28）。換言之，即使本質為動產之航空器或船舶等，因法律規範採行登記制度者，則沒收保全相關程序準用不動產之規定。

(2) 動產之沒收保全

動產之沒收保全，應核發禁止處分之沒收保全命令，並送達動產之所有權人（所有權人與名義人相異時含名義人），於送達時發生效力。未依刑事訴訟法規定扣押之動產、依同法第121條規定設置看守人或使所有人、其他人保管之動產的沒收保全生效時，檢察官應張貼公示書或採其他適當方式，以執行公告主旨之措施（§29）。

(3) 債權及其他財產權之沒收保全

債權之沒收保全，以核發禁止債權人收取或其他處分，及禁止債務人對債權人清償之沒收保全命令為之，應送達債權人及債務人，並於送達債務人時生效（§30）。值得注意的是，依犯罪收益保全程序規則第11條及第12條之規定，股票、其他有價證券及可轉換公司債之沒收保全，除有特別規定者外，準用債權之沒收保全規定。

---

[49] 曾淑瑜，同註7，頁73。

又該法將沒收標的從有體物擴大至無體財產權，因內容多樣化，隨著社會經濟的變遷，預想各種財產權之範圍或內容的變化而規範個別沒收保全方法，有相當之困難度。因此，該法於第31條概括規範「其他財產權」之沒收保全方法。[50]亦即，除動產、不動產或債權以外之財產權的沒收保全，除有特別規定者外，準用債權沒收保全之規定，於送達沒收保全命令至債務人或其他權利人時發生效力。如前開財產權之移轉須經登記始生效力者，準用該法第27條第3項至第5項及第7項相關規定（§31）。

7. 沒收保全命令之撤銷、失效及處置

(1) 沒收保全命令之撤銷與失效

已無沒收保全之理由或必要性，或沒收保全期間不當過長時，法院應依檢察官、沒收保全財產所有人（財產所有人係被告時，含辯護人）之請求或依職權撤銷沒收保全命令。除檢察官請求者外，法院為前項裁定前，應聽取檢察官之意見（§32）。前開保全期間不當過長之判斷，應綜合財產之性質、使用狀況、有關財產之權利關係及其他各種狀況而判斷之。[51]

又沒收保全命令於諭知無罪、免訴或不受理（刑事訴訟法§338及§339規定之情形除外）判決，或諭知有罪判決而未同時宣告沒收時，失其效力（§33 I）。蓋無罪、免訴或公訴不受理之判決，或有罪判決而未同時宣告沒收時，因被認為不具一般性之沒收保全理由與必要，所以不待確定判決，不需經過撤銷沒收保全命令之程序，即當然失其效力。值得留意的是，刑事訴訟法第338條第4項起訴違反程序及第339條第1項起訴後二個月內未送達謄本而諭知不受理判決之情形，於補正程序後有再起訴之可能，故難認不具一般性之沒收保全理由與必要，因此沒收保全命令不當然失其效力。[52]同時，於此情形下，準用該法第23條第3項與第4項之規定（§33 II）。

50　三浦守、松並孝二、八澤健三郎、加藤俊治，同註5，頁239。

51　三浦守、松並孝二、八澤健三郎、加藤俊治，同註5，頁244。

52　三浦守、松並孝二、八澤健三郎、加藤俊治，同註5，頁245。

(2) 沒收保全命令撤銷、失效後之處置

前開沒收保全失效或繳納代替金時，檢察官應儘速囑託檢察事務官塗銷沒收保全之登記、除去公示書或其他必要之措施。囑託檢察事務官執行塗銷登記時，應依檢察官指揮之書面為之（§34）。因此，沒收保全命令失效後之處置，係由檢察事務官依據檢察官之指揮而為之。

8. 沒收保全與強制執行程序之關聯

沒收保全係限制財產處分之處分行為，強制執行則係其他法院等機關限制財產處分，二者對於該當財產之管理與處分所為相關程序勢必產生競合，因此必須就相關程序效力予以調整。此類程序，依不同之沒收保全與各別目的而異其程序。基於保護利害關係人之必要，採取「先著手主義原則」。易言之，於沒收保全先行時，強制執行等拍賣程序不得為之；若強制執行等程序先行，除扣押債權人為被告本身或惡意第三人之虛偽債權外，不得為沒收之裁判。[53]

(1) 對沒收保全財產強制執行之限制

被沒收保全後，對於該保全有關之不動產、船舶、飛機、汽車、建設機械、小型船舶開始拍賣程序，或該保全有關之動產被強制執行查封時，強制執行之拍賣程序，非於沒收保全失效或繳納代替金後不得為之。於被沒收保全後核發強制執行之扣押命令之債權附條件、期限、對待給付或其他事由，致難收取時，準用之（§35Ⅰ、Ⅲ）。

對於被沒收保全之債權（民事執行法§143規定之債權）核發強制執行之扣押命令時，非於沒收保全失效或繳納代替金後，該扣押之債權人不得就扣押債權內沒收保全之部分收取或為民事執行法第163條第1項之請求（§36Ⅱ）。對於被沒收保全之其他財產權（即民事執行法§167規定之其他產權）之強制執行，準用對於被沒收保全之債權強制執行之規定（§36Ⅳ）。

---

[53] 井上弘通、西田時弘，同註37，頁6；三浦守、松並孝二、八澤健三郎、加藤俊治，同註5，頁250。

(2) 第三債務人之提存

有關金錢債權之沒收保全與強制執行扣押發生競合時，該法設有第三債務人提存之機制。亦即，金錢債權之債務人（下稱「第三債務人」），於沒收保全後，收受該當保全債權之強制執行扣押命令時，得將相當於債權全額之金錢，向債務履行地之提存所提存。第三債務人依前開規定提存時，應向核發沒收保全命令之法院陳明其事由。因採行先著手主義原則，故為前開提存時，發扣押命令之執行法院對於提存之金錢，於沒收保全命令失效或繳納代替金後，法院始得就提存金錢超過部分，實施分配或交付償還金（§36）。

(3) 沒收強制執行中財產之限制

有關沒收強制執行中財產，該法第37條設有規定。第37條規定：被沒收保全前開始強制拍賣之裁定或依強制執行查封財產時，不得為沒收裁判。但扣押債權人之債權係虛偽、查封債權人知悉為沒收對象財產而申請強制執行或查封債權人係犯罪行為人時，不在此限（I）。關於禁止沒收對象財產上存有地上權、抵押權或其他權利之附帶保全命令，禁止處分前已開始強制拍賣之裁定或依強制執行查封財產而沒收該財產，並使其權利仍存續時，於諭知沒收同時並應宣告之。但扣押債權人之債權係掩飾、查封債權人知悉為沒收對象財產而申請強制執行或查封債權人係犯罪行為人時，不在此限（II）。關於已核發沒收保全命令之財產，開始強制拍賣之裁定或依強制執行查封時，扣押債權人（被告係扣押債權人除外）不被允許參加被告案件之程序時，不得為沒收裁判（III）。

(4) 強制執行之停止

該法原則上採先著手主義，然開始強制拍賣之裁定或依強制執行之財產為沒收保全財產，且與犯罪嫌疑人有一定之關連性，則需重新調整其效力。因此，該法第38條規定：法院關於開始強制拍賣之裁定或依強制執行查封之財產已或將核發沒收保全命令，有相當理由足認為有扣押債權人之債權係虛偽、查封債權人知悉為沒收對象財產而申請強制執行或查封債權人係犯罪行為人之情事時，得依檢察官之請求或依職權命令停止強制執行（I）。檢察官向執行法院提出前項裁定書之謄本時，執行法院應停止強

制執行 (II)。沒收保全失效、繳納代替金、已無第1項之理由或停止強制執行期間不當過長時，得依檢察官、查封債權人之請求或依職權撤銷同項之裁定 (III)。

(5) 執行擔保物權之拍賣程序與調整

　　有關被沒收保全財產與該財產上所存有擔保物權（包括優先權、質權、抵押權等）拍賣程序之執行效力，原則上亦採先著手主義原則，沒收保全財產上之擔保物權係沒收保全後所生者，不影響沒收保全之效力，且擔保物權之執行程序不得妨礙沒收保全之效力。[54]因此，該法第39條規定：沒收保全財產上存在之擔保物權，係保全後所生或附帶保全命令禁止處分者，非沒收保全命令失效或繳納代替金後，不得執行（查封除外）(I)。執行擔保物權之拍賣程序開始後，對該擔保物權核發附帶保全命令且檢察官提出該命令之謄本時，執行法院應停止其程序。關於民事執行法規定之適用，視同同法第183條第1項第7款（含同法§189、§192或§193 II準用之情形）提出之文書 (II)。

(6) 其他程序之調整

　　該法第40條規定：第35條之規定，關於被沒收保全財產因滯納處分（依國稅徵收法之滯納處分及準用滯納處分，下同）而查封、被沒收保全財產所有人之破產宣告、開始重整程序之裁定或依承認外國破產處理程序援助法（外国倒産処理手続の承認援助に関する法律）第28條第1項之禁止命令，或被沒收保全財產所有之公司或其他法人開始重整程序之裁定、開始整理或特別清算之命令時，準用前述程序之限制 (I)。依第36條規定沒收保全之金錢債權被依滯納處分查封，或依滯納處分查封之金錢債權被沒收保全，而第三債務人提存時，準用同條第1項、第2項及第4項被沒收保全之金錢債權被執行假扣押，或被執行假扣押之金錢債權被沒收保全而第三債務人提存之規定 (II)。依第37條規定沒收保全前該保全之財產被執行假扣押，或禁止沒收對象財產上存在地上權、抵押權或其他權利處分之附帶保全命令前被執行假扣押。關於該財產沒收之限制，同條第1項本

---

[54] 三浦守、松並孝二、八澤健三郎、加藤俊治，同註5，頁274-275。

文規定於沒收保全前該保全之財產被執行滯納處分查封、被沒收保全財產所有人之「破產宣告等」或公司、其他法人開始重整裁定；同條第2項本文規定於禁止沒收對象財產上之存在地上權、抵押權或其他權利處分之附帶保全命令前被依滯納處分查封、所有人「破產宣告等」或公司、其他法人開始重整裁定時，準用之（III）。已或將核發沒收保全命令時，關於被執行假扣押之財產，準用第38條停止強制執行之規定（IV）。

9. 附帶保全命令之效力

附帶保全命令原則上係附著於沒收保全命令，而本質與沒收保全命令相當，因此該法第40條規定：附帶保全命令於沒收保全有效之期間內，亦有效力。但已繳納代替金者，不在此限（I）。附帶沒收保全命令除有特別規定外，準用關於沒收保全之規定（II）。

(二) 追徵保全

追徵保全，係依追徵保全命令而禁止處分；依該法第16條之規定有應追徵之情形，為確保追徵裁判之執行，由法院或法官核發追徵保全命令，暫時禁止被告或犯罪嫌疑人為財產處分。追徵保全係以沒收保全為基礎，確實剝奪犯罪收益為目的之制度，最早於麻藥特例法所創設，後來為組織犯罪處罰及犯罪收益規範法所承襲，並大幅擴充適用對象之犯罪類型。[55]

1. 追徵保全之意義與法律效果

法院有相當理由足認為得依本法或其他法令之規定追徵不法財產價額，而認為恐有難於執行追徵裁判之虞或執行顯有困難時，得依檢察官之請求或依職權對該被告財產核發追徵保全命令禁止其處分。追徵保全命令應定因追徵保全裁判之執行認為相當之金額（關於第4項稱「追徵保全金額」），對特定財產核發之。但關於動產，目的物不特定時亦得核發。關於追徵保全命令禁止處分之財產，為停止或撤銷追徵保全命令之執行，應定一定金額之金錢由被告繳納（下稱「追徵保全代替金」）（§42 I～III）。

---

[55] 三浦守、松並孝二、八澤健三郎、加藤俊治，同註5，頁295-296。

追徵保全命令，應記載被告人的姓名、罪名、起訴事實要旨、追徵依據之法令條項、追徵保全金額、禁止處分財產之表示、核發年月日或其他最高裁判所規則規定之事項，由審判長或受命法官簽名蓋章。須緊急為處分時，得由審判長或其他合議庭成員為之。有關追徵保全之處分，於第一次審判期日前由法官為之。法官關於該處分，與法院或審判長有同一之權限（§42IV、V）。

2. 追徵保全程序之啓動

該法以起訴與否之時間點區別起訴後之追徵保全程序（§42）與起訴前之追徵保全程序（§43）。追徵保全程序之啟動，原則上以檢察官向法院聲請為必要，惟起訴後法院亦得依職權核發追徵保全命令。

相較於起訴前沒收保全程序之啟動，起訴前追徵保全程序之啟動僅有檢察官有聲請權，司法警察官則無聲請權。[56]追徵保全係為確保追徵裁判之執行，檢察官具有向法院請求正確適用法令、指揮監督裁判之執行等職責，因掌握追徵保全要件之立場，所以檢察官得請求追徵保全。確保追徵裁判之執行，非屬司法警察官之職責，尤其是不相當之沒收應否為追徵之理由，司法警察官無從判斷。[57]

3. 追徵保全之期間限制

起訴後追徵保全命令之效力，無期間限制。然起訴前追徵保全命令之效力，準用起訴前沒收保全命令相關規定（§43II）。換言之，起訴前追徵保全案件未於追徵保全命令核發後三十日內起訴時，失其效力。法官依檢察官之請求，認為有不得已之事由[58]時，得於前項期間屆滿前每三十日更新之；更新裁判於通知檢察官時生效。起訴前追徵保全命令因檢察官起訴而未失效時，應將其意旨通知受追徵保全命令者（被告除外）。若所

---

56 井上弘通、西田時弘，同註37，頁9。

57 井上弘通、西田時弘，同註37，頁207。

58 此處所指不得已之事由，係指案件於期間內無法提起公訴之情事，除因犯罪嫌疑人逃匿而程序上起訴困難外，亦包括案件的複雜度、證據蒐集狀況，以及決定起訴或不起訴有相當之困難度等等。三浦守、松並孝二、八澤健三郎、加藤俊治，同註5，頁308。

在不明或因其他理由無法通知時，應於檢察署公布欄公告七日以代通知（§43 II準用§23III本文、IV～VI）。

值得注意的是，由於追徵保全係針對特定被告保全其一般財產，其要件應以被告人本身之事由判斷之，對共犯提起公訴之情形，因無維持追徵保全之效力，所以就該部分，並無準用第23條但書之規定。[59]

4. 追徵保全之理由與必要性

有相當理由足認爲得依本法或其他法令之規定追徵不法財產價額，係指依該法第13條第1項與第3項規定足認有相當理由認爲該當財產爲應沒收財產但有無法沒收之情事[60]，或該當財產之性質、使用狀況，以及該當財產存有被告以外之人的權利等，而認爲沒收顯不相當時，有相當理由應追徵其價額而言。[61]

追徵保全必要性，係指恐有難於執行追徵裁判之虞或執行顯有困難之情事。換言之，被告之收入與資產狀況有變化或被告隱匿或處分其財產，即使有追徵之判決，有無法執行判決或執行有顯著困難之情事。[62]

5. 追徵保全解放金之納付與追徵裁判之執行

(1) 追徵保全命令之執行

追徵保全命令由檢察官命令執行之，該命令與民事保全法規定之假扣押命令有同一之效力。追徵保全命令之執行，得於命令謄本送達被告或犯罪嫌疑人前爲之。追徵保全命令之執行，除本法另有規定外，準用民事保全法或其他執行假扣押法令之規定（§44）。

(2) 金錢債權債務人之提存

基於追徵保全命令執行假扣押之金錢債權債務人，提存該債權價額相

---

59 三浦守、松並孝二、八澤健三郎、加藤俊治，同註5，頁308。

60 一般而言，因追徵爲沒收之易刑處分，對沒收具有補充性，所以追徵之要件必須具備無法沒收之事由，檢察官對此應負舉證責任；司法實務認爲有關沒收之要件原則上採行嚴格證明法則。井上弘通、西田時弘，同註37，頁179。

61 三浦守、松並孝二、八澤健三郎、加藤俊治，同註5，頁300-301。

62 三浦守、松並孝二、八澤健三郎、加藤俊治，同註5，頁301。井上弘通、西田時弘，同註37，頁194。

當之金錢時，關於債權人提存金之返還請求權，視同該假扣押之執行。提存金超過追徵保全代替金之部分，不適用之（§45）。

(3) 追徵保全代替金之繳納與追徵等裁判之執行

繳納追徵保全代替金後，如追徵判決確定，或法院諭知暫繳納之裁判時，就繳納金額之限度內視同追徵或暫繳納裁判之執行。諭知追徵而繳納之追徵保全代替金逾追徵金額時，應將超過之金額返還被告（§46）。

6. 追徵保全命令之撤銷、失效及處置

(1) 追徵保全命令之撤銷與失效

已無追徵保全之理由或必要性，或追徵保全期間不當過長時，法院應依檢察官、被告或其辯護人之請求或依職權撤銷追徵保全命令。除檢察官之請求者外，法院為前項裁定，應聽取檢察官之意見（§47）。

追徵保全命令於諭知無罪、免訴或不受理（刑事訴訟法§338④及§339①規定之情形除外）判決，或諭知有罪判決而未同時宣告追徵時，失其效力。蓋無罪、免訴或公訴不受理之判決，或有罪判決而未同時宣告追徵時，因被認為不具一般性之追徵保全理由與必要，所以不待確定判決，不需經過撤銷追徵保全命令之程序，即當然失其效力。

至於刑事訴訟法第338條第4項起訴違反程序及第339條第1項起訴後二個月內未送達謄本而諭知不受理判決之情形，於補正程序後有再起訴之可能，故難認不具一般性之沒收保全理由與必要，因此沒收保全命令不當然失其效力。

(2) 追徵保全命令撤銷、失效後之處置

追徵保全失效或繳納追徵保全代替金時，檢察官應儘速撤銷追徵保全之執行命令，並為停止基於追徵保全命令假扣押之執行或撤銷已執行之假扣押應採取必要之措施（§49），避免持續不當侵害人民財產權。

(三) 不服沒收保全與追徵保全命令之救濟

對於法院所為沒收保全或追徵保全之裁定得抗告，但如無相當理由，不在此限。對於沒收保全或追徵保全之裁定不服者，得向法官所屬法院請求撤銷或變更原判決；但如無相當理由者，不在此限。前開程序準用

刑事訴訟法第429條之規定，請求撤銷、變更之（§52）。

陸、結論

日本現行刑法與刑事訴訟法有關犯罪所得剝奪法制相關規範，與我國修正前刑法及現行刑事訴訟法相去不遠。亦即沒收客體以有體物為限，沒收保全則以刑事訴訟之扣押手段達成，刑法雖設有追徵規定，但並無相關程序規範，對於沒收與追徵所發揮剝奪犯罪所得之效能相當有限。然日本犯罪所得剝奪之程序法制，包括第三人沒收程序以及犯罪所得保全程序相關機制，主要發展於刑事特別法之中，相較於我國刑事程序法制，有相當進步而實用之立法，頗值得我國借鏡。

首先，日本因應司法實務違憲判決而於1963年制定「刑事案件第三人所有物沒收程序應急措施法」，基於落實憲法第29條保障人民財產權以及第31條正當法律程序之要求，沒收第三人之財產時，賦予其告知、聽聞及辯解之機會，因而規範第三人訴訟參加制度，確立第三人訴訟主體地位。原則上檢察官依法應於起訴時通知第三人，受通知之第三人則有主動聲請訴訟參加之權限，賦予參加人近似當事人程序地位保障，故原則上承認參加人與被告有同一訴訟權利。參加人得於審理期日到庭陳述意見，有聲請調查證據及選任代理人之權限，並有獨立上訴權，以及因不可歸責而未參加訴訟之特別救濟程序。同時也規範第三人非屬自然人之法人或其他非法人之社團或財團者，由渠等代表人或管理人代為訴訟行為。

其次，有關犯罪所得之沒收與保全，因日本為聯合國以及亞太防制洗錢組織之會員國，遂依循國際公約的發展而與時俱進，均以刑事特別法加以規範。為落實1988年維也納反毒公約的立法政策而於1991年制定麻藥特例法，對毒品犯罪所生犯罪所得之沒收與追徵，於實體與程序均設有詳盡之規範，嗣後為因應1996年FATF修正之四十項建議，制定組織犯罪處罰及犯罪收益法，沿襲麻藥特例法有關剝奪犯罪所得相關立法，並擴大適用範圍及於洗錢罪之前置犯罪所連結的二百餘項罪名。換言之，日本有關犯

罪所得保全，包括沒收保全程序與追徵保全程序，均以組織犯罪處罰及犯罪收益法為依歸，採行令狀主義，主要規範內容為保全程序之啟動、發動之理由與必要性、效力期間限制、代替金之繳納與強制執行程序之關聯等等。

觀察日本有關犯罪所得剝奪相關立法發展，係依循國際發展軌跡，從毒品犯罪擴張至其他與洗錢有關之犯罪，故其以刑事特別法予以規範，有其歷史因素。時至今日，剝奪犯罪所得之立法需求，已擴及於各領域利得犯罪，該等以特別法之立法方式規範有關犯罪所得保全程序，恐有適用之限制與盲點。

因此，本文認為，我國應從日本法制之發展過程習得經驗，有關剝奪犯罪所得相關法制，應參採其現行「組織犯罪處罰及犯罪收益規範法」與「刑事案件第三人所有物沒收程序應急措施法」相關規範，增定於刑事訴訟法，避免運用刑事特別法之立法模式，以完善法制並杜絕爭議。

參考文獻

一、中文

1. 吳天雲，日本麻藥特別法——控制下交付、洗錢罪及沒收追徵制度，刑事法雜誌，第 48 卷第 2 期，2004 年 4 月。

2. 康樹正，沒收第三人所有物之程序規範——日本最高法院 1962 年 11 月 28 日大法庭判決評釋，法令月刊，第 60 卷第 1 期，2009 年 1 月。

3. 曾淑瑜，犯罪收益之沒收與保全——從日本法之觀點探論，月旦法學雜誌，第 144 期，2007 年 5 月。

4. 魏武群，洗錢防制法有關禁止處分制度之研究——以沒收保全為中心，中原大學財經法律系碩士論文，2008 年 1 月。

二、日文

1. 李傑清，日本組織の犯罪対策における不法利益剥奪規定の研究，育達研究叢刊，第 5、6 期合刊，2003 年 11 月。

2. 三浦守、松並孝二、八澤健三郎、加藤俊治，組織的犯罪対策関連三法の解説，法曹会，2001 年。

3. 山口厚，わが国における沒収・追徵制度の現状，現代社会における沒収・追徵，信山社，1996 年。

4. 松井茂記，第三者所有物之沒収とデュー・プロセス，憲法判例百選Ⅰ，別冊ジュリスト，第 95 号，1988 年 1 月。

5. 松井茂記，第三者所有物の沒収と告知、聽聞——第三者所有物沒収事件，憲法判例百選Ⅱ，別冊ジュリスト，第 187 号，2007 年 3 月。

6. 松並孝二，組織的犯罪対策三法の概要，現代刑事法，第 7 号，1999 年 11 月。

7. 野坂泰司，適正手続の保障と第三者の権利の主張，法学教室第 297 号，2005 年 6 月。

8. 野中俊彦、中村睦男、高橋和之、高見勝利，憲法Ⅰ，有斐閣，2012 年第 5 版。

9. 川端博，刑事訴訟法講義，成文堂，2012 年。

10.池田修、前田雅英，刑事訴訟法講義，東京大學出版會，2012 年第 4 版。

11.田宮裕，第三者沒收，刑法判例百選 I 總論，別冊ジュリスト，第 57 号，1978 年 2 月。

12.出田孝一，§19（沒收），大コンメンタール刑法第 1 卷，青林書院，2004 年第 2 版。

13.藤木英雄，第三者の所有物に対する沒收をめぐる問題点——第三者沒收その法理的検討と判決，法律のひろば，第 16 卷 2 号，1963 年 2 月。

14.臼木豊，沒收・追徵と第三者保護を巡る諸問題，現代社會における沒收・追徵，信山社，1996 年。

15.渡辺咲子，第三者所有物沒收手続応急措置法，大コンメンタール刑事訴訟法第 8 卷，青林書院，1999 年。

16.井上弘通、西田時弘，沒收保全及び追徵保全に関する実務上の諸問題，法曹会，2004 年。

16

歐盟刑事司法整合之經驗於我國跨境刑事司法互助之借鏡

鄭文中[*]

* 台大法學士、台大法學碩士、德國Passau大學法學博士、文化大學法律系副教授。

壹、前言

　　隨著全球經濟、政治、文化聯繫的不斷加深，犯罪也隨之更趨國際性，犯罪行為人，尤其是組織犯罪之行為人跳脫傳統的犯罪基地與地域性，經由國際網路，建構出國際性犯罪活動，加速了對安全的挑戰與威脅，再者由於全球通訊、資訊科技的進步及跨境活動的增加，讓犯罪組織能夠將犯罪活動提升至國際層級，犯罪活動出現專業化、科技化、規模化、跨境化的現象，經由這些特徵而結合的犯罪型態，諸如毒品販運、洗錢、非法軍火販運、人口販運、偷渡，以及竊取智慧財產等犯罪，皆是全球化與犯罪之間的互動結果[1]，也造成各國的國安與治安雙重面向的威脅，對於犯行影響所及的國家，其追訴或審判造成莫大的勞頓與負荷。在

---

[1]　參見孟維德，防制跨國犯罪的國際合作途徑，刑事政策與犯罪研究論文集（12），
2009年，頁235以下。

這種情況下，跨境犯罪儼然已是21世紀當前的關鍵議題，若無妥善防制，跨境犯罪將益發增加、擴散其影響。為解決此一問題之發生，各國莫不致力於簽訂雙邊或多邊之刑事司法協定，國際刑事司法互助之體系因應產生，並在20世紀90年代後期逐漸於國際法上占有重要地位。

　　跨境刑事司法互助的問題，究其實際存在已久，並不是全新的議題，每一項跨境刑事訴追皆需要另一個政府當局的合作，全球化時代下所呈現的挑戰是：跨境刑事司法互助的複雜度增加，而時效上可能發生遲延，加上不同語言在溝通上的困難，例如解釋刑事偵查真正需要的作為，以及不同法律體系間的差異在刑事司法互助上衍生的任何問題。在各國致力於防治跨境犯罪的同時，刑事司法互助的新發展趨勢則是反映在國際合作訴追犯罪與人權保障此兩大發展主軸的現象上。刑事程序法被稱為憲法的測震儀，乃是因為其體現了國家與人民的關係，各國自然有其差異。不過，人權作為一種普世價值，法治國家的刑事程序必須要符合人權的最低限度，這些議題由來已久，並經常受到學界及實務界的處理及探討。這些努力簡化並加速了國際合作傳統上衍生的互助協定，包含雙邊及多邊的協定，而近年來引起更多關注與討論的則是在歐盟「相互承認原則」（Prinzip der egenseitge Anerkennung）下的刑事司法互助。

　　歐盟在刑事司法互助固然主要原因在於歐盟整合，有其特殊歷史與政治與社經脈絡[2]，因而被認為係自成一格（sui generis）之法律體系。簡言之，就目前的發展而言，歐盟運作條約第82條主要就刑事判決與相關決定之相互承認以及內國法規之調和兩項議題加以規範。就前者而言，理事會與歐洲議會應依據普通立法程序，制訂程序與規範，以確保聯盟內刑事判決與相關決定之承認；同時，並應降低或解決會員國管轄權衝突之爭議；支援司法人員之訓練；最後，並應促進司法機關在刑事程序以及刑事裁判執行之相互合作。就後者而言，內國法規之調和可分為程序以及實質兩個面向。就程序面向而言，歐盟主要則是企圖由最低度規範，以規範個人在

2　關於歐洲聯盟統合之歷史，參見遠藤乾編，歐洲統合史，國立編譯館主譯，姜家雄審閱，王文萱譯，2010年7月。

刑事程序之權利，以及刑事被害人之權利。此種發展模式對於我國與各國合作進行跨境犯罪訴追時，可資借鑑之處頗多。然而，本文並不欲對歐盟刑事司法互助之發展及所有的法律工具進行鳥瞰性之介紹，通盤性之理解，且限於篇幅，亦不允許筆者如此行文。本文側重之處在與歐盟證據令（Europäische Beweisanordnung, EBA）有關之刑事司法互助之議題上，所出現之跨境合作訴追犯罪關於證據流（Verkehrsfähigkeit von Beweisen）及其間所涉及人權保障之問題加以探究。壽星公廖正豪教授是後學台大法律系的前輩學長，是該系負有盛名的傑出校友，後學留學歸國後任教於文化大學法律系期間，而能成為廖部長的同事，亦屬有幸。廖教授於法務部部長任內即屢次呼籲政府應重視跨境犯罪之防治，加強與國際及兩岸的刑事司法合作，值此七十古稀之壽，後學謹以本文，向壽星公表達誠摯祝賀之意。

貳、物之交付——歐盟證據令

2008年12月18日，歐盟理事會（Rat der Europäischen Union）通過2008/978/JHA理事會框架決定，並已於2009年1月19日生效，各會員國須於二年內將框架決定規範之內容轉化為內國法之規定，而於2011年1月19日起實行。歐盟證據令制定之目的在於規範會員國間調查證據之相互承認與執行，換言之，歐洲證據令是特定會員國之司法機關[3]所為之決定，而用以取得其他會員國所握有或位於其境內之物品、文件與資料者。

如同其他歐盟刑事司法互助於程序面所採行之方式[4]，例如歐盟逮捕

3　歐洲逮捕令之核發機關，限於法官、法院、偵查法官、檢察官，或若依據該會員國之法律制度，在特定情形以刑事偵查機關之地位有權核發命令以跨境取得證據者，Rahmenbeschluss 2008/978/JI DES RATES, Art.2c http://eur-lex.europa.eu/LexUriServ/LexUriServ.do?uri=OJ:L:2008:350:0072:0092:DE:PDF.

4　關於歐盟刑事司法互助所採行之方式，參見吳建輝，刑事司法互助在歐洲聯盟法之發展，司法新聲，第103期，頁14-24。

令（Europäischer Haftbefehl），歐盟證據令亦是建立在會員國相互承認原則的基礎上，此項相互承認原則不僅是作為立法之依據，並且在歐盟證據令之執行上，相互承認原則與2008/978/JHA理事會框架決定之規範內容，同為指導原則。事實上，在2003年之歐盟執行保全財產或證據方法裁定之框架決定（Rahmenbeschluss über die Vollstreckung von Entscheidungen über die Sicherstellung von Vermögensgegenständen oder Beweismitteln in der Europäischen Union）中[5]對於歐盟證據令之簽發條件、歐盟證據令之傳送、執行機關在特殊情形下通知簽發機關之義務及執行歐盟證據令之法律救濟及造成損害時之賠償等，已經有所規定，此對於在歐盟範圍內之刑事取證進行有實質促進作用。

一、歐盟證據令框架決定之內容概要

歐盟為建立一個自由、安全與正義的歐盟區域，必須要創造新型態的司法互助模式，以便有效打擊跨國組織犯罪。前開簡要敘述其內容之歐盟證據令，或者是類似的歐盟逮捕令，乃至於關於剝奪人身自由之刑事判決相互承認等，軍事此種思考底下的結果。刑事訴訟程序之主要目的，固然傳統上是認為，致力正義實現，以及與實現正義有密切關聯的真實發現；然而另外一方面，對於人類型共同生活所發生的衝突、紛爭，訴訟程序應該以有效率的方式加以解決，也已成為刑事程序追求之目標[6]。

歐洲證據令之核發，限於下列程序，包含：「依據會員國之刑罰法律向司法機關所提起或將提起之刑事程序：由行政或司法機關對於違法行為所提起之程序，而該程序之決定將得向主要主管刑事訴訟之法院聲請救濟者；對於法人基於前述事由所進行之程序，亦屬之。而歐洲證據令之適用範圍僅限於程序上所需之物品、文件與資料，而不及於：進行訪談、取供、或進行聽審；對身體進行勘驗或取得與身體有關之跡證；取得即時資訊如對於通訊之追蹤與帳戶之監控；對於既存物品、文件、資料進行

5　ABl. L 196 vom 2.8.2003, S.45.

6　Claus Roxin, Strafverfahrensrecht, 25. Aufl., 1998, §1, Rn. 2f.

分析；或要求執行國取得公開可得之電子資訊。然而，若上開物品、文件或資料，現已於執行國持有中，則可作為歐洲證據令之客體。此外，歐洲證據令原則上雖不及於供述證據之取得，但於執行歐洲證據令之過程中，得對於在現場在場之人，而與歐洲證據令直接相關者，得對之取得供述證據。就歐洲證據令之核發要件，規範於2008/978/JHA理事會框架決定第7條，主要分成兩項：首先，系爭物品、文件與資料之取得，對於欲進行之程序係屬必要且符合比例原則；其次，依據核發國法律，系爭物品、文件與資料位若處於核發國，有權機關得對之取得。對此二要件是否符合，僅得於核發國聲明不符，執行國不得審查上開要件是否符合，蓋此舉將違反相互承認原則之精神。除非執行國決定援引拒絕承認與拒絕執行之事由，否則，執行國則應視該歐洲證據令係其執行國核發之命令，而執行該歐洲證據令以取得系爭物品、文件或資料，而無需經由任何中間程序。就如何執行系爭歐洲證據令以取得核發國所請求之物品、文件、或資料，則全憑執行國決定，包含強制力之使用。然而，會員國應確保在歐洲證據令之執行過程中，任何可供執行會員國本身所核發之命令之措施，均得用以執行歐洲證據令，此外，在涉及重罪事由所核發之歐洲證據令，搜索或扣押亦應適用於歐洲證據令之執行。然而，倘系爭歐洲證據令若係由非法官、法院、偵查法官或檢察官所核發，且未經法院審核者，則執行國得拒絕實施搜索或扣押。關於歐洲證據令之拒絕承認與拒絕執行事由，規範於2008/978/JHA理事會框架決定第11條，其中包含一事不再理、雙重可罰、依據執行國法律，並無任何措施可資採行以執行歐洲證據令、豁免或特權、若執行國要求非法官、法院、偵查法官或檢察官所核發之歐洲證據令需經法院審查，但系爭歐洲證據令未經法院審查、管轄權競合或域外管轄而系爭域外管轄為執行國所不承認者、涉及根本國家安全利益、或程序不完備者。拒絕承認或執行之決定，應由法官、法院、偵查法官或檢察官為之，惟若系爭歐洲證據令係由上開人等以外之司法機關為之，且未經上開人等之審查，此時，系爭歐洲證據令之拒絕承認與執行，則得由上開人等以外之司法機關為之。就雙重可罰此一要件而言，歐洲證據令與前述其他法律工具相同，皆有所放鬆。一般而言，歐洲證據令之承認與執行，除非

在涉及須搜索或扣押之情形外，不需適用雙重可罰原則。此外在涉及搜索及扣押之情形時，若依據核發國法律系爭犯罪係最輕本刑三年以上之重罪，例如組織犯罪、人口販運、兒童之性剝削或兒童色情等重罪時，亦無雙重可罰原則之適用。亦即，在涉及搜索或扣押之執行，且非上開重罪之情形時，方有雙重可罰原則之適用。然若在此情形之下，在涉及關稅、稅務、海關或匯兌事宜時，亦無需適用雙重可罰原則。」[7]

二、歐盟證據令之特點

歐盟證據令已於2011年1月19日起生效施行，在歐盟區域內實現了經由單一立法，即得於其他會員國直接進行刑事取證之目標。歐盟證據令具有以下特點：

(一) 歐盟區域內之直接立法

歐盟證據令框架決定之法律用語在一定程度上顯示出有關刑事取證之框架決定是一項歐盟範圍內的直接立法行動。首先歐盟證據令框架決定關於行為主體方面之用語是採用簽發國（Anordnungsstaat）及執行國（Vollstreckungsstaat），不再沿用傳統刑事司法互助協定中所使用之請求國（der ersuchende Staat）及被請求國（der ersuchte Staat），因為後者所使用之法條文字代表著，刑事取證僅僅是締約國間之一項司法互助的內容，請求國所提出之刑事取證請求對於被請求國而言，並不具有法律拘束力，被請求國仍得基於本國法律規定、國際慣例甚至是互惠原則之考量，審酌是否提供司法協助。然而根據歐盟證據令框架決定之規定，在2011年1月29日生效施行後三年內之所謂過渡期間（Übergangsfrist），即於此一日期前，會員國必須將歐盟證據令框架決定之內容轉化為內國刑事訴訟法及相關程序法律之規定，或是如同適用內國法一般直接適用該框架決定之內容。至於在執行依據方面，歐盟證據令框架決定前言第15點指出，在未牴觸執行國法律基本原則及在最大範圍內不損及執行國之基本

7　吳建輝，前揭註4，頁22-24。

保障下，歐盟證據令之執行應儘可能地遵循簽發國明確提及之形式規定（Formvorschriften）及程序（Verfahren）。[8]如此一方面有利於簽發國快速而有效地自執行國司法機關手中取得刑事證據，另一方面也可以減少違法取證之情形，而確保系爭證據方法在簽發國刑事程序上之證據能力。

(二) 擴大刑事取證之程序類型範圍

除了於已經開啟之刑事訴訟程序或即將開啟之刑事訴訟程序，可以簽發歐盟證據令之外，由行政機關針對違規行為（Zuwiderhandlungen gegen Rechtsvorschriften）所開啟，而可能引發後續刑事司法程序之程序，亦可以簽發歐盟證據令，且相關程序不以針對自然人者為限，同時包括法人於歐盟證據令簽發國所涉及之可能被追究刑事責任之情形（歐盟證據令框架決定§5參照），相對於1959年歐洲刑事司法互助協定及其附加議定書之規定，締約國間提供司法協助之範圍為各國司法機關管轄之犯罪處罰、特定之行政程序及涉及法人之程序、及刑事執行程序，而在刑事取證之範圍則是限定於針對犯罪所展開之刑事訴訟程序，歐盟證據令刑事取證之範圍更為廣泛。相較於歐洲刑事司法互助協定，有權簽發歐盟證據令之機關則包括法官、法院、預審法官、檢察官及任何經由簽發國所指定其他司法機關，另外依據簽發國法律於刑事訴訟程序中關於特定類型之跨境案件有權發布命令取得刑事證據之犯罪調查機關（歐盟證據令框架決定§2C）。核發國不得請求執行國進行下列事項：實施會見、取得陳述或啟動其他類型之由犯罪嫌疑人、證人、專家或任何其他主體參加之聽審，然而於執行之過程中，得針對於現場之人，而與歐洲證據令直接相關者，得對之取得供述證據；實施身體檢查或從任何人之的身體直接取得得身體材料（Zellmaterial）或生物資料（biometrische Daten），包括指紋及DNA樣本；即時獲得資

8　就此項規定也可看出歐洲刑事司法互助在刑事取證執行依據上之變遷。1959年之歐洲刑事司法互助公約規定，刑事取證之執行必須依照被請求國之法律進行，而2000年之歐盟會員國刑事司法互助協定第4條則亦僅規定，被請求成員國當儘可能地按照請求中明確表明的請求國所要求之方式與程序進行。

訊，如經由通訊監察（Überwachung des Telekommunikationsverkehrs）、隱秘監視措施（verdeckte Überwachungsmaßnahmen）或監控銀行帳戶往來（Überwachung von Kontobewegungen）；分析既存之物品、文件或資訊；或取得由公共電子通訊服務（ein öffentlicher zugänglicher elektronischen Kommunikationsdienst）或公共通訊網路（Betreibern eines öffentlichen Kommunikationsnetzes）提供者保留之通訊資料（參見歐盟證據令框架決定§4 II）。相對於歐洲刑事司法互助協定及其附加議定書之規定，歐盟證據令之刑事取證範圍則是僅限於現存且直接可以使用之物品、文件及資訊。

(三) 刑事取證形式規範化

1. 歐盟證據令之文書格式標準化

　　歐盟證據令框架決定以附件（Anhang）方式，將請求國請求在被請求國取得於刑事訴訟程序上得做為證據之物品（Sachen）、文件（Schriftstücken）或資訊（Daten）所簽發歐盟證據令應有之文書格式，明確並詳盡地予以規範[9]，且根據該項框架決定第6條第2項之規定，核發國（Anordnungsstaat）所簽發之歐盟證據令應以執行國（Vollstreckungsstaat），即被請求國之官方語言（Amtssprache），或其中一項官方語言為之。相較於1959年歐洲理事會所通過之歐洲刑事司法互助公約，對於請求國請求其他其締約國提供司法協助之文書應有如何之具體格式，並未有規定，而僅於第3條規定應以委託書（Rechtshilfeersuchen）為之，而於第14條第1項第1至4款規定委託書應記載之事項亦僅有：請求國提出請求協助之機關名稱；請求提供協助之事項及原因；若有可能，應記明請求事項所涉及人員之身分及國籍；必要時，應記明受送達對象之姓名與地址，及紀載所涉及之罪名與簡要記載犯罪事實，歐盟證據令顯然更為詳盡。而後者之規定方式，對於犯罪嫌疑人或被告基本權利之保障更為

9　http://eur-lex.europa.eu/legal-content/EN/TXT/?uri=CELEX:32008F0 978，最後瀏覽日期：2015年11月30日。

完善，並有利於歐盟證據令之及時送達，而促進其執行之效率。

2. 限縮拒絕提供司法協助之事由範圍及其決定主體

　　歐盟證據令框架決定第13條及第16條針對執行國得拒絕提供刑事取證協助之事由，第13條規定拒絕承認與執行之事由（Versagungsgründe），第16條則是規定得延遲承認及執行之原因。首先相較於1959年歐洲刑事司法互助公約第2條關於拒絕提供司法協助之原因：倘若被請求國認為，請求國請求提供司法協助之犯罪為政治犯罪、如果被請求方認為所請求的犯罪是政治犯罪、與政治有關之犯罪或財稅犯罪（als politische, als mit solchen zusammenhängende oder als fiskalische strafbare Handlungen）；倘若被請求國認為，執行請求國請求提供協助之事項有損害該國可能損害被請求國主權、安全、公共秩序或其他重要利益之虞等完全由被請求國自行決定是否執行請求國所請求協助事項之寬鬆立法，歐盟證據令嚴格地限縮拒絕執行事由之範圍，蓋在歐盟以相互承認原則作為刑事司法互助之基石的前提下，系爭得做為證據之物品、文件或資訊所在之會員國，於受到歐盟證據令核發國之協助請求時，原則上即有承認及執行之義務，換言之，執行國基本上對於歐盟證據令毋須另為審查，而做成准許執行之裁定，與以往兩階段之司法互助審查模式顯然有別。[10]另外歐盟證據令框架決定第16條，執行國僅得於歐盟證據令之執行有違反一事不再理原則、有關之歐盟證據令未經確認、依照執行國之法律存有刑事豁免或赦免之情形、歐盟證據令框架決定附件所要求之文書格式未完成或顯然不正確之，且執行國執行機關（Vollstreckungsbehörde）設定之一項合理期限並未經過或到期後未延長等幾種情形，得延遲承認及執行歐盟證據令。

　　特別值得一提的是，歐盟證據令框架決定也對傳統刑事司法互助之重要原則，即雙重處罰原則有所修正。除了過渡期間內（生效實行後三年內，即2014年1月19日為止，參見歐盟證據令框架決定§14IV）在雙重犯罪

---

10 以德國為例，關於德國傳統引渡程序，在法律許可要件的審查程序中，首先係由具有管轄權的邦高等法院針對個案中聲請引渡是否符合內國法律之規定（國際刑事司法互助法第13、14條），倘若邦高等法院允許引渡，則聯邦法務部或是受其委託之其他司法官署將對於引渡之請求做出最終決定。

（beiderseitige Strafbarkeit）原則基礎上已經執行之搜索或扣押請求外，雙重犯罪原則已不再是拒絕執行之理由（歐盟證據令框架決定§14），換言之，雙重犯罪原則基本上不再是歐盟證據令應否執行之審查事項，然而在例外之情況下，即於執行歐洲證據令，而有實施搜索、扣押之必要，且所涉及之罪名並非第14條第2項所列舉之各罪，或雖屬列舉之各罪，但歐盟證據令核發國刑法所規定之最低最高刑罰（Mindesthöchststrafe）為三年以下有期徒刑者，仍有加以審查之必要。

至於關於得拒絕承認及執行之主體方面，歐盟證據令框架決定第13條第2項規定，拒絕承認或執行歐洲證據令之決定應由法官、法院、預審法官（Ermittlungsrichter）或檢察官作成，如此規定可以避免一項窘迫之情形，即若未加以限縮，則極有可能造成由核發國法院或檢察署所簽發之歐盟證據令，遭到執行國之警察或其他行政機關拒絕承認或執行之結果，此外拒絕承認及執行之決定應於執行國執行機關接受歐盟證據令之協助請求至遲三十內做成，且應於拒絕承認或執行之決定做成後，執行國應立即以書面方式，將該項決定連同決定之理由通至核發國之簽發機關（Anordnungsbehörde）。而傳統刑事司法互助之條約或協定，對此並未有特別規定，除法院、檢察官得作出拒絕承認或執行協助取證之請求外，作為司法協助之行政機關亦得拒絕承認或執行此種司法協助。

3. 明確規定刑事取證之截止期限

根據歐盟證據令框架決定第15條第3項明確規定承認、執行及發送歐盟證據令之截止期限，在通常情況下要求，執行國執行機關應於收到歐盟證據令後，應當立即，至遲於六十天內取得系爭得做為證據之物品、文件或資訊。同時在考慮到程序期限或其他特別緊急情況之因素，核發國尚得於歐盟證據令中指定一項較短之截止期限。在具體案件中，倘若執行國執行機關無法於規定之截至期限內執行完成，應立即通知核發國之簽發機關，並告知延遲之原因及延遲後預定執行完成之期限。1959年之歐洲刑事司法互助公約及其附加議定書對於被請求國應於如何期限內完成請求國請求之協助，並未有任何規定，而2000年歐盟會員國間刑事司法互助協定亦僅要求被請求國應儘可能地提供協助，並應對請求方於請求中所提及之時

間限制充分予以考慮。歐盟證據令對於刑事取證明確限定期限之規定，得以避免前開兩項協定之司法協助請求未被執行，或未能及時執行之弊病。

三、歐盟證據令在實務上存在之問題[11]

　　歐盟相互承認原則相互承認原則廢除傳統的內國保護機制，例如雙重可罰性原則之後，任何由單一國家的刑事司法機關所發出之干預，都將自動得到跨國界的承認歐盟證據令，幾乎可以在泛歐盟區域內自動執行，一方面無異於為刑事追訴機關開啟一大片之歐洲執行空間，然而另一方面並未充分地設置防護措施或新制度來保護辯護權利與需求，以致刑事追訴方的權力單方面持續增長，而衍生出不少疑慮。首先就歐盟證據令簽發之司法機關而言，即使是絕大多數同為歐陸法系傳統之歐盟會員國中，對於司法機關（Justizbehörde）指涉範圍未必相同，除法官、預審法官（或稱偵查法官）及檢察官外，在部分會員國中亦可能是警察機關，換言之，在部分對於基本權利保障較為完整的國家，及可能發生：原本依照其內國刑事訴訟法，得否進行刑事取證之決定是由法院為之，但於依照歐盟證據令進行刑事取證，則必須遵守來自其他會員國檢察官、甚至是司法警察機關所核發之取證請求。對此歐盟證據令第11條第4、5項固然已規定，倘若有關搜索、扣押之歐盟證據令是由非法官或檢察官（kein Richter, Gericht, Ermittlungsrichter oder Staatsanwalt）所簽發者，執行機關得拒絕執行，然而對於搜索扣押外之刑事取證措施卻未有規定。就核發機關而言，依照歐盟證據令框架決定第2條第3款，僅得為司法機關，然而辯護方並無此種權利，不論是在偵查中或是審判中。在歐陸法系審查式之刑事訴訟模型下，得簽發歐盟證據令之檢察官於刑事偵查階段係偵查主體，而直接運用歐盟證據令直接進行舉證，且亦得透過先前所提及之歐盟司法局，於偵查終結

---

[11] Robert Esser, Auswirkungen der Europäischen Beweisanordnung auf das deutsche Strafverfahren, in: Manfred Heinrich/Christian Jäger/Hans Achenbach/Knut Amelung/Wilfried Bottke/Bernhard Haffke/Bernd Schünemann/Jürgen Wolter (Hrsg.), Strafrecht als Scientia Universalis, Festschrift für Claus Roxin yum 80. Geburtstag am 15. Mai 2011, 2011, S.1497-1513 (1500ff.)，中文翻譯，王士帆，歐盟證據令狀對德國刑事訴訟的影響，月旦法學雜誌，第226期，2014年3月，頁169-185，特別是頁173以下。

前經由強制措施取得證據，辯護方僅得聲請檢察官藉由歐盟證據令調查對己有利之位於外國之證據，而檢察官對之則有裁量權限。另外歐盟證據令並未限制檢察官簽發歐盟證據令之時機，換言之，於審判進行中，檢察官似應仍得簽發歐盟證據令進行證據保全，此恐已違反法治國刑事審判最重要原則之一，即達成當事人實質對等之武器平等原則。

其次歐盟證據令之簽發機關，除了法院及檢察官外，依照部分會員國之法律規定，司法機關甚至亦可能是警察機關，此對於受歐盟證據令干預之人的權利，除被告或犯罪嫌疑人，尚且包括第三人，恐造成不可預期之損害。詳言之，刑事訴訟法是國家憲法之晴雨計（Strafverfahrensrecht als Seismograph der Staatsverfassung）[12]，有關以刑事取證為目的所採取之若干刑事訴訟法上之強制處分措施，為保護相關人受憲法保障之基本權利，對於此種干預人民基本權利之強制處分，會員國有採取法官保留原則者。然而依照歐盟證據令框架決定前言第15點指出，在未牴觸執行國法律基本原則及在最大範圍內不損及執行國之基本保障下，歐盟證據令之執行應儘可能地遵循簽發國明確提及之形式規定（Formvorschriften）及程序（Verfahren），第12條復又規定，倘若簽發國明確提示之取證形式規定及程序，於框架決定中並未有不同之規定，且未牴觸執行刑事訴訟程序之主要法律原則時，則執行國即必須予以遵循。如此將稍弱執行國法院對於基本權利所採取之預防性保護，且將造成以下此種情形，對於內國偵查機關所為之同樣以取證為目的，而聲請法院審查之干預人民基本權利之強制處分，與外國偵查機關所簽發之歐盟證據令，在審查密度上不一致之情形。且歐盟證據令框架決定強調，不得影響個人基本權利及執行國法律基本原則[13]，因此於歐盟證據令適用範圍內，針對系爭物品、文件與資料之取得，其所進行之程序須是必要者，且須符合比例原則。而在上開之情況下，執行國法院恐將無法就在執行國採取之取證強制處分措施與在核發國所進行訴訟程序兩者間之比例性。最後關於歐盟證據令所使用之語文，核

---

[12] Roxin/Schünemann, Strafverfahrensrecht 27. Aufl., 2012, §2 Rn. 1 ff.

[13] Rahmenbeschluss 2008/978/JI DES RATES, Art.1(3).

發國須以執行國語文填寫歐洲證據令表格，在非母語的情況下，通常將伴隨一定程度之語言使用不精確性與資訊佚失之風險。[14]

於刑事訴訟程序中，國家機關欲實施包含搜索、扣押在內之各項強制處分措施時，必須就犯罪嫌疑進行審查，且發動強制處分時所要求之犯罪嫌疑程度與其所干預'限制之基本權利性質、程度應成正比，干預、限制愈大，所要求犯罪嫌疑程度則應愈高，必須依社會事實認定有無合理懷疑或相當理由存在。其次發動之要件尚應包括使用強制處分之必要性。在此所稱之必要性，係指為實現國家刑罰權之目的，而有實施強制處分之必要性，亦即是關於目的正當性之問題。再次則必須審查保全必要性之要件，即是否選擇使用該項強制處分，必須合於最後手段性、或補充性原則。最末強制處分之發動尚須符合狹義比例原則之要求，亦即即使有採取強制處分的正當目的，在特定案件或狀況下，倘採取該項處分對人民基本權利將有造成過度侵害之虞者，基於人權保障之觀點，仍不得予以實施。[15]

基於實現簡化司法互助程序之目標，歐盟證據令框架決定原則上取消雙重犯罪原則審查之部分。詳言之，歐盟證據令架構決定第14條第1項規定，歐盟證據令之刑事取證倘若不涉及搜索、扣押時，則就其之承認或執行並不取決於雙重犯罪原則之審查，同條第3項復規定，若歐盟證據令涉及非該條第2項所列舉之犯罪行為，且有進行搜索、扣押之必要，則必須對此種犯罪進行雙重犯罪原則之審查，從而絕對毋須進行雙重犯罪審查者，即為第14條第1項規定第2項列舉之三十二項犯罪行為，不過尚有一項附加條件，即依核發國刑法之規定，對於該項犯罪行為得處以最長期間至少三年（im Höchstmaß von mindestens drei Jahren）之有期徒刑或剝奪自由之保安處分。[16]歐盟證據令框架決定在法定形式上在非常大第範圍內取消了雙重犯罪原則之審查，固然有利刑事司法互助之快速進行，然而涉及到有以強制處分行為始能達成形式取證目的之情形，對於受干預人之權利干

---

[14]　Esser, supra Anm.11, S.1501-1503 m. w. N.

[15]　陳運財，偵查與人權，2014年4月，頁300以下。

[16]　Esser, supra Anm.11, S.1504-1505 m. w. N.

預程序恐已超過法治國刑事訴訟程序所容許之程度，換言之，歐盟證據令免除雙重犯罪原則審查義務，在執行國，特別是執行國之核發機關就此尚有其憲法之義務必須履行者，在無從知悉犯罪嫌疑程度之情況下，恐無法符合於有發動強制處分措施，即搜索、扣押，有關之目的正當性、實施強制處分必要性及正當程序等要件之審查要求。

　　歐盟證據令能否達到預期效用受到頗多的質疑。[17]於其生效後不久，歐盟內部即針對一項替代性之框架決定，即歐盟偵查令（Europäische Ermittlungsanordnung）進行討論。[18]然而歐盟偵查令之必要性則是受到質疑，並無法充分地獲得解釋，尤其是歐盟偵查令提出時，前開歐盟證據令轉化為會員國內國法之期限即將經過，由於法律不確定性，部分會員國仍未完成轉化為內國法之程序，這是可以理解的。其次歐盟偵查令之觸角延伸至內容廣泛之偵查措施，包含秘密偵查行為，因此秘密通訊監察是被允許的。為了確保符合比例原則及對於基本權利敏感領域與第三人利益之充分保障，秘密通訊監察之許可應予以最高程度之要求。歐盟偵查令固然對於秘密通訊監察之要件及其與拒絕提供協助事由之間應如何取得衡平有所規定，然而密度明顯不足，[19]應依對於基本權利干預之程度區別拒絕請求協助之事由。[20]此外仍應考慮互惠原則，亦即被請求國應有權審查，在請求國之刑事訴訟程序中，是否得以採取相同之秘密偵查措施。簡言之，歐盟偵查令是儘可能地將所有類型之證據方法及限制、拒絕其他會員國請求之事由涵蓋於內容之中。此項由部分歐盟會員國自主成立小組團體所倡議之歐盟偵查令，歐洲執委會已於2014年3月14日通過其內容，而具體成效仍須待會員國將之轉化為內國法後加以觀察。

---

[17] Rats-Dok. 7788/14 (Annahme im Rat am 14.3.2014), Rats-Dok. 7736/14 (Annahme im am Parlament 27.2.2014).

[18] 歐盟偵查令框架決議制定之初是由部分歐盟會員國自主成立小組團體所倡議的，ABl. EU Nr. C 165 v.24.6.2010, S.22.

[19] 關於歐盟偵查令之討論過程，vgl. Ahlbrecht, Heiko, Die Europäische Ermittlungsanordnung, oder EU-Durchsuchung leicht gemacht, StV, 2013, S.114.

[20] Martin Böse, Die Europäische Ermittlungsanordnung-Beweistransfer nach neuen Regeln? ZIS, 2014, S.152-163.

　　回到本題，當執行國依歐盟證據令所請求之內容於執行國境內進行刑事取證，而受干預之相關人提請權利救濟之情形。歐盟證據令框架決定第18條規定，關於歐盟證據令之權利救濟，區分為對於其之承認及執行之抗告，及對於實質理由之抗告，前者須向執行國提請權利救濟，後者則須向簽發國提出，且關於前者之部分，執行國尚得予以限制，亦即受干預人僅得於執行機關係發動強制處分措施進行形式取證時，始得聲請權利救濟。歐盟證據令框架決定受干預人權利救濟採取分離途徑之設計，實無法提供有效之權利保護。[21]

　　最後則是關於跨國、跨境犯罪訴追在取證時均必須面對之共同問題，即是關於違法取得證據之證據能力應如何看待之問題。歐盟證據令框架決定第4條第2項規定不應簽發歐盟證據令之情形，倘若核發國違法簽發在先，執行國執行於後，並將所取得之刑事證據交予核發國，在法庭地國（核發國）之刑事審判上對於此種證據應如何對待。事實上，在歐盟證據令框架決定對於違反哪些框架決定之內容，以及必須達於何種程度，始有證據禁止之適用，並未有規定。另外執行國違反執行國法律取得之證據，在核發國法院有無證據能力之問題，同樣有待解決。

參、境外證人訊問

　　歐洲證據令之適用範圍固然僅限於程序上所需之物品、文件與資料，並不及於以下之情況[22]：進行訪談、取供、或進行聽審。值得注意的是，歐洲證據令原則上固然不得使用於取得供述證據，然而於執行之過程中，得針對於現場之人，而與歐洲證據令直接相關者，得對之取得供述證據。換言之，除上開於物證取得所可能涉及之各項問題外，關於供述證據之部分亦不應予以忽視。

---

[21] 學說上有認為，應從歐洲人權公約第13條之規定尋求解決之道，vgl. Esser, supra Anm.11, S.1505-1506.

[22] Rahmenbeschluss 2008/978/JI DES RATES, Art.4(4), (6).

　　為確立關於證人供述內容之蒐集和訊問的共同原則及最低標準，以作為跨國刑事訴追中的一般性規則，無可避免地需要從實務判決，特別是歐洲人權法院的判例法開始著眼。尤其是在里斯本條約生效後，以附件作為其一部分的歐盟基本權利憲章也取得歐盟主要法律之地位。[23]就歐洲人權法院就具體個案所為之判決加以觀察，似可推斷出一般性的原理原則。以下本文將首先將引用部分相關判決內容，簡要的加以說明，從這些具體個案的情狀探究，其中是否有可資判斷的明確規則，同時，將這些有關人證的判決，區分成內國刑事訴訟程序與跨國刑事訴追，從而推斷歐洲人權法院對於這兩者是否有不同或是相同的判斷標準。

一、歐洲人權法院有關內國刑事訴訟人證之判決

　　歐洲人權法院曾就一般刑事證據表示，受理證據的規則是國家法律和國家法院的課題。然而考量一個整體的訴訟是否公平及尊重防禦？原則上必須在公開聽證會上當著被告的面提出所有的證據，讓這些證據可以在對抗程序中受到挑戰，這涉及到詢問證人及評價證詞的機會。歐洲人權公約並未禁止間接證據的使用，但必須考慮它是否為單一指述。另一方面，相對於歐洲人權公約第6條，原則上排除傳聞證據。

　　有關檢驗證人的部分，歐洲人權法院判決所形成的一般性規則為：一

---

[23] 歐盟對基本歐共體法與派生歐共體法之區分，前者包含建立和變更聯盟之條約，後者包含歐共體法之其他法源，在歐盟運作條約（AEUV）第228條中予以限定，它們是條例、指令、決議，和建議書。這些法源構成歐盟立法的主要部分，文獻上將建立和變更聯盟的條約，例如歐洲聯盟條約、馬斯垂克條約、阿姆斯特丹條約、尼斯條約及里斯本條約等稱為主要法律（Primärrecht），而其他針對特定事項所制定的條例、指令、決議，和建議書，對於主要法律，由於其係前者所派生，故被稱為附屬或次要法律（Sekundärrecht），vgl. Herdegen, Matthias, Europarecht. 13. Aufl., (München: C.H.Beck, 2011). 里斯本條約第六章規定：「歐盟肯認『歐盟基本權利憲章。』所設立的權利、自由及原則，其在適用時擁有與歐盟有關條約同等的法律效力。」藉由此種方式里斯本條約賦予歐盟基本權利憲章具有聯盟正式（主要的）法律效力，而另一方面則強調：「憲章中的規定，不得以任何方式擴充歐盟有關條款所定義的權限。」以適度地限縮其效力範圍。參見陳顯武／連雋偉，從「歐盟憲法」至「里斯本條約」的歐盟人權保障初探——以「歐盟基本權利憲章」為重點，台灣國際研究季刊，第4卷，頁33以下。

名被告在被定罪前，所有不利於該名被告的證據必須在公開審判中，於被告之面前提出，且被告對之得加以爭執。[24]根據此一規則，審判時證人必須在場，而被告應被賦予有效的防禦權，針對不利於其之證據有機會提出質疑，並檢驗證人陳述內容之真實性及憑信性。然而，值得注意的是，在某些案例中，歐洲人權法院例外地允許不進行公開審理，且不給予被告與證人進行對質詰問的權利。

然而當歐洲人權法院個別地不審查歐洲人權公約第6條第3項d款，卻整體而言仍認為符合該公約第6項第1款所規定公正程序的權利，要從這些歐洲人權法院的判決中，歸結出被告未與證人進行任何的對質詰問即採納陳述內容之一般性規則，並不是一件容易的事。[25]評估整體訴訟程序是否公正係適當之做法，然而這種方式並不能幫助推論歸納出，證人未與被告進行對質詰問即即採納證人陳述內容的要件為何。本文認為，比較可行的方式應係藉由檢視歐洲人權法院針對相關案例之具體情狀所為之認定，從而推論出被告應享有對質詰問權及其例外情形之一般性原則。從歐洲人權法院的相關判決[26]，可以推得以下的結論：

（一）在偵查階段的對質詰問

倘若被告在律師的協助下有機會詰問證人，則證人的證述將獲採納，而成為證據，縱使檢驗證人的過程並非發生在法院審判中。關於證人陳述之採用，詰問證人時，歐洲人權法院並未要求被告絕對必須在場，只

---

[24] See J. McBride, Human rights and criminal procedure. The caselaw of the European Court of Human Rights, 2009, pp.189 et seq.

[25] see Al-Khawaja and Tahery v the United Kingdom, appl. nos. 26766/05 and 22228/06, Grand Chamber judgment of 15 December 2011, Para. 142: Trial proceedings must ensure that a defendant's Article 6 rights are not unacceptably restricted and that he or she remains able to participate effectively in the proceedings (see T. v theUnited Kingdom [GC], Appl. No. 24724/94, §83, 16 December 1999; Stanford v the United Kingdom, 23 February 1994, §26, Series Ano. 282-A).

[26] 相關重要判決限於篇幅無法一一臚列並摘要說明，詳見鄭文中，發展中之國際刑法，2015年3月，頁205-211。

要其辯護人有機會詰問證人，並且對於如此方式取得之證人陳述，在審判過程中得加以檢視。在認定違反歐洲人權公約第6條第1項和第6條第3項d款時，一般情況下，歐洲人權法院並不會去檢驗，為何證人在審判中未出席。

(二) 在偵查階段未進行對質詰問

證人的證述原則上將不予以採用。然而，在例外的情況下，歐洲人權法院允許如此的證言，倘若其並非定罪的唯一及具有決定性之證據。原審法院必須證明，為確保證人在審判中出席，其已盡合理之努力。在這種情況下，歐洲人權法院決定採納此種未經檢驗的偵查階段證據，但為補強該證據的憑信性，該證據必須非為唯一及具有決定性之證據。

(三) 在偵查階段未進行對質詰問，但證詞以錄影方式加以記錄

正如前述S. N. v Sweden及Accardi v Italy的案例，即使該證詞係唯一及具有決定性之證據，歐洲人權法院已例外地予以承認。歐洲人權法院認為，在審判過程中播放證人陳述證詞的影像，視為被告有機會對於該證據進行質疑。在這種情況下，「直接詰問證人的權利」與「保護受性虐待之被害兒童權利」已達到平衡，即使該證詞是唯一的證據，然而必須指出的是，倘若有其他不同的情況出現，則尚難以推論，歐洲人權法院是否仍將傾向於承認，未受對質詰問的錄影紀錄中的證詞，得以作為證據。換言之，倘若此種於偵查階段未經過對質詰問的證詞，是在任何情況下均得以承認其作為充分之證據，或是此種例外僅適用於，當性虐待的被害人為未成年人之情況，則仍有待釐清。

(四) 偵查階段證人未接受對質詰問，而後又拒絕於審判中出庭作證

當證人拒絕出庭作證時，歐洲人權法院並未排除使用該名證人於偵查階段之陳述。對歐洲人權法院而言，證人行使拒絕證言權，並不妨礙將其於偵查階段之陳述作為證據的可能性。對於此種情況，歐洲人權法院尚未作出任何指導準則，然而其傾向於，適用內國法關於作為證據資格之規

定。

二、歐洲人權法院關於跨境刑事司法互助取得之境外證人證言之判決

關於住居所地位於境外，而經過跨境刑事司法互助取得其證言之證人，較具有代表性的案例[27]為：

（一）關於歐盟執委員在P.V. v Germany[28]案例中的決定，歐洲人權委員會認為，其違反歐洲人權公約第6條。當時訴訟程序已經德國開啟，德國發出委託調查請求書，委託土耳其有權機關就近訊問證人。證人固然已經依據土耳其的法律規定接受訊問，且調查委託書明確地請求土耳其政府傳喚被告及其律師，然而由於證人在審判過程中並未被傳喚，因此被告對之並無詰問之機會。歐洲人權委員會認為，使用這種類型的證人係對於被告防禦權行使之重大限制，已經達到違反歐洲人權公約第6條之程度。

歐洲人權委員會指出：「在訴訟進行中，歐洲人權公約第6條第3項d款並未授予辯方全然的自由，得於任何時間傳喚任何可能之證人出庭作證，然而允許法院得拒絕傳喚其證言對澄清事實不太可能有所助益之證人……。委員會認為，第6條第3項d款並未賦予被告擁有毫無限制的權利，以確保證人到庭。歐洲人權公約第6條之規範目的在於確保辯方與控方間之平等。[29]這並未排除住居所地位於法庭國境外之證人是委託其所在地國之法院，對之進行訊問，而非由法庭國之原審法院為之。此種作法是諸多雙邊或多邊國際協定所規定之方式，其目的為，在國內無法取得證據的情況下，透過跨境司法合作，以確保證據取得之最大可能性。……此外，第6條第3項d款並未要求，被告必須總是有機會直接詰問證人。根據此項規定，被告有權與證人進行對質詰問，或是讓證人接受檢驗。委員會

---

[27] see S. Ruggeri (ed.), Transnational Inquiries and the Protection of Fundamental Rights in Criminal Proceedings, 2013, pp.30-32.

[28] P.V. v Federal Republic of Germany, appl. no. 11853/85, 13 July 1987.

[29] cf. e.g. No. 4428/70, Dec. 1.6.72, CD 40 p. 1[8]　No. 8417/78, Dec. 4.5.79, D.R.16 p. 200 [207].

認為，此種要求不僅符合，使被告人或其辯護人得享有親自詰問證人之權利，及經由法院向證人提問，特別是在證人是以委託調查之方式加以訊問……。」[30]

（二）在A.M. v Italy[31]的案例中，再次突顯出以下的問題，倘若證人的書面陳述是定罪唯一的證據，而且沒有其他的衡平因素來補強缺乏對質詰問的情形下，歐洲人權法院將認定其違反歐洲人權公約第6條。本案的案例事實為，一名未成年人向西雅圖有關單位表示，其於義大利渡假期間曾遭被告非禮。義大利檢察官透過調查委託書的方式，在律師不在場的情況下，對於該名未成年人被害人、其父母親及其治療醫生進行詢問。義大利檢察官雖曾要求法院傳喚證人出庭作證，然該名未成年人並未接受訊問，而其他證人的書面證詞則是在審判中加以宣讀。歐洲人權法院指出，上訴人從未有機會與證人對質詰問，質疑他們的證詞內容，因此違反了歐洲人權公約第6條。

（三）在Solakov v Former Yugoslav Republic of Macedonia[32]的案例中，歐洲人權法院所審理的是一項販賣毒品的案件，有五名證人在美國接受來自於馬其頓共和國首都史高比耶的偵查法官訊問，當時尚有一位美國的檢察官及一名翻譯在場。辯護人被告知訊問之日期，並被通知出庭，然而基於不同的原因，兩位辯護人並未出席在美國對於證人所進行之訊問，證人證詞並以書面予以記錄。歐洲人權法院認為，此案並未違反歐洲人權公約第6條，因為並無證據顯示上訴人曾遭拒絕，不得行使其於詰問證人時得以出席之權利。

（四）在Haas v Germany[33]案例中，檢察官試圖讓一名位於黎巴嫩之證人，前往德國接受訊問，但由於此種移轉未獲授權，書面問題送往黎巴嫩時，被附加了一項條件，即辯方應該被允許，於證人訊問時在場。然

---

[30]　See note 54, Para. 4 c).

[31]　A.M. v Italy, appl. no. 37019/97, 14 December 1999.

[32]　Solakov v Former Yugoslav Republic of Macedonia, appl. no. 47023/99, 31 October 2001.

[33]　Haas v Germany, appl. no. 73047/01, 17 November 2005.

而，由於此種情況在內國法尚無前例可循，因此未獲得授權。在此案例中，證人的書面證詞被採納作為證據。歐洲人權法院認為，本案中並未發現違反歐洲人權公約之情形，因為證據受到極度謹慎地對待，並且尚有其他證據，證明證人在偵查階段陳述之可信性。

由以上歐洲人權法院的判決，可以得出以下結論：偵查時訊問證人，辯方出庭與否對於該項證詞能否被採納作為證據有重大影響，倘若在訴訟程序的所有階段，辯方皆未在場，將違反歐洲人權公約第6條。然而，歐洲人權法院並未要求辯方應實際參與證人於偵查階段之訊問，歐洲人權法院認為，只要辯方被通知出庭，便已足夠，即使是要求辯方律師必須得穿梭北大西洋之間的情況。此外，於例外的情況下，辯方若一直沒有機會出席境外證人的訊問場合，歐洲人權法院認為，倘若辯方有機會對證人發出書面提問，則未違反歐洲人權公約第6條。從而歐洲人權法院似乎認為，於境外證人的情況下，被告要求對之行使對質詰問之權利，此時應適用較低之要求。

肆、我國法之反思

我國法目前對於經由司法互助途徑取得證據之證據能力並無特別規定。而最高法院歷年來於審判個案則有不少見解可資參酌，例如「外國法院取得之證人供述證據」、「我國檢察官在境外取得證人供述證據」以及「外國警察機關在境外取得供述證據」，茲舉數例說明：

一、我國實務關於境外取證之見解

(一) 外國法院取得之證人供述證據

98年度台上字第2354號判決：「……本案共同正犯謝○強……等人，均經日本國查獲並羈押於該國，而我國雖與日本國間無邦交關係，無法適用司法互助引渡各該共同正犯返國到庭訊問。惟共同正犯及相關人證

在該國司法機關之供述紀錄，其性質與外國法院基於國際互助協定所為之調查訊問筆錄同，並基於證據共通原則，應認屬刑事訴訟法第一百五十九條第一項法律另有規定之情形，而有同法第一百五十九條之四第三款之適用，自應准其有證據能力。……」

(二) 我國檢察官在境外取得證人供述證據[34]

98年度台上字第1941號判決：「……若檢察官為打擊跨國性之重大犯罪，依循國際刑事司法互助管道，遠赴海外，會同當地國檢察官對於犯罪集團之某成員實施偵查作為，提供偵訊問題，由該外國檢察官照單辦理，訊問前，並依該國與我國刑事訴訟法相同意旨之規定，踐行告知義務，確保被告之訴訟防禦權，復通知其辯護人到場，保障其律師倚賴權，訊問中，且予以全程錄音（甚或錄影），訊問後，尚由被訊問人及其辯護人、會同訊問之各國（主任）檢察官、書記官（或人員）、翻譯人員與陪同在場之其他人員（例如承辦警員、錄影操作員）在筆錄上簽名確認，我國檢察官更命其所屬書記官就該訊問過程（含人員、時間、地點、囑託訊問之題目等項）作成勘驗筆錄，載明上揭訊問筆錄之內容（含其光碟片）核與實際進行情形相符，縱然該訊問筆錄係由外國之書記人員製作而成，不符合我國刑事訴訟法第四十三條規定，惟既有諸多人員在場，踐行之程序堪認純潔、公正、嚴謹，顯無信用性疑慮，實質上即與我國實施刑事訴訟程序之公務員借用他人之口、手作為道具，而完成自己份內工作之情形無異，參照上揭刑事訴訟法第一百五十九條之一第二項規定法理，就在我國內之該犯罪集團其他成員被告以言，是項偵訊筆錄當應肯認為適格之證據。……」

(三) 外國警察機關在境外取得供述證據

1. 100年度台上字第4813號判決：「……中國大陸地區公安機關所製

---

[34] 關於板橋地檢署檢察官的取證經過，參見羅松芳，論境外獲案資料之證據能力：以兩岸四地之犯罪為例東吳大學法律學研究所碩士論文，頁27-40。

作之證人筆錄，為被告以外之人於審判外所為之書面陳述，屬傳聞證據，除非符合傳聞法則之例外，不得作為證據，而該公安機關非屬我國偵查輔助機關，其所製作之證人筆錄，不能直接適用刑事訴訟法第一百五十九條之二或同條之三之規定，而同法第一百五十九條之四第一款之公務員，僅限於本國之公務員，且證人筆錄係針對特定案件製作，亦非屬同條第二款之業務文書，但如於可信之特別情況下所製作，自得逕依本條第三款之規定，判斷其證據能力之有無。……」

2. 99年度台上字第5360號判決：「大陸地區公安機關之筆錄，依傳聞文書規定認足以證明陳述者有如筆錄所載內容之陳述，至筆錄記載之陳述內容，則屬陳述者於審判外之陳述，應類推適用刑事訴訟法第一百五十九條之三第一、三款，決定其證據能力之有無。並說明大陸公安局調查詢問所製作之筆錄，所載陳述之內容，應類推適用前開規定，認有證據能力，得為上訴人論罪之證據，亦非無據。」

3. 101年度台上字第900號判決：「……部分學者認外國公務員所製作之文書（例如警詢筆錄），可審酌該項文書之性格（即種類與特性），暨彼邦政經文化是否已上軌道等情狀，以判斷其是否在可信之特別情況下所製作（亦即是否具備「特信性」），而適用刑事訴訟法第一百五十九條之四第三款規定，以決定其證據能力（參閱林永謀，刑事訴訟法釋論）。而依原判決上開論述，既認定上述大陸地區公安機關偵查員對付○選所製作之詢問筆錄，係在可信之特別情況下所製作；而上述公安機關偵查員又係大陸地區政府所依法任命具有偵查權限之公務人員，則其對付○選所製作之詢問筆錄（即文書），基於時代演進及事實需要，在解釋上亦應可類推適用同法第一百五十九條之四第三款規定，而承認其證據能力。……」

4. 102年度台上字第675號判決：「……原判決已論敘依海峽兩岸關係協會與財團法人海峽交流基金會……於九十八年……共同簽訂公布『海峽兩岸共同打擊犯罪及司法互助協議』之內容，我方可以請求大陸地區公安機關協助調查；雖本件大陸地區北京市公安局東城分局傳喚上訴人等三人所製作之筆錄、偵訊錄影帶等證據，並未全程同步錄音錄影，亦有夜間訊問之情形，然該筆錄業經受詢問人審視並親自簽名或捺指印，且符合大

陸地區刑事訴訟法規定，堪認前述文書之取得程序具有合法性，無不得為證據之情。……」

由上開最高法院判決，可以推論出以下的（暫時）結論：

1. 對於由中國公安機關進行詢問，在法院審理過程中無法到庭陳述之證人，最高法院有三種不同之見解，即適用刑事訴訟法第159條之4第3款、類推適用刑事訴訟法第159條之3與依刑事訴訟法第159條之3第3款，或同條之4第3款認定證據能力。

2. 關於境外證人取證過程合法性之判斷，最高法院認為，應以被請求國之法律規定為依歸。

二、本文觀點

刑事訴訟程序之主要目的，傳統上是認為，致力正義實現，以及與實現正義有密切關聯的真實發見；而另外一方面，對於人類型共同生活所發生的衝突、紛爭，訴訟程序應該以有效率的方式加以解決，也已成為刑事程序追求之目標[35]。反映在國際刑事司法互助的事項，則是大多數國家都是採取所謂的「不過問原則」（principle of non-inquiry），意即請求國不審查受請求國是以何種方式取得證據。一般而言，基於有效地進行跨境刑事訴訟及訴追犯罪之考量，實務界傳統上較傾向於不過問原則。然而學界所著重之處則在於，跨境刑事司法互助往往為被告防禦權之行使，或者是辯護人辯護權所增加額外的風險，簡言之，跨境刑事司法互助的「效率」與被告的「人權保障」兩者間，各國之間，縱使在歐盟會員國間目前均尚未能取得適當的平衡，在實務的運作上，為加強對被告防禦權之保護，首先應考慮的即是，應給予辯護方機會，對於證據於執行國取證之過程加以檢視，而法庭地國對於自另一主權體移轉而來之證據是否符合基本權利及程序正義，亦應予以確保，然而此時必須浮現的難題則是，請求協助之主權體對於被請求協助之主權體之取證行為應作如何程度的審查。

為達蒐證目的之強制處分，不論決定或實際執行，容易侵害人權，故

---

[35] Roxin, Strafverfahrensrecht, 25. Aufl.,§1, Rn. 2f (1998).

在各國刑事訴訟法上亦承認「證據排除」制度，亦即基於維持正當法律程序、司法純潔性及抑止違法偵查之原則，否則其所取得之證據恐將面臨證據禁止的法律效果。以證人為例，倘若其身處法庭地國境內，證人原則上應出庭接受被告之詰問，如我國大法官釋字第582號解釋文中所言「為確保被告對證人之詰問權，證人於審判中，應依法定程序，到場具結陳述，並接受被告之詰問，其陳述始得作為認定被告犯罪事實之判斷依據。」之所以如此，其前提當在於內國公權力之行使所致，依據法律可以強制證人出庭作證，並負真實陳述義務。但當證人不在法庭地國時，法庭地國之公權力行使自不及於證人所在地國，欲將該證人置於法庭地國法庭上履行各種法定義務，顯然將遭遇許多困難，尤其是該證人於受請求國是屬於公權力拘禁狀態時。[36]此時，國際刑事司法互助之「委託訊問證人」，即成為證人無法親自至本國出庭作證時，退而求其次之取證方式。

國際司法互助實務上，跨境取證的類型通常可區分成三種：第一，委託取證，請求國囑託受請求國代為蒐證或提供其境內證據；第二，親往取證，請求國之偵查人員親自到受請求國境內單獨調查取證；第三，合作取證，請求國委託受請求國之相關機構和人員調查取證，但請求國之偵查人員親自到場陪同、見證。[37]委託取證之方式存在一定爭議，[38]由受請求國偵查人員單獨調查取證，取證結果未必符合請求國法關於正當法律程序之要求，即使以受請求國之法律作為取證之準據法，請求國通常難以知悉受其實際取證過程，無從審查其是否依請求國法之規定取證。縱使是歐盟相互承認原則，其固然在解決於不同國家取證之合法性問題，然而當案

---

[36] 參見楊雲驊，境外取得刑事證據之證據能力判斷，以違反國際刑事司法互助原則及境外訊問證人為中心，台大法學論叢，第43卷第4期，2014年12月，頁1580註110。

[37] 邱忠義，兩岸司法互助調查取證及證據能力之探討——兼述防範被告逃匿政策，刑事法雜誌，第54卷第5期，2010年，頁149。

[38] 例如在涉及兩岸跨境犯罪偵查，關於境外證人之陳述應如何看待之問題，最高法院101年度台上字第900號判決指出「大陸地區公安機關所製作之紀錄文書或證明文書，直接適用同法第一百五十九條之四規定，決定其具有證據能力」，引發學者諸多批評，即屬適例，參見李佳玟，境外或跨境刑事案件中的境外證人供述證據——最高法院近十年來相關判決之評釋，台大法學論叢，第43卷第2期，2014年，頁489-548。

件進入法院審理，相同證據在不同法律制度下，亦可能產生不同證據效果或法律評價，甚至不排除有取證合法，但其性質為傳聞證據而遭排除之可能。[39]請求國人員於取得被請求國同意後，直接至被請求國單獨調查取證，因前往取證之請求國人員並不瞭解被請求國法，亦不具有被請求國法定取證人員身分，固無依被請求國法進行取證之可能，然在被請求國同意下，亦可適用請求國法進行取證。再者由於最終之證據評價係請求國法院之權限，為達請求國請求協助之目的及其有效性，於囑託被請求國人員代為蒐證時，例外亦有考慮優先適用請求國法之餘地。

而現今國際間為促進司法互助，有效打擊國際犯罪，已適度修正固守司法主權之立場，於一定條件下容許適用外國法實施取證行為，即適用外國法（application of foreign law）[40]之理論，逐漸為各國條約、立法例所採行[41]，形成「證據蒐集階段原則上應依被請求國法，在不牴觸被請求國法令之限度內，得適用請求國法；證據評價階段則依請求國法」之準據法適用模式。如此或可緩和跨境取得之證據於請求國法院因違反法院地法或被認定是傳聞證據而遭排除之窘境。

為確保請求協助國採納境外證人之陳述，同時給予被告公平審判之權利，並促使於審判中對證人陳述合法性之審查，在境外進行證人訊問時，應遵循被請求協助國之法律，即適用尊重法院地法原則係最簡易之解決途徑。尊重法院所在地國之法律，通常並不會在被請求協助國國內形成任何特殊之問題。另一方面，如果受請求國之取證過程合法，審判所在地法院及辯方對證據能力之審查均將更為簡便。然而，適用尊重法院所在地國法律之原則執行跨境刑事司法互助之請求，固然將使得證據相對容易地獲得法院所在地國之採納，然而不可避免會造成以下此種問題，亦即不論是在何種情況下所為，證人於偵查中所為之陳述，在審判中均應認其為具有證

39　邱鼎文，論經由司法互助取得證據之證據能力——以傳聞法則與排除法則為中心，東海大學法律學院法律學研究所碩士論文，2012年，頁53以下。

40　邱鼎文，檢察官境外取得供述證據之證據能力——以日本「拉斯托波羅夫案（ラストボロフ事件）」為例，司法新聲，第103期，頁114。

41　相關立法及國際協定，參見邱鼎文，前揭註39，註25。

據能力。因而適用法院地法原則，於跨境刑事訴追合作方便，對於促進刑事訴訟中被告基本權利之保護，尚有所不足。

　　在受請求協助國並未發生違反法律的情形，而僅是接受請求協助國之檢察官以書面提問，做為替代被告詰問證人之方式，於當前通訊科技一日千里、日新月異的時代中，似乎不應再被視為是適當的替代性選擇方案，跨境刑事訴訟合作應該提供更有效率的合作，且不應僅滿足於，使辯方有機會提交書面，對於境外證人加以訊問，例如在國際刑事司法互助規範（如：聯合國打擊跨國有組織犯罪公約、聯合國反腐敗公約、2000年歐盟刑事司法互助協定[42]），已將遠距視訊調查取證，採為偵查與審判程序司法互助的重要方式之一。[43]

　　此外，受請求協助之主權體於偵查階段訊問證人時，於考量請求協助主權體之法院進行審判時，所應依循之直接審理原則，亦應儘量滿足以下要求，即對於訊問的過程應全程予以錄影存證，不論是對於在英美法系的陪審團或歐陸法系之審判法院而言，此種方式均可以對證人陳述之可信性做出更佳之判斷，於此種條件下，偵查時之證人陳述可能較具有充分的證據價值。至於倘若僅有檢察官以書面提問之方式，訊問境外證人，違反被告所享有對於證人之詰問權，亦有可能不會被認為是當然違反程序正義。然而，在此種情況下，並意味著，對於境外證人之審訊過程，請求協助國

---

[42] 2000年歐盟刑事司法互助公約未明確提及審判過程中的援助，其係泛指一般在刑事訴訟中的互助，並未僅限於偵查階段。

[43] 兩岸協議第8條第1項規定：「雙方同意依己方規定相互協助調查取證，包括取得證言及陳述……」；第2項規定「受請求方在不違反己方規定前提下，應儘量依請求方要求之形式提供協助」。縱使有遠距訊問視訊法庭即屬審判法庭延伸的疑慮（最高法院97年度台上字第2537號判決），以現場立即視訊囑託當地司法人員即問即答，或其他書面提示問答，以及尊重當地司法體制等彈性，仍不失為可研究的具體作法。在此之前，我方某醫院醫師在大陸地區大連市涉殺人案，由台灣士林地方法院檢察署檢察官經協議管道，請求陸方協助安排視訊方式，訊問在大陸地區被害人親屬等五名證人（台灣士林地方法院檢察署檢察官100年度偵字第963號起訴在案），已經建立承辦個案可行的具體案例供參。遠距視訊訊問證人作為調查取證之經濟而有效率之途徑，在我方現行法律規定與兩岸既有合作基礎，均有賴雙方商議漸序推動，以開展深化兩岸調查取證之互助。參范振中，兩岸司法互助──以98年「兩岸協議」為探討，司法新聲地，第103期，頁104。

法院不應加以審查，且進一步而言，對被告基本權利更優厚之保障，應是：對於未接受法院審查的境外證人陳述，對之，應認為其僅具有相對為低的證據價值。

必須強調的是，以上這些方式都是在無法強制證人到庭陳述時之解決途徑。在未來擴大、深化刑事司法層面互助的事務上，應該予以思考的是，如何儘可能使證人於法院審理過程中出庭作證之問題，由於境外證人交通往返有一定之成本，似無法定出證人應出庭之距離上限，否則將造成證人出庭時之不必要負擔，因此應朝如何使證人自願到場作證，為提高證人出庭的意願，或許可預先通知證人，費用將由法院支付，如此就尊重辯護權，特別是武器平等原則及被告對證人對質詰問權確保之觀點而言，是理論上最佳的方式。然而請求協助之主權體法院，往往並無強制力命居住在境外之證人出庭，在此種情況下，使用視訊會議似乎是適當之解決途徑。[44]內國刑事訴訟法亦應規定，證人有前往法庭作證之義務，或是前往住居所地最近法院，經由視訊出庭，甚至是對任意缺席之處罰規定。

倘若位於境外之證無法親自出庭，亦無法經由視訊會議方式出庭作證時，此時始能將證人於偵查階段之陳述作為證據予以使用。受請求協助之主權體關於傳喚證人所為之努力，應直接為請求協助者所接受，然而為貫徹公正審判之原則，應使辯護方有機會去檢視此種情況，此時應考慮將證人於偵查時陳述在法庭上公開宣讀。而至於偵查階段對證人的詢問，應該於司法機關、被告及被告辯護律師面前完成[45]，並讓雙方有充分的機會進

---

[44] 惟必須考慮的是，是否應強制作證之問題，例如2000年歐盟刑事司法互助協定，即於第10條第8款規定，強制證人應經由視訊方式出庭作證。

[45] 例如最高法院98年度台上字第1941號判決：「若檢察官為打擊跨國性之重大犯罪，依循國際刑事司法互助管道，遠赴海外，會同當地國檢察官對於犯罪集團之某成員實施偵查作為，提供偵訊問題，由該外國檢察官照單辦理，訊問前，並依該國與我國刑事訴訟法相同意旨之規定，踐行告知義務，確保被告之訴訟防禦權，復通知其辯護人到場，保障其律師倚賴權，訊問中，且予以全程錄音（甚或錄影），訊問後，尚由被訊問人及其辯護人、會同訊問之各國（主任）檢察官、書記官（或人員）、翻譯人員與陪同在場之其他人員（例如承辦警員、錄影操作員）在筆錄上簽名確認，我國檢察官更命其所屬書記官就該訊問過程（含人員、時間、地點、囑託訊問之題目等項）作成勘驗筆錄，載明上揭訊問筆錄之內容（含其光碟片）核與實

行對質詰問。

伍、結論

　　就歐盟內的發展過程觀察，刑事司法互助之適用範圍是不斷地在擴大，歐洲證據令之規定逐漸地簡化傳統跨境間刑事司法互助之條件，而其效力則是持續地增強，同時在歐盟基本權利憲章隨著里斯本條約生效後，歐盟所有成員國必須簽署加入歐洲人權公約。該公約第6條之規定，即法治國刑事訴訟法公正審判程序之內含，不僅是對各會員國刑事訴訟法，對於會員國之間刑事訴訟合作有拘束效力，其對於被告或犯罪嫌疑人所具有的保護效力，一如其於內國法秩序中所確保之狀態。歐盟的終極目標在於成為單一的法治空間（einheitlicher Rechtsraum），一個法律共同體（Rechtsgemeinschaft），因此，歐盟須毫無保留地貫徹此項作為法治國內涵之一的原則。

　　境外取證之問題，是國際司法互助的核心議題之一。歐盟成員國因區域整合相對比較徹底，歐盟刑事司法互助基於「相互承認原則」，當某一證據合乎受請求國之法定程序時，法庭所在地國，即請求協助國原則上亦應承認其證據能力。然而，不容否認的是，即使是在歐盟成員國之間的境

際進行情形相符，縱然該訊問筆錄係由外國之書記人員製作而成，不符合我國刑事訴訟法第四十三條規定，惟既有諸多人員在場，踐行之程序堪認純潔、公正、嚴謹，顯無信用性疑慮，實質上即與我國實施刑事訴訟程序之公務員借用他人之口、手作為道具，而完成自己份內工作之情形無異，參照上揭刑事訴訟法第一百五十九條之一第二項規定法理，就在我國內之該犯罪集團其他成員被告以言，是項偵訊筆錄當應肯認為適格之證據。」本案例是涉及到澳門與台灣兩地檢察官合作訴追跨境犯罪的實例，本文認為，固亦應是屬廣義的兩岸共同合作訴追跨境犯罪之案例，然而是否能複製在台灣與大陸本土檢察機關在跨境刑事訴訟之合作上，仍有待觀察。本文初步認為，就長程而言，兩岸檢察機關以上開判決所述之方式進行司法互助，是一種追求的目標，就短程而言，為使程序更為完備，落實法治國刑事訴訟程序所含有之人權保障理念，或許可藉由「委託行使公權力」之方式進行，由非現職，而具有一定程度刑事偵查、審判經驗之審檢人員及司法警察，加上律師組成的「觀審」團體，實際地參與被請求協助之主權體訴訟程序。

外取證，由於各國規定差異、法系不同之事實，在適用相互承認此一原則時，於具體實踐上仍必須經由妥協的方式始能達成，而此時歐洲人權法院之見解即具有參考價值。從歐洲人權法院之見解可以得出以下的看法：關於境外證人之訊問，縱使符合受請求國之規定，然而卻違反歐洲人權公約所要求或裁判國法律者，在審判上仍無法作為證據。簡而之，縱使是在跨境刑事司法互助上，法院亦必須使用符合法治國最低限度要求之公正程序取得境外證人之供述證據，而不得以刑事司法互助作為規避法律、侵害被告刑事基本權利最低限度之保障。

　　跨境調查和跨境刑事訴訟合作，對於個案刑事審判上之武器平等原則造成影響。目前我國關於刑事司法互助事項仍缺乏完整的法律框架，而公正審判的權利仍僅侷限於內國的刑事司法體系中。為確保公正審判程序在跨境犯罪之訴追上亦能獲得貫徹，在未來的刑事司法合作的交流上，在引進以效率為導向的法律文件之餘，武器平等原則在任何公正的刑事審判中是不可缺少的，在跨境刑事訴訟合作上中的武器平等是辯方唯一可以倚視的手段，否則被告及其辯方人將在邊境間的三不管地帶成為孤獨之人。

　　在實務的運作上，為加強對被告防禦權之保護，首先應考慮的即是，應給予辯護方機會，對於證據於執行國取證之過程加以檢視，而法庭地國對於自另一主權體移轉而來之證據是否符合基本權利及程序正義，亦應予以確保，然而此時必須浮現的難題則是，請求國對於被請求國之取證行為應作如何程度的審查。大部分國家之司法實務固然對於違反國際法規範所取得證據之應否禁止使用是相當保守，即認仍有證據能力，然而刻意規避法定程式，不論是法官保留，或是國際刑事司法互助，縱使是違反他國法律制度，而非被告本國之法律制度，藉由此種方式取得之證據，在刑事程序上應禁止予以使用。

　　而在關於經由司法互助取得之境外證人陳述部分，不同之刑事訴訟模式，公正審判原則所涉及的問題在「品質」上亦有所不同。歐盟國家中，傳統歐陸審查式（investigative）及英美對抗式（adversative的刑事訴訟程序皆有之。跨境刑事犯罪訴罪本無法避免將面臨不同的國家或國際法律制度混合而成的刑事程序規則。各國對於取證之規範未必一致，被請求國又

未必同意完全依據請求國之方式協助調查取證，在此種困境下，為國際間普遍所承認之公正程序與被告刑事基本權利應予保障之思考，應可作為最低限度之審查基準。為確立關於證人供述內容之蒐集與訊問之共同原則及其最低標準，本文引用歐洲人權法院與境外調查取證有直接關聯之判決，其如何在不同的國度中取得合乎歐洲人權公約本旨而具有超國界最低限度正當性之判決，且有別於傳聞法則全有或全無（alles oder nichts）之思維，頗值借鏡。

　　最後，本文認為，儘管各國法制不同，但本於效率與被告程序權利保障之思維，可以將「提高境外關鍵證人來本國應訊之可能性」、「借助遠距視訊設備」、「全程連續錄音錄影之必要性」以及「允許被告辯護人於被請求國法院訊問證人時在場並提出質問」等措施於未來關於境外證人訊問時納入考量，以適度衡平被告方無法於被請求國訊問證人時進行有效質問所蒙受之侵害。

廖正豪先生年表

1946年	出生於臺灣嘉義縣六腳鄉潭墘村，父爲廖榮輝先生，母爲廖陳桃女士
1952年	就讀嘉義縣六腳鄉蒜頭國民小學
1958年	蒜頭國民小學畢業 考入省立嘉義中學新港分部
1959年	轉學高雄縣六龜鄉六龜初級中學
1961年	初中畢業考入省立後壁高級中學
1964年	高中畢業考入國立臺灣大學法律系法學組
1966年	司法官高等考試及格（以通過高等檢定考試及格資格報考，大學二年級，時年20歲）
1967年	參加法務部司法官訓練所第八期受訓 教育部留學日本考試及格（大學三年級）（以高考司法官及格大學畢業同等學歷資格報考）
1968年	臺灣大學大學部法律系畢業 高考律師及格 考入臺灣大學法律研究所碩士班 服預備軍官役一年
1969年～1979年	執業律師
1971年	與臺灣大學法律系同班同學林麗貞女士結婚
1973年6月	取得臺灣大學法學碩士
1973年7月	考入臺灣大學法律研究所首屆博士班
1973年起迄今	中央警官學校（中央警察大學）、文化大學、銘傳大學、東吳大學、東海大學、中興大學（台北大學）、兼任講師、副教授、教授、講座教授
1978年	日本國立東京大學研究
1979年7月～1981年12月	臺灣省政府地政處主任秘書（簡任第十職等）
1981年	甲等特考普通行政法制組最優等及格
1981年12月～1984年8月	行政院法規委員會參事（簡任第十二職等）
1984年8月～1985年3月	臺灣省政府顧問兼主席辦公室主任（簡任第十二職等）

1985年3月～1986年1月	臺灣省政府法規委員會兼訴願委員會主任委員（簡任第十二職等）
1986年1月～1988年12月	行政院參事兼第一組組長（簡任第十三職等）
1986年	獲頒全國保舉特優公務人員獎勵
1988年12月～1992年8月	行政院新聞局副局長（簡任第十四職等實授）
1990年6月	取得臺灣大學法學博士
1992年3月	美國史丹佛大學訪問學者
1992年9月～1993年1月	行政院顧問（簡任第十四職等實授）
1993年2月～1995年2月	行政院副秘書長（簡任第十四職等實授）
1993年	創辦財團法人韓忠謨教授法學基金會
1995年2月～1996年6月	法務部調查局局長（簡任第十四職等實授）
1996年6月～1998年7月	法務部部長（特任）
1998年7月	辭卸法務部部長
1998年迄今	應聘擔任中國文化大學教授、講座教授
1999年	創辦財團法人向陽公益基金會 應邀至北京大學演講並應聘北京大學客座教授
2000年	創辦財團法人向陽公益基金會向陽學園（中輟生學校） 創辦社團法人中華民國身心障礙者藝文推廣協會
2001年	接任財團法人泰安旌忠文教公益基金會董事長
2002年	獨力接洽後主辦陝西法門寺佛指舍利來台巡禮，任臺灣佛教界恭迎佛指舍利委員會副主任委員兼執行長 接任財團法人刑事法雜誌社基金會董事長
2006年	創辦社團法人海峽兩岸法學交流協會 主辦第一屆海峽兩岸法學論壇
2009年起	每年主辦海峽兩岸司法實務研討會
2010年	主辦陝西法門寺地宮及陝西八大博物館院一級國寶來台展覽半年
2011年	主辦「當代刑事訴訟法之展望——海峽兩岸刑事訴訟法學交流」研討會
2015年	主辦2015年兩岸公證事務研討會

廖正豪博士著作目錄

一、論文

1. 「海峽兩岸共同打擊犯罪及司法互助協議」之實踐——一個實務與務實觀點的考察（刑事法雜誌／58卷4期／2014年8月）
2. 以人為本的司法——中華法系的傳承與發揚（刑事法雜誌／57卷6期／2013年12月）
3. 修復式正義於刑事司法之展望——以台灣推動「修復式司法試行方案」為中心（2013年海峽兩岸司法實務熱點問題研究／2014年7月1日）
4. 實現公平正義創建和諧社會——對海峽兩岸司法實務研討會的期許與祝福（刑事法雜誌／56卷6期／2012年12月）
5. 緩起訴制度的任務與前瞻（刑事法雜誌／56卷4期／2012年8月）
6. 建構更完整的刑事政策——談犯罪被害人保護的發展（刑事法雜誌／56卷2期／2012年4月）
7. 人權的淬煉與新生——台灣刑事訴訟法的過去、現在及未來（刑事法雜誌／55卷6期／2011年12月）
8. 把握司法改革契機，再造公平正義社會（刑事法雜誌／55卷4期／2011年8月）
9. 兩岸司法互助的回顧與前瞻（刑事法雜誌／55卷3期／2011年6月）
10. 健全法治司法為民（刑事法雜誌／54卷5期／2010年10月）
11. 從兩極化刑事政策與修復式正義論偏差行為少年之處遇（刑事法雜誌／53卷6期／2009年12月）
12. 邁向和諧，共創雙贏——從兩岸刑事政策看海峽兩岸共同打擊犯罪及司法互助協議（刑事法雜誌／53卷5期／2009年10月）
13. 我國檢肅貪瀆法制之檢討與策進——並從兩極化刑事政策看「財產來源不明罪」（刑事法雜誌／53卷4期／2009年8月）
14. 我國犯罪被害人保護法制的檢討與策進——並簡介日本「犯罪被害者等基本計畫」（刑事法雜誌／52卷6期／2008年12月）
15. 從「精密司法」之精神看大陸刑事訴訟法的再修改（華岡法粹／41期／2008年7月）（與廖其偉合著）
16. 「掃黑」法制與實務——宏觀政策的規劃與推動（刑事法雜誌／52卷3期／2008年6月）
17. 理性思考死刑制度的存廢——如何實現所有人的正義（刑事法雜誌／51卷3期／2007年6月）
18. 第一屆海峽兩岸法學論壇紀實（展望與探索／4卷12期／2006年12月）

19.刑法之修正與刑事政策之變遷（刑事法雜誌／50卷4期／2006年8月）

20.私刑現象的思考（人權會訊／76期／2005年4月）

21.五十年來兩岸刑法之發展（法令月刊／51卷10期／2000年10月）

22.全面打擊犯罪建立祥和社會——法務部部長在總統府國父紀念月會專題報告講詞（法務通訊／1829期／1997年5月）

23.論必要的共犯（法令月刊／44卷2期／1993年2月）

24.刑法上著手之意義（法令月刊／43卷11期／1992年11月）

25.論監督過失（刑事法雜誌／36卷1期／1992年2月）

26.如何塑造政府形象（工商雜誌／37卷12期／1989年12月）

27.中華民國七十七年罪犯減刑條例之研析（刑事法雜誌／32卷2期／1988年4月）

28.動員戡亂時期國家安全法草案解析（刑事法雜誌／31卷2期／1987年4月）

29.比較刑法學的發展及其任務與方法（刑事法雜誌／30卷3期／1986年6月）

30.槍砲彈藥刀械管制條例修正條文之探討（刑事法雜誌／29卷3期／1985年6月）

31.〈犯罪各論〉〔西原春夫著〕（刑事法雜誌／27卷6期／1983年12月）

32.槍砲彈藥刀械管制條例之解析（刑事法雜誌／27卷5期／1983年10月）

33.刑事訴訟法第八十八條之一逕行拘提規定之研究（刑事法雜誌／27卷1期／1983年2月）

34.「貪污」之意義（軍法專刊／29卷1期／1983年1月）

35.法條競合、想像競合犯及牽連犯（刑事法雜誌／25卷2期／1981年4月）

36.論妨害名譽罪中之議員言論免責權（刑事法雜誌／24卷6期／1980年12月）

37.使用警械有關法律問題之探討（警學叢刊／11卷2期／1980年12月）

38.緩刑之要件（刑事法雜誌／24卷5期／1980年10月）

39.「販賣」之意義（刑事法雜誌／24卷2期／1980年4月）

40.唐律與現行刑法有關共犯規定之比較（刑事法雜誌／23卷3期／1979年6月）

41.經濟犯罪防制之道及其立法方式（中國論壇／8卷4期／1979年5月）

42.對於「刑法分則修正草案初稿」之管見（刑事法雜誌／22卷5期／1978年10月）

43.論罪刑法定主義（刑事法雜誌／22卷4期／1978年8月）

44.過失共同正犯論（刑事法雜誌／21卷5期／1977年10月）

45.共謀共同正犯論（刑事法雜誌／21卷4期／1977年8月）

46.莊子法律思想淺論（華岡法粹／9期／1977年6月）

47.日本之訴因制度（刑事法雜誌／21卷3期／1977年6月）

48.對於「刑法總則修正草案初稿」之管見（刑事法雜誌／20卷6期／1976年12月）

49.妨害名譽罪之研究（刑事法雜誌／20卷5期／1976年10月）

50.妨害名譽罪之研究（刑事法雜誌／20卷4期／1976年8月）

51. 刑法與社會變遷（刑事法雜誌 / 20 卷 1 期 / 1976 年 2 月）
52. 妨害名譽罪立法之檢討（中國比較法學會學報 / 1 期 / 1975 年 12 月）
53. 刑法修正之建議（中國比較法學會學報 / 1 期 / 1975 年 12 月）
54. 精神障礙影響刑事責任能力規定之探討（刑事法雜誌 / 19 卷 5 期 / 1975 年 10 月）
55. 日本一九七二年改正刑法草案總則篇重要原則之解析（刑事法雜誌 / 19 卷 2 期 / 1975 年 4 月）
56. 日本一九七二年改正刑法草案總則篇重要原則之解析（刑事法雜誌 / 19 卷 1 期 / 1975 年 2 月）

二、專書

1. 諍言（財團法人向陽公益基金會 / 2011 年 1 月 2 版）
2. 人人知法守法，建設美好家園（第六屆吳尊賢社會公益講座 / 1997 年 8 月）
3. 過失犯論（三民書局 / 1993 年 9 月）
4. 妨害名譽罪之研究（自版 / 1975 年）

三、譯述

1. 平成三年（一九九一年）版「犯罪白皮書」特集「高齡化社會與犯罪」之概要——以受刑人之高齡化爲中心，坪內宏介著，廖正豪譯（刑事法雜誌 / 36 卷 5 期 / 1992 年 10 月）
2. 過失犯客觀的注意之具體化，都築広巳著，廖正豪譯（刑事法雜誌 / 33 卷 3 期 / 1989 年 6 月）
3. 業務過失與重大過失之區別，眞鍋毅著，廖正豪譯（刑事法雜誌 / 32 卷 4 期 / 1988 年 8 月）
4. 現代刑法理論中學派之爭，植松正著，廖正豪譯（刑事法雜誌 / 29 卷 6 期 / 1985 年 12 月）
5. 刑罰論：死刑二則、其他刑罰二則，廖正豪譯（刑事法雜誌 / 28 卷 6 期 / 1984 年 12 月）
6. 犯罪論（9）：罪數八則，廖正豪譯（刑事法雜誌 / 28 卷 5 期 / 1984 年 10 月）
7. 犯罪論（8）：共犯十五則，廖正豪譯（刑事法雜誌 / 28 卷 4 期 / 1984 年 8 月）
8. 比較刑法研究之基礎作業，宮澤浩二著，廖正豪譯（刑事法雜誌 / 28 卷 3 期 / 1984 年 6 月）
9. 犯罪論（7）：共犯十一則，廖正豪譯（刑事法雜誌 / 28 卷 3 期 / 1984 年 6 月）
10. 犯罪論（6）：未遂犯九則，廖正豪譯（刑事法雜誌 / 28 卷 2 期 / 1984 年 4 月）
11. 犯罪論（5）：未遂犯五則，廖正豪譯（刑事法雜誌 / 28 卷 1 期 / 1984 年 2 月）
12. 犯罪論（4）：責任八則，廖正豪譯（刑事法雜誌 / 27 卷 6 期 / 1983 年 12 月）

13. 犯罪論（3）：責任六則，廖正豪譯（刑事法雜誌／27 卷 5 期／ 1983 年 10 月）

14. 犯罪論（2）：責任十一則，廖正豪譯（刑事法雜誌／27 卷 4 期／ 1983 年 8 月）

15. 犯罪論（1）：行為八則‧違法性廿三則，廖正豪譯（刑事法雜誌／27 卷 3 期／ 1983 年 6 月）

16. 關於刑法修正，平場安治著，廖正豪譯（刑事法雜誌／26 卷 6 期／ 1982 年 12 月）

17. 學說與實務之理論的考察，大谷實著，廖正豪譯（刑事法雜誌／26 卷 5 期／ 1982 年 10 月）

18. 老鼠會、連鎖販賣方式等特殊販賣方法與刑罰法規，板倉宏著，廖正豪譯（刑事法雜誌／26 卷 1 期／ 1982 年 2 月）

19. 西德新刑法制定過程及其基本內容，內藤謙著，廖正豪譯（刑事法雜誌／22 卷 3 期／ 1978 年 6 月）

20. 結果加重犯之共同正犯，大塚仁著，廖正豪譯（刑事法雜誌／22 卷 1 期／ 1978 年 2 月）

21. 憲法理念與刑法改正動向，馬屋原成男著，廖正豪譯（刑事法雜誌／20 卷 4 期／ 1976 年 8 月）

22. 安樂死——阻卻違法事由之安樂死之成立要件，內田文昭著，廖正豪譯（刑事法雜誌／20 卷 3 期／ 1976 年 6 月）

23. 日本刑法思潮及其刑法改正事業，平場安治著，廖正豪譯（刑事法雜誌／20 卷 2 期／ 1976 年 4 月）

24. 對於刑法改正草案批判之再批判（下），小野清一郎著，廖正豪譯（刑事法雜誌／20 卷 1 期／ 1976 年 2 月）

25. 對於刑法改正草案批判之再批判（中），小野清一郎著，廖正豪譯（刑事法雜誌／19 卷 6 期／ 1975 年 12 月）

26. 對於刑法改正草案批評之再批評（上），小野清一郎著，廖正豪譯（刑事法雜誌／19 卷 5 期／ 1975 年 10 月）

27. 有關刑法之全面修正——以草案之批判為主，團藤重光著，廖正豪譯（刑事法雜誌／19 卷 3 期／ 1975 年 6 月）

28. 信賴原則與預見可能性——就食品事故與交通事故之比較，西原春夫著，廖正豪譯（刑事法雜誌／18 卷 5 期／ 1974 年 10 月）

29. 日本一九七二年改正刑法草案，廖正豪譯（刑事法雜誌／17 卷 6 期／ 1973 年 12 月）

30. 刑事訴訟上的錯誤判決，Max Hirschberg 著，廖正豪；葉志剛譯（刑事法雜誌／15 卷 3 期／ 1971 年 6 月）

國家圖書館出版品預行編目資料

法務部廖正豪前部長七秩華誕祝壽論文集. 刑
事訴訟法卷 / 劉秉鈞主編. -- 初版. -- 臺
北市：五南, 2016.07
　　面；　公分
　　ISBN 978-957-11-8577-4(精裝)

1.刑事訴訟法 2.文集

586.207　　　　　　　　　105004879

4T84

法務部廖正豪前部長七秩華誕祝壽論文集 ——刑事訴訟法卷

總召集人 ― 蔡德輝

主　　編 ― 劉秉鈞

作　　者 ― 王紀軒、石木欽、江玉女、吳俊毅、吳冠霆
　　　　　　林宗志、張明偉、張麗卿、陳志祥、陳運財
　　　　　　傅美惠、黃朝義、劉秉鈞、鄭文中、鄭善印
　　　　　　蕭宏宜

執行編輯 ― 廖尉均

出 版 者 ― 廖正豪

封面設計 ― P.Design視覺企劃

總 經 銷 ― 五南圖書出版股份有限公司

地　　址：106台北市大安區和平東路二段339號4樓

電　　話：(02)2705-5066　　傳　　真：(02)2706-6100

網　　址：http://www.wunan.com.tw

電子郵件：wunan@wunan.com.tw

劃撥帳號：01068953

戶　　名：五南圖書出版股份有限公司

法律顧問　林勝安律師事務所　林勝安律師

出版日期　2016年7月初版一刷

定　　價　新臺幣550元